Die Kinder der Manns

Ein Familienalbum

Herausgegeben
von Uwe Naumann in
Zusammenarbeit mit
Astrid Roffmann

Rowohlt

1. Auflage November 2005
Copyright © 2005 by Rowohlt Verlag GmbH, Reinbek bei Hamburg
Alle Rechte vorbehalten
Typographie und Layout Angelika Weinert
Umschlagfoto und -abbildung: Literaturarchiv der Monacensia, München
Fotos auf den Klappen: oben Hergen Schimpf; unten privat
Lithographie phg GmbH, Augsburg
Satz aus der Akzidenz Grotesk und Centennial PostScript, QuarkXPress 4.1
Druck und Bindung aprinta Druck GmbH & Co. KG, Wemding
Printed in Germany – ISBN 13: 978 3 498 04687 3
ISBN 10: 3 498 04687 x

Inhalt

Spätestens in der Generation nach Heinrich und Thomas Mann wird es offenkundig: Die Manns sind eine höchst internationale Familie. Die Verzweigung in die verschiedensten Länder und Kontinente vollzieht sich bei den Kindern und Kindeskindern der Manns immer vielfältiger und breiter. Internationalität, Multikulturalität und Weltbürgertum im Zeitalter des zurückgehenden Nationalstaatentums und der weltweiten Völkerwanderung und Völkermischung ist die positive Kehrseite von Heimatlosigkeit und Exil und von lebenslang fehlender Zugehörigkeit, Identität und Integration. Die Manns haben dieses moderne Massenphänomen ein Stück weit als Familienschicksal vorweggenommen. Sie sind in diesem Sinn eine Art Leitbild für unsere geistig-kulturelle Globalisierung geworden. Dies ist meiner Meinung nach ein Hauptgrund dafür, das Netzwerk dieser Familie in seinem ganzen kaleidoskopischen Reichtum der Öffentlichkeit zu präsentieren.

Es ist keineswegs so, dass erst die Vertreibung aus Nazideutschland die Manns gegen ihren Willen zu Weltbürgern gemacht hat. Heinrich und Thomas Mann hatten eine brasilianische Mutter. Diese wurde als kleines Mädchen aus ihrer paradiesisch-tropischen Kindheitsidylle nach Deutschland verpflanzt. Sie kehrte nie mehr von dort zurück und litt bis zu ihrem Tod nach dem Ersten Weltkrieg unter der Zerrissenheit zwischen ihren beiden Ländern und Kulturen. Dieses Lebensgefühl beeinflusste später auch spürbar ihre Kinder. Ohne Julia Mann wäre deren Ältester Heinrich nie schon so früh in seinem Leben ein durch und durch frankophiler und antipreußisch-antimonarchistischer Schriftsteller geworden, der nach Prag hineinheiratete, und auch Thomas Manns spätere Entwicklung aus seiner deutschnationalen Verengung heraus zum weltbürgerlichen Homo politicus im Zuge seiner sich verschärfenden Gegnerschaft zum Nationalsozialismus hätte sich vermutlich langsamer und schmerzlicher vollzogen.

Und dann erst die Kinder der Manns. Nach drei Sommeraufenthalten in ihrem litauischen Vorexil auf der Kurischen Nehrung wurden sie durch die nationalsozialistische Machtergreifung alle zusammen und noch sehr jung aus dem Nest ihrer großbürgerlichen Münchener Kindheit hinauskatapultiert. Nach ihrem Exil in der Schweiz und in Südfrankreich wanderten sie, zum Teil inzwischen verheiratet mit ihren aus England, Ungarn, Italien und der Schweiz stammenden Partnern, in die USA aus, wo sie neue Familien gründeten. Dazu kamen besondere, kriegsbedingte Schicksalsschläge mit bleibenden Blessuren. Ich habe vor allem während meiner frühesten Kindheit in Kalifornien meine Tante Monika nie anders erlebt als seelisch schwer angeschlagen von der Katastrophe der Torpedierung ihres Fluchtschiffs aus Europa, bei der sie wie durch ein Wunder gerettet wurde, ihr Mann Jenö Lányi jedoch vor ihren Augen im Eiswasser des Atlantiks ertrank. Ein scheinbar ganz anderes Bild im Exil-Familienalbum gab nach Kriegsende Erika ab. Sie wirkte wie eine vom Sieg über die Nazibarbarei gestählte Amazone, die ich mir noch lange in ihrer englischen Uniform genau vorstellen konnte und von deren Abenteuerberichten aus dem Londoner Blitzkrieg, den Kampfhandlungen im teilweise noch besetzten Frankreich und dann von ihren geradezu apokalyptischen Begegnungen mit den in Nürnberg verurteilten Nazi-Kriegsverbrechern ich nie genug hören konnte. Die Narben durch ihre zehrende Verausgabung und Rastlosigkeit bei ihrem auf zwei Kontinenten geführten antifaschistischen Feldzug mit der «Pfeffermühle» und dann als Kriegskorrespondentin kamen erst nach der Rückkehr nach Europa in den fünfziger Jahren zum Vorschein und beschleunigten ihre zunehmende Zerrüttung und Erkrankung vor allem nach dem Tod ihres Vaters. Der Selbstmord ihres Bruders Klaus bahnte sich sehr viel früher an. Nach wenigen Jahren gehetzten Pendelns als zweisprachig schreibender Autor zwischen Amerika und Europa nach Kriegsende setzte er seinem Leben ein so abruptes Ende, dass ich meine Erinnerungen an ihn noch in meinem Kindesalter rasch verdrängte. Golo und Elisabeth blieben im fremden Wind des Exils anscheinend am stärksten in sich ruhend – im Gegensatz vor allem zu meinem Vater Michael, dem Jüngsten. Dieser suchte bereits von Anfang an seine Eigenständigkeit als begabter Musiker, durchlitt jedoch, seit seinem dreizehnten Lebensjahr geografisch entwurzelt und ohnehin labil-nervös veranlagt, eine überaus angespannte Zeit, bis zu seinem Wechsel in die akademische Germanistik.

Natürlich lässt sich nicht sagen, wie weit das scharfe Nebeneinander von zum Teil widersprüchlichsten Charaktermerkmalen bei mehr oder weniger allen sechs Geschwistern durch die Verunsicherungen und Exponiertheiten ihres Emigrantenschicksals maßgeblich verstärkt wurde. Unter dem permanenten Schatten ihres Übervaters war den privilegierten und mit reichen Talenten versehenen Sprösslingen von Anfang an das Dasein gehandicapter Sonntagskinder beschieden, die mit ihrem Hang zu rauschhafter Extravaganz und zum Bruch mit allen bürgerlichen Konventionen gerne schon als Halbwüchsige allerlei Skandale provozierten und auch zu masochistischer Selbstbeschädigung neigten. Umgekehrt stachelte jedoch später gerade ihr Leiden in der Fremde und die Herausforderung des Kampfes gegen den gemeinsamen faschistischen Feind sie auch zu geistig-künstlerischen Höchstleistungen an.

Während der Pater familias im kalifornischen Exil unter ungeheurem Kräfteeinsatz sein gigantisches deutsches Untergangsbuch, den «Doktor Faustus», schrieb und sein und Katias herrschaftliches Haus in Pacific Palisades stets das ruhende Zentrum für die aus allen Himmelsrichtungen und Entfernungen immer wieder aufzufangenden Kinder blieb, wirkten Erika, Klaus und Golo als englisch-amerikanische Armeeangehörige auf dem europäischen Festland an Hitlers Untergang mit. Erika setzte nach dem Krieg ihren Kampf in den USA gegen den Gesinnungsterror des McCarthyismus so lange wie möglich fort. Klaus selbst stellte zur selben Zeit sein bedeutendstes und reifstes Werk, den «Wendepunkt», fertig, der ihn, zusammen mit dem «Mephisto», Jahrzehnte verspätet zur Idol- und Kultfigur der Jugend erheben sollte. Für die jüngste Tochter Elisabeth gab ihr viel älterer, aus Italien emigrierter Mann Giuseppe Antonio Borgese mit seinem in 50 Sprachen übersetzten Entwurf einer Weltverfassung den ersten Anstoß für ihre spätere Mitwirkung an der Internationalen Seerechtskonvention zur Rettung der Weltmeere. Monikas anfangs innerfamiliär unterdrücktes, beachtliches Schreibtalent kam ebenfalls sehr viel später zum Tragen, so wie auch Golos Bedeutung als Historiker und Kanzlerberater in Deutschland. Einzig das älteste Familienmitglied, Heinrich, schon früh ein literarisches und politisches Vorbild für seinen Neffen Klaus, war den aufreibenden und zermürbenden Seiten der Emigration überhaupt nicht mehr gewachsen und vermochte ihnen keine Widerstandskräfte entgegenzusetzen. Von seinem Gastland weitgehend unbeachtet, starb der vereinsamte und verwitwete Greis fünf Jahre nach Kriegsende in der kalifornischen Fremde.

Was macht diese facettenreiche ‹amazing family› so faszinierend? Ist es deren schillernder Farbenreichtum sowie die besondere Verschränkung von Außenseitertum und Heimatlosigkeit? Ist es die Berg-und-Tal-Fahrt zwischen der genialen Leichtigkeit des Seins und skandalumwitterter Abgründigkeit, auch im literarischen Werk, die diesem Clan – zum Beispiel in sensationalistischen Verfilmungen – den Nimbus eines voyeuristisch ergiebigen Kuriositätenkabinetts gibt? Oder ist diese Familie nur eine berühmte und übersteigerte Ausgabe eines gar nicht so ungewöhnlichen Familientypus, mit der sich jede fünfte oder vielleicht auch nur zehnte Normalfamilie in schützender Verborgenheit identifizieren und sich möglicherweise auch ein wenig exkulpieren kann? Eine dritte, mir am plausibelsten erscheinende Variante bestünde in der Feststellung, dass die Manns als ein herausragendes Beispiel und zugleich auch als Vorläufer gelten können für ein heute immer selbstverständlicher werdendes, grenzüberschreitendes Weltbürgertum.

Aber sie sind es nicht nur passiv in ihrer Existenz, ihrem Hineingeworfensein in dieses Schicksal. Sie stehen auch alle aktiv schreibend, reflektierend und mit Gleichgesinnten kommunizierend und gegen alle Widerstände ankämpfend für eine immer enger zusammenrückende und an zutiefst ethisch-humanen Werten orientierte Weltgemeinschaft. Der sich von Brasilien und Kalifornien bis zum Baltikum erstreckende globale Brückenschlag ist ihre bleibende Grundbotschaft, welche gerade auch für die inzwischen nachrückende dritte Mann-Generation heute zentral wichtig ist. Daher begleiten wir diesen Bildband und die parallel dazu entstandene Ausstellung des Münchener Literaturhauses, der Monacensia und des Lübecker Buddenbrookhauses mit besonderer Freude.

Frido Mann, im August 2005

«Was für eine sonderbare FAMILIE sind wir! Man wird später Bücher über UNS – nicht nur über einzelne von uns – schreiben.» Diese beiden Sätze aus Klaus Manns Tagebüchern, notiert am 3. Juli 1936, sind mittlerweile oft zitiert worden. Sie wirken im Nachhinein fast prophetisch, denn in der Tat ist die Familie Mann inzwischen der wohl meistbeschriebene und bestdokumentierte Clan der deutschen Kulturgeschichte.

Und was macht die Faszination aus, die von dieser Familie ausgeht? Sind es die Widersprüche und vielen Facetten der einzelnen Persönlichkeiten? Der Vater Thomas Mann zum Beispiel notiert in seinem Tagebuch 1918, nachdem seine Frau ihm bereits fünf Kinder geschenkt hat und das sechste unterwegs ist: «Jemand wie ich ‹sollte› selbstverständlich keine Kinder in die Welt setzen.» Dann fährt er einigermaßen rätselhaft fort: «Aber dies Sollte verdient seine Anführungsstriche. Was lebt, will nicht nur sich selbst, weil es lebt, sondern *hat* auch sich selbst gewollt, *denn* es lebt.»

Und Katia Mann, «Frau Thomas Mann» (so ihr Briefkopf)? Sie war nach dem Zeugnis aller das emotionale Zentrum der Familie. Sie hat den Alltag organisiert, unterstützt von dienstbaren Geistern; und sie hat ihrem Ehemann den Rücken freigehalten für seine künstlerische Arbeit. Thomas Mann hat es dankbar akzeptiert: «Solange Menschen meiner gedenken, wird ihrer gedacht sein.» In Katias Memoiren allerdings steht der Satz: «Ich habe in meinem Leben nie tun können, was ich hätte tun wollen.»

Eine sonderbare Familie, in der Tat. Und dann erst die Kinder, sechs an der Zahl. Mit höchst unterschiedlichen Charakteren und Talenten. Mit einer gemeinsamen, großbürgerlich privilegierten Herkunft und dann doch ganz verschiedenen Temperamenten und Biographien. Mit hochfliegenden künstlerischen Ambitionen bei (fast) allen und dramatischen Abgründen, ja Abstürzen bei den meisten – bis hin zu Drogensucht und Selbstmord.

«Alle auf die Couch!», überschrieb provozierend eine Zeitung ihren ganzseitigen Test, als im Dezember 2001 Heinrich Breloers Dokudrama «Die Manns» Millionen Fernsehzuschauer fesselte und faszinierte. In der Unterzeile hieß es weiter: «DIE MANNS sind ein TV-Ereignis, weil wir uns in der Künstler-Familie wiederfinden. In jedem steckt ein Mann. Aber welcher? Machen Sie den großen WOCHE-Test.» In der nicht ganz ernst gemeinten Auswertung konnten sich die Leser einem der folgenden «Mann-Typen» zuordnen: dem «Patriarchen», den «Schattenmännern», den «Außenseitern» oder den «Widerspenstigen». Dazu passt eine von Katia Mann überlieferte Äußerung, die sie in den frühen vierziger Jahren machte, als sie im kalifornischen Exil ihre kleinen Enkelsöhne Frido und Toni beim Spielen beobachtete: «Ist es nicht schön», habe sie ausgerufen, «dass es in dieser Familie auch etwas Normales gibt!»

In gewisser Hinsicht sind die Manns wohl tatsächlich so etwas wie ‹die deutschen Windsors› – oder auch Kennedys. Es gibt bei den Manns Heldenfiguren und schwarze Schafe, Starke und Schwache, Erfolgsstorys und Leidensgeschichten. Es gibt bürgerliches Familienglück wie auch homosexuelles Außenseitertum, literarische Höhenflüge ebenso wie berufliches Scheitern. Und natürlich ist kein Einzelner ausschließlich auf einer Licht- oder Schattenseite unterzubringen, sondern in jeder Biographie mischen sich diverse Anteile auf unverwechselbare Weise. Ebendaher bieten die Manns so vielfältige Anknüpfungspunkte für uns, um sich zu identifizieren oder abzugrenzen, je nachdem.

Und dennoch muss man sich hüten, die Saga der Manns zu trivialisieren. Mit einem schulterklopfenden ‹Geht mir ganz genauso› wird man den Persönlichkeiten dieser außergewöhnlichen Familie nicht gerecht. Das vorliegende Buch versucht, gerade das Besondere der Manns ins Blickfeld zu rücken. Und wo immer möglich werden authentische Dokumente herangezogen, um die Geschichte der Manns zu rekonstruieren. Briefe und Tagebücher, literarische Werke und autobiographische Texte gibt es aus dieser Familie in Hülle und Fülle. Alle sechs Kinder der Manns sind literarisch tätig geworden, haben Bücher und andere Schriften hinterlassen. Im vorliegenden Bildband werden von fünf männlichen Mitgliedern der Familie Tagebuchseiten im Faksimile gezeigt: von Thomas und Heinrich, von Klaus, Golo und Michael. Was für eine Familie!

Dieses Buch unternimmt den Versuch, alle sechs Kinder von Katia und Thomas Mann zu porträtieren. Eine solche kollektive Biographie der Mann-Kinder hat es bisher nicht gegeben. Die Autoren konnten dabei auf viele unveröffentlichte und unbekannte Dokumente und Fotos zurückgreifen. Die Archive in München, Zürich und Bern waren bei den Recherchen ebenso ergiebig wie zahlreiche Privatsammlungen – die Danksagung am Ende des Buches ist entsprechend umfangreich. Auch die Kenner der Mann-Familie werden also auf den folgenden Seiten manches Neue entdecken.

Wir versuchen, allen sechs Kindern gleiches Recht widerfahren zu lassen. Zugleich sind wir darum bemüht, nicht nur Glanz und Gloria der Familie Mann zu schildern, sondern wir leuchten auch in die Dunkelzonen: dorthin, wo sich Rivalität und Eifersucht spiegeln, Machtstreben und großbürgerlicher Dünkel, Obsession und Verzweiflung. Von Golo Mann ist die Sentenz überliefert: «Seine Geschwister erleidet man, seine Freunde sucht man sich aus.» Auch dieser Aspekt der Familiengeschichte ist immer wieder Thema auf den folgenden Seiten.

Ebenfalls von Golo stammt eine andere, ausgesprochen bittere Aussage: «Also, daß ich dem Elternhaus unendlich viele Anregungen verdanke, liegt auf der Hand. Ich würde dennoch sagen: Wenn ich als Neugeborenes in der Klinik verwechselt worden wäre und wäre dann in einem normalen, gesunden, schlichten Bürgerhaus aufgewachsen, dann, glaube ich, wäre etwas Besseres aus mir geworden, als tatsächlich aus mir geworden ist. Das glaube ich in der Tat.»

Das ‹Album›, das wir im Folgenden aufblättern, beginnt natürlich bei den Eltern: Katia und Thomas Mann. Katia, geborene Katharina Hedwig Pringsheim, war in den Worten ihres späteren Gatten «etwas unbeschreiblich Seltenes und Kostbares, ein Geschöpf, das durch sein bloßes Dasein die kulturelle Thätigkeit von 15 Schriftstellern oder 30 Malern aufwiegt». Sie war nicht nur außerordentlich hübsch und auffallend klug,

als Thomas Mann sie kennen lernte, sondern entstammte auch einem sehr reichen Haus des jüdischen Großbürgertums. Das privilegierte Dasein, nicht zuletzt in materieller Hinsicht, das die Mann-Kinder später als prägend für ihre Herkunft beschreiben, nimmt hier seinen Ausgang. Die Pringsheims waren eine der ersten Adressen Münchens.

Thomas Mann entstammte einer traditionsreichen Patrizierfamilie aus Lübeck. Die Geschichte der eigenen Familie, literarisch verdichtet zum Roman «Buddenbrooks» (1901), hatte ihn als Künstler berühmt gemacht. 1904 bereits nannte ihn der Literarhistoriker Samuel Lublinski rundweg den «bedeutendsten Romandichter der Moderne». Sein inniges Werben um die schöne Katia Pringsheim, die er Anfang 1904 kennen lernte, ist in einer Reihe von ‹Brautbriefen› dokumentiert, gipfelnd in den beschwörenden Worten: «Seien Sie meine Bejahung, meine Rechtfertigung, meine Vollendung, meine Erlöserin, meine – Frau!» Thomas Mann sah in Katia Pringsheim seine «vorbestimmte Braut und Gefährtin», und sie gab seinem Drängen schließlich nach.

Die Hochzeit Mann-Pringsheim am 11. Februar 1905 war ein höchst repräsentatives Ereignis, und sie gab dem sensiblen, eigentlich mehr dem männlichen Geschlecht zugeneigten Künstler Thomas Mann «eine Verfassung», wie er selbst seinem Bruder Heinrich schrieb. Die Ehe mit Katia hielt bis ans Lebensende, und Thomas Mann fand in der Gemeinschaft mit Katia sein «strenges Glück» – so die Worte im Roman «Königliche Hoheit» (1909), der in vieler Hinsicht ein literarisch überformtes Abbild der jungen Familie Mann-Pringsheim darstellt.

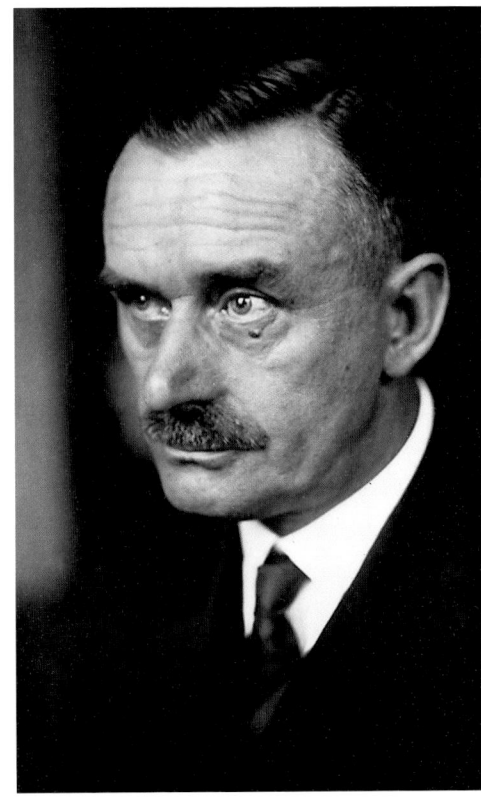

Das erste Kind, Erika, wurde am 9. November 1905 geboren. Der Brief, den Thomas Mann seinem Bruder Heinrich schrieb, ist oft zitiert worden: «Es ist also ein Mädchen: eine Enttäuschung für mich, wie ich unter uns zugeben will, denn ich hatte mir sehr einen Sohn gewünscht und höre nicht auf, es zu thun.» Doch die heimliche Missachtung hat sich später ins Gegenteil gewandelt. «Mein Mann war viel mehr für die Mädchen», hat Katia im Greisenalter erklärt. «Obgleich er ein Mädchen für nichts Ernsthaftes hielt, war Erika immer sein Liebling; und dann die Jüngste, Elisabeth. Die beiden Mädchen hatte er bei weitem am liebsten; sie standen ihm entschieden näher als die Söhne.»

Dabei stammt aus Erikas Jugendjahren eine der wohl krassesten Fehleinschätzungen Thomas Manns: «Erika's Beruf scheint Häuslichkeit und Haustochterwesen», notiert der Vater 1918 im Tagebuch über die Zwölfjährige. «Buk uns heute Eierkuchen zum Abendessen. Sympathisch in ihrer Wirtschaftsschürze und oft von aparter Schönheit.» Zur «Haustochter» aber war Erika auf die Dauer gewiss nicht geeignet. Sie war ein hoch begabter, vielseitig talentierter Mensch und hat sich als Erwachsene in vielen Berufen erprobt: als Schauspielerin und Kabarettistin, als Schriftstellerin und Vortragsrednerin. Sie machte Weltreisen, diente als Kriegsberichterstatterin, und einmal gewann sie sogar ein Autorennen. Von «Häuslichkeit» also war bei ihr keine Spur.

In ihrem Aufsatz «Geht die Kunst nach Brot?» (1931) lieferte Erika Mann eine treffende Selbstcharakterisierung: «Hat einer gewisse Möglichkeiten nach mehreren Rich-

tungen, wie zum Beispiel ich, muß er lavieren und einteilen, daß es eine aufreibende Art hat. Will es mit dem Theater nicht klappen, gleich muß man zur Feder greifen, um nur irgendwie zu Geld zu kommen. [...] Und wenn man mich bäte, vor einer größeren Zuschauermenge mit dem Auto eine Turmtreppe hinaufzufahren, wobei ich Maria Stuart zu deklamieren und gleichzeitig einen kleinen Bericht, meine ‹Eindrücke› bei diesem Unternehmen betreffend, zu verfassen hätte, – ich würde es gewiß versuchen.»

Sie war extrovertiert und temperamentvoll, konnte Stimmen und Dialekte nachmachen wie nur wenige (zum besonderen Vergnügen ihres Vaters), war furchtlos und voller Tatendrang und Energie. Erika war eine emanzipierte Frau, ohne diesen Begriff jemals zu verwenden. Sie hatte Charme und Esprit und wurde von Männern wie Frauen umschwärmt und geliebt – und doch fand sie niemals eine Partnerschaft, die ein dauerhaftes Zusammenleben im Alltag ermöglicht hätte.

Thomas Mann nannte sie sein «kühnes herrliches Kind», und er machte sie in seinem letzten Lebensjahrzehnt zur «Tochter-Adjutantin»: Erika wurde sein weiblicher Eckermann und assistierte dem Vater, wo immer es nötig war. Bisweilen drängte sie dabei sogar Katia in den Hintergrund. In einem Brief aus dem Jahr 1946, noch in Pacific Palisades, schrieb Thomas Mann der ältesten Tochter: «Du fehlst uns sehr, das wisse! Es ist ein guter, belebender Geist im Hause, mehr vigor, wenn Du da bist.»

Doch Erika hatte auch sehr problematische, kantige Seiten; und im Alter kamen diese verstärkt zur Geltung. Sie war zeitlebens ein eigenwilliger und streitbarer Geist, eine echte Nonkonformistin – aber nicht frei von Rechthaberei, bisweilen sogar Herrschsucht. Sie konnte jede Tischgesellschaft mit ihrem Wortwitz und ihrem komödiantischen Talent begeistern – aber sie konnte auch provozieren, verletzen, konnte ungerecht und bitterböse urteilen. In ihren späten Lebensjahren, als sie in Kilchberg wohnte und von zahlreichen Krankheiten geplagt war, war sie oft unleidlich, wie Tagebücher und Briefe anderer Familienmitglieder bezeugen. Als der jüngste Bruder Michael kurz nach Erikas Tod wieder nach Kilchberg kam, ließ er sich zu dem Satz hinreißen: «Jetzt ist es eigentlich ganz gemütlich hier.»

Klaus Mann, das zweite Kind von Thomas und Katia Mann, wurde am 18. November 1906 geboren. «Vergnügten Herzens melde ich Dir die glückliche Geburt eines wohlgebildeten Knäbleins», schrieb der stolze Vater an seinen Freund Kurt Martens. Ein Jahr zuvor, bei Erikas Geburt, hatte Thomas Mann sich zu dem Bekenntnis verstiegen: «Ich empfinde einen Sohn als poesievoller, mehr als Fortsetzung und Wiederbeginn meinerselbst unter neuen Bedingungen.» Mit diesem Anspruch dieses Vaters begann Klaus Mann seinen Lebensweg, und das Verhältnis zu Thomas Mann blieb zeitlebens schwierig und angespannt.

Klaus wurde Schriftsteller wie sein Vater – und der väterliche Ruhm hat ihm einerseits die Karriere erleichtert, andererseits einen Schatten geworfen, den der Sohn niemals wirklich loswurde. «Der Nachteil, dem kein anderer junger deutscher Autor ausgesetzt ist, besteht in der Voreingenommenheit, mit der man sich mir naht. Ich habe meine unvoreingenommenen Leser noch nicht gefunden. Nicht nur der Gehässige, auch der freundlich Gesinnte konstruiert zwischen dem, was ich schreibe, und dem väterlichen Werk instinktiv den Zusammenhang. Man beurteilt mich als *den Sohn*.»

Offensichtlich hat Klaus Mann gerade darum, sobald er erwachsen war, in vieler Hinsicht einen Gegenentwurf zur Existenz des eigenen Vaters gelebt. Während Thomas Mann in seinem abgeschirmten Arbeitszimmer mit eiserner Disziplin Weltliteratur produzierte, nach einem genau geregelten Tagesplan, wählte der älteste Sohn eine ruhelose Existenz, die ihn von Ort zu Ort, von Hotelzimmer zu Hotelzimmer trieb. Während der «Zauberer», wie der Pater familias von den Seinen genannt wurde, die eigenen Neigungen zur Homosexualität unterdrückte und ein gutbürgerliches Leben führte, machte Klaus aus seiner Veranlagung zur gleichgeschlechtlichen Liebe keinerlei Geheimnis – weder in seinen Werken noch im Alltag. Und während Thomas Mann ein repräsentatives, geordnetes Dasein führte und sich selbst jegliche Exzesse versagte, wählte Klaus Mann ein Leben, das ihn oft an Abgründe und in Grenzsituationen führte. Am Ende ist er an der Radikalität seiner Lebensführung nahezu zwangsläufig zugrunde gegangen.

Der Schriftsteller Hermann Kesten, ein Weggefährte der Exiljahre, hat die ambivalente Persönlichkeit Klaus Manns treffend beschrieben: «Er liebte die ganze Erde, und besonders Paris und New York, und floh vor sich selbst. Er zerrte am dünnen, flatternden Vorhang, der den Tag vom Nichts trennt, und suchte überall den Traum und den Rausch und die Poesie, die drei brüderlichen Illusionen der allzufrüh Ernüchterten. Er war voller nervöser Daseinslust und heimlicher Todesbegier, frühreif und unvollendet, flüchtig und ein ergebener Freund, gescheit und verspielt. [...] Zum Spaß war er ein Spötter, und wenn es ernst wurde, ein Idealist.»

Der Schriftsteller Erich Ebermayer schrieb über Klaus Mann kurz nach dessen frühem Tod: «Es bleibt immer nur das Wort: Verzauberung. Dem Zauber seines Wesens erlag jeder, der ihn nicht haßte. Nur dies Beides gab es: Verzaubert-Sein oder Bekämpfen.» Und Ebermayer betonte die «ungeheure, geradezu magische Wirkung», die Klaus Mann besonders auf junge Menschen gehabt habe. Auch bei seinen eigenen Geschwistern erfreute sich Klaus einer fast uneingeschränkten Beliebtheit.

Das dritte Kind der Manns, Golo – eigentlich Angelus Gottfried Thomas –, wurde am 27. März 1909 geboren. Über seine frühen Jahre gibt es aus der Familie bemerkenswerte Äußerungen: «Alles macht er sonderbar ungeschickt und grotesk», notierte zum Beispiel Katia Mann. «Er ist ein furchtbar komischer Junge, darüber sind sich alle einig, die ihn sehen.» Und in der ersten Autobiographie von Klaus Mann heißt es, rückblickend auf die Kindheit: «Golo [...] repräsentierte unter uns das groteske Element. Von skurriler Ernsthaftigkeit, konnte er sowohl tückisch als auch unterwürfig sein. Er war diensteifrig und heimlich aggressiv; dabei würdevoll wie ein Gnomenkönig. Ich vertrug mich ausgezeichnet mit ihm, während er sich mit Erika viel zankte.»

Aus diesem «skurrilen» und «diensteifrigen», jedenfalls eher stillen und introvertierten Jungen wurde später einer der angesehensten Historiker Deutschlands und eine wichtige Figur des öffentlichen Lebens in der Bundesrepublik. Für manchen Zeitgenossen wurde er zur «grauen Eminenz vom Zürichsee». Klaus Harpprecht kommt gar zu dem Urteil, Golo sei «das einzige unter den sechs Kindern von Thomas und Katia Mann [gewesen], das seine Persönlichkeit, seinen geistigen Rang und ein eigenständiges Werk gegen den übermächtigen Schatten des Vaters zu behaupten vermochte». Dieser negativen Bewertung von Golos Geschwistern kann man mit guten Argumenten widersprechen; doch dafür ist hier nicht der Platz.

Auffällig ist allerdings die Tatsache, dass sein beruflicher Aufstieg erst nach dem Tod Thomas Manns und dem Selbstmord seines Bruders Klaus beginnt. Über die Jahre des amerikanischen Exils schreibt Golo Manns Biograph Urs Bitterli: «Im Gegensatz zu seinen älteren Geschwistern, welche im Widerstand gegen Hitler ein erstaunliches Potential an psychischer und intellektueller Vitalität freisetzen konnten, dachte er kaum mehr daran, sich öffentlich zu engagieren. Er verfolgte das Zeitgeschehen gewiss nicht weniger teilnehmend als Erika und Klaus und litt nicht weniger als sie darunter. Aber aus dieser Teilnahme flossen ihm nicht dieselben Energien zu. Auch war das zuweilen etwas schrille Geltungsbedürfnis der älteren Schwester seinem Temperament ebenso fremd wie die nervöse Schaffenskraft des Bruders.»

Golo Manns Wesen wird meist als eher düster und melancholisch, seine Haltung als konservativ und pessimistisch beschrieben. Er selbst hat wiederholt betont, wie stark sein Charakter von den historischen Ereignissen des 20. Jahrhunderts geprägt wurde: «Wer die dreißiger und vierziger Jahre als Deutscher durchlebt hat, der kann seiner Nation nie mehr völlig trauen und am wenigsten dem, was Optimisten früher den ‹Sinn der Geschichte› nannten. Der wird, wie sehr er sich auch Mühe geben mag und soll, in tiefster Seele traurig bleiben, bis er stirbt.»

Golo war, wie seine Geschwister, im wörtlichen Sinne ein Kind seiner Zeit. Dass er weniger zur Lebensfreude neigte als die übrigen Mann-Kinder, hat vielfältige Ursachen. Als er in einem Fragebogen 1980 seinen «Traum vom Glück» beschreiben sollte, antwortete er: «In den Bergen leben, wandern, Gutes lesen, Ernsthaftes schreiben. Abends Kaminfeuer und Musik, freundliche Gesellschaft, ‹ein gut Gespräch›. Aber das kann nicht immer, das kann nur selten sein.»

Ein gutes Jahr später als Golo, am 7. Juni 1910, wurde Monika Mann geboren. Von den sechs Mann-Kindern hatte sie wohl das schwierigste Schicksal zu tragen – und die Probleme begannen bereits in der eigenen Familie. Die überlieferten Äußerungen der Eltern und der meisten Geschwister in Tagebüchern und Briefen sind voller Geringschätzung; nur Klaus bildet eine Ausnahme. «Für Mönchen, sie wird es schon verstehen», lautete die Widmung, die Thomas Mann Monika in ihr Exemplar des «Doktor Faustus» schrieb. Die Formulierung vom «armen Mönchen» (oder «Mönle») wurde, vielfach variiert, innerhalb der Familie zu einer stehenden Wendung. Im amerikanischen Exil wurde diese negative Haltung noch gesteigert. «Mönle hat sich nun endgültig zur Rolle des völlig unnützen Sonderlings entschlossen», schreibt Katia Mann 1942 an Elisabeth Mann Borgese. In einem Brief an Klaus spricht sie von Monikas «abgründiger Faulheit», bei anderer Gelegenheit nennt sie die mittlere Tochter «schwach, träge und hochmütig».

Wie herablassend Monika in der Familie oft behandelt wurde, dokumentiert ein Brief der älteren Schwester Erika an ihre Mutter Katia, geschrieben nach der ersten Begegnung mit Monikas künftigem Mann Jenö Lányi im Juni 1938: «Die vielen Geschwister hier traf ich in Gesundheit und harmonischem Zusammenleben. Gölchen als Hausvater, Medi ganz verständig [...], Möndle (ihr Gesicht ist *wirklich* ziemlich klein, wenn auch freilich ein wenig unjung) scheu, Lányi ängstlich. Ich sah ihn heute zum ersten Mal, er wird aber zum Abend bleiben. Auf die Fragen in meiner Liste ‹hat Lányi zu leben? Wovon lebt Lányi? Besitzt Lányi Geld?› habe ich noch keine definitive Antwort. Fest scheint zu stehen, daß die jungen Menschen heiraten [...]. ‹Aussprache› hat noch keine stattgefunden, – ich gedenke das Schnellfeuer in den nächsten Tagen zu eröffnen.»

Die Zeit der Verbindung Monikas mit dem ungarischen Kunsthistoriker Lányi war vielleicht die erfüllteste Phase ihres Lebens. Doch das Liebesglück endete jäh und tragisch: Im September 1940 wurde das Schiff, mit dem das junge Paar von Europa nach Amerika emigrieren wollte, von einem deutschen U-Boot torpediert und versenkt; Jenö Lányi ertrank vor den Augen seiner Frau, sie selbst wurde gerettet. Dieses traumatische Erlebnis hat Monika in den Jahrzehnten danach niemals wirklich verwunden.

Einen bürgerlichen Beruf hat Monika Mann nicht erlernt oder ausgeübt; selbstironisch hat sie sich einmal als «professionelle Hobbyistin» bezeichnet. In jungen Jahren genoss sie eine musikalische Ausbildung, und im amerikanischen Exil begann Monika zu schreiben. Zunächst waren es kleine Formen, in denen sie sich erprobte – Prosaskizzen, Feuilletons und Gedichte. Später, zurück in Europa, veröffentlichte sie auch Bücher – darunter ihr Erinnerungsbuch «Vergangenes und Gegenwärtiges». Ihre Texte sind oft von einem ganz eigenen Reiz – mit überraschenden Sichtweisen und originellen Spracheinfällen. Dass ihre literarischen Arbeiten in der eigenen Familie auf wenig Gegenliebe stießen, kann man im Nachhinein durchaus ungerecht finden.

Unter Freunden und Kollegen fand Monika eine deutlich positivere Resonanz. «Sie sind das Mitglied mit der größten Distanz zur Familie, deshalb hört man von Ihnen oft das Gescheiteste – das ist keine Schmeichelei, eher ein bewußter Widerspruch zur gängigen Familienmeinung, die ebenso falsch war, wie es alles ‹Gängige› ist», schrieb ihr der Verleger Berthold Spangenberg im Juli 1982 in einem Brief. Und der Schriftsteller Oskar Maria Graf hat Monika Mann in einer Kritik ihres Memoirenbuches mit den Worten charakterisiert: «Rebellische Selbstbehauptung, störrisches Ressentiment, schneller Verstand und ein äußerst geschärfter weiblicher Instinkt wirken bei ihr zusammen und

führen zu überraschend eindringlichen Beobachtungen und Erkenntnissen, die sie ausgezeichnet formuliert.»

Beinahe acht Jahre dauerte es nach Monikas Geburt, bis das nächste Kind der Manns zur Welt kam: Elisabeth, geboren am 24. April 1918. Sie wurde Thomas Manns «Kindchen», sein besonderer Liebling, den er in einem (literarisch wenig überzeugenden) «Gesang» verherrlichte. Und sie war wohl diejenige, die von allen Mann-Kindern am stärksten eigene Wege ging – und am Ende das glücklichste, erfüllteste Leben führte.

«Ich habe für keins der früheren Kinder so empfunden, wie für dieses», bekennt Thomas Mann schon 1918 in einem Brief an Ida Boy-Ed. Und mehr als drei Jahrzehnte später schreibt Katia Mann ihrer amerikanischen Freundin Molly Shenstone über die inzwischen erwachsene Elisabeth: «Auf gewisse Weise ist sie wirklich mein bestes Kind, und das anhänglichste ihrer armen alten Eltern; außerdem eine ausgezeichnete kleine Mutter, Hausfrau und Ehefrau.»

«Sie war erwünscht und willkommen auf dieser Welt», konstatiert der Filmemacher Heinrich Breloer, «geliebt von Anfang an, ‹mehr als die vier anderen zusammengenommen›, schreibt Thomas Mann an Elisabeths Paten Bertram. Dieses Gefühl der unbedingten Zuneigung trägt die Tochter ein ganzes Leben lang durch viele Gefahren und schwere Stunden auf der weiten Reise über die Kontinente.»

Leichtes Befremden, auch bei ihren Eltern, erregte allerdings Elisabeths Partnerwahl: Sie band sich früh an einen um 36 Jahre älteren Mann, den italienischen Antifaschisten Giuseppe Antonio Borgese; und sie hat selbst erzählt, dass sie sich zuerst in ein Buch Borgeses verliebte, «Der Marsch des Fascismus», bevor sie ihn 1938 persönlich kennen lernte. Borgese starb 1952, drei Jahre früher als Thomas Mann, und Elisabeth überlebte ihn um fast fünfzig Jahre. Ein zweites Mal geheiratet hat sie nicht.

Borgese war ihr Mann, ihr Lehrer und ihr Vorbild. In seinem Sinne hat sie ihre eigene wissenschaftliche und publizistische Arbeit mit einem dezidierten politischen Engagement verknüpft. Sie stritt für den Erhalt und Schutz der Weltmeere. Elisabeth Mann Borgese war Mitglied im Club of Rome, initiierte die Gründung des International Ocean Institute, das mittlerweile an über zwanzig Orten weltweit residiert, und setzte sich für die Ausarbeitung und Ratifizierung eines neuen Seerechts ein.

Ganz nebenher schrieb sie auch noch literarische Texte. Ihr Arbeitspensum war enorm, wie viele Freunde und Weggefährten bezeugen. Sie ruhte in sich und war in vieler Hinsicht ein «Glückskind». Dass sie auch – anders als die meisten ihrer Geschwister – die eigene Kindheit und Jugend in einem sehr positiven Licht sah und stets liebevoll über ihre Eltern sprach, verwundert daher nicht. Über ihren Vater, der doch häufig als kalt und unnahbar beschrieben wird, sagte Elisabeth: «Er war halt sehr lieb, und ich habe ihn sehr gerne gehabt, habe ungeheures Zutrauen zu ihm gehabt, komplettes Zutrauen.»

Das letzte Kind der Manns, Michael, genannt «Bibi», wurde am 21. April 1919 geboren. Er hatte, ähnlich wie Monika, eine schwierige Beziehung zu seinem Vater. In dessen Tagebuch finden sich schon früh Sätze wie dieser: «Stelle immer wieder Fremdheit, Kälte, ja Abneigung gegen unseren Jüngsten fest [...].» Über den Halbwüchsigen notiert Thomas Mann 1934: «Unglückselige Manier Bibi's auf irgendwelche Vorhaltungen zu reagieren. Er kennt keinen Versuch, ruhige und erklärende Worte, was in Heiterkeit geschehen könnte, sondern wird sofort bockig, frech und grob. Traurig und fremd.»

In seiner Erzählung «Unordnung und frühes Leid» (1925) hat Thomas Mann ein literarisches Abbild der eigenen Familie entworfen. Michael fand sich darin auf wenig schmeichelhafte Weise porträtiert. Über den Jüngsten heißt es, dass seine «Würde und Männlichkeit mehr angestrebt als wahrhaft in seiner Natur gesichert [sind], denn, gehegt und geboren in wüsten, verstörten Zeiten, hat er ein recht labiles und reizbares Nervensystem mitbekommen, leidet schwer unter den Mißhelligkeiten des Lebens, neigt zu Jähzorn und Wutgetrampel, zu verzweifelten und erbitterten Tränenergüssen über jede Kleinigkeit und ist schon darum der besondere Pflegling der Mutter.»

Die beruflichen Wege des jüngsten Sohnes hat Thomas Mann dagegen mit einiger Sympathie verfolgt. Michael wurde Musiker und trat erfolgreich als Bratschist und Geiger auf. Der Vater freute sich über «Beharrlichkeit» und «ernste Arbeit» seines Sohnes. Als Thomas Mann am «Doktor Faustus» arbeitete, nahm er gern Michaels fachkundigen Rat in musikalischen und musiktheoretischen Fragen in Anspruch.

Die zweite Berufslaufbahn Michaels hat Thomas Mann nicht mehr erlebt: Der jüngste Mann-Sohn gab die Musikerkarriere auf und wandte sich der Germanistik zu. Er promovierte 1961 über Heinrich Heine, wurde Professor in Berkeley, Kalifornien, und schrieb unter anderem über Schubart und Schiller. Schließlich nahm er sich Leben und Werk des eigenen Vaters als Forschungsgegenstand vor – eine Aufgabe, an der er auf tragische Weise zugrunde ging.

So schwierig die Vater-Sohn-Beziehung zwischen Thomas und Michael Mann auch gewesen ist – der Familie seines Jüngsten war Thomas Mann auf ganz besondere Weise verbunden: Denn den erstgeborenen Sohn von Michael und Gret Mann, Frido, schlossen Katia und Thomas Mann innig ins Herz. Die späten Tagebücher des Großvaters sind gespickt mit verzückten Beobachtungen und Reflexionen über den «reizenden» Jungen.

Wir freuen uns auch aus diesem Grunde sehr, dass Frido Mann sich für die Ausstellung «Die Kinder der Manns» als Schirmherr zur Verfügung gestellt hat und dem vorliegenden Buch ein Geleitwort voranstellt. Die verschlungenen Wege der Familie Mann im 20. Jahrhundert wertet Frido Mann als ein zwar unfreiwilliges, aber dennoch exemplarisches Vorwegnehmen von Multikulturalität und Weltbürgertum, die im 21. Jahrhundert unumgänglich werden. Einer solchen Deutung schließen wir uns gerne an.

Uwe Naumann / Astrid Roffmann, im August 2005

Kapitel 1

Kinder dieser Zeit

Sechs Münchener Kindheiten

*Wir sind von Kindheit an, was wir
sind, und alles Spätere ist Auslegung
des Frühesten. Je labyrinthisch irrer das
Alter ist, desto rührender wirkt im Rückblick die Jugend, weil doch in dem hof-
fenden, zutraulichen Menschen des Morgens schon der heiße Mittag und die
Abgeschiedenheit des Abends lag.*
Golo Mann

*Mein Sinn für mathematische Klar-
heit stimmt dem zu, wie er der Anord-
nung zustimmt, daß meine Kinder als
drei reim- und reigenartig gestellte Paare
– Mädchen, Knabe – Knabe, Mädchen –
Mädchen, Knabe – erschienen und
wandeln.*
Thomas Mann

«Wir waren fünf»

Thomas Johann Heinrich Mann und seine Frau Julia, geb. da Silva-Bruhns

Paul Thomas Mann kommt am 6. Juni 1875 zur Welt. Nach dem vier Jahre zuvor geborenen älteren Bruder Luiz Heinrich ist er das zweite Kind des Lübecker Kaufmanns Thomas Johann Heinrich Mann und seiner Frau Julia.

Die junge Mutter, eine geborene da Silva-Bruhns, wächst zwischen den Welten und Kulturen auf. Teils portugiesisch-kreolischer, teils deutscher Abstammung, verbringt Julia ihre ersten Lebensjahre bis kurz nach dem frühen Tod der Mutter in Brasilien. Sie selbst hält diese Zeit in ihren Erinnerungen «Aus Dodos Kindheit» fest. Neben der Begeisterung für die Literatur weckt sie in ihren Kindern die Leidenschaft für die Musik. Auf dieses südländisch-musische Erbteil der Mutter beruft sich Thomas Mann immer wieder, wenn er später nach den Wurzeln seines Künstlertums sucht.

Seine eher nüchterne bürgerliche Seite sieht er demgegenüber in direkter Linie zum Vater, der einem alteingesessenen Lübecker Patriziergeschlecht entstammt. Für seinen Wunsch, «ein Haus, eine Familie zu gründen, seinem geistigen Leben, das oft abenteuerlich genug sein mag, eine feste, würdige, ich finde wieder nur das Wort: bürgerliche Grundlage zu geben», ist ohne Zweifel der Senator Thomas Johann Heinrich Mann ausschlaggebend. «Wenn ich in diesem Stile handelte und lebte, so ist gar kein Zweifel, daß das Beispiel meines Vaters bestimmend mitwirkte.»

Den Söhnen Heinrich und Thomas folgen 1877 und 1881 die Schwestern Julia und Carla nach, 1890 der Nachzügler Viktor. Wie die Mutter Julia reiht sich auch der Jüngste später mit seinen Lebenserinnerungen «Wir waren fünf» unter die schreibenden Familienangehörigen.

Das Lübecker Buddenbrookhaus in der Mengstraße 4. Das Haus der Großeltern Thomas Manns fand als Hauptschauplatz seines Romans «Buddenbrooks» Eingang in die Weltliteratur.

Julia Mann mit
ihrem jüngsten Sohn
Viktor

Die Geschwister
Heinrich, Thomas, Carla
und Julia Mann,
um 1885

Die «Casa Mann»
in Brasilien Ende des
20. Jahrhunderts. Hier
verbrachte Julia da
Silva-Bruhns ihre ersten
Lebensjahre.

*Geboren im Jahre 1875 zu Lübeck als
zweiter Sohn des Senators und Kaufmanns Johann Heinrich Mann und seiner
Frau Julia geb. da Silva-Bruhns (aus Rio
de Janeiro gebürtig, halb deutscher, halb
kreolischer Abstammung) verlebte ich mit
meinen vier Geschwistern, trotz regelmäßig wiederkehrender Ärgernisse, die durch
meine träumerische Renitenz als Schüler
hervorgerufen wurden, in unserem schönen Elternhause eine glückliche Jugend.*
(Thomas Mann)

Die Familie Pringsheim

Musiksaal im Palais
Pringsheim

Von Thomas Manns zukünftiger Frau Katia Pringsheim, die den besten Münchener Kreisen entstammt, ist eine sehr treffende Beschreibung ihres Elternhauses als «wissenschaftliches Haus mit musikalischen Interessen» überliefert. Der Vater Alfred Pringsheim, einer der wohlhabendsten Männer der Stadt, ist Ordinarius für Mathematik an der Ludwig-Maximilians-Universität. Privat hat sich der Professor allerdings ganz den schönen Künsten verschrieben. Pringsheim ist begeisterter Kunstsammler und ein Wagnerianer der ersten Stunde, «der den Meister gekannt hatte und nur aus einer Art von intelligenter Selbstbezwingung sich nicht ganz der Musik, sondern der Mathematik, die er dozierte, gewidmet hatte».

Zusammen mit seiner Frau, der Schauspielerin Hedwig Pringsheim, residiert er in einem Stadtpalais in der Arcisstraße. Nach ihrer Eheschließung hat Hedwig der Bühne den Rücken gekehrt – dafür spielt sie schon bald eine wichtige Rolle in der Münchener Gesellschaft. Das prachtvolle, ganz im Renaissancestil gehaltene Domizil der Pringsheims avanciert in der bayerischen Kapitale zu einem Zentrum des mondänen und intellektuellen Lebens. Richard Strauss, Maximilian Harden, Franz von Lenbach, Friedrich August Kaulbach, Franz von Stuck und Annette Kolb zählen zu den illustren Gästen, die sich regelmäßig bei den großen Gesellschaften der Pringsheims einfinden.

Das Palais der
Familie Pringsheim in
der Arcisstraße 12

Hedwig Pringsheim
(1855–1942)

Alfred Pringsheim
(1850–1941)

Insgesamt haben Hedwig und Alfred Pringsheim fünf Kinder. Katia, geboren am 24. Juli 1883, ist das einzige Mädchen darunter. Wie bei den Lübecker Manns eine stattliche Zahl von Geschwistern, die den Maler Kaulbach dazu verleitet, die bei einem Maskenball in Pierrotkostümen erscheinenden Pringsheim-Kinder im Bild festzuhalten. Eine Reproduktion seines damals sehr populären Gemäldes «Kinderkarneval» findet ihren Weg auch in den hohen Norden zum jungen Thomas Mann: «Jedermann war entzückt, und so war ich, ein Schuljunge damals im alten Lübeck, hoch oben am Baltischen Meer. Ich schnitt das Bild, dessen persönliche Hintergründe mir ebenso unbekannt waren wie der großen Mehrzahl seiner Liebhaber und Bewunderer, aus einem Journal heraus und befestigte es mit Reißnägeln über dem Arbeitstisch meines Schülerzimmers, so gut gefiel es mir. München war fern, und unbekannt die Zukunft. Wenn ich aber aufblickte von meiner Ovid-Präparation – oder von was immer für einer schulwidrigen Vorbereitung, die ich an ihre Stelle setzte –, so hatte ich – meine zukünftige Frau vor Augen.»

Friedrich August Kaulbachs «Kinderkarneval»: Katia (ganz links) mit ihren Brüdern Klaus, Heinz, Peter und Erik

Mater und Pater familias

«Im Jahre 1905 heiratete ich die Tochter des Ordinarius für Mathematik an der Universität München, Alfred Pringsheim. Mütterlicherseits ist meine Frau die Enkelin Ernst und Hedwig Dohms, des bekannten Berliner Publizisten und seiner Gattin, die in der deutschen Frauen-Emanzipationsbewegung eine führende Rolle gespielt hat.» Als bekannte Frauenrechtlerin und Schriftstellerin nimmt Hedwig Dohm ohne Zweifel eine besondere Rolle in der Familie ein. Ganz in ihrem Sinne wird auch die Enkelin im Hinblick auf ihre Rolle als Frau liberal erzogen. Als Externe – die Einrichtung eines Mädchengymnasiums steht um 1900 gerade zur Diskussion – legt Katia Pringsheim am Münchener Wilhelmsgymnasium ihr Abitur ab. Auch dies war für die damalige Zeit keine Selbstverständlichkeit. Danach beginnt sie ein Studium. Über ihren Entschluss, dem Werben des damals schon bekannten Schriftstellers Thomas Mann nachzugeben und das Studium zugunsten der Familiengründung aufzugeben, ist eine lakonische Bemerkung von Katia überliefert: «Geheiratet habe ich nur, weil ich Kinder haben wollte.»

Hedwig Dohm
(1831–1919)

Katia mit ihrer Mutter
Hedwig Pringsheim

Thomas Mann,
um 1905

Thomas Mann scheint die Vaterrolle weniger auf den Leib geschneidert: «Jemand wie ich ‹sollte› selbstverständlich keine Kinder in die Welt setzen», schreibt er im Tagebuch. Und doch bietet ihm die Ehe ein Modell, seinem Künstlerdasein wie auch der Neigung zu beiden Geschlechtern einen bürgerlichen Rahmen zu verleihen und sich selbst eine «Verfassung» zu geben – mit anderen Worten: die «Verantwortlichkeiten des normalen Lebens zu akzeptieren, Kinder zu zeugen, eine Familie zu gründen».

Konsens zwischen den Ehepartnern herrscht hingegen im Hinblick auf das Wunschkind. Junge oder Mädchen? Auf die Frage Hedwig Dohms antwortet Thomas Mann mit einer – wie er in «Little Grandma» berichtet – «schreiend unreifen Äußerung», die ihn in den Augen der Streiterin für die Rechte der Frau zum «Anti-Feministe» stempelt. Er «hatte dem Wunsche Ausdruck gegeben, es möchte ein Knabe sein, mit der Begründung, es sei ‹mit einem Mädchen doch keine recht ernsthafte Angelegenheit›».

Alle Beteuerungen und Versuche, den «verbalen Fehltritt» wieder rückgängig zu machen, bleiben vergeblich. Aus Sicht Hedwig Dohms steht der neue «Enkel-Schwiegersohn» der Selbstverwirklichung Katias im Weg. Ganz frei von diesen «anti-feministischen» Tendenzen ist aber auch die Enkelin der berühmten Frauenrechtlerin nicht. Mit deutlicherer Entschiedenheit als Thomas Mann bevorzugt Katia Jungen.

«Es ist also ein Mädchen»

Am 9. November 1905 bringt Katia Mann in
der gemeinsamen Wohnung in der Münchener Franz-Joseph-Straße ein Mädchen
zur Welt. Der junge Vater berichtet darüber an seinen Bruder Heinrich: «Über das
Familienereignis wirst Du unterdessen des
Näheren unterrichtet worden sein, durch
Mama oder Lula. Es ist also ein Mädchen:
eine Enttäuschung für mich, wie ich unter
uns zugeben will, denn ich hatte mir sehr
einen Sohn gewünscht und höre nicht auf,
es zu thun. Warum? ist schwer zu sagen.
Ich empfinde einen Sohn als poesievoller,
mehr als Fortsetzung und Wiederbeginn
meinerselbst unter neuen Bedingungen.
Oder so. Nun, er braucht ja nicht auszu-
bleiben. Und vielleicht bringt mich die
Tochter innerlich in ein näheres Verhältnis zum ‹anderen› Geschlecht, von dem ich
eigentlich, obgleich nun Ehemann, noch
immer nichts weiß.» Die Enttäuschung
scheint schnell verwunden. Schon bald
wird sie abgelöst durch ein «durchdringendes Gefühl von Glück», wie der junge
Vater «es seit zwanzig Jahren nicht mehr
kannte» (Thomas an Heinrich Mann, 5. Dezember 1905).

Mit der Zeit entwickelt der Vater zu den
Töchtern sogar ein besseres Verhältnis als
zu den Söhnen, wie Katia Mann sich erinnert: «Mein Mann war viel mehr für die
Mädchen. Obgleich er ein Mädchen für
nichts Ernsthaftes hielt, war Erika immer
sein Liebling; und dann die Jüngste, Elisabeth. Die beiden Mädchen hatte er bei weitem am liebsten; sie standen ihm entschieden näher als die Söhne.»

**Katia und Thomas Mann
mit ihrer Tochter Erika**

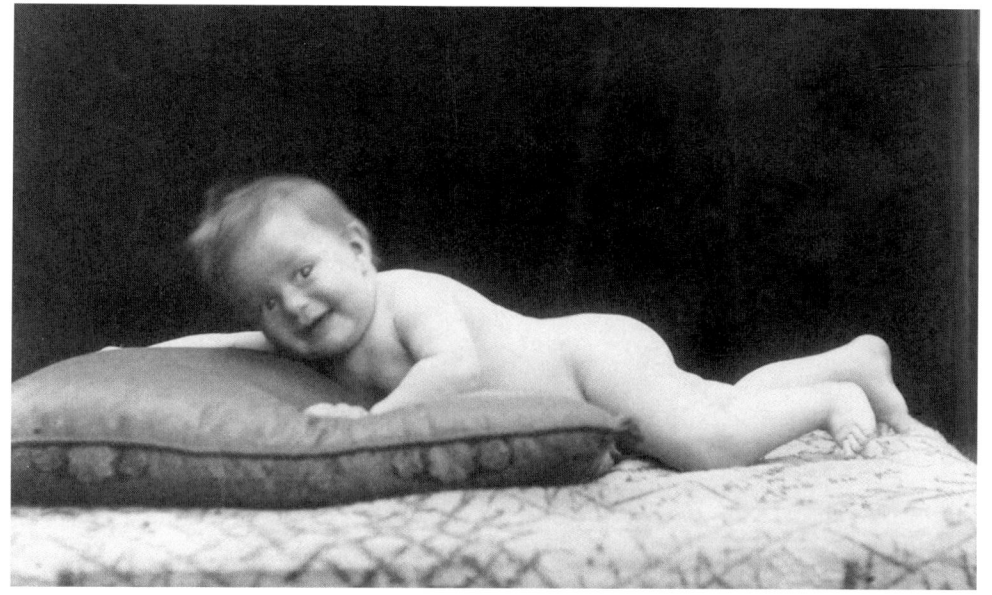

Erika Julia Hedwig Mann wenige Monate nach ihrer Geburt. «Hedwig» heißt die älteste Tochter von Katia und Thomas Mann nach Mutter und Großmutter mütterlicherseits, der zweite Vorname folgt der Namensgebung von Thomas Manns Mutter und Schwester. Den Rufnamen erhält sie in Anlehnung an den ältesten Bruder von Katia Mann.

Lieber Martens:
Ich zeige Dir die glückliche Ankunft eines
wohl gebildeten kleinen Mädchens an. Der
Tag der Ankunft war ein furchtbarer Tag;
aber nun ist Alles Idyll und Friede, und
das Kleine an der Brust der Mutter zu
sehen, ist ein Anblick, der die Foltergräuel
der Geburt nachträglich verklärt und hei-
lig spricht. Ein Mysterium! Eine große
Sache! Ich hatte einen Begriff vom Leben
und einen vom Tode; aber was das ist, die
Geburt, das wußte ich noch nicht.
(Thomas Mann an Kurt Martens, 11. November 1905)

Das Speisezimmer in der Franz-Joseph-Straße 2 in München

Thomas Manns Arbeitszimmer in der Franz-Joseph-Straße 2

«Fortsetzung und Wiederbeginn»?

Die erhoffte «Fortsetzung» seiner selbst «unter neuen Bedingungen» lässt für Thomas Mann nicht lange auf sich warten. Kaum ein Jahr nach der Geburt Erikas schenkt Katia Mann ihrem Ehemann einen Sohn. Tatsächlich wird Klaus Heinrich Thomas Mann als Schriftsteller später in die Fußstapfen seines Vaters – und auch des berühmten Onkels – treten. Seinen ersten Vornamen erhält er nach dem Zwillingsbruder der Mutter. Das unzertrennliche Geschwistergespann Klaus und Katia Pringsheim hatte Thomas Mann schon in seiner Novelle «Wälsungenblut» beschrieben.

«Wie innig wir uns auch bemühen mögen, uns zurückzuversetzen in das Paradies vollkommener Wunschlosigkeit – das Gefühl, dessen wir uns wirklich entsinnen und welches uns zu jeder Zeit beherrscht zu haben scheint, ist immer nur die Sehnsucht nach einem Glück, das mit dem Beginn unseres bewußten Lebens verlorenging.

Der Kinderwagen ist das verlorene Paradies. Die einzig absolut glückliche Zeit in unserem Leben ist die, welche wir schlafend verbringen. Es gibt kein Glück, wo Erinnerung ist. Sich der Dinge erinnern bedeutet, sich nach der Vergangenheit sehnen. Unser Heimweh beginnt mit unserem Bewußtsein.» (Klaus Mann – «Der Wendepunkt»)

Katia Mann mit ihrem Sohn Klaus in der Arcisstraße, 1907

Klaus Mann, einige
Wochen nach seiner
Geburt am 18. November
1906

Katia zusammen mit
ihrem Zwillingsbruder
Klaus Pringsheim: «Das
Gespräch zwischen den
beiden wimmelte von
geheimen Formeln, zärt-
lichen Anspielungen,
rätselhaften Scherzen.
Die zwei seltsamen Kin-
der schienen in einer
Welt für sich zu leben –
beschützt von ihrem
Reichtum und von ihrem
Witz, bewacht und ver-
wöhnt von Bedienten und
Verwandten.»
(Klaus Mann – «Der
Wendepunkt»)

Die Geburtsurkunde von
Klaus Heinrich Thomas
Mann. Nach dem Vater
werden alle Söhne auf
den Vornamen «Thomas»
getauft. «Heinrich» wird
der älteste Sohn der
Manns nach seinem Groß-
vater väterlicherseits
und seinem berühmten
Onkel benannt.

Wie Zwillinge

Katia Mann mit ihren
Kindern Klaus und Erika,
um 1907

Von Anfang an sind Klaus und Erika un-
zertrennlich voneinander: «Mein Bruder
Klaus war ein Jahr jünger als ich, und
kaum hatte ich mich an seine Anwesenheit
hienieden und unser Zwillingsdasein gewöhnt, als ich auch schon der Überzeugung war, jedes kleine Mädchen brauche
einen Klaus, und, wo alles mit rechten
Dingen zugehe, habe es ihn auch.» Erika
ist es auch, die Klaus den Spitznamen
«Eissi» verleiht. «Ich war vielleicht zweieinhalb, konnte den Namen ‹Klaus› nicht
aussprechen, versuchte ‹Klausi› zu sagen,
brachte es aber über ‹Eissi› nicht hinaus.»
Im Familienkreis wird die Kurzform –
auch später in den Briefen der Eltern an
den Sohn – beibehalten.

«Wir traten wie
Zwillinge auf: Die Er-
wachsenen wie die Kinder
hatten uns als Einheit
zu akzeptieren», so Klaus
Mann später im «Wende-
punkt» über die enge
Beziehung zur älteren
Schwester.

Angelus Gottfried Thomas

**Erika und Klaus Mann
mit dem Bruder Golo**

Im Frühjahr 1909 kommt Golo Mann zur Welt. Seinen Geburtstag, den 27. März, hat er mit seinem Onkel Heinrich gemeinsam. Thomas Mann an den Bruder über die Geburt: «Katja's Niederkunft war sehr schwer und qualvoll. Es fehlte nicht viel, so hätte zur Zange gegriffen werden müssen, da die Herztöne des Kindes schon schwach wurden. Das Kind ist wieder mehr der Typus Mucki, schlank und etwas chinesenhaft. Es soll Angelus, Gottfried, Thomas heißen.»

Den Vornamen Angelus erhält Golo auf Wunsch der älteren Schwester Erika: «In Bad Tölz, wo unser Sommerhaus stand, spielten wir gern mit den drei Bübchen des Postexpeditors Mößlang. Das jüngste durfte ich herumtragen. Ich liebte ihn sehr, meinen Angelus, und wünschte nichts sehnlicher, als einen möglichst ähnlichen wirklich zu besitzen. Auch im Winter. Derweil erwartete unsere Mutter das dritte Kind – ein Mädchen, wie sie meinte. Leichtfertig versprach sie mir den Buben –, überzeugt, ich würde ein Einsehen haben, war die Kleine erst da.

Die guten Eltern! Sie hatten das Herz nicht, mich zu enttäuschen, und, kurz, das Malheur passierte: Angelus Gottfried Thomas – so hieß der Knabe. Er war mein. Ich trug ihn herum. Daß man ihn allgemein ‹Gelus› rief, war sehr ungebildet, da es den Tatsachen widersprach. Doch selbst, als mein Eigentum zu sprechen anfing, ‹Gelus› zu schwierig fand und sich Golo (oder, zärtlicher, Gololo) nannte, blieb ich getrost. Der Name stand felsenfest – Gelus hin und Gololo her.»

**Golo Mann im Alter von
ungefähr einem Jahr**

Die Familie mit
dem Säugling Golo vor
ihrem Landhaus in
Bad Tölz, dessen Bau
1908 in Auftrag gegeben
wurde

Über die vier ältesten Kinder legt Katia Mann Kinderhefte an, in denen sie ihren Werdegang bis zum Alter von ungefähr vier Jahren dokumentiert. Den Notizen zufolge überwiegt bei Golo der Eindruck des Scheuen und Unbeholfenen, der ihm im Ganzen eine skurrile Note verleiht: «Alles macht er sonderbar ungeschickt und grotesk: aus einer üppig blühenden Wiese, wo die Kinder Sträuße pflücken, rupft er, für einen anderen kaum auffindbar, drei ganz verhutzelte und verdorrte Gänseblümchen und überreicht sie mir stolz und verschmitzt […]. Er ist ein furchtbar komischer Junge, darüber sind sich alle einig, die ihn sehen […]. S. Fischer findet ihn Maxim Gorki ähnlich, alle erklären ihn für ein Original und schenken ihm trotz seiner Häßlichkeit am meisten Beachtung von allen Kindern. Das heißt, ich finde ihn ja gar nicht häßlich.» Sein «sonderbar gravitätisches Wesen», «etwas merkwürdig Gesetztes und Altkluges», so die Mutter weiter, erregt oft Heiterkeit.

Dem älteren Bruder Klaus eifert der gerade mal Dreijährige schon bald im Geschichtenerzählen nach, auch trägt er gern mit «großem Pathos» in Versform vor. «So bleibt es das Gedicht, welches die Identität in aller Frühe schon bilden half. Auch mag die Ungeschicklichkeit meiner Hände dazu gehören – nur der Hände? –, die verhutzelten Gänseblümchen inmitten der blühenden Wiese […]. Im Dreijährigen ist der fertige Mensch, der dreißigjährige, verborgen und geborgen, jedoch ohne daß Erscheinung und Wesen, oder scheinbares Wesen des Kindes, irgend etwas für die fernere Zukunft bewiesen», urteilt Golo Mann im Rückblick.

«Ein besonders niedliches Kind»

Ein gutes Jahr nach der Geburt Golos bringt Katia Mann eine zweite Tochter zur Welt. Deren Ankunft lässt allerdings, wie Thomas Mann an Walter Opitz berichtet, auf sich warten. Zu seinem Leidwesen verzögert sich dadurch in diesem Jahr die Abreise nach Bad Tölz: «Reisen kann ich jetzt nicht, da ich über ein Kleines zum vierten Male Vater werden soll. (Wenn ich es zum fünften Male werde, übergieße ich mich mit Petroleum und zünde mich an). Der Termin ist so unbestimmt, daß ich nicht ruhig den Rücken kehren könnte.» Im Juni ist es dann endlich so weit, wie Monika Mann selbst rückblickend mit schalkhafter Distanz schildert: «Am 7.6.1910 morgens um 7 geboren. Fällig war ich am 6., wollte aber den Geburtstag des Vaters nicht stören einerseits, und wollte meinen eigenen Geburtstag haben andererseits.» «‹Monika›, 7 1/2 Pfund schwer und nicht auffallend häßlich», so der erste Eindruck von Hedwig Pringsheim, die ihrer Tochter Katia bei der Entbindung des vierten Kindes beisteht. Die Mutter selbst ist anfänglich voll des Lobes über die mittlere Tochter, die nie einen leichten Stand in der Familie haben wird: «Moni war ein besonders niedliches Kind, schelmisch und drollig, und als das jüngste von der ersten Serie natürlich lange Zeit das Nesthäkchen, zum Verdruss der drei Älteren.»
Durch den neuerlichen Familienzuwachs steht für die Manns im Oktober zudem ein Umzug an. Das Domizil in der Mauerkircherstraße 13, nahe dem späteren Wohnsitz in der Poschingerstraße, bietet mehr Platz. Überschattet wird das Familienereignis durch den Selbstmord von Thomas und Heinrich Manns Schwester Carla.

Katia Mann mit Erika, Monika, Klaus und Golo (v.l.n.r.), um 1911

Monika Mann

Carla Mann
(1881–1910). Mit
seinem Drama «Schau-
spielerin» setzt Heinrich
Mann der Schwester
unmittelbar nach ihrem
Tod ein literarisches
Denkmal. Thomas Mann
porträtiert Carla und die
Schwester Julia «Lula»
Löhr – die Taufpatin
Monika Manns – später
als Clarissa und Ines
Rodde im «Doktor
Faustus».

*Wir lebten sommers viel auf dem Lande,
[...] eine Reihe von Jahren auf unserer
1908 erworbenen Besitzung in Tölz an der
Isar, und hier war es, wo zum erstenmal
wieder, seit dem Abscheiden meines Vaters, der Tod eines Nächsten mich betraf
und mich, begreiflicherweise, tiefer – bis
in den Grund – erschütterte, als jener frühe Fall es vermocht hatte. Meine zweite
Schwester, Carla, nahm sich das Leben. Sie
hatte die Bühnenlaufbahn eingeschlagen,
wohl dazu ausgestattet durch ihre Schönheit, aber kaum nach der Seite ursprüng-
lich-wurzelhaften Talentes. [...] Ein stolzer
und spöttischer Charakter, entbürgerlicht,
aber vornehm, liebte sie die Literatur, den
Geist, die Kunst und wurde durch eine
unentwickelte, ihrer Stufe ungünstigste
Zeit ins unselig Bohemehafte gedrängt.
Ein makabrer Ästhetizismus, der sich sehr
wohl mit der kindlichsten, uns allen eigenen Lachlust vertrug, hatte sie schon
ihr Mädchenzimmer mit einem Totenkopf
schmücken lassen, dem sie einen skurrilen Namen gab. Später besaß sie Gift – es
ist nur zu vermuten, durch wen –: eine phantastisch-spielerische Akquisition
wohl auch dies, doch glaube ich, daß der
zeitige stolze Entschluß daran beteiligt
war, sich keine Erniedrigung gefallen zu
lassen, die das Leben ihr etwa zugedacht
hatte. [...] Von der Bühne enttäuscht, begehrt von den Männern, aber ohne höheren Erfolg, mochte sie sich nach einem
Rückweg ins Bürgerliche umsehen, und ihre Lebenshoffnungen klammerten sich an
die Heirat mit einem jungen elsässischen
Industriellensohn, der sie liebte. Sie hatte
jedoch vorher einem anderen Manne gehört, der, Arzt von Beruf, seine Macht über
sie zu erotischen Erpressungen ausnutzte.
Der Bräutigam fand sich betrogen und
stellte sie zur Rede. Da nahm sie ihr Zyan-
kali, eine Menge, mit der man wohl eine
Kompanie Soldaten hätte töten können.*
(Thomas Mann – «Lebensabriß»)

Das Kindheitsparadies

«Immer, wenn ich ‹Kindheit› denke, denke ich zuerst ‹Tölz›.» «Tölz ist das Herz, die Quintessenz des Kindheitsmythos.» Bad Tölz, das Klaus Mann auch zum Schauplatz seiner «Kindernovelle» macht, wird für alle vier Geschwister rückblickend zum «Kindheitsparadies». Im nahe gelegenen Klammerweiher – namentlich als Spiegelung der Kuhmulde im «Doktor Faustus» wiederkehrend – unternehmen die vier ihre ersten Schwimmversuche. Das große Anwesen bietet reichlich Platz für ihre Kinderspiele, in der sie sich in eine eigene Welt einspinnen. Großen Anklang findet bei allen das «Gro-Schie»-Spiel. Der Garten verwandelt sich dabei in ein unbegrenztes Meer, das die vierköpfige Besatzung mit ihrem Ozeandampfer – dem «großen Schiff» – durchquert.

In dem ersten selbst erbauten und eingerichteten Haus hält sich die Familie häufig auch in den Wintermonaten auf. Bis 1917 – dann wird das Tölzhaus verkauft. Ein Entschluss, der sich nicht als besonders einträglich erweist: Der geringer als erhofft ausfallende Erlös wird in Kriegsanleihen investiert.

Die Geschwister Monika, Golo, Klaus und Erika vor dem Tölzer Landhaus

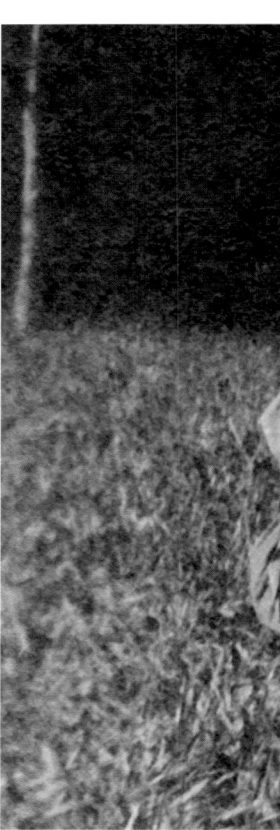

Erika, Monika, Klaus (verdeckt) und Golo mit dem Kindermädchen Betty

Wir waren vier Kinder in Tölz: Erika, ich, Golo und Monika; Erika ein Jahr älter, Golo zwei Jahre jünger als ich (Elisabeth und Michl gab es noch nicht). Erika und ich übten die grausamste Herrschaft, die Monika sich gefallen ließ, weil sie noch so klein und dumm und niedlich war, Golo hingegen aus zerknirschter Überzeugtheit und masochistischem Hang zur Demütigung. Wir waren alle vorwiegend nett, dann erst sonderbar. Golo aber repräsentierte unter uns das groteske Element. Von skurriler Ernsthaftigkeit, konnte er sowohl tückisch als unterwürfig sein. Er war dienststeifrig und heimlich aggressiv; dabei würdevoll wie ein Gnomenkönig. Ich vertrug mich ausgezeichnet mit ihm, während er sich mit Erika viel zankte. Halb aus dämonischer Servilität und halb, weil ihn Neugierde und Ehrfurcht bannten, ging er stundenlang mit mir im Garten spazieren, wo ich ihm Geschichten erzählte. [...] Golo trippelte nebenher, das finster-schlaue Mäusegesicht vom glatten Pagenhaar witzig gerahmt, verzaubert von den Verwicklungen meiner Mären, die er vielleicht hinter der eigenen wunderlichen Stirne weiterspann und überraschend deutete. (Klaus Mann – «Kind dieser Zeit»)

Die Geschwister Erika, Klaus (hintere Reihe), Golo und Monika in Bad Tölz

Katia, Thomas, Erika, Klaus und Golo Mann im Garten in Bad Tölz, um 1912

Poschingerstraße 1

Anfang des Jahres 1914 zieht Thomas Mann mit seiner Familie von der Mauerkircherstraße in die nahe gelegene Poschingerstraße 1. Katia Mann ist bei dem Einzug nicht dabei. Ihre angeschlagene Gesundheit zwingt sie wiederholt zu einem Hochgebirgsaufenthalt. Zwischen 1912 und 1914 verbringt Katia nahezu ein Jahr in verschiedenen Sanatorien, um eine Lungenaffektion auszukurieren. Erst im Mai des Jahres 1914 kann sie der Familie in das neue Domizil nachfolgen.

Die «Poschi» – so heißt die nahe der Isar und des Englischen Gartens gelegene Villa im Familienjargon – wird für die nächsten knapp zwanzig Jahre zum festen Wohnsitz der Manns. Zu den unmittelbaren Nachbarn im Herzogparkviertel zählen die Familie des Juristen und Germanisten Robert Hallgarten und seiner Frau Constanze sowie die Familie des Dirigenten Bruno Walter.

Auch in anderer Hinsicht genießen die Mann-Kinder eine privilegierte Kindheit. Beim Einzug in die herrschaftliche «Poschi» sind Erika und Klaus bereits seit gut einem Jahr Schüler des gehobenen Privatinstituts der Ernestine Ebermayer im Münchener Stadtteil Schwabing. Laut Klaus Mann ein «prätentiöses kleines Etablissement von altmodisch-muffiger Gediegenheit, wo die Sprößlinge der Münchener *beau monde*» verkehren. Den langen Schulweg durch den Englischen Garten bis nach Schwabing macht eine ganze Gruppe von Herzogparkkindern unter der Aufsicht von Erzieherinnen gemeinsam. Zu den Mitschülern in dem etwas launig als «herrschaftliches Extraschülchen» abgetanen Institut gehören auch die Nachbarskinder Ricki Hallgarten und Margarethe Walter.

Südansicht der «Poschi», um 1914. In der Mitte des Parterregeschosses hinter der Rondellwölbung befand sich das Arbeitszimmer Thomas Manns, rechts davon lag das Esszimmer der Familie. Im Erkerzimmer des ersten Stocks wohnte Katia. In den zweiten Stock zogen später die drei ältesten Kinder. Das Zimmer von Klaus – links und rechts flankiert von Golos und Erikas Räumen – lag in der Mitte direkt über Katias Wohnbereich.

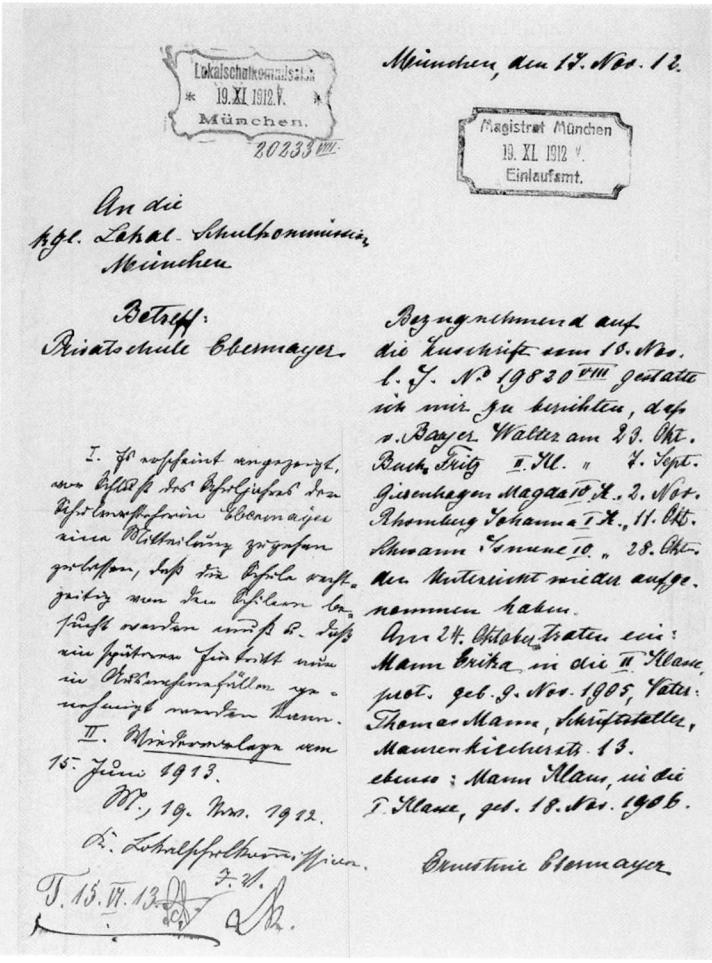

Schreiben Ernestine Ebermayers an die Königliche Lokalschulkommission über den Eintritt von Erika und Klaus Mann in ihr Privatinstitut, 17. November 1912

Wir sehen den Vater selten. Trotzdem (oder deshalb?) empfinden wir ihn als groß in unserm Leben, als die höchste Instanz, gegen die es eine Berufung nicht gibt. Er arbeitet morgens von neun bis viertel nach zwölf, nachmittags von vier bis fünf ruht er. Später – «nach dem Tee» – schreibt er Briefe. Wir sollen leise sein zu all diesen Stunden; es ist schrecklich, wenn es dahin kommt, daß er, zornig in der Tür seines Arbeitszimmers stehend, «Ru-he!» fordert, mit einer Stimme, in der Ärger und ein ungläubiges Erstaunen darüber sich mischen, daß wir schon wieder vergessen haben, keinen Lärm zu machen. Manchmal, gegen Abend [...] ruft er uns. Wir poltern, so schnell wir können, die Treppe hinunter, denn wir wissen: Gegen Abend gerufen zu werden ist gleichbedeutend mit Vorlesung, und nichts ist schöner, als wenn der Vater vorliest. Sein Arbeitszimmer betreten wir nur zu diesem Zweck: eine mäßig große Stube voll von Büchern, roter Plüschbelag bedeckt den Boden, großer Schreibtisch, auf dem peinliche Ordnung herrscht, runder Eichentisch außerdem, voll von Büchern, Chaiselongue, voll von Büchern, alle Stühle voll von Büchern. Nie vergeht ganz der Zigarrenrauch, dessen Duft vermischt mit dem etwas leimig-staubigen der Bücher, den wir als typisch väterlich empfinden.

(Klaus und Erika Mann – «Bildnis des Vaters»)

«Ja, Kinder, es ist Krieg ...»

Den Kriegsausbruch erleben die vier Mann-Kinder im August 1914 in Bad Tölz. «Da hieß es plötzlich, ein Krieg sei ausgebrochen. Wir saßen auf der Löhrschen Gartenwiese im Kreise, die drei Cousinen und wir vier, und besprachen erstaunt die unglaubwürdige Nachricht, die von den Erwachsenen kam [...]. Ob aber [...] dieser Krieg die Konsequenz haben würde, daß unser Pandora-Spiel nicht stattfinden könnte? Dann wäre ja der Beweis erbracht, daß es sich um eine schlimme Unannehmlichkeit handelte, die auch uns schädigte, obwohl wir doch nichts für sie

konnten. – Wir beschlossen, sofort den Entscheid der Eltern in dieser denn doch akut wichtigen Pandora-Sache einzuholen und gingen alle in den Mann'schen Garten hinüber. Die Eltern standen auf der Terrasse und falteten die Plaids zusammen, die sie zur Nachmittags-Liegekur benutzten. Mein Vater schaute zum Gebirge hinüber, hinter dem Gewölk stand. Er sagte: ‹Jetzt könnte auch bald ein blutiges Schwert am Himmel erscheinen.›» (Klaus Mann – «Kind dieser Zeit»)

Kriegsausbruch, August 1914. Begeisterte Menge – darunter Adolf Hitler – auf dem Münchener Odeonsplatz

Katia Mann mit ihren
Kindern Klaus, Erika, Golo
und Monika, um 1915

Die vier Geschwister – zu Beginn des Krieges im Alter von vier bis acht Jahren – stellen in Frage, ob sie wirklich etwas von dem Vor-sich-Gehenden begriffen haben. «Wohl wußten wir, daß täglich viele brave Männer ‹fielen› und deshalb die Eltern beinah immer so ernste Gesichter machten: aber vermochten wir uns den ungeheuerlichen Vorgang dieses ‹Fallens› irgend zu realisieren? Nur als ein ganz fernes und feierliches Bewußtsein wurde diese Tatsache des täglichen Massentodes in uns lebendig. Wenn wir aufrichtig waren, gingen die Leibschmerzen, die Hund Bauschan hatte, uns mehr an.» Wie der Bruder Klaus erinnert sich auch Golo daran, «daß unser Leben im Kriege, wie reduziert auch die Verhältnisse waren, ziemlich normal weiterging». «Das Leben hält zäh an seiner Routine, an Normalität. Hier waren sie ungleich leichter aufrechtzuerhalten als im sogenannten ‹Zweiten Weltkrieg›. Was wußten wir von der Schlächterei vor Verdun, von den Greueln des U-Boot-Krieges, von den Massenmorden in Rußland während des Bürgerkrieges von 1918? Wir waren weit vom Schuß.»

Der «Kriegsvater»

In den Erinnerungen der Kinder wächst die
Mutter Katia in Kriegszeiten zu wahrer
Größe heran: «Es war im Krieg, daß die bis
dahin so verwöhnte Mutter zu einer Art
Heldin wurde, mit zwei schweren Aufgaben: den nervösen, hart arbeitenden Gatten zu beschützen, ihn zu ernähren, so gut
es eben ging, und doch auch die Übrigen,
die vier Kinder und die drei ‹Mädchen›,
Köchin, Zimmermädchen, Hausmädchen,
nicht gar zu kurz kommen zu lassen. Dazu
kamen Krankheiten, eine Kette von Blind-
darm-Entzündungen, erst ich, dann Monika, dann die Mutter selber, dann Klaus –
eine wahre Epidemie.»
Wie dem Bruder Golo entgeht auch Klaus
Mann die erstaunliche Wandlung der Mutter nicht: «Man ließ uns ruhig ein bißchen
verwildern, die Zeiten entschuldigten es,
und uns tat es gut. Man hatte sehr wenig
Geld. Es rechnet zu den großen Lebenslei-
stungen unserer wunderbaren Mutter, daß
sie während dieser Jahre unseren Haus-
halt mit einem erstaunlichen Minimum
von Mitteln überhaupt aufrecht erhielt.
Neben der Sparsamkeit gehörte dazu die
intelligenteste Klarsicht. Von ihrer abenteuerlich erschwerten Hausfrauentätigkeit
abgesehen, ersetzte sie noch unserem Vater den Sekretär, uns den Hauslehrer.»

Katia Mann

Heinrich Mann, 1917

Thomas Mann, um 1918

Nach einem ersten Privatdruck von 1916 erscheint «Der Untertan» im gleichen Jahr wie die «Betrachtungen eines Unpolitischen».

Erstausgabe, 1918

Thomas Mann führt seinen Krieg auf dem Papier. Von Herbst 1915 bis März 1918 entstehen seine konservativen «Betrachtungen eines Unpolitischen». In ihnen wendet er sich gegen den Gedanken der Demokratie, den «Zivilisationsliteraten» und damit zugleich gegen den Bruder Heinrich Mann. Zu einer Beilegung des Bruderstreits kommt es erst 1922 – kurz vor Thomas Manns öffentlichem Bekenntnis zur Republik. Ohne die Ursachen zu kennen, fällt den vier Geschwistern das Fernbleiben des Onkels natürlich auf. Häufiger Gast des Hauses ist dafür in jenen Jahren der Germanist Ernst Bertram, Thomas Manns enger Vertrauter während der Entstehung der «Betrachtungen». Den Vater schildern die Kinder während der Arbeit an seinem Kriegsopus als angespannten und leicht reizbaren Menschen. Klaus Mann über seine offensichtliche Wandlung: «Wie seltsam fremd und entfernt er scheint, dieser Kriegsvater. Wesentlich verschieden von dem vertrauten Zauberer der Friedensjahre. Das väterliche Antlitz, dessen ich mich aus dieser Epoche erinnere, hat weder die Güte noch die Ironie, die beide so essentiell zu seinem Charakter gehören. Die Miene, die vor mir auftaucht, ist gespannt und streng. Eine empfindliche, nervöse Stirn mit zarten Schläfen, ein verhangener Blick, die Nase sehr stark und gerade hervortretend zwischen eingefallenen Wangen.»

Auch Golo beobachtet die Veränderung des Vaters: «Am Vater hatte ich, hatten wir früher mit beinah gleicher Zärtlichkeit gehangen wie an der Mutter, das änderte sich während des Krieges. Wohl konnte er noch Güte ausstrahlen, überwiegend aber Schweigen, Strenge, Nervosität oder Zorn.» Und über Thomas Manns im Krieg entstandenes Werk äußert er später lapidar: «Die ‹Betrachtungen› haben mit Hitler eines, wenn auch nur eines gemeinsam: beide hätten nicht passieren dürfen.»

Lehren fürs Leben

Das Wilhelmsgymnasium,
um 1910

Klaus Mann, 1918

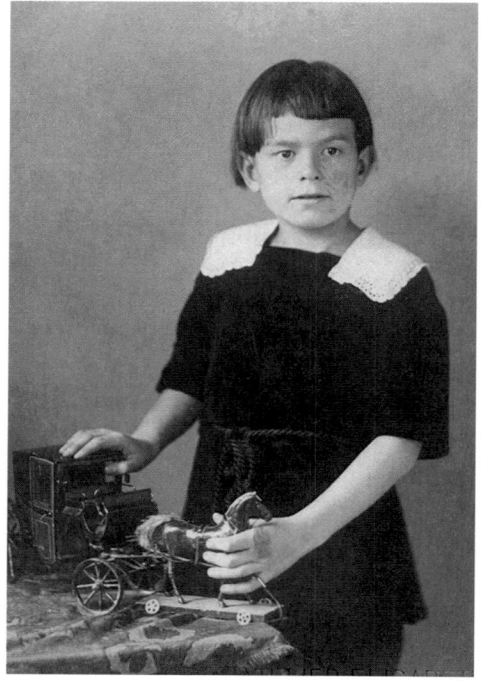

Golo Mann, 1918

Nach Ausbruch des Ersten Weltkriegs werden Erika und Klaus vom exklusiven Institut der Ernestine Ebermayer genommen und auf gewöhnliche Volksschulen geschickt. Erika, um ein Jahr älter, besucht bereits ab dem folgenden Jahr die Städtische Höhere Mädchenschule mit Frauenschule am St. Annaplatz, Klaus ab 1916 das Münchener Wilhelmsgymnasium. Schon früh fällt hier seine literarische Begabung auf. «Anerkennung verdienen seine gewandten deutschen Aufsätze», so der Vermerk des Klassenlehrers im ersten Zeugnis. Die «besondere Schulzensur» desselben Jahres bestätigt «die ersten Versuche literarischer Betätigung». «Der Schüler zeigt in seinem Verstandes- und Gefühlsleben eine Reife, die ihn über den Horizont seiner Kameraden weit hinaushebt, aber etwas Unkindliches an sich hat und zu manchen Bedenken Anlaß gibt. Seine Interessen sind rein literarisch», heißt es bereits ein Jahr später. Fächer, denen er nichts abgewinnen kann, wecken seinen Ehrgeiz hingegen kaum: «Im ganzen faßt er die Schule als lästigen Zustand auf.»

Auch Golo ist ab 1918 Schüler der traditionsreichen Einrichtung, die schon der ältere Bruder besucht. Den Beurteilungen zufolge stellen seine Leistungen zufrieden, auffallend ist auch bei ihm die Gewandtheit «im deutschen mündlichen Ausdruck». Trotz eines eher nachlässigen Umgangs mit der Orthographie spiegeln seine Vorlieben wie schon bei Klaus den familiären Hintergrund eines Schriftstellerhaushalts: «Für Literatur (Poesie) bewies er großes Interesse, im übrigen behielt er seine Schwächen und Vorzüge bei.»

Erika Mann

Der einzige Lebenssektor, den [Erika und ich] nicht teilten, die einzige Sphäre, die uns trennte, war die Schule, eine lästige Notwendigkeit, um die man sich möglichst wenig kümmerte. Erika hatte keinen Zutritt in das düstere Wilhelmsgymnasium, wo ich so viel Langeweile ertragen mußte; und ich konnte nicht an den lustigen Streichen teilnehmen, zu denen sie ihre ergebenen Mitschülerinnen in der Höheren Töchterschule anstiftete. [...] Es ist weder mit Haß noch mit Rührung, daß ich mich des alten Wilhelmsgymnasiums erinnere, sondern nur mit gelangweilter Gleichgültigkeit.

Anregungen irgendwelcher Art habe ich dem staatlichen Unterricht nicht zu verdanken. Selbst wenn der Lehrstoff reichhaltiger und fesselnder gewesen wäre, als er es tatsächlich war, die trübsinnige Pedanterie der bayerischen Professoren hätte mir noch den interessantesten Gegenstand verleidet. [...] Was immer ich an literarischer Bildung besitze, habe ich mir außerhalb des Schulbetriebs erworben.
(Klaus Mann – «Der Wendepunkt»)

Städtische Höhere Mädchenschule mit Frauenschule am St. Annaplatz in München. Wie die ältere Schwester Erika besucht auch Monika Mann ab 1920 die Einrichtung.

Eine Hymne für Elisabeth

Am 24. April 1918 kommt die dritte Tochter der Manns zur Welt. Taufpate der kleinen Elisabeth Veronika – kurz «Lisa», später «Medi» genannt – ist Ernst Bertram, Thomas Manns Freund und Berater in den Kriegsjahren.

Nach dem Abschluss der «Betrachtungen eines Unpolitischen» arbeitet Thomas Mann an «Herr und Hund». Im Herbst des Jahres schließt er die Erzählung ab und nimmt sein Hexameterepos «Gesang vom Kindchen» in Angriff. Beide Idyllen spiegeln – nach den anstrengenden «Betrachtungen» – den Wunsch nach dem Rückzug ins Private.

Wenn auch die vier ältesten Kinder lobend in dem neuen Werk Erwähnung finden, «Gesang vom Kindchen» ist eine unverkennbare Hymne auf den neuen Familienzuwachs. Tatsächlich beschert die jüngste Tochter Thomas Mann ein Vatererlebnis von bislang nicht gekannter Intensität: «Sie ist in gewissem Sinne mein *erstes* Kind.» Ganz in diesem Sinn offenbart er sich der Lübecker Freundin und Schriftstellerin Ida Boy-Ed: «Ich habe für keins der früheren Kinder so empfunden, wie für dieses. Das geht Hand in Hand mit zunehmender Freude an der Natur. Wird man allgemein gemütvoller mit den Jahren? Oder ist es die Härte der Zeit, die mich stimmt, zur *Liebe* disponiert?»

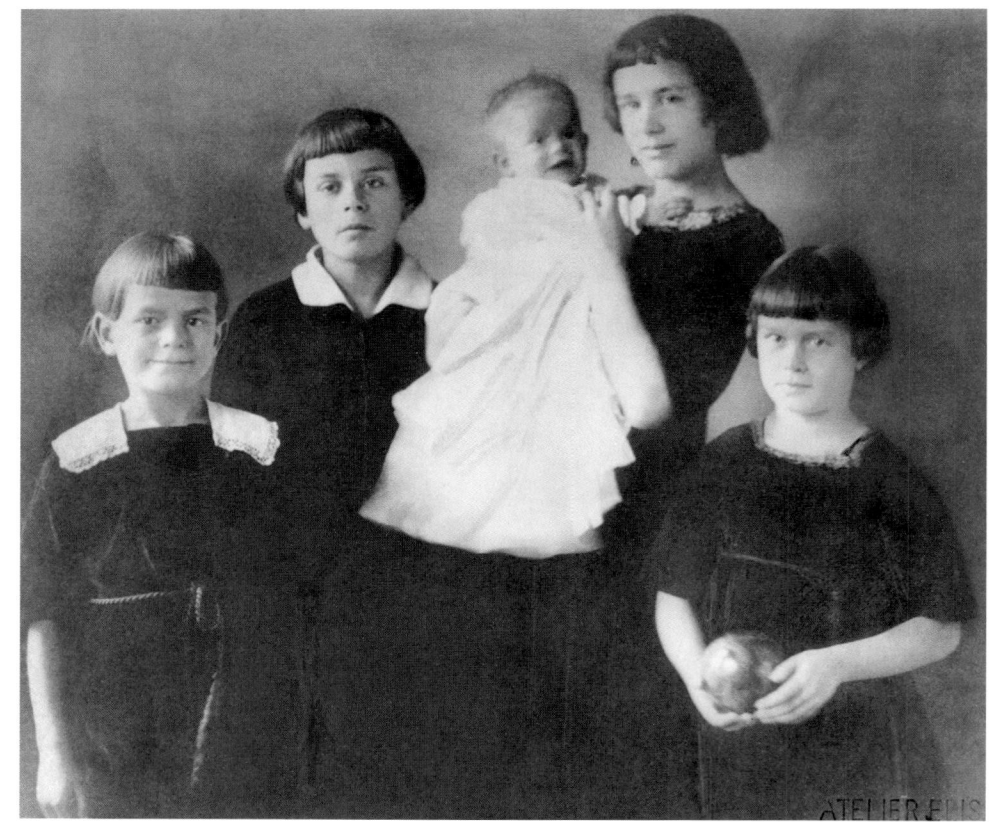

Elisabeth mit ihren
vier älteren Geschwistern,
1918

Die silberne Taufschale der Familie Mann

Elisabeth, um 1919

«Herr und Hund. Gesang vom Kindchen. Zwei Idyllen», S. Fischer 1919. Die Umschlaggestaltung – mit dem Namenszug Elisabeths links oben – stammt von Emil Preetorius (1883–1973).

— 144 —

Denn ich will sagen und singen vom Kindchen, dem jüngsten
der meinen,
Das mir erschien in härtester Zeit, da ich nicht mehr
jung war.
Und was kein Drang der Seele, kein höher Befahrnis
vermochte,
Das wirke Vatergefühl: es mach' mich zum metrischen
Dichter.

Lebensdinge

Letztgeborenes du und Erstgeborenes dennoch
Mir erst in Wahrheit! Denn bedeutende Lebensjahre
Waren mir hingegangen, dem reifenden Manne, seitdem ich
Vater geworden zuletzt; derweilen deine Geschwister
Wuchsen heran: Es sind vier und kluge, gutartige Kinder,
Zwischen dreizehn und sieben, nicht weit voneinander im
Alter.
Staunend sah sie der Jüngling-Vater zusammen sich finden
Binnen so kurzem, Jahr fast um Jahr, — der eben noch
einzeln,
Und mit kindischem Stolz ob ihrer muntern Versammlung,
Wie ob aller Wirklichkeit, welche dem Träumer je zufiel.
(Denn den Menschen des Traums dünkt Wirklichkeit nun
einmal immer
Träumerischer als jeder Traum und schmeichelt ihm tiefer.)
So denn wußt' er nicht wenig sich mit dem stattlichen
Anhang
Und der bürgerlichen Befestigung. Aber auch bänglich

Am 23. Oktober 1918 findet die Taufe Elisabeths statt. Der Vorname wird vom Vater in bewusster Anlehnung an die Familientradition gewählt. Verschiedene Vorfahren Thomas Manns hießen bereits so. Seine Großmutter Elisabeth Marty etwa oder seine Tante Elisabeth Mann, die als «Tony» in den «Buddenbrooks» Berühmtheit erlangt, tragen denselben Vornamen. Bestandteil der traditionsbewussten Taufprozedur sind die alte, in den «Buddenbrooks» verewigte Familienbibel sowie die Taufschale der Familie Mann, die als Leitmotiv im «Zauberberg» die Wurzeln der lang zurückreichenden Ahnendynastie Hans Castorps beschwören wird. Das tagesaktuelle Geschehen indes kann aus der Zeremonie mit den alten Familienerbstücken nicht ganz ausgeblendet werden. «Die Ceremonie in Katja's Zimmer, der Tisch, mit Kruzifix, Leuchtern, Bibel und der alten Taufschale, der ich im Zauberberg eine Rolle zugedacht habe, vor dem Fenster. [Pastor] Fiedler sprach angenehm, wenn auch etwas gar zu unpersönlich, über die Liebe. Das Kindchen revoltierte eine Zeit lang u. wurde entfernt, hielt sich aber bei der Taufe, auf des guten Bertrams Armen, ausgezeichnet. [...] Gemeinsamer Thee im Eßzimmer. Natürlich Kriegsgespräche, wobei Walter laut und überreizt, Lula hysterisch. Sie ging in einfältiger Empörung. Nachher noch längeres Beisammensein.»

«Geboren in wüsten, verstörten Zeiten»

«**Revolution!** Lastwagen voll Soldaten rasen durch die Straßen; Fensterscheiben werden eingeschlagen; Kurt Eisner ist Präsident ... Es klingt alles so phantastisch, so unglaubwürdig», so die Eröffnungszeilen von Klaus Manns Tagebuch, das er im November 1918 beginnt. Gut fünf Monate später, zum Zeitpunkt der Geburt des Bruders Michael, hat sich die angespannte Lage in München noch nicht beruhigt. «Sechs Kinder gingen aus diesem Bunde hervor, von denen das [...] jüngste, Michael, unter gefährlichen Umständen, im Kanonendonner, an dem Tage das Licht erblickte, an dem nach dem Sturz der Räterepublik die ‹weißen› Truppen in München einzogen.»

Die Reichswehr- und Freikorpsverbände besetzen München erst Anfang Mai, aber tatsächlich befindet sich, wie Thomas Mann in seinem «Lebensabriß» schildert, die Stadt zum Zeitpunkt der Geburt des jüngsten Sohnes Michael am Ostermontag 1919 in einer Art Belagerungszustand. Im Februar wird Kurt Eisner, nach der Revolution 1918/19 Ministerpräsident des Landes, ermordet, die daraufhin von der SPD geführte Landesregierung vermag sich nicht lange zu halten, im April wird eine Räterepublik ausgerufen, zu deren Schutz eine Rote Armee aufgestellt wird. Zu ihrer blutigen Niederschlagung durch Freikorpstruppen und Regierungsverbände kommt es bereits im Mai. «Eine gnaden-

lose Jagd auf alle Spartakismus-Verdächtigen wurde unternommen; viele Unbeteiligte fielen dem ‹weißen› Terror zum Opfer. Gustav Landauer wurde von den Weiß-Gardisten auf bestialische Weise ermordet. Eugen Leviné zum Tode verurteilt und hingerichtet, Mühsam zu fünfzehn, Ernst Toller zu fünf Jahren Festungshaft verurteilt. Mit ihnen wurden die anderen Beteiligten an der Räte-Republik zu hohen Festungs- und Gefängnisstrafen verurteilt.» (Jürgen Kolbe – «Heller Zauber»)

Katia Mann mit
ihren sechs Kindern
Monika, Golo, Michael,
Klaus, Elisabeth und
Erika, um 1919

Unten: Thomas Mann mit
seinen Jüngsten Elisabeth
und Michael

Michael Thomas Mann wird am 21. April 1919 geboren. Nach Abschluss seines «Gesangs vom Kindchen» hat Thomas Mann am Tag zuvor wieder am «Zauberberg» zu schreiben begonnen. Zunächst sprach der Gesundheitszustand der Mutter gegen weiteren Nachwuchs, ein Abbruch der Schwangerschaft wurde erwogen. Doch Katia entschied sich, das Kind auszutragen, und Thomas Mann begrüßte ihre Entscheidung: «Ich bins zufrieden, freue mich auf das neue Leben und glaube, daß man so das für K. bessere Teil erwählt.»

Trotzdem bringt der Vater für Michael bei weitem nicht «die Zärtlichkeit» auf «wie vom ersten Augenblick an für Lisa», ein Gefühl der «Fremdheit» überwiegt.

Dies attestiert auch Golo dem Vater kritisch im Rückblick: «Ich sehe sie, April 1919, zur Zeit der Münchner Räte-Republik zu Fuss mit uns in die Stadt pilgern, öffentliche Verkehrsmittel gab es momentan keine, um etwas Brot zu ergattern; weit durfte sie sich aber nicht wagen, weil wieder eine Geburt, die letzte, bevorstand. [...] Es wurde dann mein Bruder Michael. Ihn mochte mein Vater von Anfang an nicht, weil er ihn nicht hatte haben wollen, weil das ‹Kindchen› Elisabeth [...] ihm genügte; was er das Knäblein, mit der Souveränität, die ihm eigen war, nur zu bald spüren liess. Da galt es nun für sie, zu beschützen und zu vermitteln.»

«Wir sind unser sechs»

Die sechs Geschwister, um 1919. Hintere Reihe: Golo, Klaus und Erika, vordere Reihe: Michael, Monika und Elisabeth

Wir sind unser sechs [...]. Dank der Ankunft des neuen Pärchens avancierten Golo und Monika zum Stande der ‹Mittleren›, während Erika und ich fast zum Erwachsenen-Rang befördert wurden. Angesichts der winzigen Kreaturen kamen wir uns recht würdig und überlegen vor, fast wie Onkel und Tante. Wir mußten zugeben, daß sie höchst drollig und niedlich waren – ein bißchen lästig, wenn sie schrien, aber reizend anzuschauen, wenn sie lachten oder schlummerten. Elisabeth, genannt Medi, hatte ein süßes Porzellangesichtchen; Michael (Bibi) hingegen wirkte eher sanguinisch. Elisabeth war der erklärte Liebling des Vaters; Mielein, um das Gleichgewicht herzustellen, verzärtelte ihren Jüngsten. Die beiden Kleinen nahmen in erheblichem Maß die elterliche Zärtlichkeit in Anspruch, woraus sich natürlich für uns ein gewisser Verlust ergab [...].

Für Golo und Monika war die Lage besonders heikel; denn da sie sich ja ihrerseits schon in mittleren Jahren befanden, konnten sie mit der erlesenen Niedlichkeit von Medi und Bibi nicht mehr konkurrieren, ohne es aber mit uns, den Großen, an Vitalität und Abenteuerlust aufzunehmen. Monika – zugleich schüchtern und selbstgewiß – schien trotzdem nicht unzufrieden mit ihrem kleinen Dasein; Golo hingegen, ehrgeiziger und komplizierter, mußte mehr Energie und Einbildungskraft aufbringen, um sich einen eigenen Stil und sein eigenes Idiom zu schaffen. Tief verstrickt in die wunderlichen Bilder und Träume seiner unverkennbaren Golo-Sphäre, nahm er gleichzeitig aus respektvoller und eifersüchtiger Entfernung an unseren Spielen und Abenteuern teil. Er war es, dem ich all meine Phantasien, Sorgen und Pläne anvertraute; denn er konnte gut zuhören, eine seltene Gabe, selbst bei reifen Männern und Frauen.
(Klaus Mann – «Der Wendepunkt»)

Ich kann sagen, daß mit der Geburt der «Kleinen» – zwar war ich noch ein Kind – meine Kindheit beendet war. Bisher «Nesthäkchen», wurden in mir durch die beiden Nachgeborenen mütterliche Gefühle erweckt. [...] Unser etwas revuehaftes «Künstlerkleider- und Pagenkopfauftreten», das uns auf der Straße manch «Wer seid ihr denn?» eintrug, wandelte sich durch das Hinzukommen der Kleinen zum «Erwachsenen», «Seriösen». Meine Brüder trugen jetzt kurze Haare, wir Mädchen Zöpfe, wir trugen sportliche Kleidung, und es war alles in allem ein «gewöhnlicheres», anonymeres Dasein. Jenes «Wer seid ihr denn?» und «Bist du das Kind von ...?» schmeichelte und bedrängte uns zugleich. Und wir wußten nicht, ob jenes «Gezeichnetsein» vor den Leuten ein Fluch oder ein Segen sei.
(Monika Mann – «Vergangenes und Gegenwärtiges»)

Kinder-Theater

Am 1. Januar 1919 gründen Erika und Klaus gemeinsam mit dem Freund Ricki Hallgarten den «Laienbund deutscher Mimiker». «Weitere Mitglieder», so heißt es im erhalten gebliebenen Mimikbuch, «sind vorläufig nur Golo und Monika Mann.» Der Kreis der ambitionierten Laiendarsteller erweitert sich aber schnell um Bekannte und Freunde aus dem Herzogpark – Lotte und Gretel Walter wie auch Willi Süskind sind schon bald mit von der Partie. Als erstes Stück steht Theodor Körners «Die Gouvernante» auf dem Programm, weitere Inszenierungen wie August von Kotzebues «Schneider Fips» folgen. Aber selbst vor Weltklassikern wie «Was ihr wollt» oder «Arzt wider Willen» zeigt man keine Scheu. Klaus Mann steuert mit «Ritter Blaubart» ein eigenes Stück zum Repertoire bei. Für Erika Mann steht seit dem frühen «Kinder-Theater» ihr späterer Berufswunsch fest – sie wird Schauspielerin. Aber auch Golo erzielt mit seiner «unheimlich-komischen» Darstellung als «Dame in Trauer» in Lessings «Minna von Barnhelm» erste (Lach-)Erfolge und entdeckt seine Leidenschaft für das Theaterspiel.

Das Publikum bei den einstudierten Theaterabenden rekrutiert sich in der Regel aus den Eltern der Herzogparkkinder. Diese waren aufgefordert, im Tagebuch des Laienbundes die Aufführungen zu rezensieren. Auch die Besprechung von Thomas Mann hat sich erhalten.

Der «Laienbund deutscher Mimiker», um 1920. Vordere Reihe (v. l. n. r.): Monika Mann, Lisbeth Geffcken, Karl Geffcken, Erika und Golo Mann. Hintere Reihe (v. l. n. r.): Klaus Mann, Willi E. Süskind, Rudolf Morath, Ricki Hallgarten

Walters mit ihren Töchtern Gretel (links) und Lotte

Erika im Alter von unge-
fähr elf Jahren bei einer
Aufführung als Prinz in
«Aschenbrödel». Laut Golo
Mann haben die vier äl-
testen Kinder auch schon
vor der Gründung des
Mimikbundes gemeinsam
Theater gespielt.

Proben zu «Was ihr
wollt». Auf den beiden
unteren Fotos ist Erika in
der Rolle der als Page
verkleideten Viola zu
sehen.

Der «Laienbund», von dessen Begründung
und Zwecken auf vorstehenden Blättern
Nachricht gegeben, hatte sich vorgesetzt,
am verwichenen Sonntag einen ersten Beweis seiner künstlerischen Daseinsberech-
tigung zu liefern, was ihm denn auch nach
dem wohl einstimmigen und vom Referen-
ten gern zu bestätigenden Urteil der gebildeten Öffentlichkeit recht wohl gelang. In
Szene ging «Die Gouvernante», jenes feine,
wenn auch etwas marklose Werkchen des
leider so jung verstorbenen Th. Körner. [...]
Die Gouvernante wurde von Fräulein Titi
[Erika] mit verständiger Distinktion verkörpert. Nur dem großen Monolog erwies
sich die Gestaltungskraft der achtbaren
Künstlerin, welche übrigens die in ihrer
Rolle enthaltenen französischen Redewen-
dungen mit Exaktheit zu Gehör brachte, als
noch nicht völlig gewachsen. Als Luise bewies Herr Klaus viel Biedersinn, doch
bleibt der hoffnungsvolle Darsteller auf-
merksam zu machen, daß das Sprechen
gegen den Hintergrund in Kennerkreisen
mit Recht als Unsitte gilt, da es das Verständnis der Dichterworte, von denen ein
jedes dem Gebildeten teuer ist, erschwert.
(Eintragung Thomas Manns im Tagebuch
des Mimikbundes, 15. Januar 1919)

«Erziehung ist Atmosphäre, weiter nichts»

Unter dem Titel «Ein Ausbruchsversuch» schildert Golo Mann in seinen Erinnerungen, wie er sich im Frühjahr 1921 den Pfadfindern anschließt, einem «Instinkt» folgend, «zur Familie und zur Schule einen dritten, grundverschiedenen Lebenskreis zu fügen».

Einen Wirkungskreis fernab schulischer Zwänge schaffen sich die vier Ältesten als «Herzogparkbande», zu der auch die Walter-Töchter und Ricki Hallgarten gehören. «Wir bildeten eine richtige Horde, ich sagte es schon – und zu vergnügen wußten wir uns, sehr zum Nachteil der Mitwelt», so Klaus Mann. Man begeht kleine Diebstähle, füllt fremde Briefkästen mit Wasser, heckt Telefonstreiche aus oder erschreckt Passanten, wie sich Golo erinnern kann: «Wir waren auch zu viert – die älteren Kinder – zeitweise eine Gruppe in unserem Wohnviertel, eben dem sogenannten Herzogpark, die Schrecken verbreitete. Mein Vater hat einmal furchtbar gelacht, als eine Gruppe von Kindern ihm in wilder Flucht entgegenstürmte, schreiend: Die Manns kommen! Die Manns kommen!»

Auch der Ernst des Schullebens verliert für die vier Ältesten in diesen Jahren mehr und mehr an Glaubwürdigkeit. «Staunenswert sind seine Kenntnisse in der deutschen Literatur und seine Gabe, Gedichte mit Ausdruck vorzutragen; auch für Geschichte legte er reges Interesse an den Tag», heißt es etwa über Golo im Zeugnis des Schuljahres 1920/21. An Stoffe, die ihn weniger tangieren, verschwendet er hingegen seine Energien nicht. Die Folge: Trotz sehr guter Fortschritte in Geschichte schafft er die Versetzung – wie übrigens auch seine Schwester Monika – im Schuljahr 1921/22 nicht.

Golo Mann (rechts) im Pfadfinderlager, 1922

Jahres-Zeugnis des Wilhelmsgymnasiums für Golo Mann, 1921/22: «Die Erlaubnis zum Vorrücken in die nächsthöhere Klasse hat er nicht erhalten.»

Rechte Seite: Paul Geheeb (auf der Bank sitzend) mit Schülern und Erziehern der Odenwaldschule

Auch Erika und Klaus fällt es schwer, ihren Frieden mit der Schule und deren Lehrplan zu schließen. Im Frühjahr 1922 werden die beiden Ältesten von ihren Schulen genommen und gemeinsam nach Hochwaldhausen geschickt. Der Versuch, sie nach reformpädagogischen Prinzipien erziehen zu lassen, scheitert allerdings. Klaus wechselt schließlich zur Odenwaldschule, die von Paul Geheeb geleitet wird. Eigentlich sollte er zunächst die Schule Schloss Salem besuchen, auf die später die jüngeren Geschwister Golo und Monika geschickt werden. Dort rät man davon ab. Es handle sich zwar bei Klaus «um einen ungewöhnlich begabten und fein veranlagten Jungen, von dem aber keineswegs sicher steht, wozu seine Begabung ihn führen wird. Er hat sehr ernsthafte geistige Interessen, ist durch sehr vieles Lesen sehr früh an die meisten Probleme des menschlichen Denkbereiches herangeraten, und hat seine Kindlichkeit und Natür-

lichkeit bei dieser Art geistiger Tätigkeit eingebüßt.»

Über die unterschiedlichen Rollen ihrer Eltern bei der Erziehung schreiben Erika und Klaus später: «Manchmal fragen uns in der Schule die Kinder: ‹Kümmert sich euer Vater viel um euch?› Unsere Schulzeugnisse bringen wir meist von der Mutter unterschrieben zurück, und wenn wir von irgendeinem ‹Krach› erzählen, den es zu Hause gesetzt hat, spielt die Mutter in ihm die entscheidende Rolle. Offenbar ist sie es, der unsere Erziehung obliegt, und daher antworten wir auch den Freunden: ‹Nein, das heißt: ja, man kann das nicht so beschreiben.›

Tatsache ist, daß er sich nicht zu ‹kümmern› *scheint.* Er findet, daß es besser sei, uns etwas ‹vorzuleben›, als den Versuch zu machen, direkt und pädagogisch auf uns einzuwirken. Die Atmosphäre des Hauses, die Luft von geistiger Verantwortlichkeit, die Diszipliniertheit, mit der hier

gearbeitet wird, die Regelmäßigkeit des Lebens, die heitere Gelassenheit, der von Ironie und Anführungszeichen nie ganz freie Ernst, der seiner Person eignet und der unseren Kinderangelegenheiten ebenso freundlich zugewandt ist wie den ‹erwachsenen› Dingen [...] – all dies meint er, müsse dazu angetan sein, uns heranbilden zu helfen; außerdem baut er darauf, daß wir, im Grunde, nicht ‹unvernünftig› sind. [...] Der Vater gesteht uns: er ist als Junge sehr faul gewesen – nicht durchaus faul, natürlich, denn er hat ja mit gierigem Eifer Bücher gelesen, Geige gespielt und Gedichte geschrieben –; aber ein träger Schüler, der schlechte Noten bekam und außerdem noch aufsässig gegen die Lehrer war. Von den Lehrern in seiner Heimatstadt Lübeck weiß er unzählige Geschichten – eine komischer als die andere.» (Erika und Klaus Mann – «Bildnis des Vaters»)

Medi und Bibi

Elisabeth und Michael, zunächst «Lisa» und «Mischa» genannt, werden in der Familie schon bald nur noch «Medi» und «Bibi» gerufen. Bibi – so hieß schon der junge Klaviervirtuose aus Thomas Manns Erzählung «Wunderkind». «Bibi» bedeutet aber möglicherweise im Dialekt «Bub» oder «Junge» und steht damit «Medi» oder «Mädi» als der bayerischen Kurzform für «Mädchen» zur Seite.

Das jüngste Paar, dessen dicht beieinander liegende Geburtstage häufig gemeinsam gefeiert werden, hat auch für den Vater eine eigene Anrede parat. Für die Ältesten ist er der «Zauberer» – die Jüngsten nennen ihn später «Herr Papale». Trotz aller offensichtlichen Gemeinsamkeiten – als Mädchen für nicht ganz voll genommen zu werden, diesem Umstand blickt auch die jüngste Mann ins Auge. Die «Ernsthaftigkeit» ihres Geschlechts wird sie später noch sehr ernsthaft beschäftigen.

Thomas Mann mit
seiner Tochter Elisabeth,
1922

Elisabeth und Michael

Mein kleiner Bruder war zwei Jahre alt, ich drei. Wir waren ganz gleich angezogen, trugen unsere «Gesellschaftskleidung»: eine Art Russenbluse und kurze Hosen. Wir hatten denselben Haarschnitt: einen Pagenkopf. Unsere Eltern hatten Gäste zum Tee, und irgendwann wurden wir hereingerufen, um die Gäste zu begrüßen, wie's eben artige kleine Kinder tun, und um uns mit ein paar Keksen für unsere Wohlerzogenheit belohnen zu lassen.

Meine Mutter war stolz auf uns. Wie reizend, sagten die Gäste. Sind's Zwillinge? – Nein, ein Jahr auseinander… – Zwei kleine Jungen? – Nein, ein Mädchen und ein Junge. Immer noch klingen mir ihre Stimmen in den Ohren.

Und dann wollte meine Mutter unsere Gäste offenbar necken. Das tat sie oft. Welches von beiden ist der Junge, welches das Mädchen? Und herausfordernd setzte sie hinzu: «Ich wette, das werdet ihr nie herausfinden.» Aber die Gäste überlegten keinen Augenblick. «Das ist der Junge», sagte eine Dame und zeigte auf meinen Bruder. «E r s i e h t e r n s t e r a u s.» Das bedeutete einen Schock für mich; schlug mir eine kleine Wunde in meinem kleinen Gehirn, und mit dem Gehirn wuchs auch die Wunde. Warum mußten Jungen ernster a u s s e h e n als Mädchen? Warum ernster s e i n als Mädchen? Warum ernster g e - n o m m e n w e r d e n als Mädchen?

Von diesem Tag an legte ich meine Stirn in die bedrohlichsten Falten, deren ein Kind fähig ist, wann immer mein kleiner Bruder und ich Gästen vorgestellt wurden – den vielen Gästen, die zum Tee kamen, zum Mittagessen, zum Abendessen. Ich war todernst. Und todernst war auch mein Photographiergesicht. Immer noch besitze ich eine ganze Reihe Kinderbilder und Familienaufnahmen, auf denen ich mein finsterstes Gesicht zeige.

(Elisabeth Mann Borgese – «Aufstieg der Frau»)

Werte ohne Wert

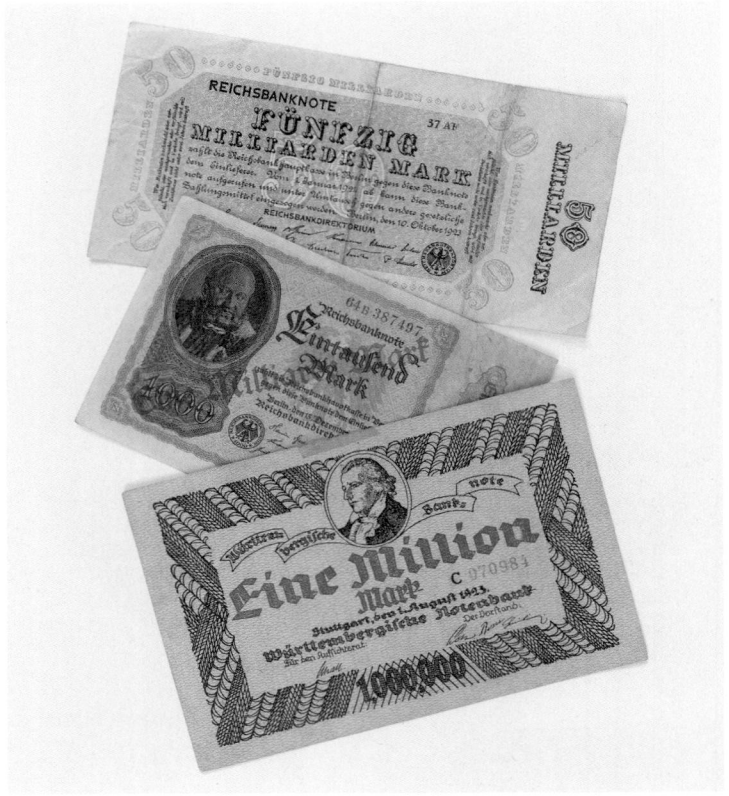

1923 nähert sich die Inflation in Deutschland einem Schwindel erregenden Höhepunkt und stürzt die Wirtschaft in eine Krise unerhörten Ausmaßes. «Man sprach von nichts als von Mark, Dollar und Pfund, so daß die Straßen der großen Städte einer einzigen aufgestörten Monstre-Börse glichen. Nachts herrschte in Vergnügungslokalen und Bars ein zweifelhaftes Leben; hier gaben die Glücksritter der Stunde mit vollen Händen aus, was sie dem Volk aus der Tasche zogen.» Vor allem seinen ältesten Kindern, so Thomas Mann in seinen «Erinnerungen aus der deutschen Inflation» weiter, steigt «der Inflations-Karneval unvermeidlich zu Kopf». «Da waren spekulative Freunde, die, im Alter von College boys, die Erwählten ihres Kreises mit Champagnerfrühstücken und Brillantnadeln regalierten. Ihre Spekulationen stellten sich teilweise später als eigentliche Betrügereien heraus; wie anders?»

Klaus Mann im Rückblick über die aus den Fugen geratenden Werte: «Genießen wir die zweifelhaften Amüsements des sogenannten Friedens! Nach der blutigen Ausschweifung des Krieges kam der makabre Jux der Inflation! Welch atembeklemmende Lustbarkeit, die Welt aus den Fugen gehen zu sehen! Haben einsame Denker einst von einer ‹Umwertung aller Werte› geträumt? Statt dessen erlebten wir nun die totale Entwertung des einzigen Wertes, an den eine entgötterte Epoche wahrhaft geglaubt hatte, des *Geldes*. Das Geld verflüchtigte sich, löste sich auf in astronomische Ziffern. Siebeneinhalb Milliarden deutsche Reichsmark für einen amerikanischen Dollar! Neun Milliarden! Eine Billion!» (Klaus Mann – «Der Wendepunkt»)

Kinder spielen mit wertlos gewordenem Geld.

Monika Mann mit Willi
E. Süskind im Garten der
Poschingerstraße

Erika Mann,
Pamela Wedekind und
Klaus Mann

«**Alles war ungewiß**, und das Jahr 1923
nicht dazu angetan, das Aufkommen ge-
nauerer Pläne zu dulden.» Und so lassen
sich Klaus, der inzwischen von der Odenwaldschule nach München zurückgekehrt
ist, und Erika von dem Strudel der in immer neue Höhen taumelnden Währungs-
inflation mitreißen. Vor allem durch den
neu gewonnenen Freund Theo Lücke, dem
«Typ des jungen Mannes vom Jahre 1923
par excellence. Er war sowohl schwärme-
risch als geschäftstüchtig; junger Bank-
mensch mit nervös gespannter, energisch
zarter, leicht angegriffener Manier, der
sich für Wedekind, Unruh, Georg Kaiser
begeisterte, es aber gleichzeitig famos mit
den Devisen verstand. Er zauberte Geld,
wie es damals vielen begabten Jünglin-
gen glückte; und er verschwendete es
hauptsächlich, indem er uns aufs großar-
tigste einlud. [...] Dem grauenhaften Jahr
1923, das Millionen von Existenzen zer-
schmettert hat, bleibt der sozial nichtige,
ästhetisch aber nicht zu unterschätzende
Vorteil, daß er eben diesem Typ des intellektuellen Vabanque-Spielers zu einer
fantastischen Blüte verhalf, die er sonst
niemals gekannt hätte.»

Theo Lücke bildet das Zentrum von Erikas und Klaus' Münchener Inflationskreis,
dem fest nur noch Willi Süskind angehört.
«Andere kamen und gingen, Walters-Mäd-
chen waren zu Anfang ziemlich oft mit von
den wilden Partien», später stößt noch
Frank Wedekinds Tochter Pamela hinzu.

Schule, auch kein Spaß

Im März 1924 legt Erika Mann an der Städtischen Höheren Mädchenschule in der Luisenstraße ihr Abitur ab. Die Bewunderung des Bruders Klaus ist ihr dafür sicher – in Betracht vor allem dessen, wie er meint, «daß es ihr ohne jegliches Lernen geglückt war». Ein verhältnismäßig kurzer, durch «Schulwechsel und häufige Schulversäumnisse» unterbrochener Besuch «der Anstalt» geht dem voran, wie im Abiturzeugnis nüchtern konstatiert wird. Tatsächlich kann Erika auf eine bewegte Schullaufbahn zurückblicken. Vom St.-Anna-Gymnasium war sie im Mai 1921 auf das Luisengymnasium gewechselt, von

dort 1922 auf die Bergschule Hochwaldhausen, um im September desselben Jahres wieder an das Luisengymnasium zurückzukehren. Infolge des «unregelmäßigen Studienbetriebs u. mancher Ablenkung» gelingt ihr «trotz guten und zeitweilig festen Willens» kein nennenswerter Abschluss: «Aus purer Liebe zu [meiner Mutter] habe ich das Abitur ‹gebaut› und mit einem Zeugnis bestanden, das in der Welt einzig sein dürfte: es ist so miserabel, daß ich es mir eingerahmt habe, und jeder, der mich besucht, kann es in der Diele lesen.»

Direkt im Anschluss an das Abitur geht sie nach Berlin, um an der Schauspielschule Max Reinhardts Unterricht zu nehmen. Auch Klaus Mann siedelt nach einem längeren Besuch des Stifts Neuburg bei Heidelberg nach Berlin über. Dort beginnt er als Theaterkritiker beim «12 Uhr Blatt». Die Schwester Monika verlässt im September 1924 die Städtische Höhere Mädchenschule mit Frauenschule am St. Annaplatz in München. Sie folgt ihrem Bruder Golo nach Salem, der bereits seit 1923 Schüler der berühmten Internatsschule in der Nähe des Bodensees ist.

Reale Gymnasialkurse bei der Städt. Höheren Mädchenschule
an der Luisenstraße in München.

Reifezeugnis.

Mann Erika,

Tochter des Schriftstellers Herrn Dr. Thomas Mann , in München ,

Bezirksamts , geboren am 9. Nov. 1905

zu München , prot. Bekenntnisses, die seit Mai 1921

Schülerin der realen Gymnasialkurse bei der Städt. Höheren Mädchenschule an der Luisenstraße in München

war und den letzten Kurs während des Schuljahres 1923 24 besuchte, hat sich im März 1924

der Reifeprüfung unterzogen und ist nach dem Ergebnisse der Prüfung als befähigt zum Übertritt an die Hochschule

erklärt worden.

Städtische Höhere Mädchenschule mit Frauenschule
am St. Annaplatz, München.

Austritts-Zeugnis

Mann Monika,

geboren am 7. Juni 1910 zu München Bezirksamt

vorm. Bekenntnisses, hat vom 1. Mai 1924 bis zum 25. Sept. 1924

die 4b Klasse der obengenannten Schule besucht und bei entsprechendem Fleiße

und entsprechendem Betragen nachstehende Fortgangsnoten erlangt:

Religionslehre mangelhaft	Zeichen lobenswert
Deutsch mangelhaft	Schreiben
Englisch mangelhaft	Handarbeiten entsprechend
Geschichte ungenügend	Turnen lobenswert
Erdkunde mangelhaft	Singen befriedigend
Rechnen und Raumlehre mangelhaft	Französisch entsprechend
Naturkunde mangelhaft	Stenographie ungenügend
Physik mangelhaft	

Der Austritt der Schülerin erfolgt auf Wunsch der Eltern.

München, den 26. Sept. 1924.

Direktorat

**Austrittszeugnis des
St.-Anna-Gymnasiums
von Monika Mann,
26. September 1924**

Im einzelnen lassen sich ihre Kenntnisse nach den bei der Prüfung und während des Schuljahres gegebenen
Proben folgendermaßen bezeichnen:

Religionslehre	—
Deutsche Sprache	entsprechend
Lateinische Sprache	mangelhaft
Griechische Sprache	
Französische Sprache	mangelhaft
Englische Sprache	mangelhaft
Geschichte	entsprechend
Erdkunde	entsprechend
Mathematik	mangelhaft
Physik	mangelhaft
Chemie	mangelhaft
Zeichnen	entsprechend
Turnen	dis.

München, den 9. IV. 1924

Der Ministerialkommissär: Der Direktor:

Kapitel 2

«Unordnung und frühes Leid»

Auf der Suche nach einem Weg

Bei uns daheim waren die Kleinen schon herangewachsen, die Mittleren Studiosi und verlobt, und die Großen machten Weltreisen. Unser Haus hätte manchmal einem Hotel geähnelt – so abwechslungsreich und bewegt ging es da zu mit Logiergästen und gesellschaftlichen Ereignissen aller Art –, hätte es nicht zuletzt sein privates, im Grunde stetes Gesicht bewahrt. Jenes etwas turbulente Treiben war nur an der Oberfläche, darunter wachte mit wohlwollender Ironie der zugleich gefügige und dominierende Geist des Hauses, dem kein Getreibe etwas anhaben konnte.
Monika Mann – «Vergangenes und Gegenwärtiges»

Meer, zum ersten Mal

Gruppenbild mit Thomas und Elisabeth Mann, Gerhart und Margarete Hauptmann sowie Michael und Katia Mann (halb verdeckt), Sommer 1924 auf Hiddensee

Im Juli 1924 nimmt die Familie Mann auf Hiddensee im «Haus am Meer» Quartier, das neben Thomas Mann noch eine zweite Berühmtheit zu seinen Logiergästen zählt. Erika Mann darüber: «Das Meer sahen wir zum erstenmal, als wir schon ganz groß und umgetrieben waren. Wir reisten damals mit den Eltern nach Hiddensee. Dort war es auch, wo wir Gerhart Hauptmann trafen.» Der imposanten Erscheinung des Literaturnobelpreisträgers, mit dem er im Vorjahr schon in Bozen zusammentraf, verleiht Thomas Mann als Mynheer Peeperkorn im «Zauberberg» Gestalt. Wohl kaum zur Begeisterung des Porträtierten – die Zeichnung des trinkfesten und lautstark Reden schwingenden Kolonial-Holländers, einer Persönlichkeit sehr «herrscherlichen ‹Formats›», trägt eindeutig satirische Züge.

«Die Kinder schieden von der See mit wahren Schmerzen, die kleinen wie die großen, genau wie einst ich.» Wieder zurück in München, scheint sein Eindruck

den Vater nicht zu täuschen. Ein Schreiben Erika Manns an Pamela Wedekind bestätigt dies: «Liebes Leben! Du *kannst* es nicht ahnen, wie schön das Meer ist, – zum Weinen schön.» Vor allem aber bei der jüngsten Tochter Elisabeth hinterlassen die Sommerurlaube am Meer tiefe Spuren. Sie ähnelt darin dem Vater, für den seit frühsten Kindertagen das Meer einen sehr hohen Stellenwert einnimmt. Als Junge verbringt er die Sommermonate im nahe Lübeck gelegenen Travemünde. Die Kurkonzerte auf der Promenade bleiben ihm genauso in Erinnerung wie der Anblick der Ostsee. An diesem Ort gehen Meer und Musik für ihn «eine ideelle, eine Gefühlsverbindung für immer ein».

«Ich sehe mich noch: Gegen Abend, es war kühl, und ich zitterte ein wenig; teils weil es kühl war, teils aus Erregung. Wir standen am Strand. Ich, etwa fünf Jahre, an der Hand meines Vaters, und mein kleiner Bruder Michael, vierjährig. Wir schauten aufs Meer hinaus – das erste Mal in unse-

rem Leben. [...] Was mich am tiefsten beeindruckte, war der Horizont, der sich fest und ungebrochen, wie von einem überdimensionalen Zirkel gezeichnet, von einem Ende des Blickfeldes zum anderen hinzog. ‹Das ist der Horizont›, erklärte mein Vater.

‹Und was ist hinter dem Horizont?› fragte ich.

‹Der Horizont und dahinter wieder der Horizont. Je weiter du hinausruderst, um so weiter zieht sich der Horizont zurück, so daß du immer nur einen Horizont siehst; bis ganz, ganz zuletzt Land in Sicht kommt, und dann ist der Horizont verschwunden. Du kannst ihn dann aber wieder sehen, wenn du dich herumdrehst.›»
(Elisabeth Mann Borgese – «Mit den Meeren leben»)

Klaus, Erika, Katia,
Michael, Monika, Elisa-
beth und Thomas Mann
auf Hiddensee

Katia, Monika, Michael,
Elisabeth, Thomas,
Klaus und Erika Mann
während der Ferien auf
Hiddensee (v. l. n. r.)

Katia Mann mit ihren
Jüngsten Michael und
Elisabeth (rechts)
am Strand

«Unordnung und frühes Leid»

Am 6. Juni 1925 feiert Thomas Mann seinen 50. Geburtstag. Zu diesem Anlass gibt Samuel Fischer ein Sonderheft der «Neuen Rundschau» heraus. Die Thomas Mann gewidmete Juniausgabe enthält Beiträge von Stefan Zweig, Arthur Eloesser und Fritz Strich über den Autor. Auch Thomas Mann steuert auf Wunsch seines Verlegers mit «Unordnung und frühes Leid» eine eigene Erzählung bei. Im Zentrum der Inflationsnovelle steht – wie schon im «Gesang vom Kindchen» – die jüngste Tochter Elisabeth, deren Taufpaten Ernst Bertram Thomas Mann die Erzählung ursprünglich widmen wollte. Als «Lorchen» erlebt sie ihr erstes «frühes Leid» – in Gestalt von Max Hergesell, der ihr auf einer turbulenten Tanzgesellschaft der älteren Geschwister den Kopf verdreht. Aber auch Michael Mann und die Ältesten Klaus und Erika werden in der Novelle kaum verhüllt porträtiert.

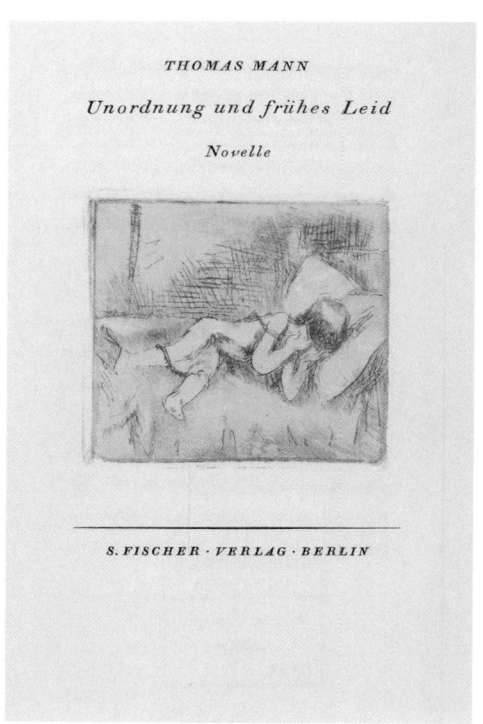

THOMAS MANN

Unordnung und frühes Leid

Novelle

S. FISCHER · VERLAG · BERLIN

Vignette Karl Walsers
zur ersten Buchausgabe
von «Unordnung und
frühes Leid»

Feier des 50. Geburtstags von Thomas Mann in München: Arthur Eloesser, Maria Mann-Kanová, Thomas, Golo, Erika, Monika, Katia, Heinrich und Klaus Mann, ganz rechts das Kindermädchen Gertraud von Boeck (v. l. n. r.)

Cover der Erstausgabe,
S. Fischer 1926

Michael (links) und
Elisabeth Mann am 50.
Geburtstag von Thomas
Mann. In der Mitte:
Heinrich Manns Tochter
Leonie, genannt
«Goschi»

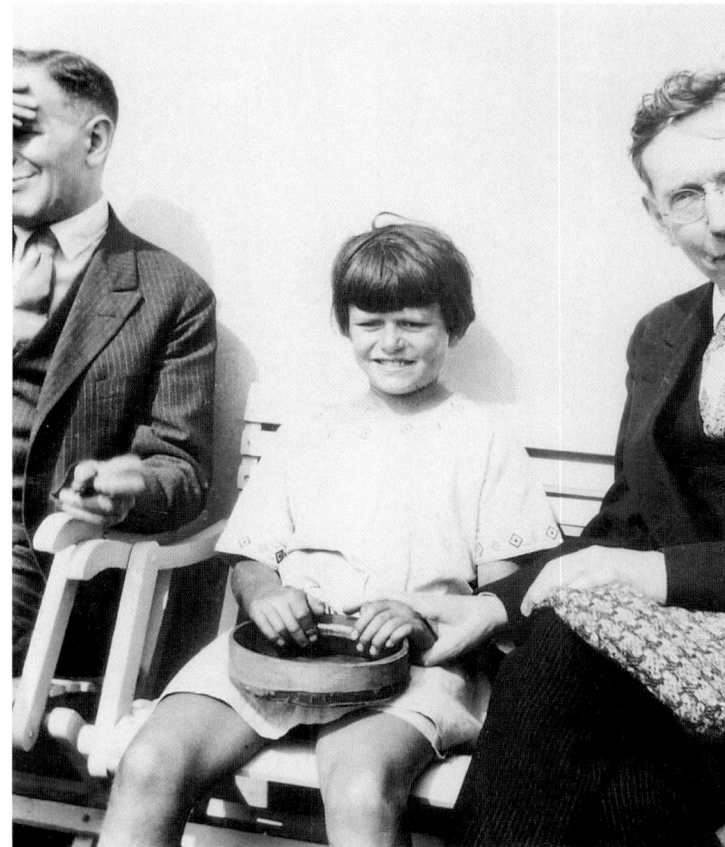

Elisabeth Mann mit
ihrem Taufpaten Ernst
Bertram (rechts),
um 1926

Sie ist bereits auf englisch und auf französisch zu lesen: bequem und lustig im «Dial» und unter dem Titel «Au temps de l'inflation» in der «Revue de France»: ein Zeichen, daß man sie draußen als Dokument deutsch-bürgerlichen Nachkriegslebens versteht und willkommen heißt [...]. Genaugenommen war die Erzählung niemals aktuell; sie historisierte schon, als sie geschrieben wurde; denn das war 1925, und sie spielt einige Jahre vorher; zu einem Zeitpunkt also, als seelische Wirrungen, die sich seitdem nicht gemildert haben, noch durch den kleidsamen Hintergrund verrücktester wirtschaftlicher Umstände pittoresk gehoben wurden. Es ist eine Geschichte aus Revolutionszeiten, erzählt von einem, der nicht gerade ein Revolutionär ist [...]. Da es eine Geschichte von Alten und Jungen ist, welche die «Unordnung» in den Familienrahmen spannt, war es vielleicht kein schlechter Griff des Verfassers, aus seinem «Helden», dem Vertreter des Alten, mit dessen Augen alle Vorgänge gesehen sind, einen Professor der Historie zu machen.
(Thomas Mann – «Unordnung und frühes Leid»)

Familienbande

Erika, «ein sehr reizvolles Mädchen», steht in der um 1923 angesiedelten Erzählung als «achtzehnjährige und braunäugige Ingrid» kurz vor dem Abitur, das sie «wahrscheinlich auch ablegen wird, wenn auch nur, weil sie den Lehrern und namentlich dem Direktor die Köpfe bis zu absoluter Nachsicht zu verdrehen gewußt hat, von ihrem Berechtigungsschein aber keinen Gebrauch zu machen gedenkt, sondern auf Grund ihres angenehmen Lächelns, ihrer ebenfalls wohltuenden Stimme und eines ausgesprochenen und sehr amüsanten parodistischen Talentes zum Theater drängt».

Elisabeth tritt als «Lorchen» in Erscheinung, ihr jüngerer Bruder Michael als «Beißer»: «Etwa 11-jährig las ich ‹Unordnung und frühes Leid› und war verdrossen über das Porträt des Beißers, in dem ich mich erkannte, das ich aber nicht ähnlich fand», so Michael Mann im Rückblick.

«Sie kommen, wie üblich, die Eltern nach Tisch zu begrüßen [...]: Beißer zur Mutter, auf deren Schoß er mit den Knien klettert, um ihr zu sagen, wieviel er gegessen hat, und ihr zum Beweise seinen geschwollenen Bauch zu zeigen, und Lorchen zu ihrem ‹Abel›, – so sehr der Ihre, weil sie so sehr die Seine ist, weil sie die innige und wie alles tiefe Gefühl etwas melancholische Zärtlichkeit spürt und lächelnd genießt, mit der er ihre Klein-Mädchen-Person umfängt, die Liebe, mit der er sie anblickt und ihr fein gestaltetes Händchen oder ihre Schläfe küßt, auf der sich bläuliche Äderchen so zart und rührend abzeichnen.» (Thomas Mann – «Unordnung und frühes Leid»)

Erika und Katia Mann im ersten Auto, einem Fiat. Aufgenommen von Ida Herz am 25. Juli 1925

Katia und Erika Mann im Garten der Poschingerstraße, 1925

Michael und Elisabeth,
1925

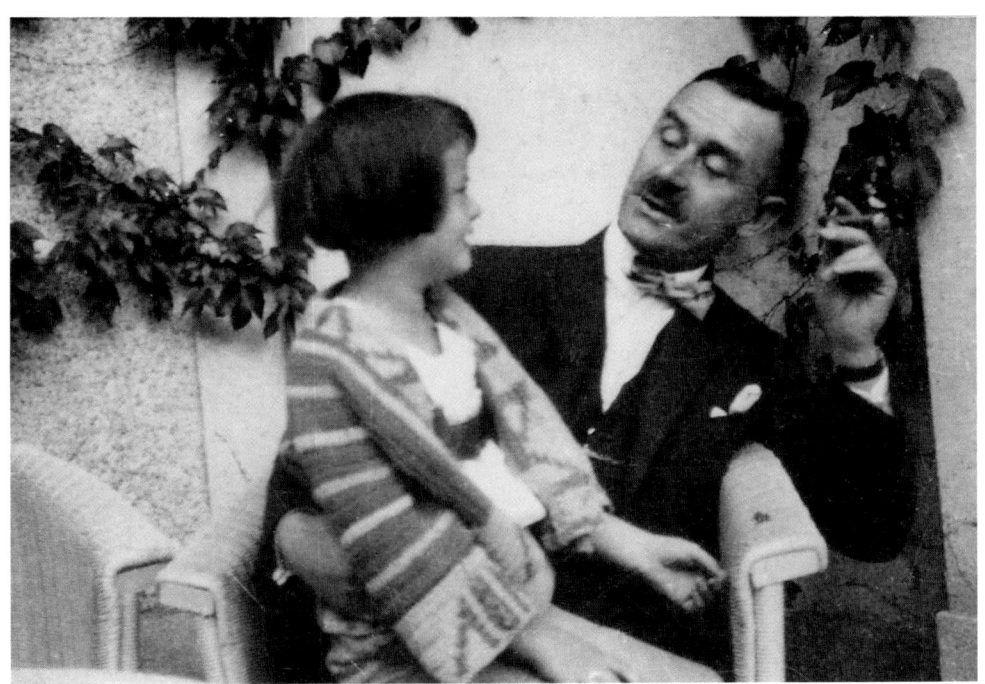

Thomas Mann mit
seiner jüngsten Tochter
Elisabeth, 1925

Elisabeth und Michael,
München 1925

*Im Grunde hat er ein Gefühl dafür, daß
die Vorliebe seiner Frau wohl hochherziger
gewählt hat als die seine und daß die
schwierige Männlichkeit Beißers vielleicht
mehr wiegt als der ausgeglichenere Lieb-
reiz seines Kindchens. Aber dem Herzen,
meint er, läßt sich nicht gebieten, und sein
Herz gehört nun einmal der Kleinen, seitdem sie da ist, seitdem er sie zum erstenmal gesehen.*
(Thomas Mann – «Unordnung und frühes
Leid»)

Das «grosse Vaterauge»

Karikatur von Th.
Th. Heine im «Simplicissi-
mus», 9. November 1925

Seine berufliche Karriere beginnt Klaus Mann im Herbst 1924 bei der Berliner Mittagszeitung «12 Uhr Blatt». Noch im gleichen Jahr erscheinen Artikel aus seiner Feder in anderen Blättern wie etwa der renommierten «Weltbühne». 1925 tritt Klaus Mann mit gleich drei Publikationen als Schriftsteller hervor: dem Novellenband «Vor dem Leben», dem Theaterstück «Anja und Esther» und seinem ersten Roman «Der fromme Tanz».

Ohne Zweifel war das Familienetikett «Mann» für den jungen Schriftsteller ein Sprungbrett, das den Karrierestart zunächst erleichterte. «Der flitterhafte Glanz, der meinen Start umgab, ist nur zu verstehen – und nur zu verzeihen –, wenn man sich den soliden Hintergrund des väterlichen Ruhmes denkt. Es war in seinem Schatten, daß ich meine Laufbahn begann, und so zappelte ich mich wohl etwas ab und benahm mich ein wenig auffällig, um nicht völlig übersehen zu werden.» Die Nachteile, die der berühmte Name mit sich bringt, sind ebenso offensichtlich. In Rezensionen und Kritiken am übermächtigen Vatervorbild gemessen zu werden blieb natürlich nicht aus.

Die Erstveröffentlichung von «Unordnung und frühes Leid» fällt in die Zeit von Klaus Manns ersten Gehversuchen als Schriftsteller. In dem wenig schmeichelhaften Porträt des blonden und siebzehnjährigen Bert sind dabei unverkennbar die Züge Klaus Manns angelegt. Dieser gedenkt «die Schule um keinen Preis zu beenden» und sich «so bald wie möglich ins Leben» zu stürzen, um entweder «Tänzer oder Kabarett-Rezitator oder aber Kellner» zu werden.

Das verletzende Porträt trifft Klaus Mann umso empfindlicher, als es seine literarischen Anfänge überschattet. Inwieweit sich Thomas Mann über die Wirkung seiner stark autobiographischen Novelle be-

„Du weißt doch, Papa, Genies haben niemals geniale Söhne, also bist du kein Genie.“

wusst wurde, ist nicht bekannt. Ende der dreißiger Jahre – anlässlich des Erscheinens seines Romans «Der Vulkan» – kommt Klaus Mann einmal auf sein Porträt als Bert zu sprechen. Im schließlich abgeschickten Brief an den Vater ist die auf «Unordnung und frühes Leid» anspielende Passage wieder getilgt: «Denn wenn es für den Vater eine Genugtuung ist, dass der Sohn vor der Welt sich ein bisschen bewährt – so empfindet, umgekehrt, der Sohn Genugtuung, dem ‹grossen Vaterauge› zu beweisen, dass [er] mehr als ein ‹Söhnchen und ein Windbeutel› ist [...]. Denn, nicht wahr, der junge Bert, wie er in ‹Unordnung› *viel zu spöttisch* skizziert war, hätte einen solchen Brief doch wohl niemals bekommen können. Das Portrait

des leichtsinnigen Knaben, der Kellner in Kairo werden und sich dabei möglichst wie Schauspieler Fischel bewegen wollte, hat mich ja doch wohl nachhaltig gewurmt – und gerade als es herauskam, war ich doch besonders anspruchsvoll und aufgeregt, und hielt mich für ganz was Apartes. Wenn diese kleine Verwundung, oder andere ihrer Art, nicht schon vorher so-gut-wie-völlig zugeheilt gewesen wären, so» [Briefentwurf endet hier].

Klaus Manns Gegenstück zu «Unordnung und frühes Leid» erscheint 1926 unter dem Titel «Kindernovelle». In ihr schildert er unverkennbar die Familie in Bad Tölz – ohne den Vater, den er in der Novelle kurzerhand für tot erklärt.

Die Familie Mann im Garten der «Poschi», 1925: Thomas, Monika, Klaus, Erika und Katia Mann, davor Elisabeth und Michael

Brief von Klaus an Thomas Mann, 7. Oktober 1922: «Lieber Zauberer»

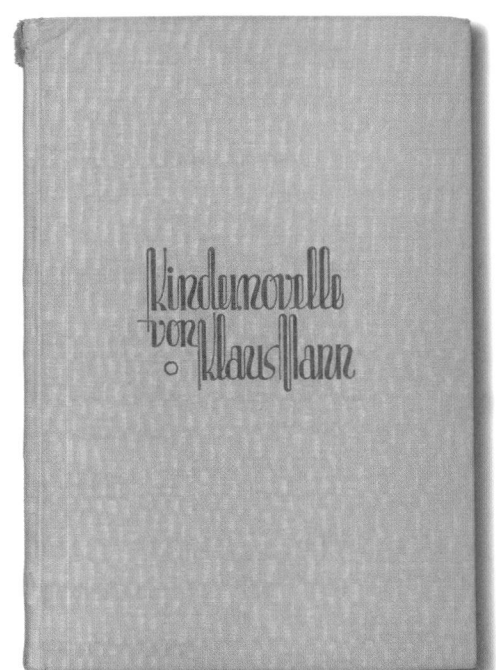

Erste Buchausgabe, Enoch Verlag 1926

Vor dem Leben

Klaus Manns Verhältnis zum Vater, bestimmt durch Distanzierungs- und Annäherungsversuche, ist ambivalent. In mancher Hinsicht ähnelt es darin dem seiner Brüder. Michael Mann bringt seine Beziehung zum Vater für sich als eine Art «intime Distanz oder distanzierte Intimität» auf den Punkt. Golo Mann spricht im Rückblick auf seine Kindheit und Jugend von «Zeiten, in denen wir uns einigermaßen fremd waren». Und doch kann und will er den «gewaltigen Einfluß» des Vaters auf sich nicht bestreiten.

Die Kehrseite: Im übermächtigen Schatten des berühmten Vaters droht die eigene Existenz zu verblassen. Vor allem Klaus Mann, der beruflich in die Fußstapfen des Vaters und auch des Onkels Heinrich Mann tritt, verlangt es schon früh als Schriftsteller nach Abgrenzung.

«Der hier angedeutete Vater-Sohn-Gegensatz tritt in dem ‹Vor-dem-Leben›-Band, wie er später wurde, weniger in den Vordergrund, oder er ist viel stärker umstilisiert. Gerade damals, als ich intellektuell in vielem von meinem Vater abhängig war, versuchte ich heftig, das an mir herauszuarbeiten, was ich als ihm entgegengesetzt empfand. [...] Deshalb liebte ich es, das Katholische vor dem Protestantischen zu betonen; das Pathetische vor dem Ironischen; das Plastische vor dem Musikalischen; die ‹Vergottung des Leibes› vor der ‹Sympathie mit dem Abgrund› [...]. Das Extravagante, Exzentrische, Anrüchige gegen das maßvoll Gehaltene; das irrational Trunkene gegen das von der Vernunft Gebändigte und Beherrschte. Während ich diese Gegensätze konstruierte und auch wirklich erlebte, war mir natürlich am Beifall keines Menschen wie an seinem gelegen.» (Klaus Mann – «Kind dieser Zeit»)

Ende 1925 bringt der Hamburger Enoch Verlag nach dem Novellenband «Vor dem Leben» Klaus Manns ersten Roman «Der fromme Tanz» heraus. Das «Abenteuerbuch einer Jugend», so der Untertitel, trägt dabei unverkennbar autobiographische Züge. Der junge Dichter Andreas taucht ein in das Bohemeleben der großen Metropolen Berlin und Paris, um das Lebensgefühl einer ganzen Generation zu erfassen. In anderer Hinsicht bricht der Roman als einer der ersten ein Tabu. Die gleichgeschlechtliche Liebe, die ausführlich in «Der fromme Tanz» thematisiert wird, stand in der Weimarer Republik unter Strafe.

Klaus und Thomas Mann, aufgenommen von Ida Herz 1925: «Es ist nicht zu leugnen, daß mein Name und der Ruhm meines Vaters, den man mitmeint, wenn man an ihn denkt, mir den ersten Start erleichtert haben. Aber schon nach einem halben Jahr verwandelten sich diese scheinbaren Vorteile in Nachteile [...]. Man beurteilt mich als *den Sohn*.» (Klaus Mann – «Kind dieser Zeit»)

Die Geschwister
Klaus und Erika, Mitte
der zwanziger Jahre

Auch im offenen Bekenntnis zur eigenen
Homosexualität – im Leben wie in der Literatur – grenzt sich Klaus Mann deutlich
vom Vater ab. Das «Thema der ‹Verführung› für Zauberer so charakteristisch –
im Gegensatz zu mir. Verführungsmotiv:
Romantik – Musik – Wagner – Venedig –
Tod – ‹Sympathie mit dem Abgrund› – Päderastie. Verdrängung der Päderastie als
Ursache dieses Motivs […]. – Bei mir
anders. Primärer Einfluss Wedekind –
George. – Begriff der ‹Sünde› – unerlebt.
Ursache: ausgelebt. Rausch (sogar Todes-
rausch) immer als Steigerung des Lebens,
dankbar akzeptiert; nie als ‹Verführung›.»
Thomas Mann – wie er selbst formuliert,
als Künstler Abenteurer genug – bietet im
Leben die maßvoll praktizierte Bürgerlich-
keit Hort und Schutz. Golo Mann: «Natürlich wußten wir auch von seinen homoerotischen Inklinationen – ich mußte sehr
jung sein, um mir einzureden, er wüßte
selber nichts davon. Es ist aber gegen sie
die Familie zu halten; sie gab ihm den
Halt, die Lebensordnung und stetige Verpflichtung, die ein scheu und aus der Ferne geliebter Junge – immer wieder ‹Hans
Hansen› – ihm ja nicht geben konnte.»
In den Tagebüchern Thomas Manns, die
aber erst zwanzig Jahre nach seinem Tod

geöffnet werden, finden sich etliche Einträge, die des Autors Vorliebe für das
männliche Geschlecht bezeugen. Auch die
zeitweilige Faszination des Vaters durch
den eigenen ältesten Sohn ist dort festgehalten: «Entzücken an Eissi, der im Bade
erschreckend hübsch. Finde es sehr natürlich, daß ich mich in meinen Sohn ver-
liebe» (25. Juli 1920). Einen Monat zuvor
notiert er: «Ich war zärtlich mit Erika, die
ich kräftig, braun und hübsch fand, und
ließ Klaus meine Neigung merken, indem
ich ihn streichelte und ihm zuredete guten
Muts zu sein, auch wenn das Leben ‹nicht
immer ganz einfach› sei.»

Dichtung und Wahrheit

Am 20. Oktober 1925 wird «Anja und Esther» in den Münchener Kammerspielen uraufgeführt, zwei Tage später hat Klaus Manns «romantisches Stück in sieben Bildern» in Hamburg Premiere. Dem Autor zufolge, damals noch keine zwanzig Jahre alt, wird sein dramatisches Debüt ein «*succès de scandale*». Für Furore sorgt in der Hansestadt schon die prominente Besetzung. Neben den drei Dichterkindern Pamela Wedekind, Klaus und Erika Mann ist Gustaf Gründgens, damals der aufstrebende «Star der Hamburger Kammerspiele», auf der Bühne zu sehen. Aber auch die brisante Thematik des homoerotischen Skandalstückes um die Liebe zwischen Anja und Esther ruft viele Kritikerstimmen auf den Plan.

Der umstrittene Sensationserfolg ermutigte das «Anja und Esther»-Quartett schon bald zu einer neuen Gemeinschaftspro-

duktion. Bei der «Revue zu Vieren», Klaus Manns zweitem Theaterstück, stößt mit Thea «Mopsa» Sternheim noch ein weiteres prominentes Dichterkind zu der illustren Runde. Die Tochter des Dramatikers Carl Sternheim liefert die Dekorationen zu dem Stück, das im April 1927 in Leipzig uraufgeführt wird. Bei der sich anschließenden Tournee sind die Vorstellungen manchmal «eher ein Kampf mit dem Publikum als eine zivilisierte Lustbarkeit». «Revue zu Vieren» wird «in München beschimpft, in Hamburg beklatscht, in Kopenhagen [...] mit wohlwollender Neugier empfangen». Auch in den Berliner Kammerspielen, wo das Ensemble Station macht, ist man vor ironischem Spott nicht gefeit: «‹Hier können Familien Stücke spielen›, hatte der schalkhafte Werner Krauss an den Bühneneingang geschrieben.»

Das Viergespann auf der Bühne geht auch im Privaten Bündnisse miteinander ein – in nicht immer leicht zu überschauenden Konstellationen. Klaus Mann ist seit 1924 mit Pamela Wedekind verlobt. Erika Mann, leidenschaftlich Pamela zugetan, heiratet Gustaf Gründgens im Juli 1926. Ob es auch zwischen Klaus Mann und Gustaf Gründgens eine Liebesbeziehung gab, ist bis heute ungeklärt.

Von Dauer sind die ungewöhnlichen Allianzen aber nicht. Die Ehe zwischen Gründgens und Erika wird bereits im Januar 1929 wieder aufgelöst. Ein gutes Jahr später, im April 1930, heiratet Pamela Wedekind Theas Vater, den um knapp dreißig Jahre älteren Carl Sternheim.

Linke Seite:
Die Darsteller von «Anja
und Esther» auf der
Bühne: Klaus Mann,
Gustaf Gründgens, Erika
Mann (v. l.) und Pamela
Wedekind (2. v. r.)

Erika Mann und Pamela
Wedekind, 1926

Erika Mann, Gustaf
Gründgens und die
Schauspielerin Herta
Windschild, Hamburg
1926

Erika und Klaus
Mann, Pamela Wedekind
und Gustaf Gründgens
im privaten Leben

Salem

Die 1920 gegründete
Schule Schloss Salem,
um 1925

Golo Mann (3. v. l.) auf
einer Finnlandreise des
Internats 1925. Ganz
links: Kurt Hahns Mit-
arbeiterin Marina Ewald,
die zuvor an der von
Klaus Mann besuchten
Odenwaldschule ge-
arbeitet hat

Wie für die älteren Geschwister sind für Golo Mann die zwanziger Jahre eine Zeit des Aufbruchs aus dem Elternhaus. Salem wird für ihn gleichbedeutend mit einer Erfahrung, die nicht den Beigeschmack einer indoktrinären «Erziehungsanstalt» besitzt. Auch seine Schwester Monika besucht die renommierte Internatsschule in der Nähe des Bodensees, die einige Jahre zuvor von Prinz Max von Baden und Kurt Hahn gegründet wurde. Ursprünglich sollte der ältere Bruder Klaus die Schule

Schloss Salem besuchen: «Tatsächlich war die Mutter im vergangenen Sommer schon einmal dort gewesen, um meinen älteren Bruder anzumelden; der wollte in die Bergschule ‹Hochwaldhausen›, in welcher er ein kurzfristiges Sommertrimester verbracht hatte, nicht zurück. Damals zog der Leiter von Salem, Kurt Hahn, sich aus der Affäre als der Diplomat, der er war, neben anderem. Nach einem langen Gespräch mit Klaus erklärte er sich: wäre er ein freier Mann, so würde er gern und aus-

schließlich sich der Erziehung oder Nach-Erziehung dieses hochbegabten Jünglings widmen. Aber in die von ihm und seinem Gönner, Prinz Max von Baden, vor kaum zwei Jahren gegründete Schule paßte er doch nicht so recht. Daß es Hahn war, der zur Odenwaldschule riet, ist mir unbekannt, aber wahrscheinlich; denn ungern entließ er seine Gäste ohne einen Rat, meist einen nützlichen.» (Golo Mann – «Erinnerungen und Gedanken»)

Nordflügel des
Schlosses Salem. In
einem ähnlichen Trakt
war Golo Mann unter-
gebracht.

Kurt Hahn (1886–1974),
Gründer und Leiter der
Schule Schloss Salem

Schülerkarte

Zu- und Vornamen: _Mann Angelus Gottfried Thomas_
(Rufnamen unterstreichen)
Geburtszeit: _27. III 1909_ Konfession: _prot._
Geburtsort: _München_
Name und Stand des Vaters: _Thomas Schriftsteller_
und ev. des gesetzl. Fürsorgers:
Staatsangehörigkeit: _Lübeck_
Wohnort: _Groß-München_ 110.27 Strasse: _Poschingerstr. 1_
Eintritt am: _Ostern 23_ in Klasse: _U II_
Kommt von: _München_ Schule _altes Realg._ Klasse: _U III_
Bisheriger Schulbesuch: _3 Jahre Privatunterricht; 4 Jahre in_
R. Wilhelmsgymnasium, 1 Jahr im alten Real-
gymnasium

Besuch d. Anstalt i. Klassen:	U II	O II	U I	O I		
Schuljahr:	23/24	24/25	25/26	26/27		

Austritt am: _____ mit _____ Zeugnis vom: _____
Uebertritt in: _____

Druck von W. Schuster, Salem.

Schülerkarte von Golo
Mann

Für Monika bleibt der Salemer Aufenthalt ein relativ kurzes Intermezzo. Golo hingegen verbringt im Ganzen vier Jahre in der Schloss-Schule, eine Zeit, die ihn stark prägen sollte. «Die Schulklassen waren klein, etwa zwischen sieben und zehn Teilnehmern; die Lehrer jung, frei der Umgang mit ihnen; nichts mehr von dem Ducken vor dem energischen, dem grausamen Quälen der alten und hilflosen Studienräte, wie es in München der Brauch gewesen war.» Vor allem aber Kurt Hahn hinterlässt einen nachhaltigen Eindruck. Für Golo Mann bleibt er «die Persönlichkeit, die mich in früher Jugend bei weitem am stärksten und nachhaltigsten beeinflußt hat» – trotz im Nachhinein eingeräumter pädagogischer Irrtümer wie der zu starken Betonung der Willenskraft und der Unterordnung der Triebwelt unter das Primat des Intellekts.

«Kurt Hahn hatte von Sexualität und sexueller Erziehung nahezu keine Ahnung. Es lag dies daran, daß er die Neigung, die in ihm war, die homoerotische, moralisch mißbilligte und mit einer unvorstellbaren Anstrengung des Willens in sich selber erstickt hatte. [...] Hahns klügste und weiseste Mitarbeiterin, Marina Ewald, ein guter Geist der Schule noch, als sie, eine uralte Dame, zurückgezogen in zwei Zimmern des Schlosses wohnte, sagte mir einmal eben damals, zu Beginn der siebziger Jahre: Kurt Hahn habe geglaubt, ‹die Pubertät überspringen› zu können. Gut formuliert. Sie war etwas wie eine leider unvermeidliche Krankheit, die es zu ignorieren, die es mit emsiger Tätigkeit, gesunden Freuden und Anstrengungen, allenfalls mit kalten Duschen beiseite zu schaffen galt. Hierdurch kam ein Zug von Unwahrhaftigkeit in das Leben der Schule, deren Grundgesetz doch gerade die Wahrhaftigkeit sein sollte, aber auf diesem, ja nun nicht gerade unwichtigen Gebiet nicht sein konnte. [...] Mein Bruder Klaus, jung schon ein erfahrener Erotiker, meinte später einmal, Kurt Hahn habe mir eben darum großen Schaden getan. Das glaube ich nicht einmal.» (Golo Mann – «Erinnerungen und Gedanken»)

«Patronus Patris»

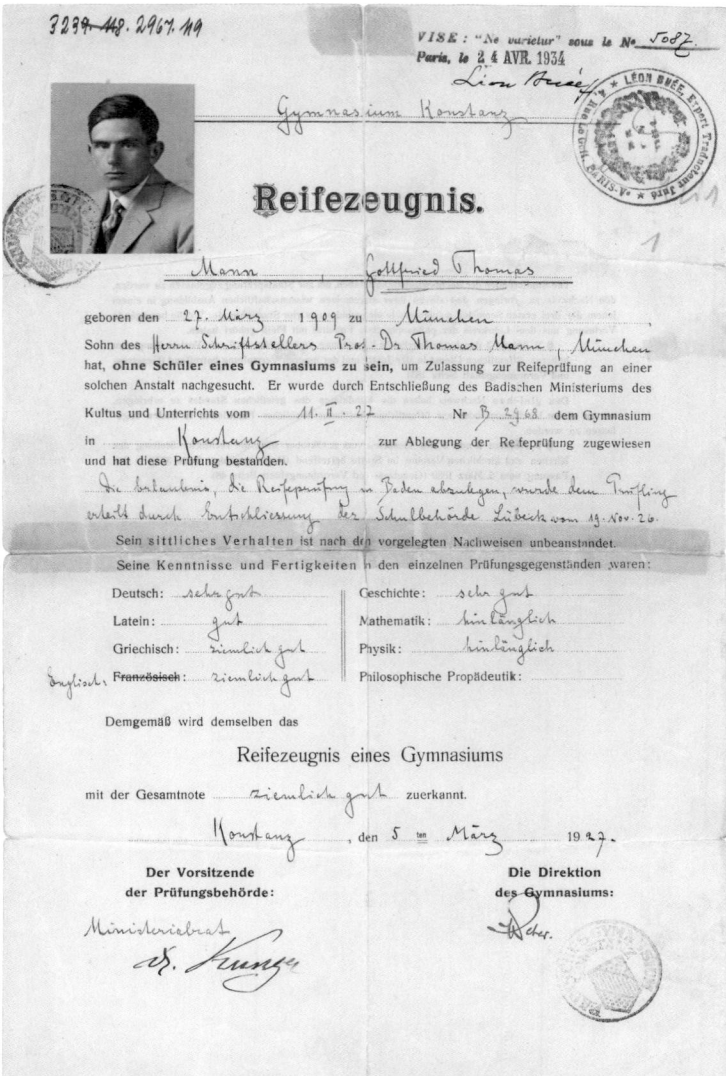

Im März 1927 legt Golo Mann sein Abitur ab – wie auch seine Salemer Mitschüler als «Externer» an einem Gymnasium in Konstanz. «Ziemlich gut» lautet die Gesamtnote. Seine Leistungen in Deutsch und Geschichte sind demgegenüber hervorragend. Prüfungsthema – so will es die Ironie des Schicksals – ist auch der Vater. Golo Mann, der sich eigentlich wenig zum Stellvertreter Thomas Manns berufen fühlt, wird zum «Zauberberg» befragt. Im entscheidenden Moment ist er aber um keine Antwort verlegen, sodass man ihm abschließend nur noch das Bestehen der Prüfung attestieren kann:

«Das deutsche ‹Mündliche› hatte ein junger Assessor, Doktor Brecht, ehrgeiziger und gebildeter Mensch, wie eine Kurzgeschichte der ganzen deutschen Literatur und Philosophie sorgsam geplant. Mich fragte er nach dem ‹Entwicklungsroman›, und ich wußte bald, worauf er hinauswollte: Von Wolfram von Eschenbach: ‹Parzival›. Von Goethe: ‹Wilhelm Meister›. Von Gottfried Keller: ‹Der grüne Heinrich›. Von Carl Hauptmann – wußte ich nicht – ‹Einhart der Lächler›. Und von Thomas Mann? ‹Der Zauberberg›. Folgten allerlei hübsche Fragen über Personen und Sinngebilde des Romans. Der das Ganze kontrollierende Referent aus Karlsruhe, nachdem die Prüfung beendet war: ‹Sie waren ein guter Patronus Patris.›» (Golo Mann – «Erinnerungen und Gedanken»)

Golo Mann (2. v. r.) als
Abiturient, 1927

Humanistische Abiturienten im Frühjahr 1927, in der hinteren Reihe Golo Mann (2. v. r.)

Schule Schloß Salem

Karl Jaspers, 1930

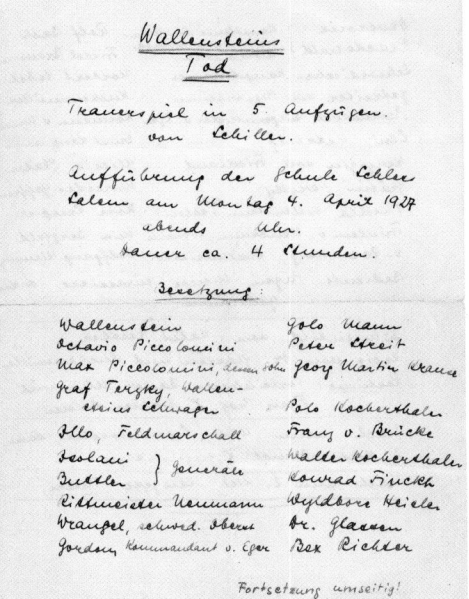

Besetzungszettel der Salemer Aufführung von «Wallensteins Tod» mit Golo Mann in der Rolle des Titelhelden

Bevor der Vorhang in Salem endgültig fällt, kommt es für Golo Mann noch zu einem besonderen Schlussakt. In der Inszenierung von «Wallensteins Tod» übernimmt er die Titelrolle. Nach der Aufführung konstatiert er: «Danach war Müdigkeit, Leere sogar. Ich gab mich völlig aus, weil ich mich völlig mit meiner Rolle identifizierte.» Bildet die Darstellung des gleichnamigen Titelhelden in «Wallensteins Tod» für Golo auch den Höhe- und Schlusspunkt seines Werdegangs als Laienschauspieler – die Auseinandersetzung mit der von ihm verkörperten historischen Figur wird für ihn ein Lebensthema bleiben:

«Müßte ich eine Dichtung nennen, die mir unter allen deutschen die vertrauteste, liebste war, ist, immer bleiben wird, so würde ich nicht zögern: Schillers ‹Wallenstein›. Ein Wunderwerk. Auch ein ‹Gesamtkunstwerk›. Es bietet alles, was ein ‹Dramatisches Gedicht› nur bieten kann: von der Idee, der eigentlichen Philosophie, über philosophische Psychologie, über das Hochpolitische, das Militärische bis hin zum Allerrealsten: den kraftvoll, saftig gezeichneten, gewöhnlichen Charakteren.» (Golo Mann – «Erinnerungen und Gedanken»)

Nach dem Besuch verschiedener Universitäten findet er in Heidelberg in Karl Jaspers einen Mentor, der neben Kurt Hahn die Persönlichkeit ist, «welche auf den langsam, sehr langsam sich zur Reife hin arbeitenden GM am stärksten gewirkt hat». Bei dem bekannten Philosophen promoviert Golo Mann über Hegel. Zugleich sucht er sich auf dessen Anraten hin durch das Lehramtsstudium ein zweites berufliches Standbein zu schaffen. Für seine Staatsexamensarbeit wählt er sich ein nur zu vertrautes Thema. Sie behandelt «Wallenstein in der neueren deutschen Forschung» und wird ihm später für das Abfassen seines Hauptwerks eine wichtige Grundlage sein. Zum Ablegen des zweiten Staatsexamens kommt es wegen der politischen Ereignisse des Jahres 1933 nicht mehr.

Mielein

Die Familie im Garten der «Poschi», 1927. Von links: Monika, Michael, Golo, Katia, Thomas, Elisabeth, Erika und Klaus Mann

Für Klaus Mann sollte die Mutter Katia – von allen Kindern «Mielein» genannt – neben der Schwester Erika der wohl wichtigste Mensch in seinem Leben bleiben. Als «Lebensmitte» der achtköpfigen Familie, als Organisationsgenie erscheint sie aber auch in den Beschreibungen der anderen Geschwister.

«Pflichterfüllung, Mittelpunkt der sittlichen Wertordnung – sie hätte Immanuel Kant heiraten müssen, dennoch war und ist sie eins mit meinem Vater, so zwei eins sein kann! […] In der Systemlosigkeit, mit der sie ihre unzähligen Obliegenheiten bewältigt, liegt eine Art von Glück. – Ihre Teilnahme am Weltgeschehen entspricht der Teilnahme an den nächsten Dingen, dennoch ist sie im Herzen ein privater Mensch. […] – Sie ist kein Original: originell bis zum Exzess, ist sie frei von Exzentrik. – Sie ist ein denkender, kein nachdenklicher Mensch. – Bei allem Witz, ja manchmal Aberwitz, wurzelt sie im Land des Logos.» (Monika Mann – «Mielein»)

«Die späteren zwanziger Jahre schienen, trügerischerweise, noch einmal die bequemen Vorkriegszeiten zurückzubringen. Es war neue Wohlhabenheit im Haus, dank dem ‹Zauberberg›, später dank dem Nobelpreis. Die Verwalterin arger Kargheit verwandelte sich in etwas ganz anderes: Vorsteherin eines Haushaltes mit 6 Kindern und 5 Angestellten; Vorsteherin und alleinige Angestellte auch eines Büros, welches die immer weiter verzweigten Tätigkeiten des berühmten Schriftstellers zu koordinieren hatte.» (Golo Mann – «Erinnerungsstück für Katia Mann»)

Manchmal glich unser Haus einem zwanglosen Hotel auf dem Lande oder dem Hauptquartier einer munteren Verschwörerbande. [...] In der allgemeinen Konfusion gab es nur einen Menschen, der die mannigfachen Dramen und Interessen der verschiedenen Hausbewohner und Gäste in ihrer Gesamtheit überschaute: meine Mutter. Sie schien die einfachsten Dinge zu vergessen oder durcheinanderzubringen, hatte in Wirklichkeit aber das organisatorische Genie, das nicht aus dem Kopf kommt, sondern aus dem Herzen.
(Klaus Mann – «Der Wendepunkt»)

**Thomas, Erika, Katia und
Klaus Mann**

Über die zwei Menschen, die ihm am nächsten standen, schreibt Klaus Mann in «Kind dieser Zeit»: «Vielen verpflichtet, wie ich mich fühle, kann mir doch kein Zweifel darüber bestehen, welchen ich es am tiefsten bin [...] meiner Mutter und Schwester.»

Erika und Thomas Mann

Fülle des Wohllauts

Thomas Manns «größtes Interesse an den Künsten außerhalb des literarischen Schaffens galt zweifellos immer der Musik, was ja auch thematisch und strukturell in alle seine Werke eingegangen ist», so Katia Mann. Den Vergleich zwischen Literatur und Musik schätzt auch Thomas Mann bei der Betrachtung seiner Werke. Seine Erzählungen und Romane möchte er vor allem als «gute Partituren» verstanden wissen. Bei den jüngsten Kindern gewinnt dies musikalische «Element, das in der Natur ihres Vaters gebunden blieb und nur mittelbar sich manifestieren konnte, indem es in seine Prosa stilbildend hineinwirkte», die Oberhand.

Gemeinsam absolvieren Medi und Bibi öffentliche Auftritte bei Schülerkonzerten. Unter der Klavierbegleitung Elisabeths führt Michael 1926 beim Bayerischen Rundfunk einen Satz eines Violinkonzertes von Nardini auf. Die Geige erhält Michael vom Vater.

Ein unverkennbares musikalisches Talent bringt auch Monika Mann mit. «Im Zusammenhang mit dem schönen, gleichsam erbarmungslosen Lebensrhythmus, den unser Vater besaß, und der uns gewissermaßen fortan trug, stand die Musik [...] – es war ein Einbeziehen, Einverleiben der Musik in seine Kunst, sein Leben.» Bereits 1926, nach dem Abschluss der Untersekunda in Salem, zieht es sie zum Klavierstudium nach Lausanne. Sich beruflich festzulegen fällt der zwischen bildender Kunst und Musik schwankenden Tochter jedoch relativ schwer.

Wie schon seine älteren Brüder zuvor ist der jüngste Sohn Michael ab 1929 Schüler des Wilhelmsgymnasiums. Elisabeth geht ab 1928 auf das Luisengymnasium, das auch die ältere Schwester Erika schon besucht hat.

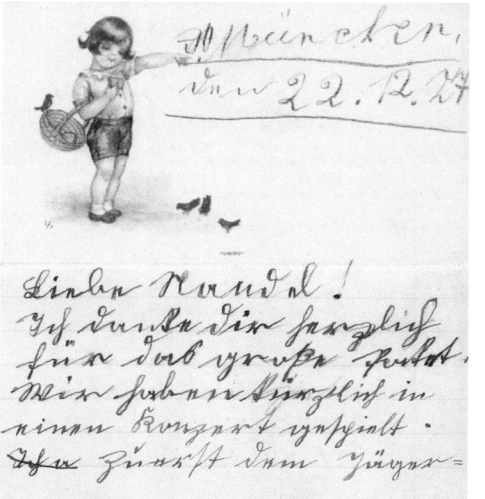

Weihnachtsbriefe des Jahres 1927 an die bei den Manns angestellte Nandel Kreuzmeier. Die mit «Mädi» und «Bibi» unterzeichnenden Jüngsten berichten unter anderem von einem gemeinsamen Konzert.

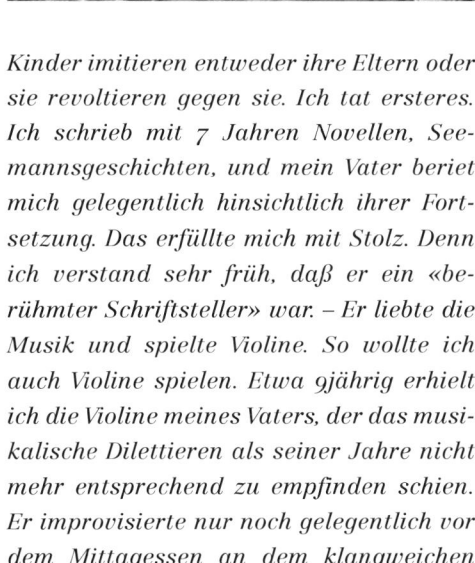

Michael und Elisa-
beth Mann, Mitte der
zwanziger Jahre

Kinder imitieren entweder ihre Eltern oder sie revoltieren gegen sie. Ich tat ersteres. Ich schrieb mit 7 Jahren Novellen, See-mannsgeschichten, und mein Vater beriet mich gelegentlich hinsichtlich ihrer Fort-setzung. Das erfüllte mich mit Stolz. Denn ich verstand sehr früh, daß er ein «be-rühmter Schriftsteller» war. – Er liebte die Musik und spielte Violine. So wollte ich auch Violine spielen. Etwa 9jährig erhielt ich die Violine meines Vaters, der das musi-kalische Dilettieren als seiner Jahre nicht mehr entsprechend zu empfinden schien. Er improvisierte nur noch gelegentlich vor dem Mittagessen an dem klangweichen Blüthner-Flügel im Salon meiner Mutter. (Michael Mann – «Erinnerungen an mei-nen Vater»)

Ich hatte von jeher eine große Scheu vor dem Beruf. Und meine Lehrer scheuten sich, mich zu lehren, nicht, weil sie mich ungelehrig fanden, sondern a-gelehrig. Können hatte zu wachsen und sich zu ent-falten wie Blumen und Blätterwerk, es mochte mir da niemand dreinreden. Und so war, was immer ich tat, ein Wildes, Un-berechenbares, Aufleuchtendes und Ver-schwindendes und wieder Keimendes. Meine Berufsscheu empfand ich als Schutz – als Schutz vor dem Irrtum, der Verwechs-lung, vor dem falschgezogenen Los, dem man sich für immer verschrieb, ja und e i g n e n tat man sich schließlich für alles, für die Rolle des Hamlets, des Affenzüch-ters, der Puffmutter, der Ordensschwester. – Warum denn wohl spielt das sogenannte Hobby eine solche Rolle heute? Wer sich heute nicht zum Hobby bekennt, der lebt nicht und gilt nicht. Ein Präsident ohne Hobby ist kein Präsident. Ich wurde zum professionellen Hobbyisten [...]. (Monika Mann – «Autobiographisches»)

Monika Mann,
undatierte Aufnahme aus
den zwanziger Jahren

Einmal rundherum
und retour

Originalfotos von Weihnachten 1927, New York und der Überfahrt nach Amerika mit den zum Teil originalen Bildunterschriften aus der Erstausgabe von «Rundherum»

«Reisewind»

Undatierter Brief Klaus Manns aus dem Hollywood Plaza Hotel an die Eltern, Dezember 1927

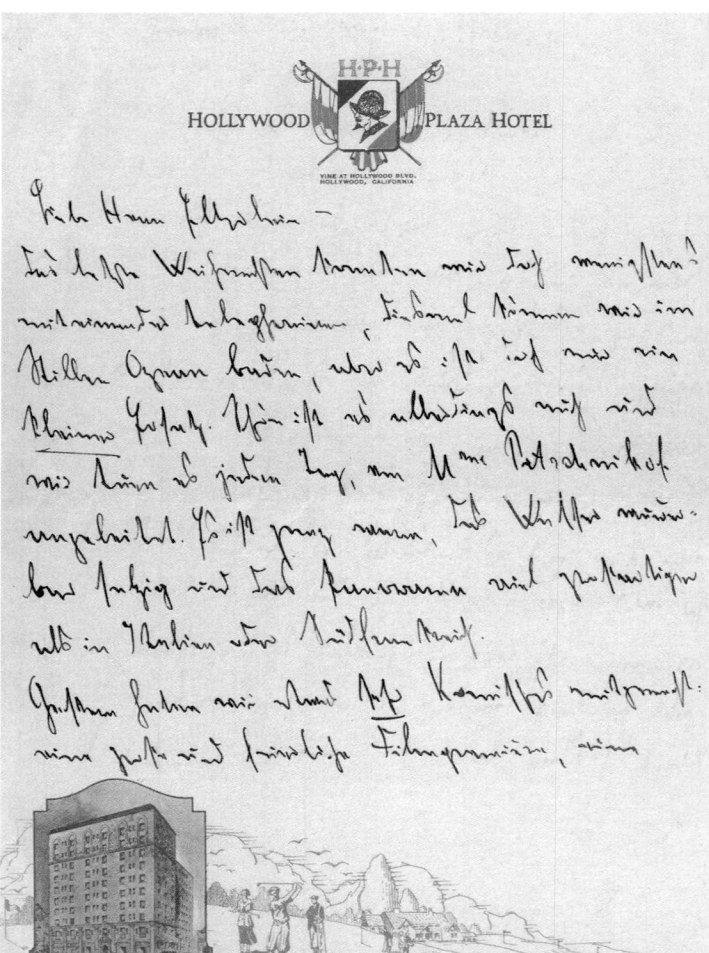

Weihnachten in Hollywood: Dorothy Maccail, Franz Bamberger, Erika Mann, Ludwig Berger, Emil Jannings, Lothar Mendes (hintere Reihe v. l. n. r.), Conrad Veidt, Klaus Mann, Gussy Holl, F. W. Murnau, Hans Müller (vordere Reihe v. l. n. r.)

Im Oktober 1927 brechen Erika und Klaus zu einer gemeinsamen Weltreise auf. Über ein drei viertel Jahr lang dauert die Reise. Was sie zu diesem Zeitpunkt noch nicht ahnen sollten: Der stete Länderwechsel wird die später erzwungene ruhelose Lebensform des Exils vorwegnehmen. Das auch durch die fehlende finanzielle Absicherung nicht ganz risikofreie Abenteuer führt die beiden in die USA, nach Honolulu, Japan, Korea und in die Sowjetunion. Erste Station ist Amerika. Unter dem falschen, dafür sehr werbewirksamen Etikett der «literary Mann twins» präsentieren

sich Klaus und Erika der amerikanischen Öffentlichkeit als Zwillinge. Der kess angelegte Selbstvermarktungscoup gelingt. «Thomas Mann's Twin Children Arrive for America Tour» berichten die Zeitungen über die geplante Lese- und Vortragstournee der prominenten Dichterkinder bei ihrer Ankunft. Über New York führt sie ihr

Weg nach Los Angeles, wo sie in Hollywood mit Filmgrößen wie Greta Garbo, Emil Jannings, Conrad Veidt, F. W. Murnau und Pola Negri zusammentreffen. Pasadena bietet Gelegenheit, den Schriftsteller Uptain Sinclair näher in Augenschein zu nehmen.

«Neue Schönheit [...]
bei Tag»

Erstausgabe von 1929
mit gedruckter und hand-
schriftlicher Widmung
von Erika für die Mutter
Katia

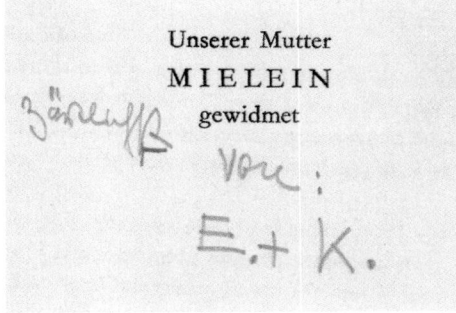

Für Erika eröffnet sich durch die Weltreise zudem eine ganz neue Perspektive. «Dir wird's auch nicht erspart bleiben – das Schriftstellern, meine ich. Es ist der Familienfluch.» Mit seiner mokanten Androhung sollte Klaus Mann Recht behalten. Bereits während der Weltreise entstehen vor allem aus seiner Feder Artikel für deutsche Zeitschriften und Magazine. Gemeinsam verfassen die beiden nach ihrer Rückkehr einen Reisebericht, der 1929 bei S. Fischer erscheint. «Rundherum. Das Abenteuer einer Weltreise» wird von der Kritik, aber auch Schriftstellern wie Hugo von Hofmannsthal wohlwollend aufgenommen und erlebt schon bald eine zweite Auflage.

Nach der Rückkehr plant Erika, ihre Schauspielkarriere wieder aufzunehmen. Fortan arbeitet sie aber auch als Kolumnistin. «Als, anläßlich einer Weltreise, die Finanzen völlig zerrüttet waren, beteiligte ich mich erstmalig an einem Buch [...]. Nun war mein Schicksal besiegelt. Denn nicht nur war das Buch ein Erfolg, – ich konnte mir überdies auch nicht länger verhehlen, daß ich mit einer gewissen diebischen Freude an der Arbeit gewesen war.»

Klaus und Erika Mann
(3. und 4. v. l.), Brigitte
Bermann Fischer, Gott-
fried Bermann Fischer,
Siegfried Trebitsch
und Samuel Fischer,
der Verleger von «Rund-
herum»

Die Auszeichnung

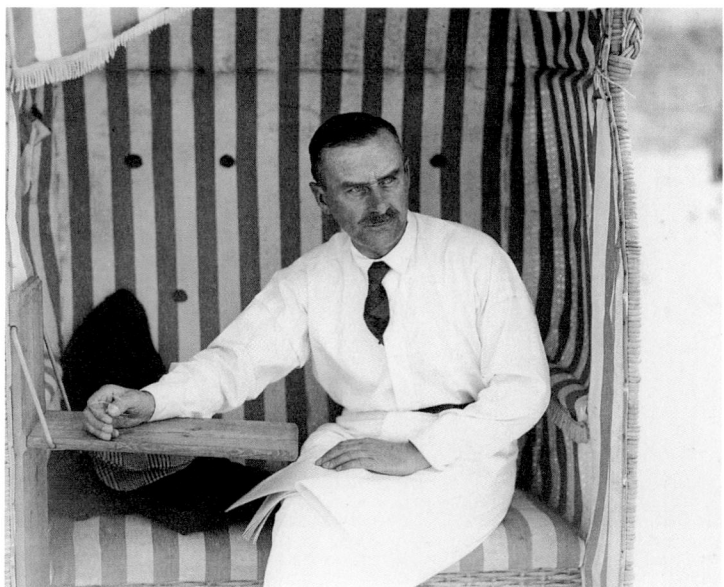

Thomas Mann in Rauschen, Sommer 1929. Hier entsteht seine Novelle «Mario und der Zauberer».

Im Sommer 1929 zieht es die Manns mit den noch schulpflichtigen Kindern wie jedes Jahr ans Meer. Die Wahl fällt diesmal auf das Ostseebad Rauschen. Thomas Mann verfasst hier seine Novelle «Mario und der Zauberer», die mit ihrem Porträt des aufziehenden Faschismus das Kommende vorwegzunehmen scheint. Die autobiographische Erzählung, in die auch die beiden Jüngsten Eingang finden, beruht auf einem Reiseerlebnis in Forte dei Marmi drei Jahre zuvor.

«Einmütig gewöhnt, keinen Sommer ohne einen Aufenthalt am Meere vorübergehen zu lassen, verbrachten wir, meine Frau und ich, mit den jüngsten Kindern im Jahre 1929 den August in dem samländischen Ostseebad Rauschen […]. Ich begann, die gewohnten Frühstunden hindurch auf meinem Zimmer zu schreiben, aber die Beunruhigung, die das Versäumnis des Meeres mir erregte, schien meiner Tätigkeit wenig zuträglich. Ich glaubte nicht, daß ich im Freien arbeiten könnte. Ich muß ein Dach dabei über dem Kopf haben, damit der Gedanke nicht träumerisch evaporiert. […] Nur das Meer hatte es zeitigen können, und glücklicherweise erwies sich, daß seine besondere Natur auch vermögend war, es aufzuheben. Ich ließ mich bereden, meine Schreiberei an den Strand zu verlegen. Ich rückte den Sitzkorb nah an den Saum des Wassers, das voll von Badenden war, und so, auf den Knien kritzelnd, den offenen Horizont vor Augen […], ließ ich es geschehen, daß mir aus der Anekdote die Fabel, aus lockerer Mitteilsamkeit die geistige Erzählung, aus dem Privaten das Ethisch-Symbolische unversehens erwuchs, – während immerfort ein glückliches Staunen darüber mich erfüllte, wie doch das Meer jede menschliche Störung zu absorbieren und in seine geliebte Ungeheuerlichkeit aufzulösen vermag.» (Thomas Mann – «Lebensabriß»)

Michael, Katia und Elisabeth Mann bei einem ihrer zahlreichen Meeresurlaube, Sommer 1927 auf Sylt

Erste Buchausgabe, S. Fischer 1930

Thomas Mann am
Schreibtisch in seinem
Arbeitszimmer, im
Hintergrund die Elisa-
beth-Büste von Hans
Schwegerle

Thomas Manns
Schreibtisch

Festbankett
zu Ehren des Nobelpreis-
trägers Thomas Mann
in München, Dezember
1929

Der Aufenthalt in Rauschen hat, wie Thomas
Mann in seinem «Lebensabriß» betont,
neben der literarischen auch eine Lebens-
folge. Von hier aus besucht die Familie die
Kurische Nehrung in Litauen. Fasziniert
von der großartigen Landschaft, geben sie
den Bau eines Sommerhauses in Auftrag.
Hier werden die Manns zukünftig ihre
Sommerurlaube am Meer verbringen – bis
1932, einem Jahr dunkler Vorahnungen …
Medi, die zusammen mit ihrem Bruder
Michael noch bei der Familie lebende
Jüngste, ist es auch, die Thomas Mann
im November 1929 mit einer bedeutenden Nachricht überrascht. Das Telegramm, das sie ihm ins Arbeitszimmer
bringt, enthält die Bekanntgabe der Verleihung des Literaturnobelpreises für die
«Buddenbrooks». Neben dem Ruhm, der
Thomas Mann durch diese höchste Auszeichnung für einen Schriftsteller zuteil
wird, hat der Nobelpreis für die Familie
auch materielle Vorzüge, von denen vor
allem die beiden Ältesten profitieren. Von
dem Preisgeld werden Klaus und Erika
die noch von der Weltreise herrührenden
Schulden erlassen.

«Abenteuer»

Nach der Weltreise ist Klaus Mann wieder in vielfältiger Weise literarisch tätig. Er ist Mitherausgeber von Prosa- und Lyrikanthologien, mit «Alexander – Roman der Utopie» legt er seinen zweiten Roman vor, 1929 erscheint mit «Gegenüber von China» ein weiteres Theaterstück von ihm. Neues im Schaffen des Autors bietet vor allem der im selben Jahr erschienene Novellenband «Abenteuer», in dem Klaus Mann durch Lakonie und Präzision den Weg zu einem ausgereifteren Stil findet.

Die symbiotische Beziehung zur Schwester bricht in diesen Jahren nicht ab. Als Schauspielerin wirkt Erika Ende 1930 in Klaus Manns Dramatisierung von Cocteaus «Les enfants terribles» mit. Anfang des Jahres unternehmen die beiden eine längere Tour über die Schweiz, Südfrankreich und Spanien bis nach Nordafrika. Aus der marokkanischen Stadt Fes sind dabei erste gemeinsame Drogenerfahrungen belegt. Klaus Mann beschreibt ein Haschisch-Erlebnis, das für Erika zum wahren Horrortrip werden sollte, im «Wendepunkt». Auch in seinem Roman «Treffpunkt im Unendlichen» verarbeitet er es später literarisch. Sein Einstieg in den Drogenkonsum, von dem er zeitlebens nicht freikommen sollte, datiert aber schon früher. Klaus Mann selbst äußert sich der Schwester gegenüber erstmals Ende 1929 über die Einnahme des Morphium-Derivats «Eucodal».

In den Bohemekreisen, in denen sich Klaus und Erika in diesen Jahren bewegen, sind Drogen keineswegs etwas Ungewöhnliches. Viele Künstlerfreunde benutzen Rauschgifte als Stimulanzien oder als Genussmittel. Oder sie flüchten in die «künstlichen Paradiese» der Drogen, um sich über krisenhafte Stimmungen hinwegzuhelfen.

Klaus Mann und Erika Mann, um 1930

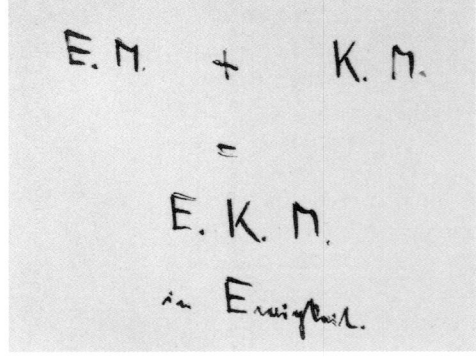

Klaus Manns Widmung seines Novellenbandes «Abenteuer» für die Schwester Erika

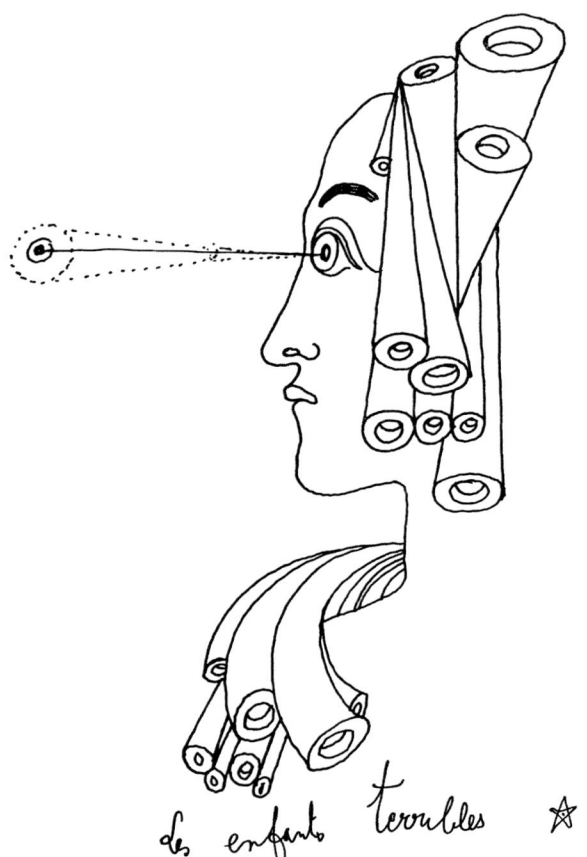

Illustrationen aus
«Opium», 1929.
Ein Exemplar des Ent-
ziehungstagebuchs von
Jean Cocteau befand sich
in Klaus Manns Hand-
bibliothek. Auch mit
Cocteau hat Klaus Mann
häufig gemeinsam Drogen
konsumiert.

Die zentrale Rolle, die Erika im Leben des Bruders einnimmt, spiegelt sich nicht zuletzt in seinem Werk. Viele seiner literarischen Figuren tragen die Züge der Schwester. Die Erzählung «Sonja» ist ein frühes Zeugnis hierfür, spätere finden sich in den Porträts der gleichnamigen Schauspielerin in «Treffpunkt im Unendlichen», der zeitweiligen Intendantengattin Barbara im «Mephisto» oder der Vortragskünstlerin Marion von Kammer im «Vulkan». Es sind starke Frauengestalten, die Klaus Mann in diesen Figuren zeichnet.

Auch im realen Leben vermochte die Schwester durch ihr resolutes Auftreten und energisches Wesen ihm immer wieder Halt zu geben. Zugleich zeichnet sich ab, dass Erika Mann auch eigene Wege beschreitet. «Wieder die Stimmung nahe an Trauer; dies Leben, das eigentlich nur mit E[rika] zu teilen wäre; uns nicht beschieden», verzeichnet Klaus Mann im Tagebuch einige Jahre später, kurz vor Beginn der Emigration.

Deutschland, Europa, Paneuropa

Am 14. September 1930 erhalten die Nationalsozialisten bei den Reichstagswahlen mehr als sechs Millionen Stimmen und werden damit zur zweitstärksten Partei im Parlament. Wie viele andere republikanisch gesinnte Intellektuelle beziehen auch die Manns entschieden Stellung gegen das Erstarken der politischen Rechten.

Klaus Mann warnt im Herbst 1930 in einem vor dem Kulturbund in Wien gehaltenen Vortrag «Wie wollen wir unsere Zukunft?» vor der Gefahr der in Deutschland «beängstigend angewachsenen Rechtspartei». Thomas Mann spricht sich am 17. Oktober 1930 in seiner Rede «Appell an die Vernunft» gegen eine faschistische Diktatur der Gewalt aus. Golo Mann tritt der «Sozialistischen Studentengruppe» der Universität Heidelberg bei und wendet sich in deren Blatt «Der sozialistische Student» scharf gegen den Nationalsozialismus.

Ob die Familie dabei die Ausmaße des vor sich Gehenden wirklich erfassen konnte? Klaus Mann äußert sich später kritisch über sein damaliges politisches Engagement: «Ich aber glaubte lange – bis zum Jahre 1933, um genau zu sein –, daß das Politische sich gleichsam mit der linken Hand erledigen ließe, wie eine ‹Fleißaufgabe›.» In jedem Fall wird das anti-nationalsozialistische Engagement der Manns von der politischen Rechten sehr ernst genommen. Bei Thomas Manns Ansprache im Berliner Beethovensaal kommt es zu Störungen durch Nationalsozialisten. Klaus Manns kurz nach den Reichstagswahlen zur Uraufführung gelangendes Theaterstück «Geschwister» wird in ungewöhnlicher Schärfe im «Völkischen Beobachter» angegriffen: «Mögen die Literaten auf den Brettern eine sterbende Welt verherrlichen, auf der Straße marschiert das neue Deutschland.» – «Der Nazismus erklärte unserem Haus den Krieg», so Klaus Mann im «Wendepunkt».

Der Schriftsteller Thomas Mann während des Vortrags «Deutsche Ansprache. Appell an die Vernunft» am 17. Oktober 1930 im Berliner Beethovensaal. Die Zuhörer wenden sich vermutlich wegen einer Störung durch Nationalsozialisten ab.

Adolf Hitler mit Rudolf Heß (links) und Julius Schaub vor dem Braunen Haus in München 1931

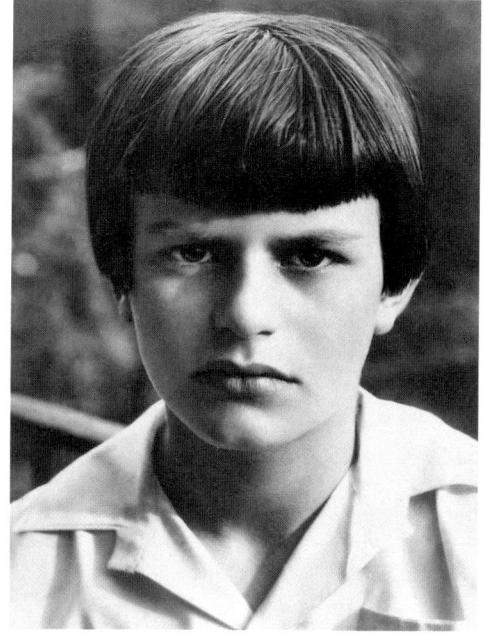

Elisabeth Mann, 1931

Richard Graf Coudenhove-
Kalergi (1894–1972)

Uraufführung von
«Geschwister» an den
Münchener Kammer-
spielen, 12. November
1930

Auch die Jüngste der Manns bezieht in dieser Zeit Stellung gegen den Nationalsozialismus. Elisabeth tritt der von Richard Graf Coudenhove-Kalergi initiierten paneuropäischen Bewegung bei. Trotz gewisser Mängel – das Konzept des Grafen war scharf gegen die Sowjetunion gerichtet und schloss England aus einem gemeinsamen europäischen Staatenbund aus – begeistert sich auch Klaus Mann schon früh für die Idee eines übernationalen Europas. «Ich war gegen den Nationalismus – wie hätte ich nicht für Paneuropa sein sollen?» Bereits in seinem Essay «Heute und Morgen. Zur Situation des jungen geistigen Europas» von 1927 lässt er neben Heinrich Manns republikanischem Programm einer «Diktatur der Vernunft» Gedanken Coudenhove-Kalergis einfließen. Mit seinem Vortrag «Die Jugend und Paneuropa» von 1930 scheint er den Ausgang der Reichstagswahlen fast vorwegzunehmen: «Wo die Jugend steht, ist nicht festzustellen. Klar ist leider nur, wo sie *nicht* steht. Was Gewalt über sie hat, sind scheinbar einander sehr entgegengesetzte Mächte und Richtungen; verwandt sind sie sich alle in einem: in ihrem Haß gegen die Freiheitsidee, gegen die Vernunft selber, gegen Europa.

Die Sympathie der Jugend mit dem Terror, die mir unleugbar scheint, ist das Faktum, das zwischen der Jugend und der Idee Paneuropa steht. Nationaldiktaturen schließen ein vereinigtes Europa aus.» Trotz der für ihn unübersehbaren Schwächen erklärt sich auch Golo Mann vom Grundgedanken her mit Coudenhove-Kalergis Europa-Konzept einverstanden. In München hört er bereits 1927 zwei Vorträge des Grafen. «Ein begeisterter Paneuropäer war ich nun und bin es im Grunde immer geblieben.» Der enttäuschende Gang der Geschichte lässt ihn rückblickend aber hinzufügen, dass die Begeisterung mit der Zeit nachgelassen habe.

Nidden

Die Familie am Strand von Nidden, 1930: Monika mit einem unbekannten Mädchen, Golo, Katia, Michael, Elisabeth und Thomas Mann sowie Katia Manns Cousine Ilse Dernburg

Elisabeth, Katia, Monika, Thomas und Michael Mann in ihrem Sommerhaus, 1930

Die beiden Jüngsten Elisabeth (links) und Michael (rechts) beim Indianerspiel, Nidden 1930

Seit dem Sommer des Jahres 1930 verbringen die Manns ihre Urlaube in ihrem neu errichteten Ferienhaus im litauischen Fischerdorf Nidden. In seinem Essay «Mein Sommerhaus» versucht Thomas Mann das Besondere der Kurischen Nehrung einzufangen: «Der Eindruck war tief. Man findet einen erstaunlich südlichen Einschlag. Das Wasser des Haffs ist im Sommer bei blauem Himmel tiefblau. Es wirkt wie das Mittelmeer. Es gibt dort eine Kiefernart, Pinien ähnlich. Die weiße Küste ist schön geschwungen, man könnte glauben in Nordafrika zu sein.» Neben dem Elchwald zieht auch das «merkwürdige Naturphänomen» der Großen Düne das Augenmerk Thomas Manns auf sich. Mit ihren «ungeheueren Sandwänden» hinterlässt sie bei ihm einen elementaren Eindruck.

Die Familie Mann vor
ihrem Ferienhaus in
Nidden: Katia, Elisabeth,
Thomas und Michael
Mann mit zwei unbekann-
ten Jungen. Auf der Bank
im Hintergrund: Monika
Mann

Thomas Mann mit seiner
Tochter Elisabeth

Die Große Düne
der Kurischen Nehrung

Die starke Anziehungskraft, die das Meer nicht nur in Nidden auf den Schriftsteller ausübt, schlägt sich auch in seinem Werk nieder. In die «Buddenbrooks» und den «Zauberberg» wie auch in den «Tonio Kröger» oder die frühe Erzählung «Der Tod» – überall hält das Meer mit seiner leeren Weite als «Erlebnis der Ewigkeit, des Nichts und des Todes», als ein «metaphysischer Traum» Einzug. Das Meer ist ihm auch Gleichnis seines ureigensten Metiers, der in seinem Fall oft zu epischer Breite ausufernden Schriftstellerei: «Das Element der Epik mit seiner rollenden Weite, [...] seinem breit anrauschenden Rhythmus, seiner beschäftigenden Monotonie – wie gleicht es dem Meer, wie gleicht ihm das Meer!»

Die große Rolle des Meeres in Leben und Literatur des Vaters entgeht auch der jüngsten Tochter nicht: «Währenddessen saß mein Vater, seemännisch gekleidet – weiße Hose, blaue Jacke und Kapitänsmütze –, im Strandkorb und schrieb [...]. Bald wurde mir bewußt, daß mein Vater das Meer zum Leben brauchte.» Für sie wird das Meer eine ähnlich zentrale, wenn auch anders ausgerichtete Lebensbedeutung gewinnen.

Zum letzten Mal sollten die Manns 1932 nach Nidden fahren. Die ungetrübte Sommeridylle am Meer wird hier bereits überschattet – durch eine Postsendung makabren Inhalts, die auf die späteren Ereignisse vom Mai 1933 vorausdeutet. Thomas Mann: «Der Inhalt bestand aus einem verbrannten, nur gerade noch erkennbaren Exemplar eines Buches von mir, des Romans ‹Buddenbrooks›, – mir übersandt vom Besitzer zur Strafe dafür, daß ich meinem Grauen vor dem heraufkommenden Nazi-Verhängnis öffentlich Ausdruck gegeben hatte.»

Fahrt ohne Schlaf

Erika Mann hat später behauptet, sie sei erst durch ein Schlüsselerlebnis im Jahre 1932 politisch wachgerüttelt worden. Bis dahin habe sie keine Notwendigkeit gesehen, öffentlich gegen Hitler Front zu machen: «Hatte ich nicht geglaubt, als junge Schauspielerin, die es zu etwas bringen wollte, täte ich besser, ganz meinem Beruf zu leben, und die Politik denen zu überlassen, deren Beruf sie sei?»

Als Schauspielerin kann Erika Mann Ende der zwanziger, Anfang der dreißiger Jahre tatsächlich einige Erfolge aufweisen. Nach wechselnden Engagements an verschiedenen Bühnen übernimmt sie Anfang der dreißiger Jahre sogar erste kleine Filmrollen in den Leinwandadaptionen Christa Winsloes «Mädchen in Uniform» und Bruno Franks «Peter Voss, der Millionendieb».

Daneben entstehen immer wieder kleinere Beiträge und Glossen für verschiedene Zeitungen, vor allem für das Berliner Magazin «Tempo». Ihrem Selbstverständnis nach ist sie als Journalistin und Schriftstellerin eine «Frau, die Reportage macht, in Aufsätzen, Theaterstücken, Romanen. Sie bekennt nicht, sie schreibt sich nicht die Seele aus dem Leib, ihr eigenes Schicksal steht still beiseite, die Frau berichtet, anstatt zu beichten.»

Schauspielerin, Kolumnistin, Buchautorin und nicht zuletzt – begeisterte Autofahrerin. Für die Firma Ford geht Erika Mann im Mai 1931 bei einer vom Automobilclub von Deutschland ausgerichteten 10 000-km-Tour an den Start und gewinnt einen der ersten Preise. Begleitet wird sie bei der Rallye quer durch Europa von Ricki Hallgarten. Noch während der Tour hält sie die fliegenden Eindrücke des im Schnelldurchlauf wahrgenommenen Kontinents für «Tempo» in Reiseberichten fest.

Rechte Seite: Etappenbilder der 10 000-km-Fahrt aus der Zeitschrift «Ford im Bild», Nr. 7, 1931

Erika Mann und Richard Hallgarten im von Ford gestellten Tourenwagen

Das Team Hallgarten-Mann bei einem Stopp während der Tour

Ein Buch für die Geschwister

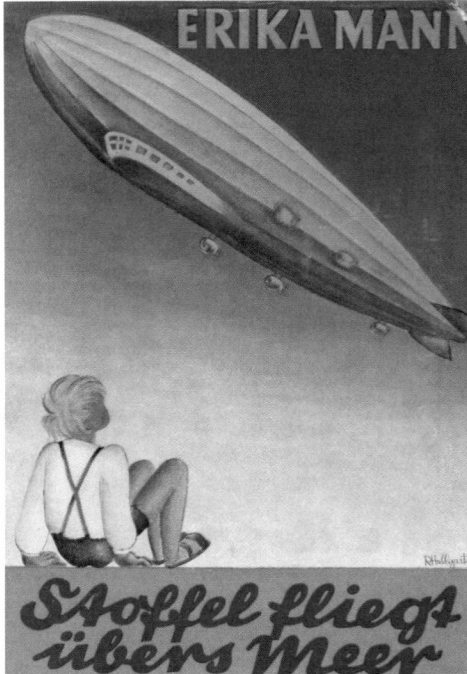

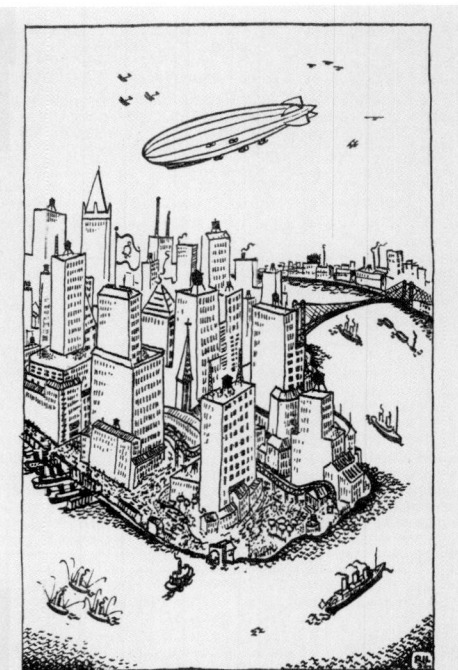

Erste Buchausgabe, Levy & Müller 1932; rechts außen: Illustration von Ricki Hallgarten aus «Stoffel fliegt übers Meer»

«Jan's Wunderhündchen», Bühnentyposkript von 1932

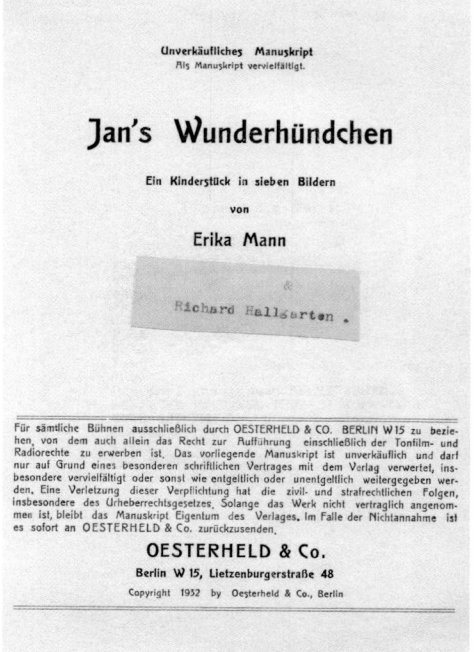

Unverkäufliches Manuskript
Als Manuskript vervielfältigt.

Jan's Wunderhündchen

Ein Kinderstück in sieben Bildern

von

Erika Mann

&

Richard Hallgarten.

Für sämtliche Bühnen ausschließlich durch OESTERHELD & CO. BERLIN W 15 zu beziehen, von dem auch allein das Recht zur Aufführung einschließlich der Tonfilm- und Radiorechte zu erwerben ist. Das vorliegende Manuskript ist unverkäuflich und darf nur auf Grund eines besonderen schriftlichen Vertrages mit dem Verlag verwertet, insbesondere vervielfältigt oder sonst wie entgeltlich oder unentgeltlich weitergegeben werden. Eine Verletzung dieser Verpflichtung hat die zivil- und strafrechtlichen Folgen, insbesondere des Urheberrechtsgesetzes, Solange das Werk nicht vertraglich angenommen ist, bleibt das Manuskript Eigentum des Verlages. Im Falle der Nichtannahme ist es sofort an OESTERHELD & Co. zurückzusenden.

OESTERHELD & Co.
Berlin W 15, Lietzenburgerstraße 48
Copyright 1932 by Oesterheld & Co., Berlin

Rechts ein Foto von Ricki Hallgartens Hund Wolfram

Jans Wunderhündchen
Märchenspiel von Erika Mann und Richard Hallgarten
Uraufführung: 14. Dezember Darmstadt, Hessisches Landestheater

„Jedes der Kinder hatte seine Freude. Lebhafte Teilnahme der jungen Zuschauer. Mit den Spielern konnte Erika Mann erscheinen und den Dank der jungen Zuschauer entgegennehmen." *(Darmstädter Tageblatt)*

„Zwei fröhliche Stunden. Hoffen wir, daß auch weiterhin recht vielen Kindern mit diesem Märchenspiel eine Freude bereitet wird." *(Hessischer Volksfreund, Darmstadt)*

Wie ihr Bruder Klaus, so betätigt sich auch Erika Mann als Theaterautorin. 1929 entsteht ihr erstes Stück «Hotels», das allerdings als verschollen gilt. 1931 schreibt sie die Komödie «Plagiat» und das Weihnachtsspiel «Jans Wunderhündchen». An «Plagiat», einem Kolportagestück aus dem Berliner Theatermilieu in fünf Bildern, ist auch Klaus Mann beteiligt.

«Jans Wunderhündchen» wiederum ist eine Gemeinschaftsproduktion mit Ricki Hallgarten. Mit ihm arbeitet Erika Mann

WAS NICHT IM
BAEDEKER STEHT

Riviera

von Erika und Klaus Mann

PIPER

Erstausgabe mit der
Umschlagzeichnung von
Walter Trier, Piper 1931

²44. CANNES.
La Promenade
de la Croisette. LL.

Cannes. Zeitgenössische
Postkarte

Hafen von St. Tropez
(Walther Becker)

Hafen von St. Tropez.
Illustration von Walther
Becker aus «Das Buch
von der Riviera»

auch beim Schreiben ihres ersten Kinderbuchs zusammen. Zu «Stoffel fliegt übers Meer» liefert der befreundete Maler die Illustrationen. Die Arbeiten Hallgartens, für sich stehend oft von düster-groteskem Stil, erhalten in der gemeinsamen Produktion für Kinder einen deutlich unbeschwerteren Akzent. Entstanden sind beide Werke auf «dringendes Anraten» der jüngsten Geschwister Michael und Elisabeth.

Und so widmet Erika den Roman auch den beiden Initiatoren: «Für Medi und Bibi, weil sie meine Geschwister sind und weil sie es gern wollten».

Dessen Erscheinen, auch die Uraufführung von «Jans Wunderhündchen» Ende des Jahres 1932 erlebt Ricki Hallgarten nicht mehr. Für Erika Mann sollte «Stoffel fliegt übers Meer» den Einstieg in eine Karriere als Kinderbuchautorin bedeuten, die sie schon 1934 mit «Muck, der Zauberonkel» fortsetzt.

Neben der Komödie «Plagiat» ist für Erika und Klaus Mann «Das Buch von der Riviera» ihre zweite Koproduktion des Jahres 1931. Der auf zahlreiche Reisen zurückgehende Bericht erscheint in der Reihe «Was nicht im ‹Baedeker› steht». Schon vom Genre her ist ihr Reiseführer als eher vergnügliche Lektüre angelegt. Politisches bleibt daher weitgehend ausgespart. Nur leisen Andeutungen kann man entnehmen, dass Mussolini damals schon in Italien an der Macht war.

Neben der italienischen Rivieraküste findet aber auch die französische Côte d'Azur in ihrer Beschreibung gebührend Erwähnung. Marseille, Toulon, das mondäne Cannes und Nizza bis hin zu kleinen Ortschaften wie Sanary, Le Lavandou und Bandol – die blaue Küste erscheint in ihrer unbeschwerten Schilderung als «Vergnügungs- und Erholungsstrand des Kontinents», als «Coast of Pleasure». Noch nicht absehen konnten die Geschwister zu diesem Zeitpunkt, dass zwei Jahre nach dem Erscheinen ihres Buches für zahlreiche in Frankreich Zuflucht suchende Exilanten der Aufenthalt an der Côte d'Azur kein reines Vergnügen mehr war.

«Treffpunkt im Unendlichen»

Gruß an das zwölfhundertste Hotelzimmer

Von

Klaus Mann

Zwölfhundertstes Hotelzimmer — sei mir gegrüßt!
Sei mir gegrüßt, mit mäßig gutem Bett, Spiegelschrank,
Kommode, wackeligem Schreibtisch;
Mit rosa Nachttischlampe, abgeschabtem Teppich,
Wasserkaraffe, Briefpapier, Kofferständer.
Sei gegrüßt, Heimat seit einer halben Stunde,
Heimat für zwei, drei oder vierzehn Tage —:
Wirst du mir freundlich gesinnt sein?
Werde ich bei dir ausruhen dürfen?
Oder gibt es gleich Aerger, weil der Kellner mich neun geschlagene
Minuten warten läßt, seit ich nach meinem Frühstück geklingelt habe?
Neun bittere Minuten, die ich, zornig summend, zwischen Bett und
Waschtisch spazierengehe;
Neun verfluchte Minuten, zwischen Aufstehen und Café complet, die
nicht mehr zur Nacht, noch nicht zum Tage gehören;
Was kann ein Tag bringen, der so beginnt?
Schlechte Heimat! Schon ist das Vertrauen dahin, das ich dir zu-
nächst entgegenbrachte. —
Werde ich nach Kleiderhölzern, Tinte, Aschenbecher, Papierkorb erst
verlangen müssen, oder ist alles zur Stelle?
(Was für eine Heimat wäre denn das, ohne Tinte und ohne
Papierkorb!)
Versuchest du ihn zu bluffen oder zu verblüffen, deinen Gast, deinen
Schutzbefohlenen —
Oder trachtest du vielmehr danach, sachlich für ihn zu sorgen?
(Bluff scheint mir, wenn ich drei Glocken übereinander angebracht
finde, für Kellner, Hausburschen, Zimmermädchen — noch dazu mit
neckisch erläuternden Bildern, komisch flatterndem Frack des Kellners,
Zimmermädchen, sich niedlich machend mit Besen:
Es ist aber gleichgültig, auf welche Klingel man drückt, immer er-
scheint der Angestellte, der gerade nichts andres zu tun hat.)
Wie ist der Nachtportier?
Gestattet er mir, meinen Besuch mit aufs Zimmer zu nehmen, schaut
höflich beiseite, wenn ich, mit gemachter Selbstverständlichkeit, vorbei-
schlendere an seiner Loge?
Oder spielt er den Strengen — „bitte sich ins Schreibzimmer zu be-
mühen, gibt es noch was zu besprechen."
Wie verhält sich das Bett?
Ist die Steppdecke ganz appetitlich, garantiert frisch bezogen —
Oder ein wenig klebrig, nicht kühl genug, von verdächtiger Weichheit?
Oberkellner, schwatzest du mir zuviel, Trinkgeldlüsterner?

552

Erstdruck von «Gruß
an das zwölfhundertste
Hotelzimmer» im Berliner
Magazin «Der Quer-
schnitt», August 1931

XI.Jahrgang, Heft 8, Ende August 1931

Preis: M 1,50

DER
QUERSCHNITT Q

Im Frühjahr 1932 erscheint Klaus Manns Roman «Treffpunkt im Unendlichen». Es ist sein bis dahin bestes Buch: ein schonungslos aufrichtiges Porträt der eigenen Generation – ihrer Hoffnungen und Träume, Obsessionen und Nöte. Das Bild, das der Autor entwirft, ist das einer ‹Verlorenen Generation›. Denn so verschieden die Schicksale der zahlreichen Romanfiguren verlaufen, gemeinsam ist ihnen ein Lebensgefühl großer Einsamkeit. Auch die rauschhaften Vergnügungen der Metropolen Berlin und Paris bieten nicht mehr als kurze Augenblicke der Betäubung. Am Ende bleibt allen nur der unaufhebbare «Fluch der Individuation».

Zum zentralen Motiv des Romans werden Augenblicke der Abreise – als Chiffre für Abschied und Einsamkeit, für das Verlorensein im Unendlichen. In einem Wortspiel formuliert es die stark autobiographische Hauptfigur Sebastian so: «Abreisen, abreisen, abreisen. Ich reise ab, es reist mich ab, es reißt ab.» Sebastian lebt bevorzugt in Hotels und Pensionen – «Heimat von drei, vier Wochen, zwei Monaten, einem halben Jahr».

Auch Klaus Mann wohnt, nachdem er das Elternhaus 1924 verlassen hat, lebenslang in Hotels, Pensionen und möblierten Zimmern; dazwischen kommt er immer wieder für Tage oder Wochen bei Freunden oder den eigenen Eltern unter. Ein großer Teil seiner Korrespondenz wurde daher auf Hotelbriefbögen geschrieben. Im August 1931 veröffentlicht er in der Berliner Zeitschrift «Der Querschnitt» ein umfangreiches Gedicht: den «Gruß an das zwölfhundertste Hotelzimmer». Es ist ein Schlüsseltext für sein Selbstverständnis und Lebensgefühl.

So rast- und ruhelos Klaus Manns private Existenz wirkt, so stetig ist seine literarische Produktion. Das Schreiben fällt ihm leicht, und jedes Jahr erscheint mindestens ein neues Buch oder Theaterstück von ihm. 1931 werden seine wichtigsten Aufsätze und Kritiken in einem umfangreichen Band mit einem programmatischen Titel zusammengefasst: «Auf der Suche nach einem Weg».

1932, im Alter von nur fünfundzwanzig Jahren, veröffentlicht Klaus Mann seine erste Autobiographie. Auch sie erhält einen vielsagenden Titel: «Kind dieser Zeit». Das Buch ist eine detailreiche, oft amüsante Schilderung der Erfahrungen und Empfindungen der ersten achtzehn Lebensjahre seines Autors. Das Familienleben der Manns wird mit vielen Anekdoten beschrieben – von den Abenteuern der Kindheit bis zum Aufbruch aus dem Elternhaus.

Ebenfalls 1932 schreibt er ein neues Theaterstück – und entschließt sich, es nicht unter eigenem Namen herauszubringen,

Erstausgabe, 1931.
Umschlagzeichnung:
Emil Orlik

sondern unter Pseudonym. «Vincenz Hofer» steht als Autor auf dem Cover der Ausgabe, die als Bühnenmanuskript im Berliner Verlag Oesterheld Ende 1932 erscheint.

Um Leben und Sterben des Philosophen Sokrates geht es in dem Stück, aber auch um die Auseinandersetzungen mit seinem Widersacher, dem Heerführer Alkibiades. Doch «Athen» ist kein reines Historienstück – unverkennbar sind die Anspielungen auf die aktuelle politische Situation 1932. Der von den Massen vergötterte Alkibiades hetzt das Volk auf zu einem imperialistischen Kriegsabenteuer. In seinen Reden finden sich Anklänge an Nazi-Parolen wieder, und die aufgeputschte Menge jubelt ihm zu: «Schluß mit dem faulen Frieden! Schluß mit der faulen Demokratie!» Sokrates ist diesem Demagogen nicht gewachsen – und sein Rückzug in die Welt des reinen Denkens ist ein fragwürdiger Verzicht auf politisch-praktisches Handeln.

«Athen» lässt sich deuten als eine Lehrstunde über das Versagen der Intellektuellen am Vorabend einer Diktatur. Als der Autor sein Drama 1939 noch einmal las, notierte er erstaunt: «Kaum überholt. Wußte 1932 schon *ungefähr* so viel wie jetzt.» Aufgeführt wurde das Stück bis zum heutigen Tag nicht.

Wort und Tat

Ankündigung einer
pazifistischen Frauen-
versammlung, 13. Januar
1932

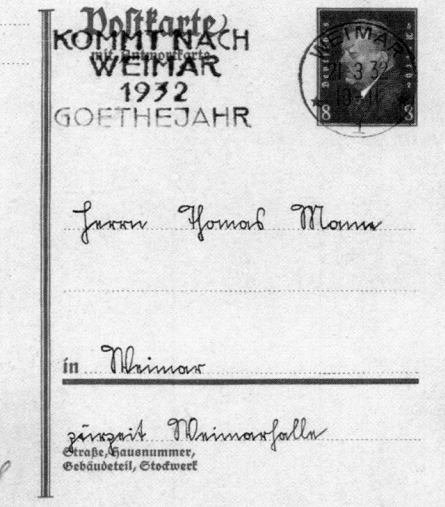

Große öffentl. Frauenversammlung

Mittwoch den 13. Januar, abends 8 Uhr
im großen Saal des Hotels Union, Barerstr.

Weltabrüstung oder Weltuntergang

Referentin: **Marcelle Capy — Paris**
(Der französische Vortrag wird ins Deutsche übertragen)

Erika Mann spricht aus „Die deutsche Zukunft" zur Abrüstung.

Internationale Frauenliga für Frieden und Freiheit — München
Frauenweltbund für Internationale Eintracht — München
Weltfriedensbund der Mütter und Erzieherinnen — München

Frauen aller Richtungen und Parteien — aller Konfessionen und Klassen! Auf
jede Einzelne kommt es an! **Erscheint in Maffen!**

Konstanze Hallgarten   Eintritt: 20 Pfg. zur Unkostendeckung,
Paula Noris   Mitglieder 10 Pfg.
Edith Hoereth-Menge   Erwerbslose haben freien Eintritt

G. Birt & Co. m. b. H., München

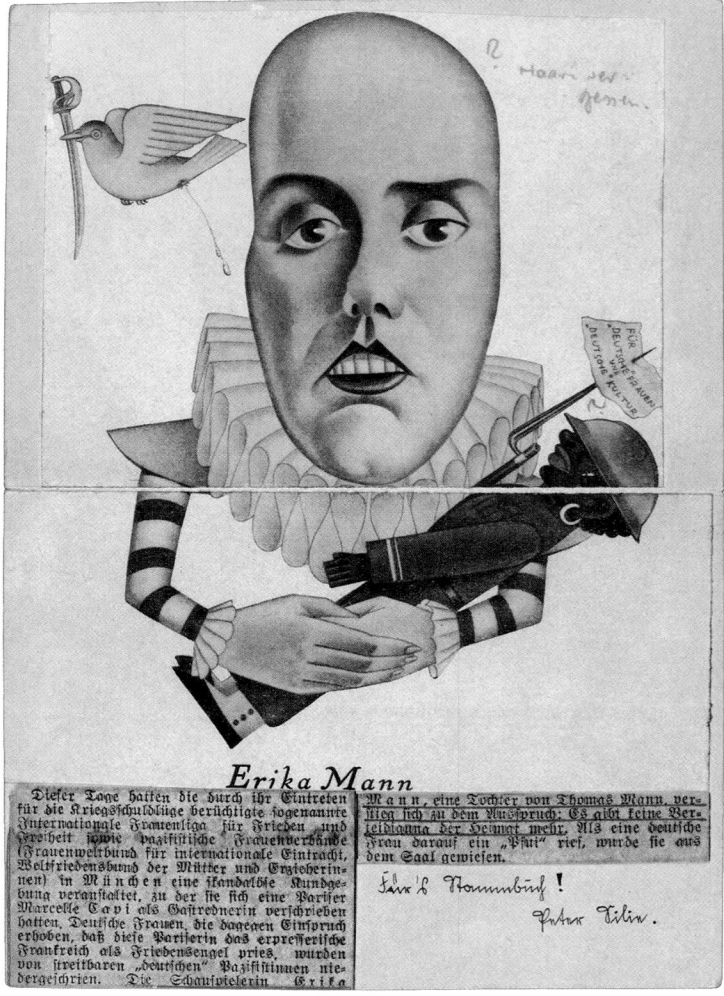

Erika Mann

Thomas Mann im
März 1932 mit dem Ver-
merk «Für's Stammbuch»
zugestellte Postkarte mit
einer «Brennessel»-Kari-
katur Erika Manns. Die
in dem nationalsozialistischen Blatt unter dem
Titel «Das Gesicht der
Demokratie» gedruckte
Zeichnung lehnt sich
nach Irmela von der Lühe
an Erika-Mann-Fotos in
ihrer Rolle als Königin
Elisabeth in Schillers
«Don Carlos» an. Erst-
malig war die sehr erfolgreiche Inszenierung 1929
in München zu sehen,
weitere Aufführungen
schlossen sich 1930 und
1931 an.

Im Januar 1932 wird Erika Mann bei einer pazifistischen Versammlung in München als Rezitatorin engagiert. Während der Veranstaltung versuchen rechte Gruppierungen in den Saal zu gelangen. Klaus Mann darüber im Tagebuch: «Ein aufregender Störungsversuch von Nazi-Buben, die eindringen wollten; kurze Panik.» Auch wenn dieser schließlich vereitelt werden konnte – für die bis dahin weitestgehend unpolitische Schauspielerin steht seither fest: Auch sie will nun aktiv gegen den rechtsradikalen Terror vorgehen.

«Dies Vorkommnis war es, das mich weckte», so Erika Mann.

Durch ihren Auftritt gerät sie – und mit ihr die Familie Mann als Ganzes – ins Kreuzfeuer der nationalsozialistischen Presse. Erika wehrt sich gegen die Angriffe, prozessiert und gewinnt. Auch Klaus Mann ergreift in einem Artikel zur «Abwehr der Gemeinheiten des ‹Völkischen Beobachters›» öffentlich Partei für die Schwester. Düstere Prophezeiungen hatte das Parteiblatt der NSDAP zuvor ganz unverhohlen geäußert: «Das Kapitel ‹Familie Mann› er-

weitert sich nachgerade zu einem Münchener Skandal, der auch zu gegebener Zeit seine Liquidierung finden muß.»

Für den Mai des Jahres 1932 planen Klaus und Erika Mann mit den Freunden Ricki Hallgarten und Annemarie Schwarzenbach eine gemeinsame Persienfahrt. Sie kommt nicht zustande. Einen Tag vor der geplanten Abreise nimmt sich Ricki Hallgarten in seinem Haus in Utting am Ammersee das Leben.

Ricki Hallgarten
(1905–1932)

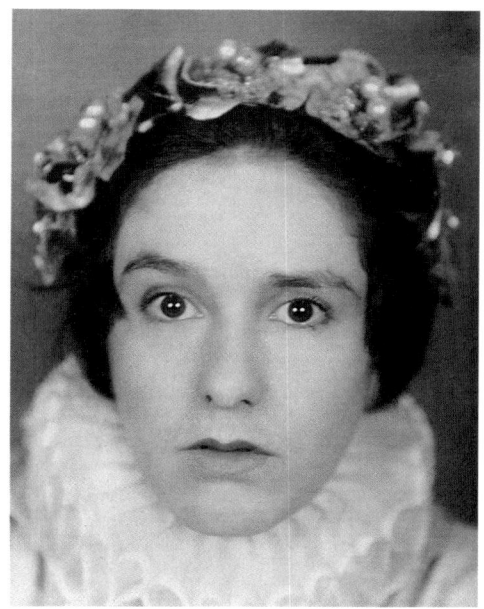

Erika Mann in ihrer
Rolle als Königin Elisa-
beth in Schillers «Don
Carlos»

Für die Geschwister ist der Selbstmord des Jugendfreundes ein traumatisches Erlebnis. Erika lassen vor allem die vertanen ««Chancen› keine Ruhe [...], die bestanden hätten, ihn am Leben zu halten». Letztlich grämt sie sich doch unberechtigterweise, wie sie dem Vater gegenüber einsieht. Auch ihre Kraft hätte ihn von seiner Tat nicht abzuhalten vermögen. Aus ihrer Sicht wohnte in Ricki Hallgarten das «Bejahende [...] unmittelbar neben dem Schwarzen», welches schließlich die Oberhand gewonnen hat.

Klaus Mann verarbeitet den Schock in seinem Essay «Ricki Hallgarten – Radikalismus des Herzens», in dem er auch viel von sich selbst preisgibt: «Wie konnte man ihm widersprechen, wenn er immer wieder behauptete, daß es viel vorteilhafter wäre, gar nicht da zu sein? Das Leben *ist* Fluch – abgesehen davon, daß es Segen ist, und es bleibt Sache des persönlichen Schicksals, ob man es primär als das eine oder als das andere empfindet.» Wie Ricki Hallgarten trägt Klaus Mann eher schwer am Leben – und nicht zuletzt die Zeitumstände tragen dazu bei.

«Morgens, nichts als der Wunsch zu sterben. Rechne mir aus, was ich heute aufgeben würde – muss es geringfügig finden. Die Chance einer wirklich glücklichen Verbindung – fällt aus. Die Chance des literarischen Ruhms in näherer Zeit für unsereins – fällt wahrscheinlich auch aus. Wenn ein Gift dastünde, würde ich *sicher* nicht zögern – wenn nicht E[rika] (und M[ielein]) wären. Durch sie gebunden. Aber immer gewisser, dass E's Tod sofort meinen nach sich zöge; dass mich dann auch die Arbeit nicht hielte. Übrigens keine Spur von Todesangst. Der Tod *kann* nur als Erlösung empfunden werden. Sicher war es auch für den Ricki nicht schlimm.» (Tagebuch, 19. Februar 1933)

Thomas Mann
und seine Sprösslinge

Die Familie Mann auf
der Terrasse der Villa
in der Poschingerstraße,
Oktober 1932

Mit der Aufforderung zur Liquidation der Familie finden die Hetzkampagnen gegen die Manns 1932 einen neuen Höhepunkt. Die ersten Vorläufer dieser Angriffe reichen weit zurück. Unter der Schlagzeile «Thomas Mann und seine Sprößlinge» konnte man bereits 1928 im «Völkischen Beobachter» in Anspielung auf die «Buddenbrooks» vernehmen: Thomas Mann rücke mehr und mehr zum «Symbol des Charakterverfalls einer ganzen Schriftstellergeneration» auf, nicht zuletzt durch seine Kinder Klaus und Erika. Sie böten ihm reichlich neues Anschauungsmaterial «für einen Roman ‹Der Verfall einer Familie›».

«Muss man fort von Deutschland?» Die Frage nach einer notwendigen Emigration wird auch in der Familie Mann aufgeworfen. 1932 begegnet Klaus Mann zufällig Adolf Hitler im Münchener Carlton, kurz bevor die NSDAP zur stärksten Partei bei den Reichstagswahlen wird: «Die Vulgarität seiner Züge beruhigte mich, tat mir wohl. Ich sah ihn an und dachte: Du wirst nicht siegen, Schicklgruber, und wenn du dir die Seele aus dem Leibe brüllst. [...] Du kommst nie zur Macht!» Auch Golo Mann hält dies zunächst für undenkbar. Er sieht Hitler erstmals 1928 bei einer Wahlkampfveranstaltung in München:

«Gegen die Energie, die Überzeugungskraft des Redners mußte ich mich wehren; was einem Freund, den ich mitgebracht hatte, rein jüdischer Abstammung, nicht gelang. ‹Er hat ja recht›, flüsterte er mir zu. Dieses ‹Er hat ja recht› – wie oft habe ich es später hören müssen, von Mit-Zuhörern, von denen ich es nie erwartet hätte [...]. Insgesamt blieb der Eindruck von schwülem Sturmwind, der zugleich von einer Theatermaschine gemacht wurde und von dem Menschen selber ausging. Lange hielt der Eindruck aber nicht an, ich verdrängte ihn. Schlimmer: der Mann tat mir leid. Er regte sich so sehr auf und würde sein Ziel ja doch nie erreichen ...»

Hellsichtiger als er selbst scheint Golo Mann die Schwester Erika, die durch ihr entschiedenes Auftreten viele zentrale Lebensentscheidungen für die Familie herbeiführt – auch die, Deutschland nach der Machtergreifung der Nationalsozialisten zu verlassen. Im Rückblick erinnert er sich an eine Situation aus der Schulzeit Erikas, die durch ihre schlagende Symbolkraft innerhalb der Familie zum geflügelten Wort wurde:

«Die Familie, minus Erika, saß ratlos um den Mittagstisch; es gab ein kostbares Gericht, eine Pilzsuppe, aber sie schmeckte so sonderbar, und die kummervolle Neigung war, sie lieber wegzuschütten. Erika,

verspätet aus der ‹Höheren Töchterschule› eintreffend, wurde über die Lage informiert, kostete und entschied: ‹Da fehlt
Salz.› Es stimmte; ein paar Löffel Salz lie-
ßen die Suppe schmecken, wie Pilzsuppen
zu schmecken haben. Der Vorfall wurde
später sprichwörtlich. Wie oft habe ich
meinen Vater sagen hören: ‹Die Erika muß
die Suppe wieder einmal salzen.›

Sie tat es mit der Kompromißlosigkeit und
Treffsicherheit, die zum Wesen ihres Ur-
teils und ihres Charakters gehörten. Der
Schreiber dieser Zeilen, kompromißbe-
reiter, tragischen Entscheidungen abhold,
geneigt, krumm gerade sein zu lassen,
wünschte damals, 1933, seine Eltern, die
sich rein zufällig in der Schweiz befanden,
sollten zunächst einmal nach Deutschland
zurückkehren. Es war die deutsche Durch-
schnittsansicht: Man äße nicht so heiß, wie
man kochte, die Dinge würden sich schon
beruhigen etc. etc. Erika urteilte anders.
Sie wußte vom ersten Tag an, daß hier kein
Heil und für meinen Vater kein Boden
mehr war. [...] Sie tat sehr gut daran. Als
Bürger des Dritten Reiches wäre Thomas
Mann so oder so erstickt und zugrunde gegangen [...].»

«Heil(t) Hittler»

Therese Giehse in der Garderobe der Münchener «Bonbonniere», 1933

Ankündigung des zweiten Programms der «Pfeffermühle» in der Münchener «Bonbonniere»

Hitlers Ernennung zum Reichskanzler am 30. Januar 1933 in der Münchener Ausgabe des «Völkischen Beobachters», 31. Januar 1933

Am 1. Januar 1933 präsentiert in der Münchener «Bonbonniere» ein neues Kabarett sein erstes Programm: «Die Pfeffermühle». Erika Mann ist die Initiatorin und Leiterin des Unternehmens, Therese Giehse seine prominenteste Mitwirkende. Klaus Mann hat eine Reihe von Texten beigesteuert, Vater Thomas erfand den Namen für das Kabarett. Die «Pfeffermühle» spielt Sketche, singt Chansons, zeigt Tanznummern – ganz in der Tradition der literarisch-politischen Kleinkunst. Die Resonanz ist ausgesprochen positiv: «Grosse Stimmung, grosses Publikum, [...]. Ganz gross geklappt», notiert Klaus Mann im Tagebuch nach der Premiere. Und der Kritiker Wilhelm Hausenstein berichtet in der «Frankfurter Zeitung», in München habe «ein neues Kabarett aufgemacht, von dem man, ohne Lorbeer auf Vorschuß, sagen muß, daß es ein gutes, ja ein sehr gutes Kabarett ist».

Umso makabrer erscheint die zeitliche Nähe zum Machtantritt der Nazis. Erika Mann schreibt im Rückblick: «Am 30. Januar wurde Hitler Reichskanzler, und als

er, nebenan im Hofbräuhaus, seine Antrittsrede hielt, hatten wir schon ein neues Programm. Wir spielten gegen ihn an, Wand an Wand mit ihm und unter dem Jubel seiner Untertanen, oder vielmehr der ‹Geführten›, wie das jetzt heißt.»

Noch am 21. Februar 1933 feiert man in der Poschingerstraße 1 ein rauschendes Fest: den Pfeffermühlen-Ball. Die Stimmung sei bereits von einer «verzweifelten Lustigkeit» gewesen, heißt es in Klaus

Manns «Wendepunkt». An exakt demselben Tag verlässt das erste Mitglied der Familie Mann Deutschland und geht ins Exil: Heinrich Mann flieht vor der ihm drohenden Verhaftung nach Frankreich.

Michael Mann, im Alter von ungefähr 14 Jahren. Das Landschulheim Neubeuern, das er zuletzt in Deutschland besuchte, wurde im Dritten Reich zeitweise geschlossen und erst nach 1945 wieder eröffnet.

Brief Michael Manns aus Neubeuern an die Mutter Katia, 31. Januar 1933

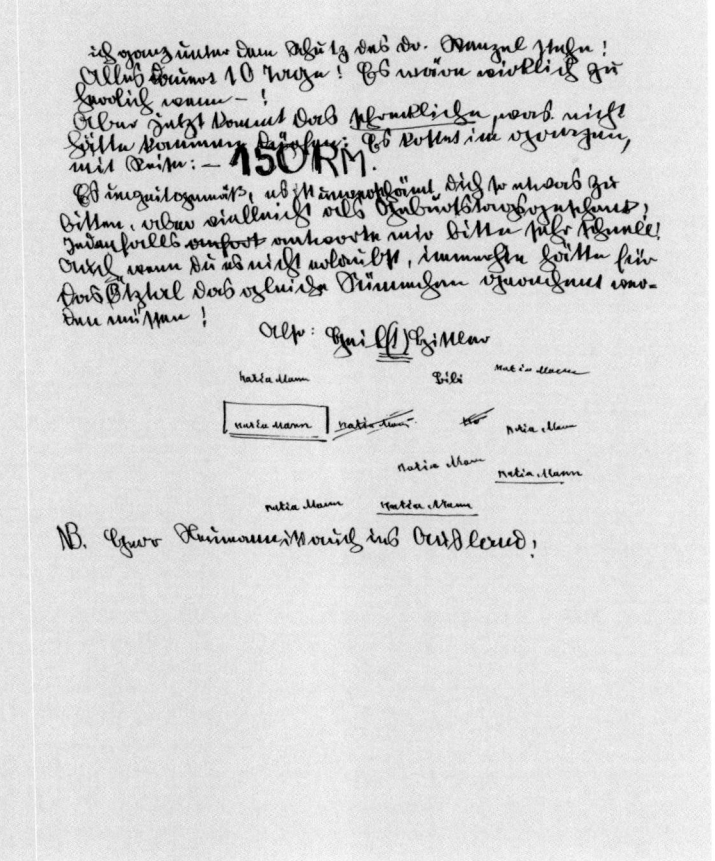

Michael Mann erlebt den Beginn des «Dritten Reiches» im Landschulheim Neubeuern, Kreis Rosenheim. Seiner Mutter schickt der Dreizehnjährige einen sarkastischen Bericht:

«31. Januar 1933
Meine sehr verehrte Frau Katia!
Nun ist also der große Tag vorrüber! Die Wiedergeburt eines Nationalen Deutschlands ist glücklich vonstatten gegangen. Gestern wurde der Tag natürlich auch entsprechend gefeiert. Vormittags war eine große Ansprache von Joseph Rieder, Direx des Schülerheim Neubeuerns, das Rednerpult war mit einer ▨ Fahne bedeckt! In der Aula prunkten zahlreiche ⌗ Fahnen, was natürlich allgemeine Freude und Genugtuung zur Folge hatte; Abends war ein höchst feierlicher Umzug, wo natürlich auch eine Gruppe der unbesiegten SA nicht fehlte. Deutsche Männer sangen das ‹Horst-Wessel› Lied in einer deutschen Nacht – Harro Schilling und Ich haben deutsch gekotzt und uns noch deutscher geweigert am Geburtstag des dritten Reiches teilzunehmen! [...]
Also: Heil(t) Hittler
Bibi
NB. Herr Neumann ist auch im Ausland!»

Kapitel 3

«Leiden an Deutschland»

Exil in Europa

Von meinen Kindern ist die Älteste, Erika, Schauspielerin und hat sich als Gründerin und Leiterin eines literarischen Kabaretts, «die Pfeffermühle», in der Welt einen Namen gemacht. Ihr Bruder Klaus ist Schriftsteller geworden wie sein Vater und wie sein berühmter Onkel, mein Bruder Heinrich, und hat als Romancier und Kritiker in jungen Jahren Schönes erreicht. Golo, der zweite Sohn, Heidelberger Doktor der Philosophie, bekleidet gegenwärtig eine Dozentur für deutsche Sprache an der französischen Universität Rennes. Und was die drei Jüngsten betrifft, Monika, Elisabeth und Michael, so hat bei ihnen ein Element, das in der Natur ihres Vaters gebunden blieb und nur mittelbar sich manifestieren konnte, indem es in seine Prosa stilbildend hineinwirkte, nämlich die Musik, die Oberhand gewonnen: die Mädchen bilden sich als Pianistinnen, der heute siebzehnjährige Jüngste als Geiger aus.
Thomas Mann – «Lebenslauf 1936»

Drinnen und draußen

Am 10. Februar 1933 hält Thomas Mann im Auditorium maximum in München seinen Vortrag «Leiden und Größe Richard Wagners». Eine Vortragstournee über Amsterdam, Brüssel und Paris folgt, danach soll ein Urlaub mit der jüngsten Tochter Elisabeth in Arosa für Erholung sorgen. Für Katia und Thomas Mann ist die «Wagner»-Vortragsreise ein unwissentlicher Gang ins Exil. In ihrer Abwesenheit brennt am 27. Februar der Reichstag. Kurz darauf fallen viele regimekritische Köpfe – darunter Erich Mühsam und Carl von Ossietzky – einer Verhaftungswelle zum Opfer. Die jüngste Tochter Elisabeth kehrt im März noch einmal nach München zurück und zeigt sich entsetzt darüber, wie sich in nur wenigen Wochen alles komplett verändert hat. In der Schule singt man das Horst-Wessel-Lied; Lehrer, die früher im Geschichtsunterricht Frieden und Demokratie priesen, zeigen sich nun linientreu und offen antisemitisch. Dafür werden weniger opportunistische Kollegen, die den Unterricht nicht mit «Heil Hitler» beginnen, von

Das Braune Haus
in der Brienner Straße am
Münchener Königsplatz

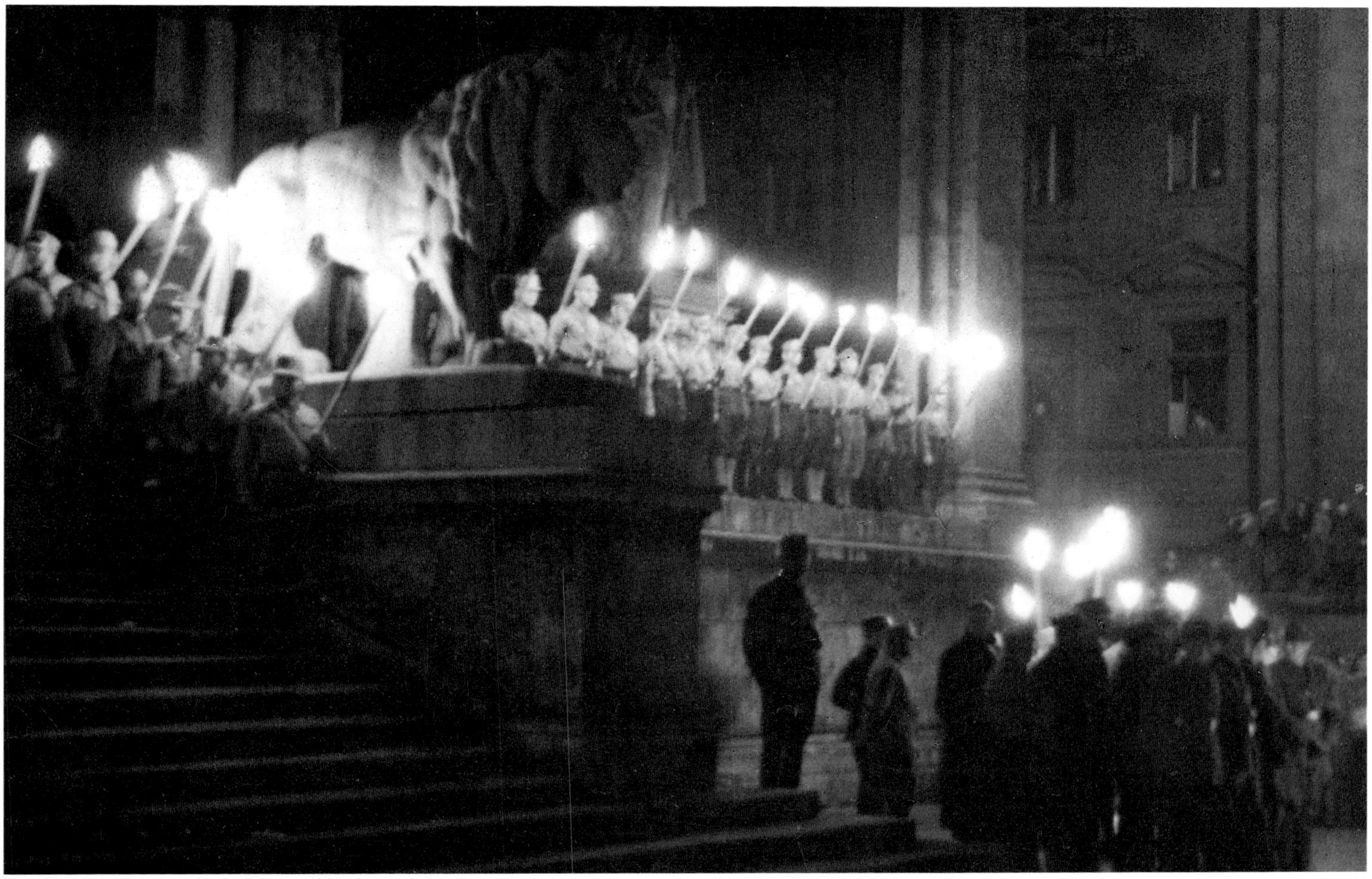

Feier der Nationalsozialisten anlässlich der Machtübernahme in Bayern am 9. März 1933 vor der Feldherrnhalle in München

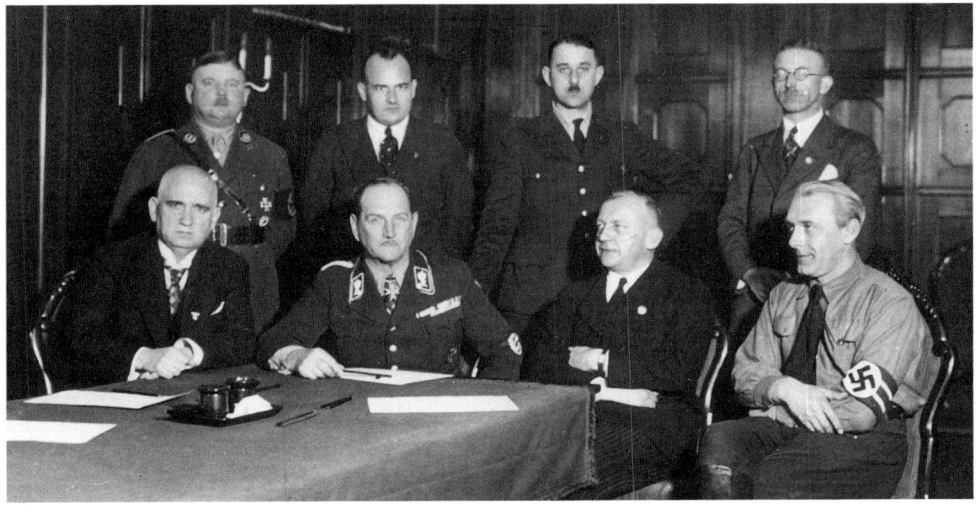

Erste bayerische NS-Regierung: Ludwig Siebert (Ministerpräsident), Franz Ritter von Epp (späterer Reichsstatthalter), Adolf Wagner (Inneres und Stellvertreter des Ministerpräsidenten), Hans Schemm (Kultus), dahinter SA-Stabschef Ernst Röhm, Hans Frank (Justiz), Hermann Esser (Landwirtschaft), Georg Luber (v. l.)

Elisabeths Mitschülerinnen auf dem Braunen Haus denunziert.

Nach der Machtübernahme der Nationalsozialisten etabliert sich die Diktatur in Deutschland zunächst nur schrittweise. Mitte März wird Bayern durch die Einsetzung einer NS-Regierung gleichgeschaltet. «Als von allen öffentlichen Gebäuden unserer ehrwürdigen Stadt die Hakenkreuzfahne wehte», gibt es für Klaus und Erika Mann kein Halten mehr. Am 13. März 1933 reisen die beiden aus Deutschland ab. Das einschneidende Datum, so verzeichnet Klaus Mann im Tagebuch, markiert für sie den «Beginn der Emigration».

Michael Mann stößt im April zur Familie, die sich inzwischen in Lugano aufhält. Von einer Schulosterreise nach Italien kehrt er nicht nach Deutschland zurück. Am 16. April 1933 – knappe zwei Wochen nach der erneuten Rückkehr Elisabeths aus München – trifft er bei den Eltern ein. Am gleichen Tag erscheint auch der «Protest der Richard-Wagner-Stadt München» in den «Münchner Neuesten Nachrichten», in dem sich führende Honoratioren der Stadt gegen Thomas Mann und seine «Verunglimpfung» des großen Meisters im Wagner-Aufsatz wenden.

Sanary-sur-Mer

Erster gemeinsamer Anlaufpunkt für die Familie Mann im Exil ist Sanary-sur-Mer. In den Anfangsjahren der Emigration wurde der südfranzösische Mittelmeerort für zahlreiche Exilierte zu einem Zufluchtsort vor der nationalsozialistischen Diktatur. Lion Feuchtwanger, Bertolt Brecht, Arnold Zweig, Franz Werfel, Heinrich Mann, Annette Kolb, René Schickele zum Beispiel leben und arbeiten in den dreißiger Jahren vorübergehend in Sanary. Die große Zahl der hierher geflohenen Schriftsteller lässt Ludwig Marcuse schließlich sogar die Wendung von der «Hauptstadt der deutschen Literatur» prägen.

Als Erste der Familie treffen Erika und Klaus Mann an der südfranzösischen Küste ein. Schon bald holen sie die beiden Jüngsten von den Eltern aus Lugano zu sich. Katia und Thomas Mann selbst kommen später nach, sie stoßen im Mai zur Familie.

Zeitgenössische Ansicht

Lion Feuchtwanger in Sanary-sur-Mer

Ludwig Marcuse (ganz rechts) in Sanary

Während des Aufenthalts in Sanary, im Hôtel de la Tour, schreibt Klaus Mann seinen berühmt gewordenen Brief an Gottfried Benn. In ihm fordert er den in Deutschland zurückgebliebenen Schriftsteller zur Abkehr von den neuen Machthabern auf. Für seine hellsichtigere Einschätzung der politischen Lage wird Benn Klaus Mann später seinen Respekt zollen. Vorerst geht eine unmittelbare Antwort als offener Brief an den jungen Schriftsteller im Exil. In diesem rechnet Benn mit den Emigranten in den «französischen Badeorten» ab, die an den umwälzenden Ereignissen in Deutschland nicht mehr teilhaben können.

Thomas Mann vor der
Villa «La Tranquille», die
die Familie in Sanary
bezog

Elisabeth und Michael
Mann, Marseille 1936.
Auch nach dem Verlassen
Sanarys reisen die Manns
in den ersten Exiljahren
immer wieder an die
französische Mittel-
meerküste.

Monika Mann mit einem
Unbekannten in Sanary

Doppelt kompromittiert

Sanary-sur-Mer

Nach Monika Mann, die Ende Mai in Sanary ankommt, stößt Golo Mann Anfang Juni als Letzter zur Familie an die französische Mittelmeerküste. Vor der Beschlagnahmung des Vermögens hatte er in München zuletzt noch einen Teil des Barguthabens sowie wichtige Arbeitsmaterialien des Vaters in Sicherheit gebracht.

«Es war nun auch meines Bleibens nicht länger. Die Münchner Polizei konnte, wenn sie wollte, jederzeit herausfinden, wo ich mich aufhielt. Sie würde das Geld konfiszieren, nicht ohne mich zu fragen, zu welchem Zweck ich denn eine so große Summe mit mir herumschleppte; worauf ich eine glaubhafte Antwort nicht hätte geben können. Mein Berufsplan war in jedem Fall zerrissen, an eine Anstellung nicht zu denken. Doppelt fand ich mich kompromittiert; durch die jüdische Herkunft meiner Großeltern Pringsheim [...]; durch das einstweilen, aber wie lange noch, schweigende Draußenbleiben TMs, das gar nicht schweigende Draußenbleiben meiner Geschwister und Heinrich Manns.»

Nach seiner Ankunft in Sanary lebt Golo Mann die Sommermonate über bei dem Schriftsteller William Seabrook und dessen Frau, die ein Anwesen in der Nähe von Sanary gemietet haben.

Golo Mann, Anna Schickele, Annemarie Meier-Graefe, Thomas Mann, Julius Meier-Graefe, Katia Mann, Ilse Dernburg und Erika Mann in Sanary

«Normalerweise verlief mein Tag folgendermaßen. Früh stand ich auf, nahm ein Bad in der Bucht vor dem Hause, machte mir ein Frühstück à la française allein in der Küche und beschäftigte mich dann mit Lektüren, später mit Schreiben: Seite auf Seite Gedanken über das ‹Dritte Reich› im Tagebuch, dann ein Aufsatz über dessen ‹Philosophie›, der nach und nach sich auf Ernst Jünger konzentrierte, weil ich ihn für den bedeutendsten geistigen Vertreter des Regimes hielt, was er war und auch nicht war und nicht sein wollte.»

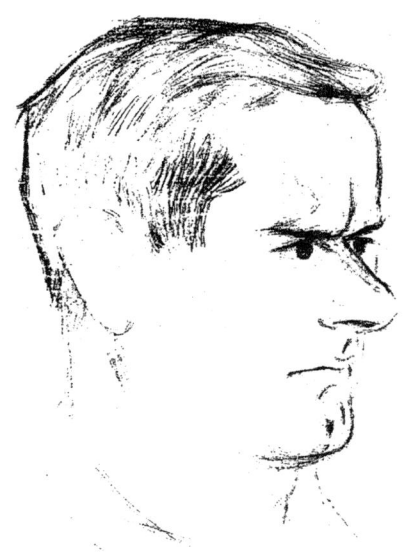

Golo Mann. Zeichnung
von Eva Herrmann

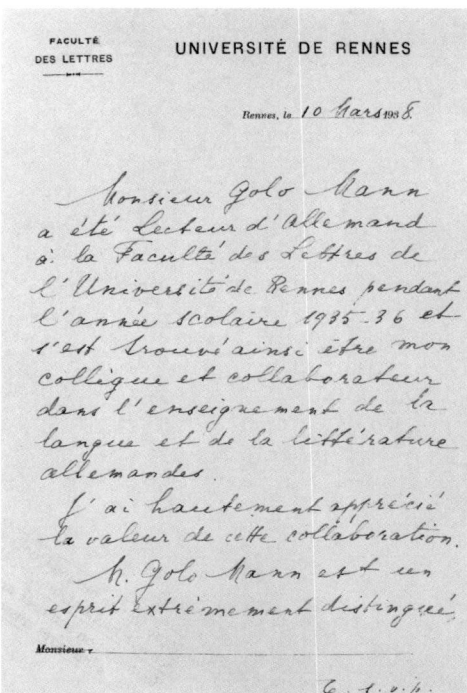

Arbeitsbescheinigung
der Universität
Rennes für Golo Mann,
10. März 1938

Golo Mann in Paris

Nachdem die Familie im September 1933 in die Schweiz übersiedelt, bleibt Golo Mann seinem Gastland, das ihm als erstes Exil gewährt hat, treu. Mit dem Ziel, langfristig die Universitätslaufbahn einzuschlagen, wird er ab Ende des Jahres 1933 Lektor für deutsche Sprache an der École Normale Supérieure in Saint-Cloud bei Paris. Ende 1935 wechselt Golo Mann an die Universität in Rennes.

In Saint-Cloud verbindet ihn mit dem Direktor der Schule Félix Pécaut schon bald eine Freundschaft. Die Nähe zu Paris lässt ihn über seinen Bruder Klaus Zugang zu den Zirkeln der politischen Emigration finden. Hier trifft er unter anderem auf Walter Benjamin, Bertolt Brecht und Siegfried Kracauer.

Golo Mann über diese Zeit: «Zählte ich mich zur politisierenden deutschen Emigration in Paris? Kaum. Ich wohnte außerhalb, ich hatte, wo ich lebte, wie noch zwei Jahre später in Rennes, ein wenn auch äußerst bescheidenes französisches Amt zu verwalten. Politisch ein unbeschriebenes Blatt, verließ ich Deutschland vierundzwanzigjährig, mit dem Gefühl, selber an ‹unserer› Niederlage keinerlei Schuld zu tragen, vielmehr durch andere in sie gerissen worden zu sein.»

Trotz der selbstkritischen Töne ist sein zunehmendes öffentliches Engagement gegen den Nationalsozialismus unverkennbar. Ein Forum bietet ihm hierfür in den Anfangsjahren des Exils die Zeitschrift «Die Sammlung» seines Bruders Klaus. Neben anderen Beiträgen erscheint in ihr auch die in Südfrankreich begonnene Abhandlung über Ernst Jünger. Sie dokumentiert seine zwischen Abstoßung und Anziehung pendelnde Auseinandersetzung mit dem «Philosophen des Neuen Deutschland».

«Die Sammlung»

Wenige Monate nach dem Weggang aus Deutschland bekommt Klaus Mann eine besondere Chance. In Amsterdam richtet der jüdische Verleger Emanuel Querido eine deutschsprachige Abteilung ein, deren Leitung er dem aus Deutschland emigrierten Fritz H. Landshoff überträgt. Bei Querido erhält Klaus Mann die Möglichkeit, eine eigene Zeitschrift herauszugeben. Unter dem programmatischen Titel «Die Sammlung» erscheint ab September 1933 eine deutschsprachige literarische Monatsrevue, deren Ziel es ist, die Hitler-Gegner zu einen und ihnen ein Forum zu geben.

Zwei Jahre lang erscheint «Die Sammlung». Veröffentlicht werden kulturkritische und politische Aufsätze, Erzählungen und Romanauszüge, Autobiographisches und Gedichte. In einem Glossenteil werden Buchkritiken, kleine Berichte und Polemiken abgedruckt. Klaus Manns Bruder Golo steuert zeitweilig eine politische Chronik bei, gezeichnet mit dem Namenskürzel «G.».

Mehr als 150 Autoren veröffentlichen Texte in den insgesamt 24 Heften der «Sammlung». Dank der entschieden auf Meinungsvielfalt bedachten Haltung Klaus Manns sind darunter Schriftsteller aller weltanschaulichen Richtungen, die es in der antinazistischen Opposition gibt. Kommunisten wie Johannes R. Becher und Hans Günther schreiben in der «Sammlung» ebenso wie der konservative Joseph Roth; ein unpolitischer Schriftsteller wie Jakob Wassermann steht neben Marxisten wie Ernst Bloch und Bertolt Brecht; bürgerlich-liberale Geister wie Ludwig Marcuse und Franz Schoenberner kommen ebenso zu Wort wie die Sozialisten Ernst Toller und Oskar Maria Graf. Albert Einstein liefert einen Beitrag, und selbst Leo Trotzki kann für einen Aufsatz über «Sowjets in Amerika?» gewonnen werden. Unter den internationalen Autoren, die an der Zeitschrift mitwirken, sind Ilja Ehrenburg, Boris Pasternak, Ernest Hemingway, Jean Cocteau, Philippe Soupault, Stephen Spender, Christopher Isherwood, Menno ter Braak, Pär Lagerkvist, Romain Rolland und Wickham Steed.

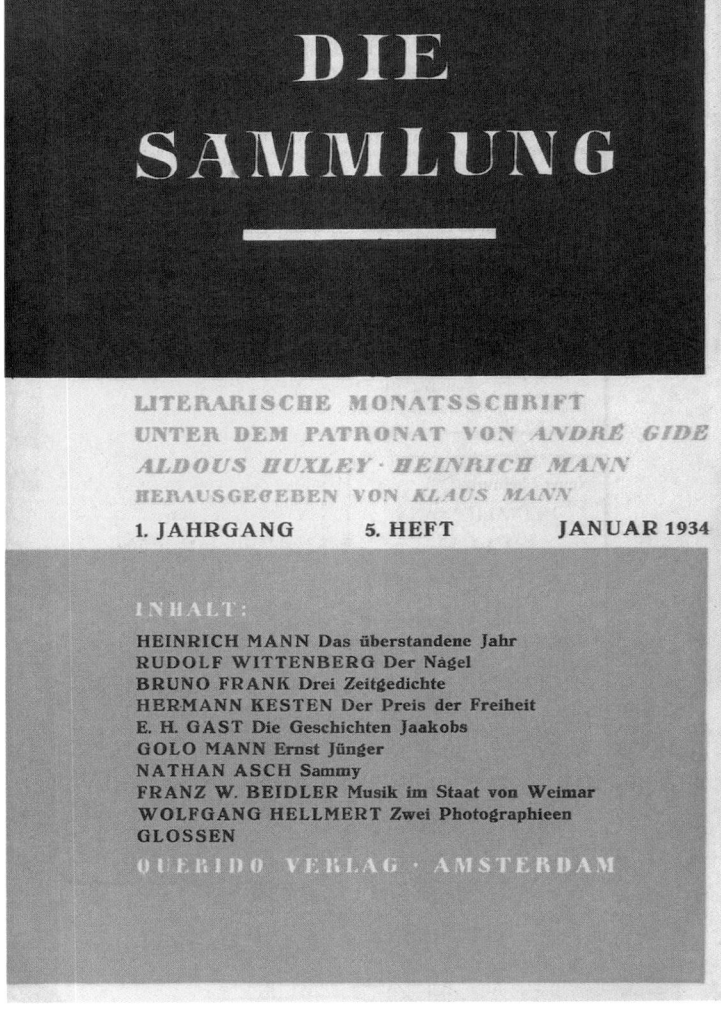

Emanuel Querido

Fritz Landshoff.
Er wurde im Exil einer
von Klaus Manns engsten
Freunden.

*Diese Zeitschrift wird der Literatur die-
nen; das heißt: jener hohen Angelegenheit,
die nicht nur ein Volk betrifft, sondern alle
Völker der Erde. [...]*
*Sammeln wollen wir, was den Willen zur
menschenwürdigen Zukunft hat, statt dem
Willen zur Katastrophe; den Willen zum
Geist, statt dem Willen zur Barbarei und
zu einem unwahren, verkrampften und
heimtückischen «Mittelalter»; den Willen
zum hohen, leichten und verpflichtenden
Spiel des Gedankens, zu seiner Arbeit, seinem Dienst, statt zum Schritt des Para-
demarsches, der zum Tode durch Giftgas
führt im Interesse der gemeinsten Abenteurer; den Willen zur Vernunft, statt dem
zur hysterischen Brutalität und zu einem
schamlos programmatischen «Anti-Huma-
nismus», der seine abgründige Dummheit
und Roheit hinter den schauerlichsten
Phrasen kaum noch verbirgt.*
*Wer diese Dummheit und Roheit verab-
scheut, bleibt deutsch – oder er wird es
erst recht –; auch wenn ihm von dem miß-
leiteten Teil der eignen Nation dieser Titel
vorübergehend aberkannt wird. Eben für
dieses verstoßne, für dieses zum Schweigen gebrachte, für dieses wirkliche
Deutschland wollen wir eine Stätte der
Sammlung sein – nach unsren Kräften.*
*(Klaus Mann – Geleitwort zum ersten Heft
der «Sammlung», September 1933)*

Schöngeistig, aber militant

à Klaus Mann   avec l'affection *[handschriftliche Widmung]*

André Gide. Das Foto mit handschriftlicher Widmung war das Frontispiz von Klaus Manns 1943 erschienenem Gide-Buch.

Aldous Huxley

Drei Autoren von Weltrang stellen sich Klaus Mann für das Patronat der «Sammlung» zur Verfügung. Es sind: der französische Autor André Gide, der britische Schriftsteller Aldous Huxley, zeitweiliger Nachbar der Manns in Sanary, und der eigene Onkel Heinrich Mann. Mit ihren Namen bürgen sie für internationales Niveau und geistige Unabhängigkeit der Zeitschrift.

André Gide ist für Klaus Mann seit den zwanziger Jahren ein bewundertes Vorbild, in menschlicher wie in literarischer Hinsicht; schon 1927 bezeichnet er den Franzosen als «erhabenes Beispiel». Nun wird Gide, «der *prächtige* Alte», mehr und mehr zur Vaterfigur des jungen deutschen Exilierten. Im Tagebuch nennt Klaus Mann ihn explizit «le père Gide». Auch als Gide, der zeitweilig stark mit den Kommunisten sympathisiert, nach einer Reise in die Sowjetunion 1937 einen kritischen Bericht veröffentlicht und von den moskautreuen Linken scharf angegriffen wird, verteidigt ihn Klaus Mann und lobt Gides Kritik am Stalinismus als «das offene Wort eines gescheiten und integeren Mannes».

Der leibliche Vater dagegen bereitet dem ältesten Sohn eine bittere Enttäuschung. Nachdem Thomas Mann ursprünglich seine Mitarbeit an der «Sammlung» zugesagt hatte, distanziert er sich im Oktober 1933 öffentlich von der Zeitschrift des eigenen Sohnes. Sein Verleger Gottfried Bermann Fischer hatte ihn zu diesem Schritt gedrängt, um das Erscheinen des «Joseph»-Romans im Deutschen Reich nicht zu gefährden. Auch andere prominente Autoren rücken aus ähnlichen Motiven von der «Sammlung» ab, der sie zunächst ihre Mitarbeit versprochen hatten: Stefan Zweig,

Heinrich Mann

Robert Musil, Alfred Döblin und René Schickele. Klaus Mann notiert im Tagebuch lakonisch, als er von Zweigs Absage erfährt: «Im Stich gelassen.» In einem Brief an Alfred Neumann schreibt er im April 1934 ernüchtert: «Das historische Ereignis ist noch nicht erfunden, das aus einer Anzahl von Deutschen, die in eine Schicksalsgemeinschaft gekommen sind, auch wirklich eine Gemeinschaft machte.»

«Die aus Deutschland entflohenen kommunistischen und jüdischen Literaten versuchen von ihren Schlupfwinkeln aus, das neue Deutschland mit einem Wall von literarischem Stinkgas zu umgeben», schreibt der Nazi-Autor Will Vesper im November 1933 in der Leipziger Zeitschrift «Die Neue Literatur». Und er fügt hinzu: «Zweifellos das gefährlichste Reptil ist die in Amsterdam ‹unter dem Patronat von André Gide, Aldous Huxley und Heinrich Mann› von dem Halbjuden Klaus Mann herausgegebene ‹Sammlung›.»

Der politische Gegner fühlt sich getroffen. Das internationale Ansehen des Nazi-Regimes wird durch die Querido-Zeitschrift spürbar herabgesetzt – Klaus Mann hatte sein Ziel erreicht: «Mein Ehrgeiz war es, die Talente der Emigration beim europäischen Publikum einzuführen, gleichzeitig aber die Emigranten mit den geistigen Strömungen in ihren Gastländern vertraut

Werbung des Querido-
Verlags. Auch Golo Mann
ist unter den Mitarbeitern
aufgeführt.

Garantieerklärung
Annemarie Schwarzen-
bachs für die «Samm-
lung»

Annemarie Schwarzen-
bach (rechts) mit
Klaus und Erika Mann und
einem Unbekannten

zu machen. Dazu kam, als essentielles Element meines redaktionellen Programms, das Politisch-Polemische. ‹Die Sammlung› war schöngeistig, dabei aber militant – eine Publikation von Niveau, aber nicht ohne Tendenz. Die Tendenz war gegen die Nazis.»

Finanzielle Unterstützung erhält Klaus Mann von einer wohlhabenden Freundin: Annemarie Schwarzenbach. Die schöne Tochter einer sehr reichen und einflussreichen Schweizer Familie wird zu einer engen Freundin Klaus und Erika Manns. In Erika hat sich «Miro», wie Annemarie im Freundeskreis genannt wird, unglücklich verliebt: Die Leidenschaft wird von Erika nicht erwidert. Mit Klaus Mann verbindet Annemarie Schwarzenbach eine beinahe geschwisterliche Beziehung. Beide suchen und finden Halt aneinander, und sie erwägen später sogar eine Heirat, zu der es aber dann doch nicht kommt.

Die «Pfeffermühle»
im Exil

Erika Mann gelingt es, die in München begonnene Kabarett-Tätigkeit im Exil fortzusetzen. Und sie schafft es auch, die kleine Truppe der Mitwirkenden zusammenzuhalten. Am 30. September 1933 wird die «Pfeffermühle» in Zürich wieder eröffnet, «gepfefferter denn je, amüsanter denn je, mit der prachtvollen Therese Giehse, dem einfallsreichen Magnus Henning und allem Zubehör. Erika war in großer Form, als Textdichterin, als Chansonette und Conférencière. Noch dort, wo sie bitter sein mußte, noch in der Anklage, im Protest gewann sie durch den Reiz ihres Lächelns, der Stimme und Gebärde», schreibt Klaus Mann im «Wendepunkt».

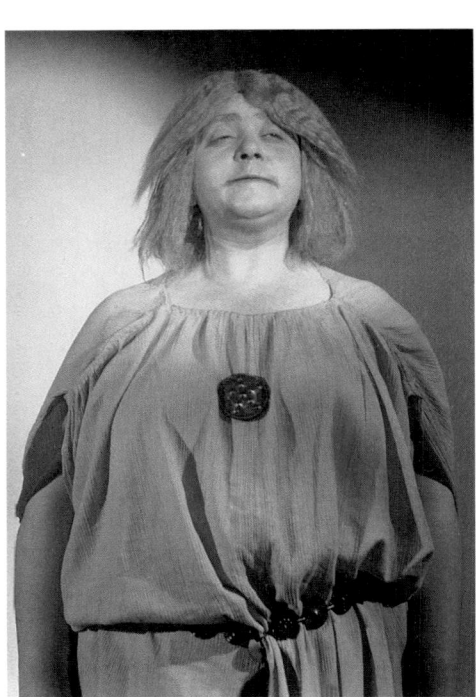

Im Züricher «Hotel Hirschen» wurde die «Pfeffermühle» am 30. September 1933 wieder eröffnet.

Therese Giehse als «Die Dummheit»

Erika Mann in der Suite «Kaltes Grauen»

Der Scharfrichter:
«Mann der Stunde», dar-
gestellt vermutlich von
Paul Lindenberg

Fast drei Jahre tourt das Ensemble mit wechselnden Programmen durch Europa. Die «Pfeffermühle» spielt in der Schweiz, in Österreich, Holland, Belgien, Luxemburg und in der Tschechoslowakei – insgesamt gibt man über tausend Vorstellungen. Erika Mann hat später betont, sie seien zur literarischen Camouflage gezwungen gewesen: «Wir waren Fremde überall … nur zur Not geduldet … Die Machthaber zu reizen, verbot sich durchaus. ‹Immer indirekt› hieß also unsere Losung. Kein Name – auch nicht der unseres verdorbenen Landes – ist je bei uns gefallen. Wir wirkten in der Parabel, im Gleichnis und Märchen unmißverständlich, doch unschuldig dem Buchstaben nach.»

«Sie machen zehn Mal mehr gegen die Barbarei, als wir alle Schriftsteller zusammen», schreibt der ebenfalls im Exil lebende Joseph Roth im Frühjahr 1935 bewundernd an Erika Mann.

Lotte Goslar als «Vamp»

Von der «Pfeffermühle» zur «Peppermill»

Die «Pfeffermühle» macht Furore, und Erika ist in ihrem Element. Die vielseitigen Anforderungen als Theaterleiterin und Managerin, Textautorin und Vortragende entsprechen ihren Begabungen; und das ständige Unterwegssein mit der Truppe ist für sie zwar anstrengend, aber auch ein Lebenselixier.

Der Vater beobachtet das Wirken seiner Ältesten mit Stolz und Bewunderung. Am 30. September 1933 notiert Thomas Mann im Tagebuch: «Erikas geistige und organisatorische Leistung bewundernswert. [...] Die Giehse hervorragend und schon Liebling des Publikums.» Am 4. Oktober 1933 hält er fest: «Der Erfolg der ‹Pfeffermühle› ist vollkommen, die Zürcher Presse einhellig im Lob, das Publikum drängt sich jeden Abend. Das ist mir eine herzliche Freude.» Und am 22. März 1934: «Erikas Produktion flößte mir wieder die väterlich-befangene Ergriffenheit ein, die ich kenne.»

Doch es gibt nicht nur freundliche Reaktionen. Vor allem in der Schweiz sieht sich die «Pfeffermühle» von der politischen Rechten angegriffen, die offen mit den deutschen Nationalsozialisten sympathisiert. Die «Pfeffermühle» wird als «politisches Hetzkabarett» verleumdet, und es kommt wiederholt zu Provokationen und Tumulten während der Vorstellungen. In mehreren Kantonen wird der Truppe schließlich die Auftrittsgenehmigung verweigert. Ein geplantes Gastspiel in Wien Ende 1934 findet gar nicht erst statt.

Im September 1936, nachdem ihr Kabarett fast drei Jahre quer durch Europa unterwegs war, reist Erika Mann in die USA, um dort Vorbereitungen zu treffen für eine Fortsetzung der «Pfeffermühle» in Amerika. Die wichtigsten Mitspieler des kleinen Kabaretts kommen im Spätherbst 1936 ebenfalls nach New York: Magnus Henning, Therese Giehse, Lotte Goslar und Sybille Schloss. Am 5. Januar 1937 feiert die «Peppermill» im Theatersaal des Chanin

«Basler Nachrichten», 31. Oktober 1933

Building ihre Premiere. Doch die «Peppermill» wird ein eklatanter Misserfolg – nach nur wenigen Vorstellungen muss das Kabarett seine Arbeit einstellen. «Ach, diese Presse-Schufte», notiert Klaus Mann traurig im Tagebuch. Aber die eher schwache Resonanz bei den Kritikern war gewiss nicht allein schuld an dem Debakel.

Lotte Goslar hat später rückblickend in einem Brief mehrere Gründe für das Scheitern der «Peppermill» aufgelistet: «Erstens konnten die Schauspieler (sogar die herrliche Giehse) nicht genug Englisch, um frei zu spielen. Zweitens waren die Themen zum großen Teil nicht interessant für die Amerikaner (z. B. ein Chanson über die Grenzen, die es ja hier nicht gibt). Und drittens war Amerika damals noch sehr ‹isolationist›. Man wollte gar nicht soviel über die Schwierigkeiten wissen. Abgesehen von allem war die ‹Pfeffermühle› auch eine Kunstform, die es hier nicht gibt. Lite-

UNITARIA, Annenské nám. 5.
1.–15. II. 1936.
›PFEFFERMÜHLE‹
Eriky Mannové.

Gegen die Wühlerei der Emigranten!

Oeffentliche Protestkundgebung
in der „Stadthalle"
Mittwoch, den 21. November, 20.15 Uhr.

Es sprechen: **Henne, Tobler, Wirz**

Gegen das jüdische Emigrantenkabarett

„**Pfeffermühle**", in der alles Nationale und Vaterländische in den Schmutz gezogen wird,

Prof. Mannheim, der auf der Bühne des Zürcher Schauspielhauses sein jüdisches Gift versprizt und die Völker verhetzt,

Dr. Fritz Adler, den Ministermörder und Sekretär der II. Internationale, der die schweizerische Gastfreundschaft mißbraucht und mit frecher Dreistigkeit dem Schweizervolk Lehren erteilen zu müssen glaubt,

Dr. Kurt Löwenstein, der seine minderjährigen Schüler „zu Studienzwecken" in die Bordelle führte und dem Schweizer Arbeiter marxistisch-jüdische Asphalt-„Kultur" beibringen will,

Für die radikale **Säuberung der Schweiz vom ganzen Geschmeiß ausländischer Emigranten,** das sich schon allzulange in unserem Lande breit macht.

Zur Deckung der Unkosten wird eine Eintrittsgebühr von 30 Cts. verlangt.

Kartenvorverkauf auf der Gauleitung, Zähringerstr. 25 und an der Abendkasse.

NATIONALE FRONT

rarisches Kabarett war dem Amerikaner fremd.»

Trotz des deprimierenden Endes der «Pfeffermühle» bezeichnet Klaus Mann rückblickend das antifaschistische Kabarett seiner Schwester als «das erfolgreichste und wirkungsvollste theatralische Unternehmen der deutschen Emigration».

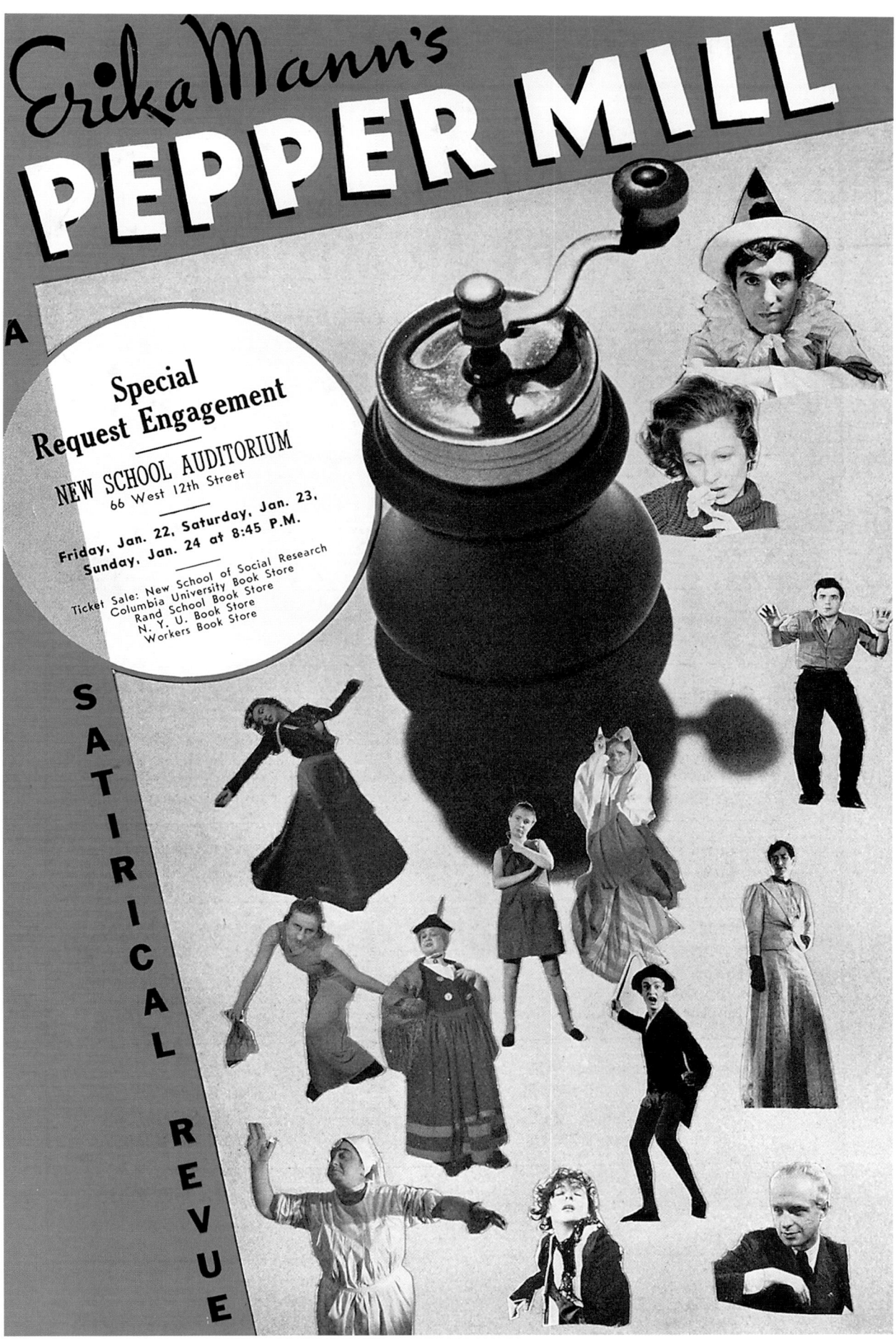

Erika Mann's

PEPPER MILL

A

SATIRICAL REVUE

**Special
Request Engagement**

NEW SCHOOL AUDITORIUM
66 West 12th Street

Friday, Jan. 22, Saturday, Jan. 23,
Sunday, Jan. 24 at 8:45 P.M.

Ticket Sale: New School of Social Research
Columbia University Book Store
Rand School Book Store
N. Y. U. Book Store
Workers Book Store

«Ich soll kein Deutscher mehr sein»

Im November 1934 wird Klaus Mann die deutsche Staatsangehörigkeit aberkannt. Nach Heinrich Mann, der bereits auf der ersten Ausbürgerungsliste stand, ist er damit der Zweite der Familie, den die neuen Machthaber aus ihrer deutschen «Volksgemeinschaft» ausstoßen. In seiner Erklärung «Ich soll kein Deutscher mehr sein» hebt Klaus Mann mit verbittertem Stolz hervor: Ihm erscheine die Ausbürgerung fast als «ehrende Geste», mit der die Nationalsozialisten seinen Kampf gegen ihre Diktatur auszeichnen.

Als Nächste sollte Erika Mann diese zweifelhafte Ehre zuteil werden. Die «geistige Urheberin» der «deutschfeindlichen Pfeffermühle» verliert im Juni 1935 die deutsche Staatsbürgerschaft. Mit den «würdelosen Darbietungen» ihres Exilkabaretts, so heißt es in der Niederschrift zur Ausbürgerungsliste weiter, ziele sie auf eine «Verunglimpfung Deutschlands».

Erika Mann löst das Problem auf gewohnt pragmatische Weise. Wenige Tage nach der offiziellen Ausbürgerung heiratet sie Wystan H. Auden und erhält dadurch die britische Staatsbürgerschaft. Die Ehe besteht dabei nur auf dem Papier – aus seiner homosexuellen Veranlagung hat der berühmte Lyriker nie einen Hehl gemacht. Golo Mann berichtet über seinen neuen Schwager: «Seinen Namen hörte ich zuerst 1935, als er meine Schwester Erika heiratete, ohne sie vor der Trauung je gesehen zu haben. Ein generöser Akt von seiner Seite, um der Emigrantin zu einem englischen Paß zu verhelfen; Audens bejahendes Telegramm enthielt nur ein Wort, ‹delighted›. Einige Monate später erschien er plötzlich bei meinen Eltern in Küsnacht am Zürichsee, ein Zeichen dafür, daß er die Beziehung ernst nehmen wollte, tatsächlich wurde etwas wie Freundschaft aus ihr.»

Volksverräter

ausgestoßen aus der deutschen Volksgemeinschaft!

Auf Grund des § 2 des Gesetzes über den Widerruf von Einbürgerungen und die Aberkennung der deutschen Staatsangehörigkeit vom 14. Juli 1933 hat der Reichsminister des Innern im Einvernehmen mit dem Reichsminister des Auswärtigen durch eine im «Reichsanzeiger» veröffentlichte Bekanntmachung vom 23. August 1933 zunächst folgende im Ausland befindliche Reichsangehörigen der deutschen Staatsangehörigkeit für verlustig erklärt, weil sie durch ein Verhalten, das gegen die Pflicht zur Treue gegen Reich und Volk verstößt, die deutschen Belange geschädigt haben:

 Philipp Scheidemann
 Otto Wels
 Wilhelm Pieck
 Dr. Robert Weißmann
 Dr. Rudolf Breitscheid
 Heinz Werner Neumann

 Albert Grzesinski
 Bernhard Weiß
 Dr. Joh. Werthauer
 Dr. Alfred Apfel
 Friedrich Stampfer
 Ruth Fischer

 Dr. Friedr. W. Foerster
 Emil Gumbel
 Helmuth v. Gerlach
 Leopold Schwarzschild
 Dr. Kurt Tucholsky
 Max Hölz

 Willi Münzenberg
 Ernst Toller
 Georg Bernhard
 Alfred Kerr
 Heinrich Mann
 Lion Feuchtwanger

Heinrich Mann unter den ersten Ausgebürgerten vom 23. August 1933. Aus dem «Illustrierten Beobachter»

Das offizielle Ausbürgerungsformular von Klaus Mann

Mann

Zuname:	**Mann**
Vorname:	**Klaus**
Geboren am:	**18. 11. 1906**
in:	**München**
Beruf:	**Schriftsteller**
Letzter inländ. Wohnsitz:	**München, Poschingerstr. 1**

Der deutschen Staatsangehörigkeit für verlustig erklärt durch Bekanntmachung vom 1.11.1934, veröffentlicht in der Nr. 258 des Deutschen Reichsanzeigers und Preußischen Staatsanzeigers vom 3.11.1934.

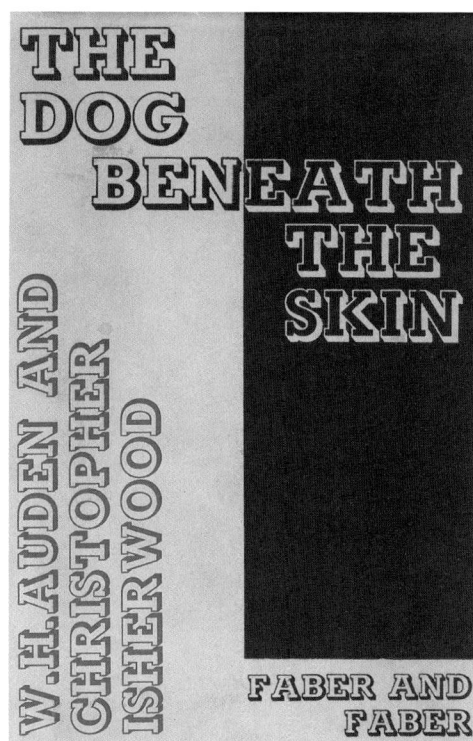

An
Erika
von
Wystan.
June 1935.

Ich bin genannt an der unsicher Flotte
Das Vaterland muss ja gerettet sein.

Wystan H. Auden mit
Erika Mann

Mein Mann heißt Wystan Auden, ist ein junger englischer Schriftsteller und recht bekannt und geschätzt in seinem Land. Er schreibt Gedichte (hat zwei Bände herausgegeben), arbeitet nebenbei für Schulen, – hat mehrere Anthologien zusammengestellt, die dort in den Schulen Verwendung finden, und hat eben gerade (mit Christopher Isherwood zusammen) ein Stück beendet [«The Dog Beneath the Skin»], das bereits best seller war, – ich bin ordentlich stolz, wie Sie sehen.

Komisch ist, daß wir (seit geraumer Zeit ganz still verlobt) gerade in den Tagen heirateten, in denen meine Ausbürgerung von den Nazis beschlossen worden sein muß (wie können Deutsche eine Engländerin ausbürgern, das Kunststück bringt nur Hitler fertig!). Ich erfuhr von ihr erst nach meiner Rückkehr aus England, – wo ich nun artiges «subjekt» bin.
(Erika Mann an Dr. Eduard F. Knuchel, 24. Juni 1935)

Küsnacht, Schiedhaldenstraße 33

Küsnacht,
Schiedhaldenstraße 33.
Wohnsitz der Familie von
1933 bis 1938

Thomas Mann mit
seiner jüngsten Tochter
Elisabeth, um 1935

Die Villa in Küsnacht bei Zürich konnte es an Stattlichkeit mit dem verlorenen Münchener Heim zwar keineswegs aufnehmen, war aber auf ihre bescheidene Art ebenso hübsch und freundlich. Übrigens waren es von den sechs Geschwistern nur zwei, die beiden jüngsten, die jetzt ständig im «Kinderhaus» logierten. Sie gingen zur Schule in Zürich, später besuchten sie das Konservatorium. Michael wollte Geiger werden, Elisabeth Pianistin. Beide waren Kinder gewesen, als wir Deutschland verließen; von Heimweh konnte bei ihnen keine Rede sein. Medi (Elisabeth) sprach schon mit leicht schweizerischem Akzent, sah auch aus wie ein Schweizer Mädchen, zugleich ernsthaft-gediegen und ein bißchen burschikos, mit klarer, intelligenter Stirn, freundlichem Blick, ungeschminkten Lippen, sportlichem Kostüm: Man kennt den Typ, er gehört zu den erfreulichsten. Bibi (Michael) zeigte sich weniger empfänglich für den ortsüblichen Dialekt (auch Golo und ich hatten ja nie die bayerische Mundart beherrscht, in der Erika Meister war), verliebte sich aber in eine veritable Schweizerin, was wahrscheinlich die männliche Art ist, sich dem Gastland zu assimilieren.

(Klaus Mann – «Der Wendepunkt»)

Elisabeth, Monika
und Michael Mann in
Küsnacht

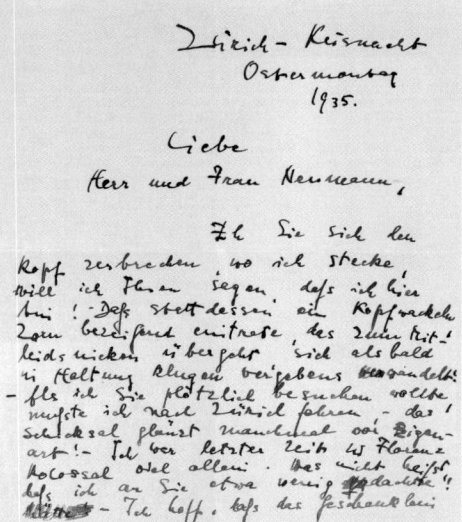

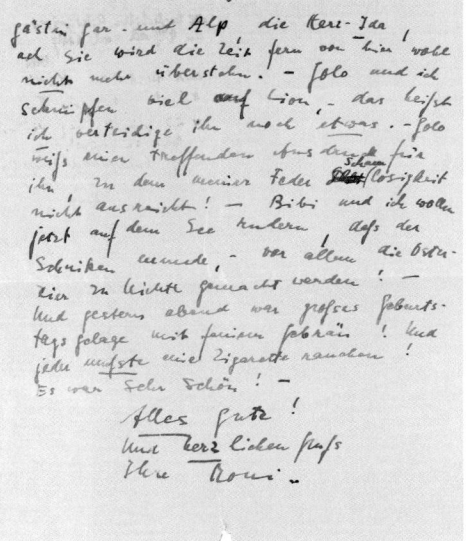

Drei Seiten aus einem
Brief Monika Manns
von einem Küsnachter
Aufenthalt an den Schriftsteller Alfred Neumann
und seine Frau Kitty,
22. April 1935. Das mit
der Familie befreundete
Ehepaar emigrierte
wie Monika Mann nach
Florenz.
Das letzte Blatt unter-
zeichnen Bibi, Medi, Golo,
Katia und Thomas Mann
eigenhändig.

Elisabeth und
Michael auf der Terrasse
der Küsnachter Villa

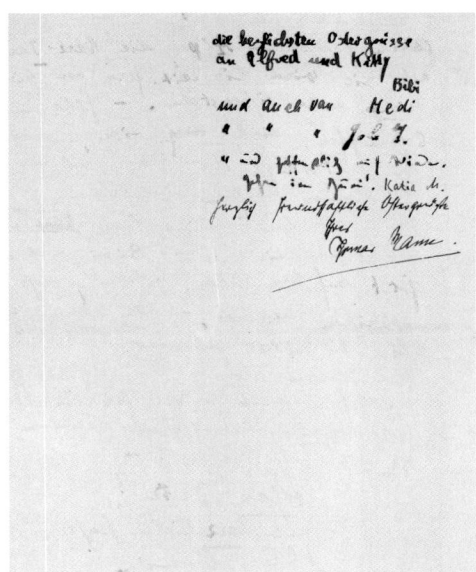

Reifeprüfung

Der Neubau des Freien Gymnasiums Zürich an der St. Annagasse. Links das Freie Gymnasium, Wohnstätte der Schule von 1910 bis 1972

Die Lehrerschaft des Freien Gymnasiums in Zürich 1931

In Zürich besucht Elisabeth Mann seit Ende 1933 das Freie Gymnasium und lässt sich am Konservatorium zur Konzertpianistin ausbilden. Die hohe Arbeitsbelastung, die sie sich aufbürdet, betrachten die Eltern zeitweise mit Argwohn. «Sorge und Kummer Medi's wegen und ihres Konfliktes zwischen Schule und Musik. Sehe mit bitterer Enttäuschung die Entwicklung des Kindes sich ins Unselige verlieren», notiert der Vater im Tagebuch. Der Spagat zwischen «versessenem Klavier-Üben und Schulpflichten, denen sie nach zu kurzem Schlaf oft von 5 Uhr früh» genügt, gelingt aber. Im September 1935 legt sie im Zweig des Literaturgymnasiums des Freien Gymnasiums in Zürich ihre Matura ab.

Unter den sechs Geschwistern blickt die Jüngste damit auf die wohl glücklichste Kindheit und Schullaufbahn zurück. Sie überspringt nicht nur Klassen, sondern verlässt auch als Einzige nie das Elternhaus, um ein Internat zu besuchen.

«Meine Beziehung zu meinen Eltern war sehr gut. Ich habe meine Eltern sehr geliebt und war das einzige von den sechs Kindern, das immerzu zu Hause war bis zu meiner Heirat. Alle anderen waren gelegentlich länger […] in Schulen weg von zu Hause», so Elisabeth im Rückblick.

Das Maturazeugnis mit zahlreichen Sechsen – die Schweizer Zensierung folgt dem umgekehrten Notensystem – kann der

jungen Schülerin erst bei Vollendung des achtzehnten Lebensjahres ausgehändigt werden. Später geht es, wie Elisabeth schreibt, auf den «zahlreichen Familienwanderungen von Land zu Land, von Erdteil zu Erdteil» verloren.

Eine besondere Schwäche entwickelt Medi in diesen Jahren für Fritz Landshoff. Ihre erste große Liebe bleibt unerwidert. Ihrem recht «eigensinnigen Willen, Landshoff zu ehelichen», will der Verleger nicht nachgeben.

Anfang 1937 legt Elisabeth am Züricher Konservatorium ihr Konzert-Examen ab. In Amerika wird sie später ihre Pianistenausbildung bei der Klavierlehrerin Isabella Vengerova, zu deren Schülern auch Leonard Bernstein gehörte, fortsetzen.

«Ich wollte Musikerin werden. Ich trug die Musik in mir und ich arbeitete angestrengt. Und was bekam ich zu hören? Was lehrte mich die Vergangenheit? *Frauen können keine großen Musiker sein.*

Ich verliebte mich, durchlitt die unglückliche romantische Liebe zu einem Unerreichbaren und wurde zum Psychiater geschickt. ‹Sie sind Künstlerin›, sagte er freundlich, um mich auf andere Gedanken zu bringen. ‹Treffen Sie eine Entscheidung. Wählen Sie zwischen der Kunst und dem Mann, zwischen Ihrem Selbst und dem einfachen Durchschnittsfrauenleben.›

Glatter Unsinn. Hätte man je Toscanini oder Bach gesagt, er müsse zwischen der Musik und der Familie wählen, zwischen

**Der Verleger
Fritz Landshoff**

**Neapel- und Capri-
fahrt von Elisabeths
Klasse, 1934**

Maturitätsarbeit am Freien Gymnasium in Zürich   Fach: *Deutsch*

von *Elisabeth Mann*   Typus: *A*   Datum: *28. Juni 35.*

*Soll das Leben möglichst
reichhaltig sein?*

*Es liegt in der Natur des normalen
Menschen, Glück und möglichste Vollkommenheit zu erstreben. Er will pro-
duktiv sein, auf welchem Gebiet es
auch immer sei. Zur Produktivität
aber gehört die Fähigkeit sich zu
konzentrieren, gehört ein freies und
reiches Innenleben. Es ist nun die
Frage, ob dieses Innenleben infolge
oder auf Kosten eines bewegten Aussen-
lebens bereichert werden kann.
Vergleichen wir um diese Frage zu
beantworten, das Leben verschiedener
Menschen. Nehmen wir als Beispiel zunächst
einen modernen Geschäftsreisenden
und einen Landpfarrer.
    Es gibt wohl nichts bewegteres,
reichhaltigeres und abwechslungs-
volleres als das Leben eines solchen*

**Elisabeth Manns Matura-
aufsatz im Fach Deutsch,
28. Juni 1935**

der Kunst und einem normalen Leben?
Was für einen Sinn sollte es übrigens haben, auf das eine zu verzichten, wenn man
von Natur aus zur Mittelmäßigkeit im
anderen verdammt war?

An den Verzicht habe ich, nebenbei bemerkt, nie geglaubt. Ich glaube an die Rebellion. Sich allgemeinem Unrecht zu beu-
gen, schien mir ebenso unsinnig, wie an
allgemeine Gerechtigkeit zu glauben.»
(Elisabeth Mann Borgese – «Aufstieg der
Frau»)

Entschieden begabt

Wie seine Schwester Elisabeth besucht Michael Mann in Zürich das Konservatorium. Schon bei der Aufnahmeprüfung beeindruckt er durch sein Können, wie der Vater stolz im Tagebuch notiert: «Es ist mir eine Freude und Genugtuung, daß Andrä den Bibi entschieden begabt gefunden u. ihm eine gute Zukunft prophezeit hat, wenn er Fleiß u. Energie bezeigt.» Man weist ihn der Klasse des holländischen Violinisten und Musikpädagogen Willem de Boer zu, der auch Konzertmeister des Züricher Tonhalle-Orchesters ist.

Seiner großen Disziplin und Beharrlichkeit, die er im Studium an den Tag legt, stehen als Kehrseite ein sehr impulsives Wesen und die Neigung zur Ausschweifung gegenüber. «Lange mit Bibi. Seine bevorstehende Eheschliessung … Über meine Bücher. Seltsame Beziehung. Die Neigung, mich zu kopieren. (Nun fängt auch der ‹Thun›-Komplex an …) – Erinnert mich, als Situation, an die ‹Rückkehr des verlorenen Sohnes› von Gide. Der kleine Bruder muss alle Fehler und Sünden des älteren wiederholen …», so Klaus Mann über den jüngeren Bruder.

Seine frühen Ausbruchsversuche und Revolten nehmen dabei zeitweise selbstzerstörerische Ausmaße an. «Bubenstreich Bibi's mit Phanodorm und anderen Mitteln. Besuch des Küsnachter Arztes, Gespräche mit Golo, K[atia] und dem jungen Köster in der Halle über den harmlosen, aber das Haus einigermaßen verstörenden Fall», hält der Vater 1935 in seinem Tagebuch fest.

Aus den als einengend empfundenen Familienbanden versucht sich Michael schon früh zu lösen. Noch in Zürich bezieht er in der Stadt ein eigenes Zimmer. 1937 wechselt er nach Paris, um sein Geigenstudium bei Jean Galamian fortzusetzen. In Zürich lernt Michael Mann auch seine spätere Frau Gret Moser kennen. Die junge Schweizerin ist eine Schulfreundin von Elisabeth.

Das Konservatorium in Zürich (Fotos: oben Samuel Künzli, Zürich, unten Borgen Herzog)

Michael Mann und
Gret Moser, um 1937

*Michael sollte Musiker werden und ging
aufs Zürcher Konservatorium, wo er als
Geiger ausgebildet wurde. Erst hat er dort
sein Lehrdiplom gemacht, dann sollte er
noch sein Konzertdiplom absolvieren. Aber
das scheiterte an einem* rencontre *mit
dem Direktor des Konservatoriums. Dieser
Mann, ein unangenehmer Mensch, war bei
allen Lehrern verhaßt, und Michael, der
sich manchmal während der Pause in ein
Zimmer setzte und Klavier spielte, hatte
ein ganz ekelhaftes Erlebnis mit ihm. Als
Michael spielte, kam er eines Tages herein
und fragte: Was machen Sie denn hier?
Ich dachte, in der Pause...
Sie wissen doch, daß das verboten ist!
Sagte es und packte Michael an der Schulter, worauf der den Mann ohrfeigte und sofort relegiert wurde. Alle Professoren haben ihn dazu beglückwünscht, daß endlich
jemand diesem Direktor zu Leibe gegangen war; aber die Gegenwehr endete halt
mit schleunigem Abgang und ohne das
zweite Diplom in der Tasche. Er hat dann
in London sein Violinstudium fortgesetzt
und kam nach Amerika, als wir schon dort
waren.*
(Katia Mann – «Meine ungeschriebenen
Memoiren»)

Thomas Manns Bekenntnis zur Emigration

Thomas Mann Schiedhaldenstr. 33
Küsnacht / Zürich

bitten inständigst ~~immer~~ auf
Korrodis verhängnisvollen Artikel
wie und wo auch immer zu er=
widern stop diesmal geht es wirklich
um eine Lebensfrage für uns
alle Klaus und Landshoff

Die ersten Jahre des Exils hält sich Thomas Mann mit öffentlichen Verlautbarungen gegen das NS-Regime zurück. Loyalität zu seinem Verleger Gottfried Bermann Fischer, der in Deutschland noch geduldet wird, bewegt ihn zu dieser Haltung. Die Sorge, seine deutschen Leser zu verlieren, gibt einen weiteren Ausschlag. Sein Schweigen stellt die politische Glaubwürdigkeit des Vaters nicht zuletzt für die sich offen zur Emigration bekennenden Ältesten auf eine harte Probe.

Auslöser für Thomas Manns erste öffentliche Stellungnahme im Exil ist ein Artikel von Leopold Schwarzschild in der Emigrantenzeitschrift «Neues Tage-Buch». Auf dessen Anwürfe, Bermann Fischer sei ein mit Goebbels kooperierender «Schutzjude» des Dritten Reichs, reagieren Thomas Mann, Annette Kolb und Hermann Hesse mit einem «Protest» in der «Neuen Zürcher Zeitung». Erika Mann, die die Stellungnahme des Vaters zu verhindern sucht, reagiert verbittert. Aus ihrer Sicht fällt Thomas Mann mit seiner Parteinahme für den Verleger, der sich unter der NS-Diktatur noch zu halten versucht, der Emigration in den Rücken:

«Als Resümee bleibt: das erste Wort ‹für› aus Deinem Munde fällt für Doktor Bermann, – das erste Wort ‹gegen›, – Dein erster offizieller ‹Protest› seit Beginn des dritten Reiches richtet sich gegen Schwarzschild und das ‹Tagebuch› [...]. Deine Beziehung zu Doktor Bermann und seinem Haus ist unverwüstlich, – Du scheinst bereit, ihr alle Opfer zu bringen. Falls es ein Opfer für Dich bedeutet, daß ich Dir, mählich, aber sicher, abhanden komme, –: leg es zu dem übrigen. Für mich ist es traurig und schrecklich.
Ich bin   Dein Kind E.»

Fritz Landshoff, Thomas, Katia und Erika Mann. Landshoff versuchte vergeblich, Thomas Mann zu einem Wechsel vom S. Fischer Verlag zu Querido zu bewegen.

-4-

fen und ersehnen durfte,das war,dass Deine Gestalt (Du selber also und Deine Bücher) an ihrem Platze wären,- draussen,fern vom Schmutz,- und dass nicht Du in Küsnacht sässest,Dir nichts genaues zu wissen machend, und Deine Bücher im Beinahe-Schmutz eines halbgleichgeschalteten Pseudo-Emigrantenverlages.

Dieser Brief ist zu lang,es ist drei in der Nacht und ich fürchte,die Töne nicht gefunden zu haben,die zu Dir dringen. Lass mich noch einmal bitten:Ueberlege es Dir.Vernichte nicht den unzarten Schwarzschild mit einer fürchterlichen Erwiderung in der N. Z.Z.,- denk an die Verantwortung,die Dich trifft,wenn Du,nach dreijähriger Zurückhaltung,als erstes Aktivum die Zertrümmerung der Emigration und ihrer bescheidenen Einheit auf Dein Conto buchst,- und an das Schauspiel, das wir "drinnen" bieten.Ich bitte Dich sehr,-

Recht sehr E

Du hast recht:dies alles tut meiner Zugehörigkeit zu Dir im Grunde keinen Abbruch,das aber eben macht das Ganze nur unleidlicher.

Erika an Thomas Mann, 26. Januar 1936

Thomas Mann mit
seinem Verleger Gottfried
Bermann Fischer

Unwürdig, Deutsche zu sein!

Aberkennung der deutschen Staatsangehörigkeit — Unter 39 Volksschädlingen und ihren Angehörigen auch Thomas Mann

Berlin, 3. Dezember. (Drahtmeldung.)

Auf Grund des § 2 des Gesetzes über den Widerruf von Einbürgerungen und die Aberkennung der deutschen Staatsangehörigkeit vom 14. 7. 1933 (Reichsgesetzblatt I Seite 480) erkläre ich im Einvernehmen mit dem Herrn Reichsminister des Auswärtigen folgende Reichsangehörige der deutschen Staatsangehörigkeit für verlustig, weil sie durch ein Verhalten, das gegen die Pflicht zur Treue gegen Reich und Volk verstößt, die deutschen Belange geschädigt haben:

1. Georg Beyer (früher Markiwiej), [...]
2. Walter Bräuer, [...]
3. Matthias (May) Braun, [...]
4. Fritz Eppenstein, [...]
5. Alfons Goldschmidt, [...]
6. Karl Gröhl, [...]
7. Leo Gundelfinger, [...]
8. Kurt Haas, [...]
9. Konrad Heiden, [...]
10. Fritz Heymann, [...]
11. Jakob Oprea und
12. Siegfried Thalheimer, [...]
13. Dietrich von Hildebrand, [...]

14. Ernst Kiesewetter, [...]
15. Hans Karl Kippenberger, [...]
16. Emil Kirschmann, [...]
17. Wilhelm Koenen, [...]
18. Heinrich König, [...]
19. Paul Christian Künder, [...]
20. Adolf Ludwig, [...]

21. Thomas Mann

Schriftsteller, früher in München wohnhaft. [...]

22. Rudolf Olden, [...]
23. Karl Otten, [...]
24. Georg Reinbold, [...]
25. Karl Schnog, [...]

«Lübecker
Generalanzeiger»,
4. Dezember 1936:
Thomas Mann wird
ausgebürgert.

Neben den eindringlichen Appellen Erika Manns vermochte schließlich vor allem eine Stellungnahme von Eduard Korrodi Thomas Mann aus seiner Reserve zu locken. Der als emigrantenfeindlich bekannte Journalist hatte sich mit einer Erwiderung auf einen erneuten Artikel Schwarzschilds im «Neuen Tage-Buch» öffentlich in die Debatte eingeschaltet. Nicht die deutsche Dichtung, nur die «Romanindustrie» sei ins Exil gegangen, polemisiert er in seinem am 26. Januar 1936 in der «Neuen Zürcher Zeitung» erschienenen Beitrag «Deutsche Literatur im Emigrantenspiegel».

Am 3. Februar 1936 erscheint in der «Neuen Zürcher Zeitung» ein offener Brief von Thomas Mann an Korrodi, in dem er sich mit der Exilliteratur solidarisch erklärt. Seine Stellungnahme bedeutet unwiderruflich den Bruch mit Deutschland. Der Tragweite seines Schrittes ist er sich dabei bewusst. Noch im selben Jahr verliert Thomas Mann die deutsche Staatsangehörigkeit. Mit ihm werden seine Frau Katia und die vier jüngsten Kinder ausgebürgert.

Heimatrecht

Rein rechtlich war die Ausbürgerung durch die nationalsozialistischen Machthaber zum Zeitpunkt ihrer Deklaration im Dezember 1936 bereits gegenstandslos. Denn die Manns sind inzwischen Bürger der Tschechoslowakei. Um die neue Staatsbürgerschaft zu erhalten, musste eine tschechische Gemeinde der Familie zuvor das Bürgerrecht gewähren.

Im Fall der Manns ging die Initiative auf den tschechoslowakischen Textilfabrikanten Rudolf Fleischmann zurück, der bereits zuvor Heinrich Mann zur tschechoslowakischen Staatsangehörigkeit verhalf. Im Januar 1937 reisen Golo, Katia und Thomas Mann in das böhmische Städtchen Proseč, um der neuen Heimatgemeinde ihren Dank abzustatten und ihre Bürgerrechtsurkunden in Empfang zu nehmen.

Golo Mann, nunmehr Tscheche, versucht in der neuen Heimat sein Glück. Bereits im Oktober 1936 reist er nach Prag. Hier lebt auch Maria Mann-Kanová, Heinrich Manns erste Frau, mit der gemeinsamen Tochter Leonie. Im Prager Exil begegnet Golo Mann dem Philosophen Ernst Bloch, auch trifft er auf Franz Kafkas Freund Max Brod.

Golo, Katia und
Thomas Mann in Proseč,
12. Januar 1937

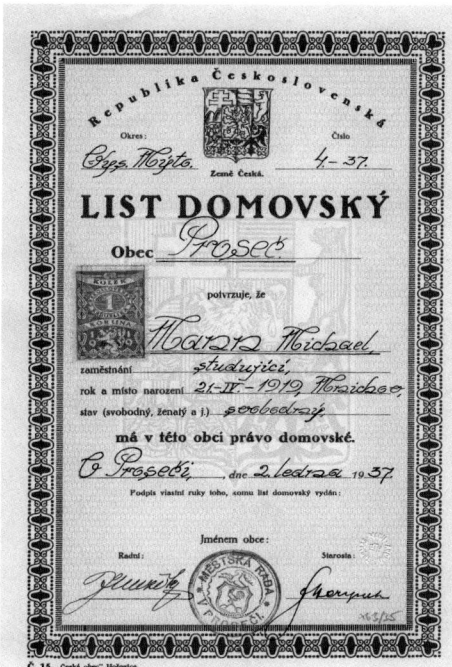

Heimatschein der Gemeinde Proseč für Michael Mann, 2. Januar 1937

die Leute sind garnicht recht freundlich, wenn sie hören dass man etwas hier machen möchte, aber wenn ich sehr fleissig und geduldig einmal sein sollte, so wird es vielleicht gehen. Daher darf ich mir auch den Luxus langer Briefe garnicht gestatten, zumal ich auch noch einen an Eri vorhabe und ausserdem mein Tschechisches Pensum dieses Tages noch nicht erledigte. Was auch hätte die alte Welt der neuen zu geben? Umgekehrt müsste es sein. Indessen hat die Welle von Optimismus welche augenblicklich unsere schon fast verdörrten Anlagen neu durchtränkt, auch meinen armen Geist wohltuend berührt: das deutsche Unternehmen kann nicht gelingen. Es ist zu grundfalsch = zu grund bös was sie machen, sie werden sich in w e n i g e n Jahren zugleich vor der Notwendigkeit und der Unmöglichkeit befinden, Krieg zu führen und dann m u s s es aus mit ihnen sein. Freilich habe ich auch zu den Nachfolgenden nicht viel Mut und Lust, und wenn ich meine Geburt durch Geld rückgängig machen könnte, so wollte ich keine Kosten scheuen. Da das aber nicht sein kann und andererseits schon das Leben nur all zu viel kostet so spreche ich gelegentlich am Radio und schreibe auch für Chefredakteur H. Budzislawsky.

Nun vergelte mir Gleiches mit Gleichem, als ob ich meine Zeit vielleicht gestolen hätte, ich aber bin *G.*

PS Ist Dir der Ernst Bloch ein widerlicher Kerl! – Hast Du Gides Retour de la Russie gesehn? Ist Protestantismus-Narzissismus. An seiner Stelle wäre ich a) nicht so naif auf die kommunistischen Fadaisen hereingefallen und hätte b) dann meine Desillusionierung nicht so heraustrompetet, zumal solches politisch inopportun, alle Wahrheitsliebe in Ehren; und wenn ich Arbeiter wäre, so würde ich sagen: wenn uns diese Schriftsteller hernach mit ihren Enttäuschungen vielmehr schaden, als sie uns vorher mit ihrem Beifall nützten, so sollen sie nur lieber zuhause bleiben. Als Philosoph darf ich freilich solcher reinen Wahrheitspflege meine Anerkennung nicht versagen: die Kunst wäre, sie in den Dienst der Politik zu stellen.

Seine publizistische Tätigkeit setzt Golo Mann in Prag fort – unter anderem für die von Hermann Budzislawski herausgegebene «Neue Weltbühne», Nachfolgerin der im Deutschen Reich verbotenen «Weltbühne». An der Universität lernt er Tschechisch.

Der Freundin Eva Herrmann schreibt Golo Mann aus Prag:

«Chere amie,
Ihr Brief trug Schneeluft, Hüttenzauber, Tannenwald, Glühwein, wollüstige Müdigkeit, Bergesriesen in Nachtumrissen, Feierstille, Glockengeläute, kuhwarme Milch, was weiss ich, in diese etwas graue Stadt und in meine düstere Gelehrtenstube; merci de tout coeur.
Ich kenne St. Anton sehr wohl, da ich mich dort diesen Sommer, von der Kuchenspitze oder einer unterselben liegenden Hütte kommend, aufzuhalten mir erlaubte. Ich gebe den Hradschin samt Rudolfs Sarg für jeden einzelnen Hügel dieser Gegend. – Also Glück zum Geschäft! Bechers [Chefredakteur der Exilzeitschrift «Internationale Literatur»] Brief nahm den Flecken von meiner Schriftsteller-Ehre, welchen ich an ihr haften glaubte, wegen seines hämischen Schweigens (wie ich es auslegte). Ob ich ihn nun aber so bald werde mit neuer

Golo Mann an den Bruder Klaus, 11. Dezember 1936. Der Brief aus Prag gibt Eindrücke seines Lebens in der Tschechoslowakei wieder, reflektiert die Ausbürgerung aus dem Deutschen Reich und greift das Erscheinen von Klaus Manns Roman «Mephisto» auf, den Golo Mann in eine Reihe mit Heinrich Manns «Untertan» stellt.

Ware beliefern können, weiss ich nicht; denken Sie nur an die neue Zürcher Unternehmung [«Maß und Wert»]. [...] Ich wurde beim Militär für tauglich erklärt, stellen Sie sich das vor! – Gestern ass ich bei Mimi [Maria Mann-Kanová] mit dem Dr. Landshoff, einem lieben Menschen, aber so kränklich, gealtert und zerstreut wirkend, dass ich der Mädi doch etwas anderes gönnen möchte.»

Im Sommer 1937 bricht Golo Mann seinen Aufenthalt in der Tschechoslowakei ab. Er kehrt nach Zürich zurück, wo Thomas Mann die Herausgabe seiner Exilzeitschrift «Maß und Wert» plant.

«Mephisto –
Roman einer Karriere»

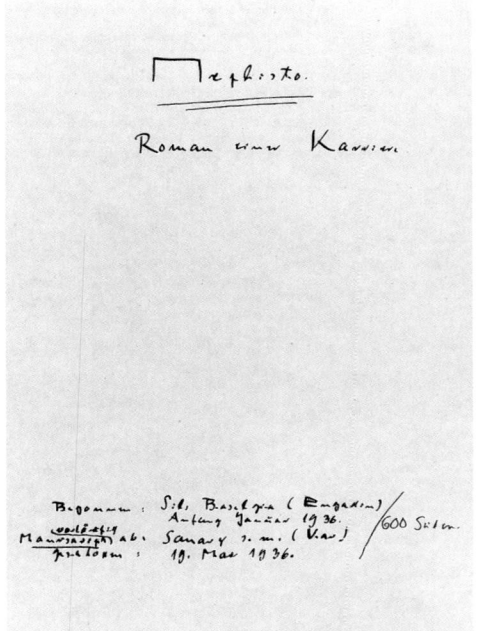

Gustaf Gründgens (3.v.l.)
beim Neujahrsempfang
Hermann Görings, 1935

Der «Dicke» und sein
Schützling: Rolf Hoppe
und Klaus Maria Bran-
dauer in einer Szene aus
István Szabós «Mephis-

Titelseite des
«Mephisto»-Manuskripts
to»-Verfilmung, 1981

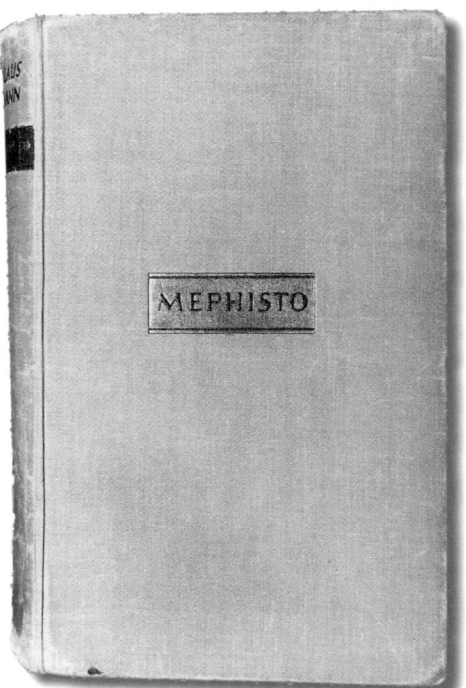

Die Erstausgabe im
Querido Verlag

Anfang Januar 1936 beginnt Klaus Mann in Sils Baselgia das Manuskript seines wichtigsten und folgenschwersten Romans. Bereits im Oktober 1936 erscheint bei Querido in Amsterdam das fertige Buch: «Mephisto – Roman einer Karriere».
Gustaf Gründgens, Klaus Manns Exschwager, hatte im Dritten Reich Karriere ge-

macht. Er wurde zum gefeierten Bühnen- und Leinwandstar, und er stieg auf zu einem der höchstdekorierten und bestbezahlten Künstler Nazi-Deutschlands. Seiner Gesinnung nach wurde Gründgens nie ein Nationalsozialist; aber er gab sich her als kulturelles Dekor für ein verbrecherisches, mörderisches Regime.

Klaus Mann verurteilte dies als ungeheuerlichen Verrat an den Idealen einer wahren, humanistischen Kunst. Der «Mephisto»-Roman, der in vielen Details der Erfolgsgeschichte von Gustaf Gründgens entspricht, prangert den gewissen- und gesinnungslosen Karrieristentypus an, den Gründgens verkörperte.

Als Schlüsselroman wollte Klaus Mann seinen «Mephisto» jedoch nicht verstanden
wissen: Es ging ihm nicht um die Abbildung realer Personen. Aber wie stets
in seinen fiktiven Werken hatte er sich an
Personen und Milieus orientiert, die er
persönlich gut kannte. Er ‹bediente› sich
zahlreicher Elemente der Realität, die ihm
vertraut war – und dies wurde ihm vor-
geworfen und als ‹Schlüsselloch-Literatur›
missverstanden.

Nach dem Zweiten Weltkrieg – und lange
nach Klaus Manns Tod – wurde die Verbreitung des Romans «Mephisto» in der
Bundesrepublik Deutschland gerichtlich
verboten mit der Begründung, die Figur
des Hendrik Höfgen sei eine «Beleidigung, Verächtlichmachung und Verunglimpfung» von Gustaf Gründgens.

«Eine Liebe wie eine andere auch»

Peter Iljitsch Tschaikowsky (links) und sein geliebter Neffe Wladimir, genannt «Bob»

Seinen opportunistischen Helden Hendrik Höfgen hat Klaus als einen Sadomasochisten gezeichnet: Der Theaterstar gibt sich einer dunkelhäutigen Prostituierten hin, die ihm mit Lederstiefeln und Reitpeitsche «schauerliche Lustbarkeit» bereitet. An Gründgens hat sich der Autor dabei nicht orientiert – dessen homosexuelle Neigung wollte Klaus Mann auf keinen Fall in einen Zusammenhang mit dem Faschismus bringen.

Homosexualität wurde im Dritten Reich verfolgt; Tausende Homosexuelle endeten als Häftlinge mit einem «Rosa Winkel» im Konzentrationslager. Aber auch unter seinen Weg- und Schicksalsgefährten im Exil nahm Klaus Mann Tendenzen wahr, die gleichgeschlechtliche Liebe zu diskriminieren. Selbst in der Sowjetunion, die doch vielen Antifaschisten als Land der Zukunft erschien, wurde im März 1934 ein Paragraph zur Verfolgung der Homosexuellen in die Strafgesetzbücher aufgenommen.

Klaus Mann reagierte im Dezember 1934 mit einem entschiedenen Bekenntnis: «Homosexualität und Faschismus» hieß der Aufsatz, den er allerdings an einem eher entlegenen Ort publizierte, in der Zeitschrift «Europäische Hefte/Aufruf».

Seine literarischen Werke der dreißiger Jahre lassen sich fast durchweg als Plädoyers für Toleranz gegenüber der Homosexualität lesen. Das gilt für den Tschaikowsky-Roman «Symphonie Pathétique» (1935) ebenso wie für die Novelle «Vergittertes Fenster» (1937), die vom Leben und Sterben des bayerischen Märchenkönigs Ludwig II. handelt. Auch in seinem großen Emigranten-Epos «Der Vulkan» (1939) sollte Klaus Mann der Liebe seines Helden Martin Korella zum jungen Kikjou beträchtlichen Raum geben.

Ludwig II. mit seinem Reisebegleiter, dem Schauspieler Josef Kainz

Man begreife doch endlich: es ist eine Liebe wie eine andere auch, nicht besser,
nicht schlechter; mit ebenso vielen Möglichkeiten zum Großartigen, Rührenden,
Melancholischen, Grotesken, Schönen oder
Trivialen wie die Liebe zwischen Mann
und Frau. In manchen Zeiten und in manchen Zonen ist diese Liebe durchaus üblich
gewesen; in andren galt sie für ausgefal-
len, dumme Leute hielten sie für laster-
haft. Eine sehr große Anzahl von Männern
und Frauen haben sie kennengelernt im
Lauf ihres Lebens; eine relativ kleine Zahl
keine andre. Das sind die exklusiv Homosexuellen – ein Typus Mensch, zu dem man
übrigens keinesfalls durch Verführung
oder Gewöhnung w i r d, sondern als der
man geboren ist. [...] Unleugbar ist, daß eine relativ große Anzahl von Menschheits-
genies dieser Form der Liebe zuneigten –
Genies jeder Prägung und jeder Art –, aus
Gründen, deren Kompliziertheit wir hier
nicht erörtern wollen. [...] Die Homosexualität ist nicht «auszurotten» – und wäre
sie es, so hätte man die Menschheit ärmer
gemacht um etwas, dem sie Unvergleichliches verdankt.

(Klaus Mann – «Homosexualität und Faschismus»)

Die wohl wichtigste Lie-
besbeziehung Klaus Manns
verband ihn mit dem ame-
rikanischen Journalisten
Thomas Quinn Curtiss.
Beide lernten sich 1937 in
Budapest kennen.

Liebesszene mit
Martin Korella und Kikjou
aus Ottokar Runzes Ver-
filmung von Klaus Manns
«Vulkan», 1999

«Maß und Wert»

Von Herbst 1937 bis September 1940 erscheint «Maß und Wert». Verlegt wird die Exilzeitschrift im Züricher Verlag Emil Oprechts, Redaktor des von Thomas Mann und Konrad Falke herausgegebenen Periodikums ist Ferdinand Lion. Golo Mann liefert – wie bereits zu Klaus Manns «Sammlung» – zahlreiche Beiträge und übernimmt im Sommer 1939 schließlich die Redaktortätigkeit für die Zeitschrift. Neben zeitkritischen Themen greift Golo Mann in «Maß und Wert» vor allem historische Stoffe auf wie etwa in «Gentz und die Französische Revolution». Später wird er über den politischen Publizisten und europäischen Staatsmann seine erste Monographie verfassen.

Wenn sich Vater und Sohn nach Einschätzung Golo Manns in der Kindheit und Jugend auch «einigermaßen fremd» waren, so bessern sich die Beziehungen zwischen beiden im Lauf der Zeit maßgeblich. Zumindest für Thomas Mann wird das zuvor angespannte Verhältnis mehr und mehr durch Respekt und Sympathie abgelöst. Seine zunehmende Wertschätzung des Sohnes bringt er nicht zuletzt in der Übertragung der verantwortungsvollen Redaktorsaufgabe von «Maß und Wert» auf Golo Mann zum Ausdruck. Thomas Mann an Ferdinand Lion im Juli 1939: «In seinen Ernst, seinen Eifer, die noch nicht seine Fähigkeit beweisen, setze ich viel Vertrauen.»

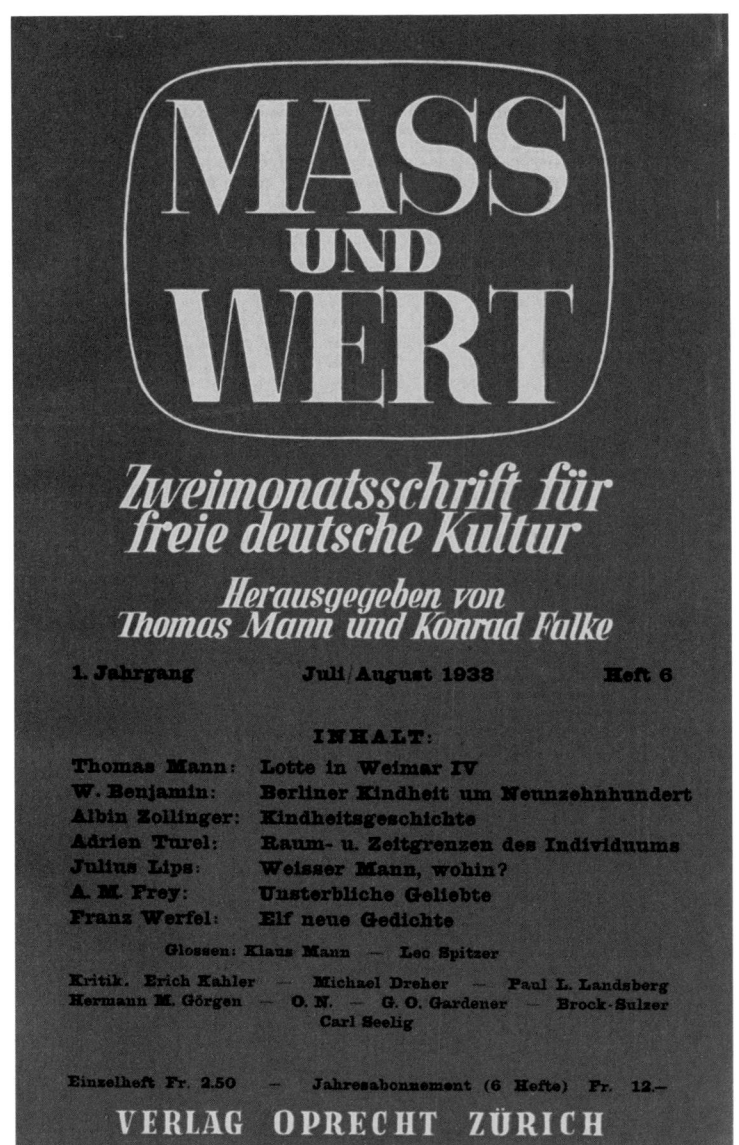

Thomas Mann und Emil
Oprecht, Zürich 1938

Golo Mann, um 1938

Der erste Redaktor der
Zeitschrift Ferdinand Lion
zusammen mit Hermann
Kesten, 1938

Klaus Mann, so muss dieser jedenfalls annehmen, wird dieses Vertrauen nicht ent-
gegengebracht. Schon bei der Auswahl
des ersten Redaktors Lion fühlt er sich
vom Vater übergangen.

Im Tagebuch notiert er: «Empfinde wieder sehr stark, und nicht ohne Bitterkeit
Z[auberer]'s völlige *Kälte*, mir gegenüber.
Ob wohlwollend, ob gereizt (auf eine
sehr merkwürdige Art ‹geniert› durch
die Existenz des Sohnes): *niemals* interes-
siert; *niemals* in einem etwas ernsteren
Sinn mit mir beschäftigt. Seine allgemeine Interesselosigkeit an Menschen, hier
besonders gesteigert. – Konsequente Linie von der ungeheuer *oberflächlichen* –
weil un-interessierten – Schilderung in
‹Unordnung›, bis zu der Situation: mich
in dieser Zeitschriftensache [‹Maß und
Wert›] glatt zu *vergessen*. [...] – Reizende Äusserungen wie etwa gelegentlich
‹Flucht i[n] d[en] N[orden]› oder ‹Mephisto› *kein* Gegenbeweis. Schreibt an gänz-
lich Fremde ebenso reizend. Mischung aus
höchst intelligenter, fast gütiger Konzili-
anz – und Eiseskälte. Dies alles mir gegenüber besonders akzentuiert. Ich irre mich
nicht.»

Firenze,
Via delle Badesse

Die ersten Jahre des Exils lebt Monika Mann in Florenz. Bei Luigi Dallapiccola, dem italienischen Zwölftonkomponisten und Konzertpianisten, setzt sie ihre Klavierstudien fort. In der toskanischen Renaissancestadt lernt Monika Mann auch ihren späteren Ehemann Jenö Lányi kennen:

«Eigenartig war sein orientalisch träges und sinnliches Wesen, gepaart mit einem Klassizismus, einem fast fanatischen Drang zum Klaren, ‹Authentischen›, Reinen, um das er sich immer mühte und um dessen Erkenntnis und Erhaltung es ihm ging. Verworrenheit, Halbheit und Kompromiß waren ihm zuwider, davor erfaßte ihn ehrlicher Zorn. So gerne er auch lachte, so sehr er auch zu Scherzen aufgelegt war, so schlecht war mit ihm zu spaßen: seine natürliche Liebenswürdigkeit ver-

Monika Manns Wohnsitz in Florenz, Via delle Badesse

Der Campanile des Florentiner Doms Santa Maria del Fiore

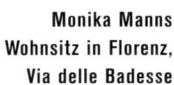

Eine der frühen Arbeiten Jenö Lányis zur italienischen Renaissancekunst, die Prophetenfiguren von Santa Maria del Fiore besprechend

Jenö Lányi – Le statue quattrocentesche dei Profeti nel Campanile e nell'antica facciata di Santa Maria del Fiore.

A Giovanni Poggi.

Nel principio del quattrocento, e fino alla quarta decade del secolo, s'offrivano due grandi compiti alla scultura monumentale fiorentina: la decorazione statuaria del Duomo e quella d'Or San Michele. In un caso come nell'altro, non si trattava d'opere nuove, bensì della continuazione di lavori già cominciati. In Or San Michele, si doveva dare una ornamentazione moderna all'antico fabbricato; in Santa Maria del Fiore, c'era da continuare il secolare lavoro della chiesa principale della città. Si tratta dunque di fasi intermedie nella storia generale di due fabbricati; non di principi o fini, ma di passaggi graduali, nello svolgersi del tempo, da un passato a un avvenire.

Questi due capitoli della scultura fiorentina del quattrocento, che costituiscono due nuclei importantissimi nella storia della statuaria dei nuovi tempi, presentano allo storico, già nell'ambito del puro e semplice pragmatismo, alcune difficili domande, alle quali non è stata ancora trovata risposta. Il problema che si presenta per primo, e che turba più d'ogni altro, è, in cor-

Gino Malenotti und Jenö
Lányi (1902–1940) vor
Donatellos «Zuccone» auf
dem Campanile von Santa
Maria del Fiore

wandelte sich in Härte und Unerbittlich-
keit, die wie ein regelrechter Fluch die Luft
erfüllten. Da das Leben gerne mit Kom-
promissen arbeitet, hatte er es nicht eben
leicht mit ihm. Er fühlte sich oft als ‹outsi-
der›, einsam, doch um so dankbarer ergriff
er Kollegialität und Freundschaft, die sich
ihm boten. Übrigens wußte er das Authentische und Echte zu belegen, in einem Beruf, den er nicht zufällig gewählt hatte:
er schien geboren für jene seltsame Ver-
brüderung von Kunst und Wissenschaft,
welche die Mission des Kunsthistorikers
charakterisiert.» (Monika Mann – «Vergangenes und Gegenwärtiges»)
1929 promoviert der junge Ungar über Ja-
copo della Quercia bei Wilhelm Pinder in
München. Vorübergehend ist Lányi daraufhin an den Staatlichen Museen in Berlin
beschäftigt. Seit Anfang der dreißiger Jahre setzt er seine Studien am Kunsthistori-
schen Institut in Florenz fort. Sein vorran-
giges Interesse gilt dabei der Skulptur
Donatellos. Posthum erscheint eine auf seinen Forschungen basierende Studie, die in
der Fachwelt als eines der Standardwerke
über den florentinischen Renaissance-
künstler gilt.
Zum Jahreswechsel 1936/37 stellt Monika
Mann Jenö Lányi der Familie in Küsnacht
vor. Anderthalb Jahre später schreibt
Klaus Mann an die Mutter: «Kinder ich
sags euch: das Mönnle ist ein ganz feines
Ding geworden. Nicht ohne seltsame Züge
freilich, aber auch durchaus nicht ohne
gewinnende – und wenn ein Mensch von
artigem Niveau, wie der Lányi, ihr mit so
schwärmerischer Treue ergeben ist, *muß*
überhaupt etwas an ihr dran sein. Wirklich, sie ist ganz leise und würdig, schwer-
mütig halb, halb humorvoll, nicht ohne
bizarre Einfälle, mit Anmut zurückhaltend, auch ziemlich hübsch. (Die seltsamen Züge an ihr kennst Du selber, da
brauche ich nicht drauf einzugehen …).»
Ihren «Lányi zu heiraten», dazu rät Klaus
Mann der Schwester schon früher «innig»
zu. Sie selbst unternimmt für den Bruder
in ihren ersten Exiljahren in Florenz Recherchen zu seinem Roman «Symphonie
Pathétique». Nächste Station der Emigration ist für Lányi und Monika Mann ab
1937 Wien.

Die Neue Welt

Erika Mann lässt sich durch das Scheitern ihrer «Peppermill» in den USA nicht entmutigen. Schon bald plant sie, auf anderem Wege die amerikanische Öffentlichkeit über die Bedrohung durch das Dritte Reich aufzuklären. Bereits im März 1937 redet sie bei einer Massenveranstaltung des «American Jewish Congress» in New York. Ihr Auftritt im Madison Square Garden markiert den Beginn einer erfolgreichen Karriere als «Lecturer». Als Vortragsreisende durchquert sie – wie auch der Bruder Klaus – in den kommenden Jahren immer wieder die USA.

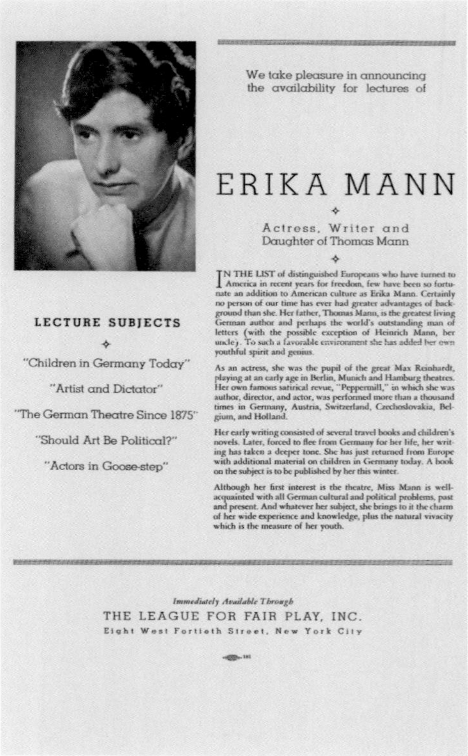

We take pleasure in announcing the availability for lectures of

ERIKA MANN

Actress, Writer and Daughter of Thomas Mann

IN THE LIST of distinguished Europeans who have turned to America in recent years for freedom, few have been so fortunate an addition to American culture as Erika Mann. Certainly no person of our time has ever had greater advantages of background than she. Her father, Thomas Mann, is the greatest living German author and perhaps the world's outstanding man of letters (with the possible exception of Heinrich Mann, her uncle). To such a favorable environment she has added her own youthful spirit and genius.

As an actress, she was the pupil of the great Max Reinhardt, playing at an early age in Berlin, Munich and Hamburg theatres. Her own famous satirical revue, "Peppermill," in which she was author, director, and actor, was performed more than a thousand times in Germany, Austria, Switzerland, Czechoslovakia, Belgium, and Holland.

Her early writing consisted of several travel books and children's novels. Later, forced to flee from Germany for her life, her writing has taken a deeper tone. She has just returned from Europe with additional material on children in Germany today. A book on the subject is to be published by her this winter.

Although her first interest is the theatre, Miss Mann is well-acquainted with all German cultural and political problems, past and present. And whatever her subject, she brings to it the charm of her wide experience and knowledge, plus the natural vivacity which is the measure of her youth.

LECTURE SUBJECTS

"Children in Germany Today"

"Artist and Dictator"

"The German Theatre Since 1875"

"Should Art Be Political?"

"Actors in Goose-step"

Immediately Available Through

THE LEAGUE FOR FAIR PLAY, INC.

Eight West Fortieth Street, New York City

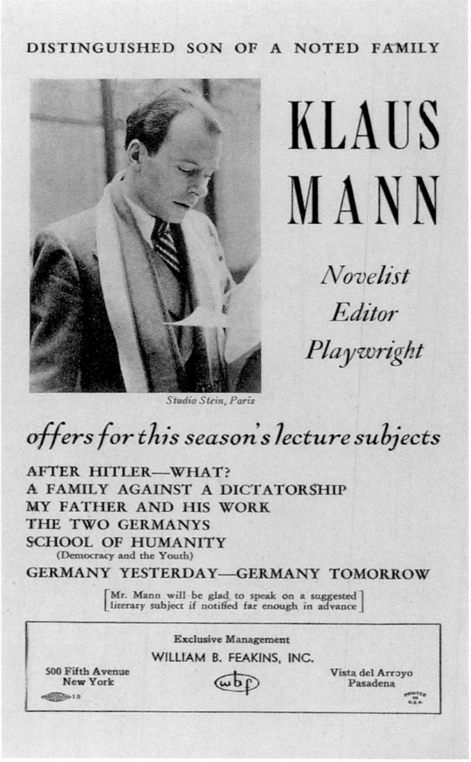

DISTINGUISHED SON OF A NOTED FAMILY

KLAUS MANN

Novelist

Editor

Playwright

Studio Stein, Paris

offers for this season's lecture subjects

AFTER HITLER—WHAT?

A FAMILY AGAINST A DICTATORSHIP

MY FATHER AND HIS WORK

THE TWO GERMANYS

SCHOOL OF HUMANITY

(Democracy and the Youth)

GERMANY YESTERDAY—GERMANY TOMORROW

[Mr. Mann will be glad to speak on a suggested literary subject if notified far enough in advance]

Exclusive Management

WILLIAM B. FEAKINS, INC.

500 Fifth Avenue New York

Vista del Arroyo Pasadena

New York, Blick über Lower Manhattan

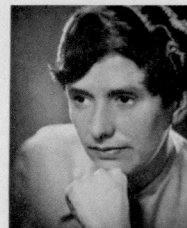

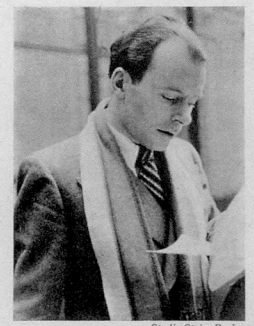

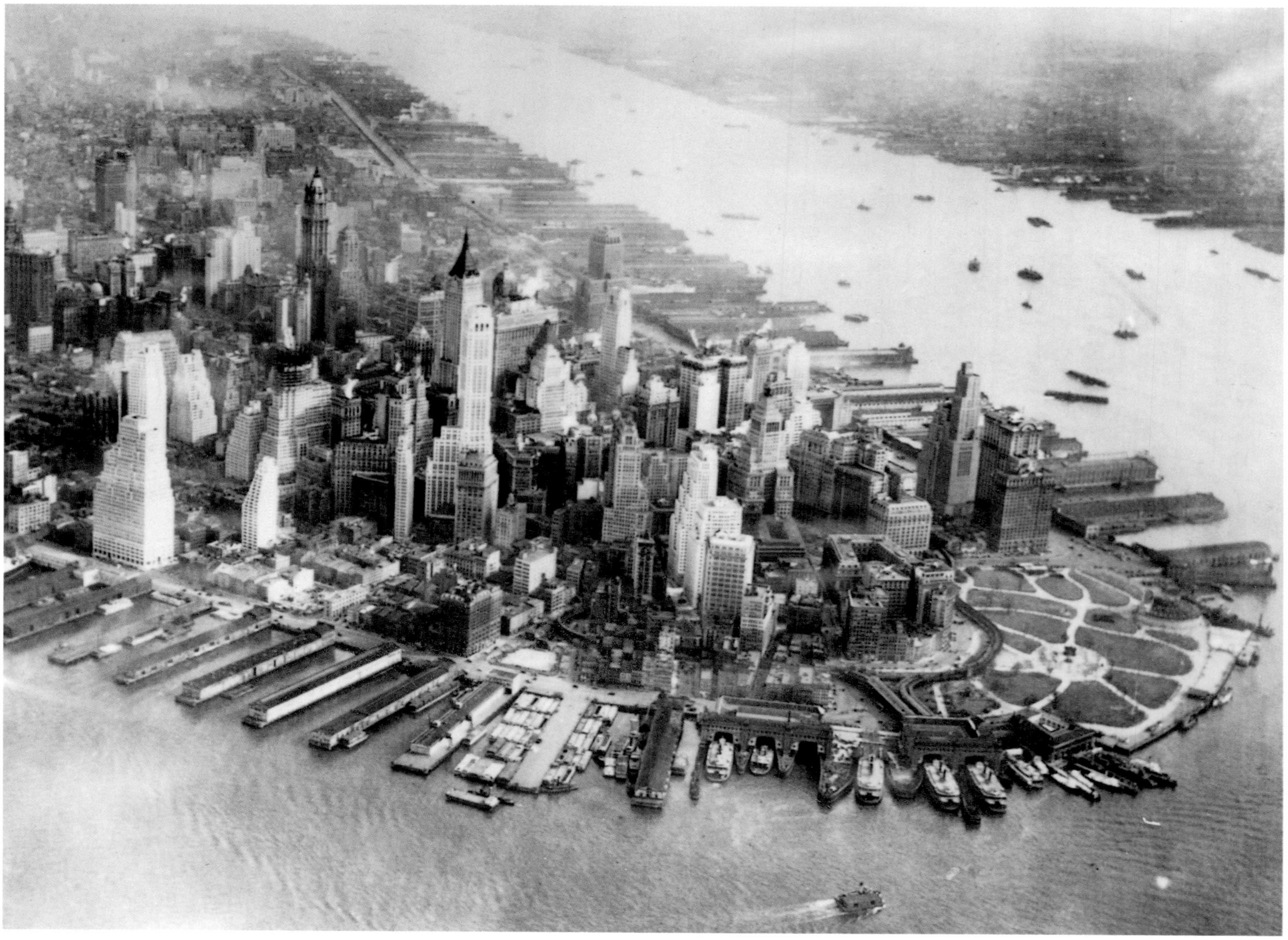

Auch Thomas Mann hält viele Vorträge in den USA. Hier bei einer Radio-Ansprache in New York, 1941

Ankündigung einer Doppel-«Lecture» von Erika und Klaus Mann

THEY DO BROTHER-SISTER ACT

Dr. Klaus Mann and his attractive sister, Erika, children of Thomas Mann, great writer. They'll discuss jointly European refugee problems at Town Hall forum Tuesday night, Masonic temple.

Die Profession des «lecturers» – in anderen Erdteilen so gut wie unbekannt – gehört zu den Besonderheiten des amerikanischen Lebens. Romanciers, Polarforscher, Politiker, exilierte Prinzen, Tennismeister, Religionsstifter, Köche, Medien, Blumenzüchter, Zeitungskorrespondenten, Psychoanalytiker sind im Nebenberuf «lecturers», während andere sonst überhaupt nichts tun: Sie reisen umher und plaudern. Meist sind es Damen der mittleren und hohen Bourgeoisie, Mitglieder der berühmten «womenclubs», die sich von solchen Wanderrednern zur Lunchzeit oder nach dem Dinner belustigen und belehren lassen; aber auch männliche Vereine zeigen sich «lecture»-freudig, und es kommt selbst vor, daß man von gemischten Gruppen, Studentenorganisationen, schöngeistigen Zirkeln, religiösen Sekten, zu einem Vortrag geladen wird.

Vom Vortragenden (der sich übrigens ohne Zuhilfenahme eines Manuskriptes in freier Rede zwanglos äußern soll) verlangt das Publikum vor allem eines – p e r s o n a l i t y. Auf die Dauer freilich ist es mit der magnetischen Gegenwart nicht getan; der Erfolg hält sich nur dort, wo zur «personality» auch noch andere Qualitäten kommen, Eigenschaften moralischer und intellektueller Art, deren Vorhandensein das Publikum in Erikas «Pfeffermühlen»-Conférencen und später in ihren «lectures» doch wohl gespürt haben dürfte. Auch als Schriftstellerin und Journalistin sollte sie sich in Amerika bald einen Namen machen; ihre Spezialität aber blieb der direkte Appell und gesprochene Kommentar, der anekdotisch gewürzte Vortrag, die scheinbar improvisierte, in Wahrheit sorgsam vorbereitete Causerie, die teils durch den Charme der Rednerin, teils durch die Solidarität der eigenen Substanz fesselt und überzeugt. Erika konnte eine der begehrtesten «lecturers» des Kontinents werden, weil sie Hörenswertes zu sagen hat («She has a message!») und weil sie das Hörenswerte mit liebenswürdiger Intensität zu Gehör bringt («She has personality!»).

(Klaus Mann – «Der Wendepunkt»)

«Der Marsch des Fascismus»

Deutsche Erstausgabe, Querido 1938

Thomas und Erika Mann, 1938

In Zürich fällt Elisabeth Mann ein Buch in die Hände, das sie tief beeindruckt: «Der Marsch des Fascismus» von Giuseppe Antonio Borgese. Der italienische Schriftsteller und Literaturhistoriker war bereits Anfang der dreißiger Jahre nach Amerika übergesiedelt und hatte ab 1936 eine Professur an der Universität in Chicago inne. In «Goliath. The March of Fascism», so der Titel der englischen Erstausgabe, setzt sich der Emigrant mit der Entstehung des italienischen Faschismus bis zur Diktatur Mussolinis auseinander.

Die Lektüre des Buches wird Elisabeths Leben verändern. Sie beschließt, den sechsunddreißig Jahre älteren Autor zu heiraten – ohne ihn zuvor persönlich kennen gelernt zu haben.

Einen scharfen Angriff gegen die faschistische Diktatur richtet auch Erika Mann mit ihrem Buch «School for Barbarians», das im gleichen Jahr wie die deutsche Übersetzung von Borgeses «Goliath» erscheint.

Ihre Schrift nimmt mit Hilfe von nationalsozialistischen Erziehungs- und Schulmaterialien die Praktiken der geistigen Manipulation von Kindern und Jugendlichen im Dritten Reich unter die Lupe. Durch seinen dokumentarischen Charakter ist es heute noch von zeitgeschichtlichem Wert; Thomas Mann steuert ein Geleitwort zum Buch der Tochter bei, für dessen deutsche Ausgabe sie den Titel «Zehn Millionen Kinder» wählt.

Das starke antifaschistische Engagement verbindet Erika Mann mit Borgese. Sie ist es auch, die in Amerika den ersten Kontakt zu dem italienischen Schriftsteller knüpft und damit zugleich den Grundstein für seine Beziehung zu ihrer jüngeren Schwester legt. Nach der Übersiedlung der gesamten Familie nach Princeton und einem ersten Kennenlernen nahmen die Dinge, so Elisabeth, dann relativ schnell ihren Lauf.

Englische Erstausgabe, Modern Age Books 1938

Giuseppe
Antonio Borgese

Elisabeth Mann, New
York 1938

Es ist nicht leicht, ein einzelnes Buch aus-
zugreifen, das den größten Einfluss auf ein
Leben gehabt haben soll. Denn ein solches
Buch kommt ja nicht aus dem Nichts, sondern seine Lektüre mag von anderen Büchern angeregt worden sein, und sind es
dann nicht die, die den größten Einfluss
ausgeübt haben?

In meinem Fall aber ist die endgültige
Wahl relativ einfach. Es ist das Buch
Goliath – Der Marsch des Fascis-
mus von Giuseppe Antonio Borgese, den
ich wenige Jahre nach Erscheinen dieses
Buches heiratete. [...] Silone pries es als
das wichtigste Buch der italienischen Emigration [...]. Die Geschichte des Fascis-

mus war im Rahmen der Geschichte Italiens gesehen, vom kaiserlichen durch das
päpstliche Rom, Risorgimento, bis zur Neu-
zeit. Die dunkle Rolle der absolutistischen
katholischen Kirche, als Vorbild und Partner des Fascismus, stand im Zentrum. Der
David, der den grotesk geblähten Goliath
zu Falle bringen sollte, war die Welt-De-
mokratie, verkörpert zu dem Zeitpunkt in
Franklin Delano Roosevelts New Deal. Die
Bewunderung dieses amerikanischen Prä-
sidenten übrigens teilte Borgese mit meinem Vater.

(Elisabeth Mann Borgese: «Goliath – Der
Marsch des Fascismus»)

Deutsche
Erstausgabe, Allert
de Lange 1938

Princeton und ...
Pension Fortuna

1938 spitzt sich die politische Lage auf dem europäischen Kontinent zu. Im März des Jahres wird Österreich gewaltsam ins Deutsche Reich «heimgeholt». Mit der Annexion des Nachbarstaates sind Hitlers Expansionsgedanken keineswegs erschöpft. In der Annahme, dauerhaft einen Krieg vom europäischen Kontinent abwenden zu können, sprechen England und Frankreich auf der Münchener Konferenz im September 1938 Nazi-Deutschland das auf tschechischem Gebiet liegende Sudetenland zu.

Im gleichen Monat nimmt für Thomas und Katia Mann die Übersiedlung in die USA konkrete Gestalt an. Am 17. September schiffen sie sich mit der jüngsten Tochter Elisabeth auf dem Dampfer «Nieuwe Amsterdam» in Boulogne Richtung New York ein. Ende des Jahres verbringt die Familie – mit Ausnahme Monikas – erstmals gemeinsam Weihnachten im amerikanischen Exil.

Seit Anfang des Jahres 1937 lebt Monika Mann zusammen mit Jenö Lányi in Wien. Beim Einmarsch der deutschen Truppen in Österreich im März 1938 ist Monika Mann aber «ganz zufällig und wie auf den Rat der guten Geister» in der Schweiz. Sie kehrt nicht mehr in die österreichische Metropole zurück.

Auch der Schriftsteller Robert Musil geht nach dem Anschluss Österreichs ins Exil. Mit seiner Frau Martha, wie Lányi und Monika Mann jüdischer Abstammung, verbringt er seine letzten Lebensjahre in der Schweiz. Für einige Zeit schlägt das Ehepaar Musil in der Züricher Pension Fortuna sein Quartier auf. Auch Monika Mann und Jenö Lányi kommen hier vorübergehend unter. Lange hält es die beiden nicht auf dem europäischen Festland. An Thomas Mann, der den Autor des «Mann ohne Eigenschaften» in der schweren Zeit

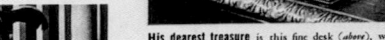

Page 57

THOMAS MANN

Germany's foremost literary exile speaks now for freedom and democracy in America

by MARQUIS CHILDS

Thomas Mann was born to a life of large and splendid ease, of liberty, knowledge and peaceful creation, and with the endowment of a genius whose harmonious development never faltered. During his long and fertile years in Germany no one could have prophesied that at the height of his fame, the mutually nourishing union between the German people and their greatest novelist would be ruptured—that one day, outlawed by a wanton and destructive regime, he would be forced to seek a haven in foreign lands.

The inconceivable has happened. Thomas Mann, the foremost literary figure of his age, is in exile. The world that he knew has been overwhelmed by a catastrophe of incalculable extent, and he is today an alien, a petitioner for citizenship in the United States. It is a land new and strange to him but one which he esteems as the classic ground of democracy, the center, as he has said, to which Western culture is shifting for "the duration of the present European dark age."

Although the safe, sure society that sustained him in the past is in ruins, Mann has not fallen into despair. Once proud of being detached from

CONTINUED ON NEXT PAGE

The Mann family gathers in Princeton, N. J., home. Left to right are Christopher Isherwood, author; Wystan Auden, poet-husband of Erika; Erika, ex-actress and author; Dr. Mann; his wife; Elizabeth, a pianist;

Klaus, a novelist. Daughter Monika is a pianist in London. Son Golo is a historian; youngest son Michael, a violinist. When home, Dr. Mann works all morning to get a page and a half written exactly as he wants it.

His dearest treasure is this fine desk (above), which he smuggled out of Germany. On it stands the bronze head of a Siamese warrior, a wood figure from an Egyptian tomb, family portraits, a German calendar.

Music is his favorite fun. He plays many phonograph records (below) on an old "gramophone" while his children gather and listen. Wagner is his favorite composer but his tastes run from Brahms to Stravinsky.

NINE WALKING STICKS HELP HIM ENJOY HIS ONLY EXERCISE

zu unterstützen versucht, schreibt Musil Ende des Jahres: «Wir haben jetzt einige Wochen in der gleichen Pension mit Ihrer Tochter Monika zugebracht und sie liebgewonnen. Dr. Lanyi ist ein guter alter Bekannter von mir und ein Mann von bedeutenden Fähigkeiten. Ich freue mich, Ihnen beides sagen zu können. Vorgestern sind sie nach England abgereist.»

Zu ihrer Hochzeit in London einige Monate später plant Musil, den beiden ein Exemplar seiner «Schwärmer» nachzusenden. Genau datieren lässt sich die Heirat nicht – einiges spricht aber Adolf Frisé zufolge für eine Eheschließung am 2. März 1939.

«Life», 17. April 1939. Dem Artikel, der Thomas Mann und seiner Familie in weiten Kreisen Amerikas Publizität verschaffte, ging ein Besuch des Journalisten Marquis Childs im Januar 1939 in Princeton voran.

Zug um Zug zerriß Adolf Hitler das Diktat v. Versailles!

1933 Deutschland verläßt den Völkerbund von Versailles!

1934 Der Wiederaufbau der Wehrmacht, der Kriegsmarine und der Luftwaffe wird eingeleitet!

1935 Saargebiet heimgeholt! Wehrhoheit des Reiches wiedergewonnen!

1936 Rheinland vollständig befreit!

1937 Kriegsschuldlüge feierlich ausgelöscht!

1938 Deutsch-Oesterreich dem Reiche angeschlossen! Großdeutschland verwirklicht!

Darum bekennt sich ganz Deutschland am 10. April zu seinem Befreier Adolf Hitler. Alle sagen: Ja!

Propagandaplakat zum
Plebiszit über den
Anschluss Österreichs,
April 1938

Robert Musil mit seiner
Frau Martha in der
Pension Fortuna, Zürich

Wohl aber darf der denkende Zuschauer versuchen, in der Gegenwart, trotz ihrer Qual, ein wenig von den Möglichkeiten der Zukunft zu erraten. Die Existenz eines österreichischen Staates war für uns schön und angenehm, und unsere Lage wird von nun an noch viel härter sein, als sie bisher war. [...] Aber nicht nur werden sich in dem eroberten, bis in seinen nationalsozialistischen Sektor hinein vergewaltigten österreichischen Lande noch überraschende Dinge abspielen; soweit unsere kurzsichtige Weisheit reicht, unterliegt die Existenz Großdeutschlands selbst einem bestimmten geschichtlichen Gesetz. Es gibt zuviel Deutsche in Europa, als daß ein aggressiver Staat aller Deutschen nicht über kurz oder lang die anderen lebenswilligen Nationen gegen sich vereinen müßte; es gibt zu wenig Deutsche, als daß sie einer solchen Front Meister werden könnten. Dieses größte nationale Gemeinwesen muß der Welt Garantien geben und kann sie geben; Garantien nicht erzwungener und befristeter, sondern ideeller Art. [...] Es muß ein humanes Staatswesen sein; oder es ist ein gewalttätig und tückisch um sich fressendes Monstrum, das an seiner eigenen Sinnlosigkeit zugrunde geht und das man endlich zerschlägt.

(Golo Mann – «Über den ‹Anschluß›» in «Maß und Wert», Heft 5, Mai/Juni 1938)

Der gemeine Weltverderb oder: Incipit tragoedia

Marschierende
republikanische Truppen

Erika Mann in Spanien

In einem Land Europas wird schon seit 1936 mit Waffen gekämpft: in Spanien. Erika und Klaus Mann reisen im Sommer 1938 in das vom Bürgerkrieg beherrschte Land, um für verschiedene Zeitungen und Zeitschriften über die Lage zu berichten. Ihre Sympathie gehört den republikanischen Kräften, die das demokratische System gegen die Putsch-Truppen des Generals Franco zu verteidigen suchen.

Knapp drei Wochen bleiben die Geschwister in Spanien. Sie besuchen Barcelona, Valencia und Madrid, fahren an die umkämpfte Ebro-Front, erleben Fliegerangriffe und nächtliche Verdunkelungen. Es sei ihr «erster Kontakt mit der Realität des modernen Krieges» gewesen, schreibt Klaus Mann später – mit dem Anblick zerstörter Dörfer, hungernder Menschen, Straßen voller Flüchtlinge und Panzerwagen.

Erika und Klaus Mann im
Spanischen Bürgerkrieg,
1938. Links der
Interbrigadist Ludwig
Renn, Zweiter von rechts
Hans Kahle

EINZELVERKAUFSPREISE:

Belgien	1.20 belg. Fr.
Luxemburg	1.20 belg. Fr.
England	4 Pence
Holland	15 Cents
Jugoslawien	3 Dinar
Palästina	10 Millim
Polen	0.30 Zloty
Porto.	1 Escudos
Rumänien	9 Lei
Schweiz	0.30 schw. Fr
Skandinavien	30 Oere
Spanien	1,5 Peseten
Tschechoslowakei	1.60 Kronen
Türkei	6 Piastre

PREIS: 1 FRANC   MITTWOCH, 27. JULI 1938 — MERCREDI 27 JUILLET 1938

Pariser Tageszeitung

QUOTIDIEN DE PARIS

3. Jahrgang — Verlag, Redaktion und Reisebüro: 20, Rue Laffitte, Paris (9ᵉ) — 9–18 Uhr, Samstag bis 13 Uhr. Nr. 747

Tel.: Pro. 24-55/56. Nach 23 Uhr: Prov. 15-65. Postscheckzahlungen an Imprimerie J.E.P., 7, R. Cadet, Paris 1833.80 ✶ ✶ ✶

ZWEI DEUTSCHE

Aus dem Spanischen Tagebuch von KLAUS MANN

Barcelona, im Juli.

Warum hatten wir es uns in den Kopf gesetzt, gefangene deutsche Flieger zu besuchen? Eine Mischung aus Neugier und Pflichtgefühl bestimmte uns zu dem Wunsch. Wir dachten, einerseits: Es ist interessant, es ist wichtig, es gehört dazu. Andererseits empfanden wir: Es ist aber auch etwas schauerlich? — gefangene Landsleute zu besichtigen, wie wilde Tiere... Freilich, sie sind unsere Landsleute nicht mehr; denn sie sind Nazis. Sie würden uns als Kompatrioten gar nicht anerkennen. Sie sind unsere Feinde... Und dann gleich die andere Frage: Sind sie wirklich Nazis und unsere Feinde? Vielleicht treffen wir nur Verführte. Ahnungslose, Missbrauchte?

Ohne Schwierigkeiten bekamen wir die nötigen Erlaubnisse und Passierscheine; einen Wagen vom Kriegsministerium und einen Begleiter. Etwas beklommenen Herzens machten wir uns auf die Fahrt zu einem mächtigen alten Kastell, ausserhalb der Stadt Barcelona. Uns beschäftigte etwas peinliche Fragen. Wir werden die gefangenen Deutschen etwas empfangen? Sie wissen uns hassen und werden sie störrisch sein, vielleicht sogar tückisch und aggressiv. In ihren Augen sind wir die »Untermenschen«, und sie die Märtyrer einer grossen Sache. Es wird eine schreckliche halbe Stunde geben...

Nachdem die Posten unsere Papiere geprüft hatten, wurden wir über eine Zugbrücke geleitet; dann durch mehrere Höfe und Korridore. Schliesslich liess man uns in einer kahlen Zelle warten; der enge, gewölbte Raum hatte mehr klösterlichen als kerkerhaften Charakter. Nach einer Viertelstunde erschienen die beiden Deutschen, von Bewaffneten flankiert und geleitet. Es waren zwei junge Männer, keiner von ihnen konnte älter als fünfundzwanzig sein. Die erste Ueberraschung war, dass sie vor uns stramm standen — eine Höflichkeitsbezeugung, die im republikanischen Spanien nicht sehr üblich ist und nun, uns Zivilisten gegenüber, um so seltsamer wirkte. Die Bewaffneten zogen sich zurück; unser Führer blieb. Uebrigens stellte sich gleich heraus, dass er keine Silbe deutsch verstand. Er wohnte unserer Unterhaltung nicht nur als stummer sondern auch als tauber Zeuge bei.

Die zwei Burschen sahen nicht übel aus. Der eine von ihnen, ein Brünetter, stämmig Untersetzter, hatte ein sympathisch offenes und etwas törichtes, leutselig rundes, dunkles Gesicht. Der andere freilich — strohblond, mit langer Nase und naive beleidnader liegenden wasserblauen Augen — zeigte eine verschlagene und lauernd liebenswürdige Miene. Beide wirkten recht gut genährt und waren sauber gekleidet, auch leidlich rasiert. In zusammengekniffener Haltung warteten sie ab, was aus dieser Begegnung werden würde. Sie bemerkten, dass wir uns über ihre Zigaretten an die Fragen herangewagt hatten. Dabei bemerkten sie auch, dass wir über ihre Zigaretten offenbar recht froh waren. Schliesslich lag in ihnen noch wirklich nicht.

Die beiden jungen Leute waren Sachsen, wie sich beim ersten Wort, das sie sprachen, am Akzent erkennen liess. Die kleinbürgerliche Herkunft war ebenso deutlich anzumerken, wie der Umstand, dass ihre »Erziehung« — oder das, was man heute in Deutschland so nennt — von paramilitärischen und militärischen Naziorganisationen besorgt worden war. Von Trotz und aggressiven Stimmungen zeigten sie nichts. Sie blieben dabei, uns mit einer Mischung aus Respekt und flotter Vertraulichkeit zu behandeln — so etwa, wie man einen Vorgesetzten begegnet, die einem sehr schaden oder nützen können, mit denen es aber auskommen lässt, wenn man sich nur ein wenig geschickt anzustellen weiss. Und es recht geschickt anzustellen — dazu schienen unsere zwei Gesprächspartner fest entschlossen. Sie wogen vorsichtig ihre Worte und äusserten nichts, was ihnen, für den Moment, hätte schaden können, oder was ihnen später, nach der Rückkehr, hätte schaden können. Manchmal, wenn eine unserer Fragen ihnen verfänglich schien, wechselten die beiden einen raschen Blick. »Jawohl!« wobei sie mit den Hacken zusammenschlugen und sich ruckhaft verneigten.

Als wir uns erkundigten, ob man sie von Deutschland aus hergeschickt habe, behaupteten sie eifrig: Nein, nein. Wir sind durchaus freiwillig gekommen... »Dann seid Ihr wohl recht leidenschaftliche Nationalsozialisten?« vermuteten wir, »und wolltet der Sache dienen.« »Welcher Sache?« Sie verstanden gar nicht recht, was wir meinten. »Ja sind wir aus purer Abenteurerlust gekommen«, gestand zutraulich der Brünette. »Wir wollten auch mal was erleben«, sagte der mit Munterkeit. »Ja, das etwas schaurig betrübte... »Wir waren Postflieger und machten die Strecke Hamburg—Sevilla. Na, und dann hiess es plötzlich, es gibt Krieg, und ihr könnt was leisten. Das liessen wir uns dann nicht zweimal gesagt sein. Wir wussten nicht, dass es faul für uns ausgehen würde. Nun sind wir ja mal tüchtig ins Fettnäpfchen getreten.« Dabei zuckte er bedauernd die Achseln. »Nazis sind wir ja nie gewesen.« warf der blonde Verschlagene ein — »damit wollte er unsere Herzen zu gewinnen. »Wir sind Flieger«, konstatierte er mit einem Stolz, dessen Echtheit evident und fast gewinnend war. »Zur Flie gerei sind wir hergekommen, weil es für Flieger hier was zu tun gab.«

Zum Beispiel das Bomben in die offenen Städte, auf die Frauen und Kinder zu werfen — bemerkten wir. Ob sie denn das so besonders heldenhaft fänden? — So was hätten sie nie gemacht, beteuerten die zwei Sachsen. »Wir sind immer nur über den Fronten geflogen«, versicherten sie — »woran sollte man denken, oder auch nicht... »Und überhaupt«, sagte der Blonde, »wenn wir eine Ahnung davon gehabt...«

sich an die spanische Art erst gewöhnen. So wie bei uns in Deutschland ist es hier ja nicht...« — Nein, bestätigten wir, genau so wie in Deutschland ist es hier wirklich nicht.

England und die Tschechoslowakei

Grosse Debatte im Unterhaus — Chamberlain zur aussenpolitischen Lage
Kritik der Opposition

Im Unterhaus fand gestern die grosse Debatte über die englische Aussenpolitik statt. Das Hauptinteresse bildete natürlich die tschechoslowakische Frage. Sir Archibald Sinclair, der Führer der liberalen Opposition, nahm als erster das Wort und fragte, ob es — wie verschiedene glauben — wirklich das Wichtigste sei, Zeit zu gewinnen, den Frieden endgültig zu sichern, und hierfür Konzessionen zu machen. »Eine solche Politik«, erklärte er, »wird England den Frieden bis zu den nächsten Wahlen sichern, aber der Preis dafür wird dann sein, zwischen dem Krieg und der Unterwerfung zu wählen.«

In seinem grossen Ueberblick über die Aussenpolitik seiner Regierung wiederholte der Premierminister zur spanischen Frage schon bekannten Standpunkt. Schliesslich kam er auf die Tschechoslowakei und die Entsendung Lord Runcimans nach Prag zu sprechen.

LOESUNG OHNE HAST

»In Uebereinstimmung mit der allgemeinen Linie unserer Politik und im engen Kontakt mit Frankreich haben wir unser Möglichstes getan, um eine friedliche Lösung zu erleichtern. Erstens haben wir mit allen Mitteln vermieden, die tschechoslowakische Regierung zu zwingen, in zu grosser Hast eine so heikle Frage zu behandeln, in der es vor allem wünschenswert ist, dass die beiden Parteien nicht den Punkt gelangen, an dem weder die eine noch die andere ihre Haltung ändern könne.«

Chamberlain fährt fort, es sei richtig, dass die englische Regierung bei der Prager Regierung darauf gedrungen habe, dass die Vorschläge über die Minderheitenfrage Henlein unterbreitet würden, bevor dem tschechoslowakischen Parlament vorgelegt würden. Ein Uebereinkommen zwischen der tschechoslowakischen Regierung und den Sudetendeutschen vor der Beratung des Statutes im Parlament würde die beste Lösung bedeuten. Chamberlain glaubt nicht, dass man einen starken Druck auf die tschechoslowakische Regierung ausüben müsse, um zu einer Einigung zu kommen, da diese eine solche ja stets erwünscht habe. Aber mit der Zeit hat es sich gezeigt, dass eine Regelung ohne fremde Hilfe schwer zustande kommen könnte.

AUF ERSUCHEN PRAGS

Unter diesen Bedingungen hat die englische Regierung auf eine Aufforderung der tschechoslowakischen Regierung hin, zugestimmt, eine Persönlichkeit vorzuschlagen, die trotz der Erfahrung und Qualität aufweist, um an Ort und Stelle die Gesichtspunkte des sudetendeutschen Problems richtig zu werten verstehen wird. Selbstverständlich müsse diese mit der Untersuchung und Vermittlung beauftragte...

gegenüber wie jeder anderen Regierung gegenüber unabhängig sein. Sie wird nur im eigenen Namen handeln.

ZWEI WICHTIGE RESULTATE

Chamberlain kann noch nicht sagen, ob die Vermittlung notwendigerweise eine Lösung finden wird. Aber er glaubt, dass zwei wichtige Resultate erzielt werden können. Erstens wird ein solcher Schritt erlauben, dass die Oeffentlichkeit über die Tatsachen in weitestem Masse informiert wird. Zweitens hofft der englische Premierminister, dass eine Frage, die auswegslos schien, durch den Einfluss eines Vermittlers weniger unlösbar ist. Die Aufgabe ist äusserst heikel, aber die englische Regierung beglückwünscht sich dazu, dass Lord Runciman sie hat übernehmen wollen. Er hat sie unter der Bedingung angenommen, dass er des Vertrauens der Sudetendeutschen sicher sein kann. Chamberlain hofft, dass er dieses Vertrauen erhalten wird, wie er bereits das der tschechoslowakischen Regierung erhalten hat.

Durch zahlreiche Zwischenfragen bewies die Opposition im Unterhaus, dass sie weit entfernt davon ist, den »offiziellen Optimismus« zu teilen, den der Premierminister an den Tag legte, als er seine Rede damit schloss, dass die englische Regierung eine Politik befolge, die, dessen sei er sicher, Vertrauen und Sicherheit in Europa wieder herstellen werde.

Das Unterhaus hat mit 275 gegen 128 Stimmen den liberalen Antrag abgelehnt, der, zum Zeichen der Verwerfung der Politik der Regierung, eine Verminderung der Kredite für das Aussenministerium forderte.

Lord Runciman
Gezeichnet von Cabrol

Lord Runciman, Vertrauensmann beider Parteien

Die Ernennung des Lord Runciman — einer Art englischen Schiedsrichters zwischen Prag und den Sudetendeutschen — hat in ausserordentlich grosses »Echo« gehabt. Runciman, ein grosse Wirtschaftler, Präsident des Board of Trade und untadlige Gentleman, ist einer der bedeutendsten und einflussreichsten Männer der City. Man rühmt ihm einen klaren und scharfen Sinn für das Mögliche, eine intuitive Gabe für Lösungen schwieriger Fragen und eine absolute Unerschütterlichkeit gegenüber jeder Form von Bluff nach. Runciman hat die ganzen Jahre alle Kämpfe und Thesen der englischen Regierung und im Parlament mit steinernem Gesicht an sich vorbeiziehen lassen. Sachlich und hart verfolgt er seinen Weg, und er wird sich in der Frage der Sudetendeutschen durch keinerlei Gefühlsvorbrimborium beeinflussen lassen. Henlein-Tiraden werden bei ihm nichts ziehen. Andererseits denkt er stockenglisch.

Wenn er jetzt aus seinem ruhigen Büro in der Lincoln Street in das leidenschaftsdurchwühlte Mitteleuropa fährt, so entsteht natürlich die Frage, wie weit er die Erkenntnis und die Gefühlswerte des sudetendeutschen Problems richtig zu werten verstehen wird. Immerhin ist der heute 63jährige, ein Mitglied des englischen Kabinetts gewesen ist, zum letzten Mal bis zum Rücktritt Baldwins...

...weit dieses Stützen ein Hemmen oder Treiben in verschiedenster Hinsicht sein dürfte, steht allerdings dahin. Auf jeden Fall soll ein Scheitern der gegenwärtigen Verhandlungen vermieden und ihre provisorische Weiterführung gesichert werden. Eines steht fest: durch das offizielle Einschalten Englands wird das Kompromissprojekt zwischen den tschechoslowakischen und den deutschen Entwürfen vermutlich sehr bald zur Vorlage an das Prager Parlament gelangen. Weiterhin dürfte zu fürchten sein, dass, solange unter dem Protektorat Runcimans die Verhandlungen laufen, in Deutschland imstande sein wird, irgendeine Intervention oder sonstige Pression auszuüben.

Die tschechische Presse stellt sich negativ zu der Annahme des Vermittlers durch Benesch und Hodza ein. Die »Lidove Noviny« schildern Runciman als eine »unbestrittene Autorität« und begrüssen es, dass eine solche nach einem gründlichen Studium der sudetendeutschen Frage vom innen- und aussenpolitischen Standpunkt einen objektiven Bericht an die Regierung liefern würde. Auch die Sudetendeutschen sind mit der Vermittlungsaktion Lord Runcimans einverstanden.

Die englische Presse ist weniger höflich als die tschechische. Sie befürchten, dass Runciman allzu sehr die Schrittmacher deutscher Wünsche werden...

Dynamit gegen Tote

Wien, 26. Juli.

Am 13. Juli 1935 verunglückte die frühere Gattin des ehemaligen österreichischen Bundeskanzlers Schuschnigg bei einem Autounfall in der Nähe von Linz in Oberösterreich tödlich. Am Ort des Unglücks wurde ein Erinnerungskreuz aufgestellt.

Die Nationalsozialisten, die gerade in diesen Tagen den Mörder des Bundeskanzlers Dollfuss feiern, haben eine neue Heldentat vollbracht. Sie haben dieses Kreuz an der Autostrasse von Linz nach Salzburg mit Dynamit in die Luft gesprengt.

✶

Die »Times« ist in Berlin beschlagnahmt worden. Grund der Beschlagnahme ist ein Artikel, in dem das grosse konservative englische Blatt anlässlich der Ehrung der Dollfuss-Mörder durch die Reichsregierung schrieb, ein Abgrund trenne diese Moral von der übrigen zivilisierten Welt.

Die Eidesverweigerung der deutschen Pfarrer

Berlin, 26. Juli.

Die Weigerung der Mehrzahl der deutschen protestantischen Pfarrer, Hitler den Treueid zu leisten, zwang die deutschen Behörden, die Frist für die Eidesleistung zum zweiten Mal, diesmal bis zum 30. September, hinauszuschieben. Die erste Frist lief am 30. Juni ab. In der Zwischenzeit haben die Nazis Anweisung erhalten, sich sowohl der evangelischen wie der katholischen Kirche gegenüber äusserst zurückhaltend zu benehmen. Man hofft so, die widerspenstigen Pfarrer ködern zu können.

Wieder ein Journalist aus Rom ausgewiesen

Rom, 26. Juli.

Paul Cremona, der Korrespondent des »Christian Sience Monitor« in Boston wurde davon benachrichtigt, dass er Italien wegen seiner allgemeinen Haltung innerhalb acht Tagen verlassen müsse. Cremona ist bereits seit beinahe zwanzig Jahren in Italien und Vizepräsident des Verbandes ausländischer Presse. Da der Journalist aus Malta stammt, hat der englische Botschafter zu seinen Gunsten interveniert.

Die Rassenlehre vom Schlips

Rom, 26. Juli.

Der Feldzug der italienischen Rassenlehre nimmt immer grösseren Umfang an. Der Professor der Universität Palermo, Alfredo Cucco, schlägt die Einführung der grossen römischen Schrift in Gegensatz zur Schrägschrift vor. Ferner will Cucco Schlips und Kragen durch die römische Binde ersetzt sehen, durch die der Hals nicht mehr abgeschnürt wird, sondern der Blutkreislauf erleichtern den Gesichtsorganen. Denn, so fügt er hinzu, Italien habe gute Augen notwendig, um seine Tanks und seine Flugzeuge zu führen. Das »Giornale d'Italia« macht sich zum Sprachrohr dieses neuen Kampfes gegen Kragen und Krawatte, die, wie das Blatt schreibt, französische Laster sind.

Unruhen in Mandschukuo

London, 26. Juli.

Aus Peking wird der Reuter-Agentur gemeldet: Aus Mukden sollen Waffen- und Munitionslager in Werte von mehreren...

Die Geschwister sprechen «mit Soldaten, Arbeitern, Hausfrauen, Literaten», interviewen Offiziere der Interbrigaden wie Ludwig Renn und Julius Deutsch und führende Politiker der spanischen Republik. In ihren Berichten zeigen sie sich beeindruckt vom Siegeswillen der Loyalisten. «Die Eindrücke, die man bekommt, sind großartig und düster. Der Widerstandswillen dieses Volkes ist bewunderungswert», schreibt Klaus Mann an Hermann Hesse.

Thomas Mann berichtet am 24. Juli 1938 in einem Brief, seine beiden ältesten Kinder seien kürzlich zurückgekehrt aus Spanien. «Sie sind voller Bewunderung für die Kampf-Moral der republikanischen Truppen, die derjenigen der anderen, soviel besser ausgestatteten Seite bei Weitem überlegen sei, – und überrascht von ihrer eigenen Furchtlosigkeit im Schützengraben und bei den mitgemachten Bombardements. Sie erklären sie sich aus der unbeschreiblichen Genugtuung, die man

darüber empfindet, an der einzigen Stelle zu sein, wo auf den niederträchtigen Weltverderb, der Fascismus heißt, *geschossen wird.*»

In seiner Autobiographie wird Klaus Mann später schreiben, der Spanische Bürgerkrieg sei ein «Prolog oder erster Akt» des großen globalen Konfliktes gewesen. Und dann: «Incipit tragoedia» – die Tragödie nimmt ihren Lauf.

ESCAPE
TO LIFE

MANN

HOUGHTON
MIFFLIN CO.

ESCAPE
TO LIFE

The story of a migration unparalleled in history; the "escape to life" of those creative artists and thinkers for whom existence under the swastika became intolerable, who sought in exile freedom of thought denied them in their native land.

ERIKA AND KLAUS MANN

Kapitel 4

«A Family against a Dictatorship»

Das andere Deutschland

*Wir werden nach Deutschland zurück-
kehren, ich weiß es. Freilich, wir werden
dann nicht mehr ganz die sein, die wir
waren, als wir es verließen. Inzwischen
haben wir in zu vielen Ländern gelebt
und zu viele Erfahrungen gesammelt.
Wir sind Weltbürger geworden. Genau
das übrigens wollten wir immer sein, und
dahin ging unser Ehrgeiz: Deutsche Weltbürger. Die harte Schule der Emigration
hat uns vielleicht ein wenig dazu erzogen.
[…] Jeder weiß, daß Hitler, à la longue,
bedeutet: Krieg… Wer will den Krieg?
Sicherlich nicht die Völker.*
Klaus Mann – «A Family against
a Dictatorship»

Entwurzelung und Wanderung

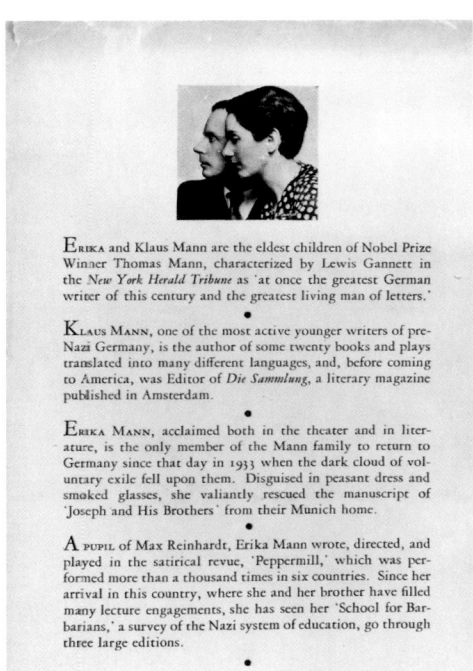

Hintere Umschlagseite der Erstausgabe von «Escape to Life»

Albert Einstein auf dem «Observation Roof» des Rockefeller Center. Frontispiz der Erstausgabe mit handschriftlicher Widmung Einsteins für Erika und Klaus Mann

Thomas Mann mit den Regisseuren und Produzenten Carl Laemmle, Max Reinhardt und Ernst Lubitsch (Abbildung aus «Escape to Life»)

Der Schauspieler Fritz Kortner mit seiner Familie und Dorothy Thompson (rechts) mit ihrem Sohn. (Abbildung aus «Escape to Life»)

1939 erscheint «Escape to Life». Mit ihrem neuen Buch liefern Erika und Klaus Mann ein Panorama der deutschen Emigration, eine Art «Who's Who in Exile» von Albert Einstein bis Carl Zuckmayer.

Der Schauplatz Europa ist der erste Brennpunkt der Autoren. Freiwilligen Emigranten wie Oskar Maria Graf, die unterm Nazi-Regime nichts zu befürchten gehabt hätten, stellen sie zögernde gegenüber, die die Hoffnung auf Duldung noch eine Zeit lang in Deutschland hielt. Jüdische und nichtjüdische Kulturschaffende werden mit ihren Aktivitäten in ganz Europa porträtiert. Ein Kapitel ist «Die Toten» überschrieben. Unter den Schriftstellern, die an der Entwurzelung und den politischen Verhältnissen in Europa resignieren und sich das Leben nehmen, führen Erika und Klaus Mann unter anderem Kurt Tucholsky auf.

Der zweite Teil des Buches rückt die Emigranten im amerikanischen Exil in den Blickpunkt. Und diese werden immer zahlreicher. Nach dem Ende Österreichs lässt die Machtausweitung Hitlers die Legion der heimatlos Gewordenen anwachsen. Viele unter ihnen trägt die Hoffnung auf Amerika: *«Europa ist eng geworden»*, heißt es lakonisch in Erika und Klaus Manns Buch. Als Motto stellen sie ihm ein Zitat der amerikanischen Journalistin Dorothy Thompson voran: «So gut wie jeder, der vor 1933 das repräsentierte, was man weltweit unter deutscher Kultur verstand, ist heute ein Flüchtling.»

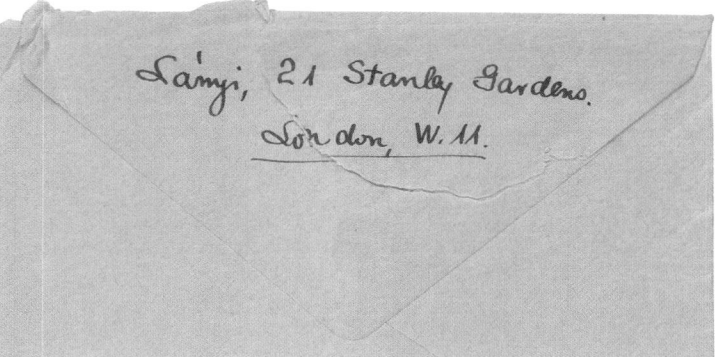

Londoner Wohnsitz
von Jenö Lányi und
Monika Mann

Im selben Jahr wie «Escape to Life» erscheint «Der Vulkan». Mit der Idee zu diesem Roman trägt sich Klaus Mann seit langem: «Grosse Komposition aus Emigranten-Schicksalen: ‹Die Verfolgten›, oder so. Laufen nebeneinander her, jedoch durch irgendeine Klammer miteinander verbunden. In vielen Städten: Paris, London, Prag, New York, Hollywood, Zürich, Amsterdam, Palma, Florenz, Nice, Sanary u.s.w. […]. Pass-Schwierigkeiten. Geldnot. Sexualnot. Der Hass. Die Hoffnung. Das Heimweh. Kriegsangst (und Hoffnung …) […]. Das werde ich können.» Tatsächlich halten viele Klaus Manns letzten abgeschlossenen Roman für seinen

besten. Stefan Zweig und Lion Feuchtwanger melden sich begeistert zu Wort, aber auch der eigene Vater: «Schon mitten drin war ich vollkommen beruhigt darüber, daß das Buch als Unternehmen, also als Emigrationsroman, vermöge seiner persönlichen Eigenschaften ganz konkurrenzlos ist […], und wer Sinn hat für diese Art, dem Leben Schmerzlichkeit und Phantastik und Grazie und Tiefe zu geben […], der wird sich eben an Dein Gemälde und Panorama halten, ein Bild deutscher Entwurzelung und Wanderung.»
Ein Brief aus dem Londoner Exil, abgestempelt bei Kriegsausbruch, erreicht Klaus Mann in Princeton: «Das Schönste

an Ihrem Buch empfinde ich die *fast* komplette Allgegenwart des Himmlischen und Höllischen inmitten der vulkanischen Existenz Ihrer Helden, die hinwiederum *fast* exemplarisch das umstrittene Geschlecht der Heimatlosen repräsentieren.» Weiter heißt es in dem Schreiben seines Schwagers Jenö Lányi: «Was uns nun bewegt, wird Sie auch bewegen: die Sorgen und geheimen Wünsche sind ja universeller Natur in diesen Tagen – ob sie sich hierdurch als grosse Tage erweisen werden, dies bleibt allerdings recht fraglich. Höchstwahrscheinlich wird man wieder um sie betrogen mit irgendwelchen teuflischen Diplomatentricks.»

«The Lights Go Down»

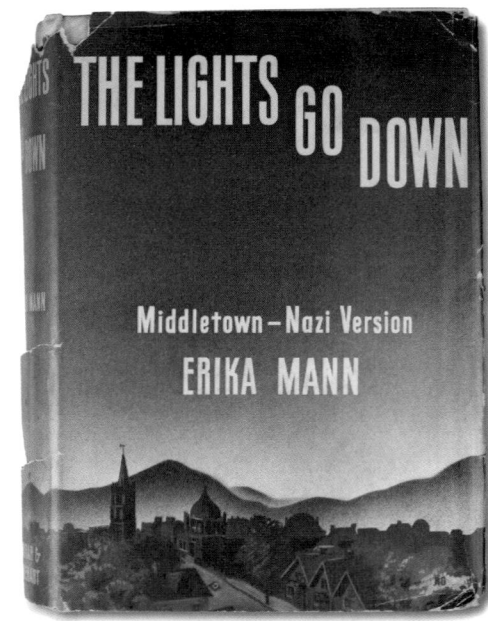

Erstausgabe, Farrar & Rinehart: New York 1940. Im gleichen Jahr erschien «The Lights Go Down» in London bei Secker and Warburg

1. September 1939: Deutsche Soldaten entfernen den Schlagbaum zur polnischen Grenze

Die hintere Umschlagseite des Buches

In ihrem 1940 erschienenen Buch «The Lights Go Down» liefert Erika Mann das Porträt einer namenlos bleibenden süddeutschen Universitätsstadt in den dreißiger Jahren. In zehn Episoden zeigt sie in Einzelschicksalen die Repressalien auf, denen die Menschen unterm Hakenkreuz ausgeliefert sind.

Wie bei der Journalistin Erika Mann liegt die Stärke der Schriftstellerin in der realistischen Dokumentation des Zeitgeschehens. Ihr Anspruch ist es, «wahre Geschichten» von wenig heldenhaften Durchschnittscharakteren zu erzählen. «The Lights Go Down» zeigt deutsche «Momentaufnahmen, wenn auch aus ausländischer Distanz, auf Augenhöhe festgehalten, bevor die größeren Untaten der folgenden Jahre die geringeren in unserem Bewußtsein überschatteten» (Ruth Klüger).

Fertig gestellt hat Erika Mann «The Lights Go Down» gegen Ende des Jahres 1939 unter dem unmittelbaren Eindruck des beginnenden Zweiten Weltkriegs. Auch davon ist einiges eingegangen, vor allem in die letzte, «Wenn die Lichter ausgehen» überschriebene Geschichte. In ihrem Zentrum steht der Schriftsteller Hans Gottfried Eberhardt, seit 1933 Literaturredakteur des städtischen «Anzeigers» und «ganz vom deutschen Blut-und-Boden-Denken durchdrungen». Wegen einer verhaltenen Kritik am Führer fällt er als Parteigenosse in Ungnade und sieht sich mehr und mehr Schikanen ausgesetzt. Bei Kriegsausbruch gelingt ihm gerade noch rechtzeitig die Flucht. Die «City of Flint», deren Torpedierung Eberhardt mit seiner Familie überlebt, ist nicht wirklich wie in der Erzählung geschildert von den Deutschen versenkt worden. Die grausame Kriegswirklichkeit aber bot der Autorin auch für diese literarische Fiktion ausreichend Stoff.

Erika Mann selbst erlebt den Kriegsausbruch zusammen mit den Eltern in Schweden, zu denen sie am 30. August in Saltsjöbaden stößt. Auf ihrer gemeinsamen Europareise, die auch der endgültigen Auflösung des Küsnachter Haushalts gilt, hatten Katia und Thomas Mann zuvor die Tochter Monika und Jenö Lányi in London besucht.

Am 1. September 1939 überfällt die deutsche Wehrmacht Polen. Direkt nach dem Einmarsch der deutschen Truppen stellt England dem Aggressor ein Ultimatum. Es läuft am 3. September ab. Noch hegt Erika Mann, wie sie dem Bruder Klaus am 2. September schreibt, die «unsinnige Hoffnung, dass die Deutschen, nun, da sie *mutterseelenallein* der Welt gegenüberstehn, morgen nicht marschieren werden. Oder doch übermorgen aufhören, es zu tun.» Stattdessen greift auch die Sowjetunion am 17. September Polen an.

In den Wirren des ausgebrochenen Zweiten Weltkriegs gelingt es Erika Mann am 12. September in Southampton, sich mit ihren Eltern auf der überfüllten «Washington» in Richtung New York einzuschiffen.

Am 1. September 1939 gibt Hitler im Reichstag eine Erklärung ab, die den Überfall auf Polen als Antwort auf polnische Übergriffe darstellt.

Erste und letzte Seite eines Briefes von Erika Mann an den Bruder Klaus nach Kriegsausbruch

Erfahrungen mit Europa

Kriegserklärung Englands, 3. September 1939

Evakuierung von Schulkindern aus London, Anfang September 1939. Wie viele andere auch fliehen Carl Flesch, Michael und Gret Mann bei Kriegsausbruch aus der Themsestadt aufs Land.

Am 3. September 1939 erklären England und Frankreich dem Deutschen Reich den Krieg. Die Geschehnisse der ersten Tage des Weltkriegs hält Heinrich Mann in einem Kriegstagebuch fest, das er ab dem 8. September führt. Im August 1940 enden seine Notizen abrupt. Vor der Flucht aus Frankreich, das ihm in sieben Jahren Exil zur zweiten Heimat wurde, lässt er seine Aufzeichnungen zurück. Erst auf Umwegen gelangen sie wieder zu ihm. «Zur Zeit von Winston Churchill» kann – bis hin zu wörtlichen Übernahmen – als Vorstufe zu «Ein Zeitalter wird besichtigt» betrachtet werden, wenn auch seine 1944 beendeten Erinnerungen von der Nahaufnahme des Jahres 1939 zum Panoramablick über mehr als ein ganzes Jahrhundert schwenken.

Noch in Frankreich setzt Heinrich Mann ein Testament auf. Einen Tag nachdem er sein Kriegstagebuch beginnt, heiratet er seine langjährige Lebensgefährtin Nelly Kröger. Für den Wunsch, Privates endgültig zu regeln, hat vielleicht die ungewisse Zukunft den Ausschlag gegeben.

Aus unmittelbarer Nähe erlebt auch Heinrich Manns Neffe Michael den Kriegsausbruch. Nach dem Hitler-Stalin-Pakt im August 1939 flieht er nach London. Gret Moser, die er am 6. März des gleichen Jahres geheiratet hat, erinnert sich: «Ich, Michael und meine Eltern waren in Belgien. Sie wollten mich wegen Kriegsgefahr wieder mit sich in die Schweiz zurückbringen. Michaels Eltern waren inzwischen in Schweden angelangt. Es waren schreck-liche Zeiten. Man hatte keine Ahnung, was überhaupt werden solle [...]. Und dann sind Michael und ich nach Ostende gefahren und dann auf einem Dampfer in Zick-Zack-Kurs Richtung England. Wir waren nicht sicher, ob wir in England überhaupt reingelassen würden. Ich war Schweizerin, und Michael war Tscheche. Aber wir hatten Glück, wir bekamen eine Einreisegenehmigung.»

Michael und Gret Mann, 1939. Michael Mann war zunächst seinem Geigenlehrer Galamian von Paris in die Emigration nach Amerika gefolgt. 1939 entschließt er sich zur Rückkehr nach Europa, um sein Studium bei Carl Flesch fortzusetzen. Der bekannte Violinist lebte seit der Aberkennung der deutschen Staatsangehörigkeit in London. Nach Kriegsausbruch geht er ins holländische Exil. Seine Schüler übergibt er zum Großteil Max Rostal, bei dem auch Michael Mann fortan Geigenunterricht nimmt.

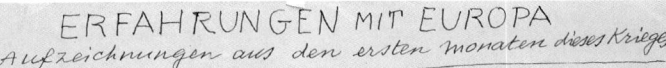

Erste Seite von Heinrich Manns Kriegstagebuch, 8. September 1939. 1941 plante der Autor, den ersten Teil seiner Aufzeichnungen zusammen mit einem Rückblick auf das Jahr 1939 unter dem Titel «Zur Zeit von Winston Churchill» zu veröffentlichen.

In London leben Michael und Gret Mann eine Zeit lang mit Monika Mann und Jenö Lányi zusammen. Trotz der angespannten Kriegslage will Michael Europa nicht verlassen – er möchte sein Geigenstudium bei dem Violinisten Carl Flesch nicht aufgeben. An seine Mutter schreibt er aus London: «Liebe Mielein –: ich bekam Deinen Brief heute morgen: er hat mich sicher wieder recht an der Richtigkeit unseres Verhaltens zweifeln gemacht. […] Der Gedanke, dass es bezüglich meiner geigerischen Karriere einer endgültigen Resignation gleichkäme, mich jetzt ein für allemal von Flesch zu trennen und mich dort zunächst bei irgend einem Lehrer und dann vor dem Amerikanischen Publikum zu versuchen (– welches ich kennengelernt habe: ein bisschen; wenigstens das Musikalische – – und ich habe ja in New York ganz gern gelebt) –: ist für mich zu einer so festen Formel geworden, die ich nicht mehr nachzuprüfen brauche.» Und weiter: «Man müsste etwas mehr Amerikaner sein, als ich es bin […]. Oder sonst irgendwelche stärkere Bindungen an die Lebens- und ‹Gesellschafts›form, die sich *dort* auch nach dem Krieg meines Ermessens nach ungefähr bewahren wird, haben, – um sich dazu zu entschliessen.» Auch die Bindung zur Familie – um genau zu sein, an den Vater – scheint ihm nicht stark genug: «Zu unserm Papa stehe ich nicht weniger fremd, als er zu mir (wobei ich mir nicht die grössere Schuld glaube zuschieben zu müssen); die sehr grosse Angst und Traurigkeit, Dich vielleicht für sehr lange Zeit nicht mehr zu sehn, der Wunsch in Princeton bei Dir zu sein, – *kann* nicht genügen, alles andere, was dagegen spricht zu kommen, zu überwiegen. Man *kann* doch nach diesem Gesichtspunkt nicht leben. *Besonders ich* nicht.»

Katia Mann, die den jüngsten Sohn sehr in Sicherheit wünscht, kann ihn erst Anfang 1940 in New York bei der Ankunft der «Britannic» in Empfang nehmen.

Das andere Italien

Die entfesselte Weltgeschichte bietet selbst im Exil noch Raum für privates Glück. Das erste Kriegsjahr 1939 ist für die Familie Mann das Jahr von gleich vier Eheschließungen. Auch die jüngste Tochter Elisabeth heiratet. Ihre Wahl fällt auf Giuseppe Antonio Borgese, dessen Buch «Der Marsch des Fascismus» sie schon in Zürich fasziniert hat. Im Princetoner Elternhaus sieht sie den italienischen Schriftsteller zum ersten Mal: «Nein, ich kannte ihn nicht. Ich kannte nur seine Bücher. Aber das hat mir genügt.»

In Princeton hatte Borgese den Kontakt zu Thomas Mann geknüpft, um ihn für das «Committee on Europe» zu gewinnen. Und dies mit Erfolg – zu «The City of Man», einem Appell für die Weltdemokratie, steuert Thomas Mann seinen Namen bei.

Den Sommer über begleitet Elisabeth den von ihr Auserwählten nach Mexiko. Die dort gemeinsam verbrachte Zeit soll auf Wunsch Borgeses die Tragfähigkeit ihres Entschlusses beweisen. Doch Elisabeth ist sich ihrer Gefühle sicher: Am 23. November 1939 heiraten die beiden in Princeton. Trauzeugen sind der Schriftsteller Hermann Broch und der amerikanische Komponist Roger Sessions. Erikas Ehemann Wystan H. Auden eilt, wie Klaus Mann im Tagebuch festhält, mit einem Hochzeitsgedicht aus eigener Feder herbei:

«*New York*. Vorgestern, in Princeton: die *Hochzeit*, recht üsis und hübsch verlaufen. Medi scheint ziemlich glücklich –: der überreife Bräutigam ist es jedenfalls, trotz aller stolzen Empfindlichkeit ... Vormittags: der kurze, schlichte Akt in der Kirche, mit Roger *Sessions* und Hermann *Broch* als Trauzeugen. Turkey-Lunch bei den Sessions. [...] – Abends, Party: *Auden* (der sein Hochzeits-Carmen mitbringt; noch während des Dinners aufbrechen muss, um nach Canada zwecks Einwanderung abzureisen) [...]. – Neugier der Presse; (Anrufe von ‹Times›, ‹Tribune› u.s.w.) Die Eltern jetzt so allein in dem *grossen* Haus. No children around.»

FRONTING SOUTH ON JACKSON PARK
56TH STREET AND THE LAKE

Hotels Windermere
Chicago

June 2, 1939.

Dear Dr. and Mrs. Mann:

    allow me to express to you in a language that is becoming the spontaneous voice of all my feeling and thought, most cordial wishes for a happy journey with pleasurable rest and creative work.

    worryYour holiday, I am sure, will not be clouded with any ХХХХХ about your cherished Mädie.She is trusted to my affection and love.I feel permanently pledged to her,and if caution and secrecy are needed in the first few months this is due to external circumstances the effect of which I hope to neutralize very soon, and to the desire of granting her a reasonable time for testing herself and realizing that her inclination to me was a real choice and will and not the momentary error of a generous and passionate youthfulness.

    Should she change her mind she could also change her path, and return on her decisions without any social harm or any too deep sorrow.But if after having been close to me next Summer she will cling to her decision, I shall make of her as soon as possible the lawful and proudly acknowledged companion of the rest of my life.

    She - whom I call Elisabeth - is greatly dear to me for the loyalty of her he rt, the fresh firmness of her mind, the unspoiled and simple charm of her appearance.I a mutual attachment - which also seems to embody, in a way as poetic as it was unpremeditated , a symbol of our epoch and an alliance between the spirit of Thomas Mann and mine - I hope that I may help her personality to its full bloom so as I am sure that she will help mine to its final values.

    Have, both of you, my very affectionate greetings and thanks, and please remember me to your travel companion Erika.   G.A.B.

    By sheer coincidence, yet how strange, the same mail brings to Dr.Mann a copy of the memorandum on the Committee on Europe which Mr. Hutchins wanted me to write and which

he warmly liked.Any comment from Dr. Mann will be welcome. It also was ХХХ sheer coincidence –yet even stranger– that this very idea of the Committee on Europe was the one that took me to Princeton, on Nov.%, there to meet for the first ХХ time Elisabeth.

    A happy journey, again.   G.A.B.

Giuseppe Antonio Borgese an Katia und Thomas Mann, 2. Juni 1939. In seinem Schreiben legt der italienische Literarhistoriker und Schriftsteller, der seit 1936 eine Professur an der Universität Chicago innehat, seine Heiratsabsichten dar und bittet um die Hand der Tochter Elisabeth.

Rechte Seite: Antwortschreiben von Thomas und Katia Mann, 4. Juni 1939

Als bedeutendem Vertreter der italienischen Exilliteratur hatten Erika und Klaus Mann ihrem zukünftigen Schwager schon in dem gemeinsamen Buch «Escape to Life» einen Platz eingeräumt: «Borgese sieht jünger aus, als man es annehmen sollte, wenn man seine literarischen und wissenschaftlichen Leistungen kennt. Er ist ein kräftiger, vollblütiger Mann, ungeheuer italienisch in seiner Art des Sprechens und als physiologischer Typus.» Ähnlich muss der um nur wenig jüngere Schwiegersohn auf Thomas Mann gewirkt haben. Er beschreibt Borgese als «vulkanischen Mann», dessen Temperament aber seinem zurückhaltenderen Naturell mit der Zeit mehr und mehr zuwiderläuft. Borgese und die Schwester Elisabeth sind es schließlich auch, denen Klaus und Erika Mann ihr zweites im amerikanischen Exil entstandenes Buch «The Other Germany» widmen. Es will das andere Deutschland zeigen: Nicht alle Deutschen sind Nazis, so der Grundtenor des Buches, zwischen

Lieber Freund Borgese:

Für Ihren lieben Brief wollen meine Frau und ich Ihnen gemeinsam danken,daher diktiere ich ihr,wie wir es bei intimerer Korrespondenz gewöhnt sind.

Wir haben Ihren Brief mit Rührung und Sympathie gelesen. Er ist ein wirklich gewinnender Ausdruck Ihrer Persönlichkeit ,und Sie können sich denken,dass es uns im Augenblick unserer Abreise eine Freude und eine Beruhigung war,ihn zu empfangen. Es sei alles,wie Sie sagen ! Wir lassen unsere Elisabeth zurück im Vertrauen, dass ihr guter Engel oder wie man den Lebensinstinkt nennen will,der uns leitet, ihr das Rechte zu tun eingeben wird. Wir können nur sagen,dass wir eine eine Verbindung von Herzen begrüssen würden, die uns im Persönlichen glückverheissend und im Ueberpersönlichen schön gut und sinnvoll dünkt.

Was uns besonders gefreut hat in Ihrem Brief,ist Ihr Urteil über Medi,die,wie wir ohne elterliche Ueberheblichkeit sagen möchten, zutreffende Kennzeichnung ihres Charakters. Die "loyalty of her heart" , das scheint uns in der Tat das Beste und Richtigste,was man von ihr sagen kann, und auf diese loyalty können wir alle vertrauen. Sie werden verstehen,dass das ganze Problem seine melancholische Seite für uns hat, und dass wir recht sehr vereinsamen werden,

wenn es kommt,wie es scheint,kommen zu sollen, aber das ist das Gesetzt der Zeit und des Lebens. Medi ist noch so jung und kindlich, dass schon diese experimentelle und weite Trennung besonders meiner Frau schwer fällt. Gerade darum hat sie Ihren Brief,der so reich an Gefühl und Verständnis ist, so wohltätig empfunden.Möge also das Rechte geschehen !

Zu danken habe ich Ihnen auch noch für Ihr Exposé, das ich gut,wohlformuliert und glücklich finde. Ich glaube, dass es werbende Kraft haben wird, und gewisser Zweifel ungeachtet, die meine Natur mir in allen Fragen der realen Aktivität niemals erspart, würde ich die Verwirklichung Ihres grossgedachten Planes als den Versuch zur Schaffung einer geistigen Autorität unumwunden begrüssen. Seien Sie jedenfalls meiner weiteren lebendigsten Anteilnahme an dem Unternehmen ernstlichst versichert!

Wir fahren übermorgen auf der Ile de France, denken zweite Häfte September zurück zu sein und hoffen dann sofort alle persönlichen und allgemeinen Fragen freundschaftlich mit Ihnen besprechen zu können.

Nehmen Sie unsere herzlichsten Wünsche für den Verlauf des Sommers!

Ihr

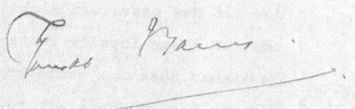

Elisabeth Mann Borgese und Giuseppe Antonio Borgese wenige Tage nach der Eheschließung im November 1939

8.

Vowing to redeem the State,
Now let every girl and boy
To the heaven of the Great
All their prayers and praises lift:
Mozart with ironic breath
Turning poverty to song,
Goethe innocent of sin
Placing every human wrong,
Blake the industrious visionary,
Tolstoi the keen animal,
Hellas-loving Hoelderlin,
Wagner who obeyed his gift
Organised his wish for death
Into a tremendous cry,
Looking down upon us, all
Wish us joy.

W. H. AUDEN.

Letzte Strophe von Wystan Audens Gelegenheitsgedicht zur Hochzeit, in dem – Klaus Mann erinnert sich daran im «Wendepunkt» – die «Genien abendländischer Kultur als Schutzheilige des italienisch-deutsch-amerikanischen Paares beschworen werden», «von Dante, dem Exilierten», «über Mozart und Goethe» bis «zu ‹Hellas-loving Hölderlin› und jenem späten, schon recht fragwürdigen Heiligen, Richard Wagner».

Regime und Volk sei strikt zu unterscheiden. Borgese wiederum verkörpert für sie das andere, das antifaschistische Italien. Der bekannte Autor des «Rubè» und des «Marsch des Fascismus» hatte den faschistischen Eid verweigert und 1931 der Diktatur Mussolinis den Rücken gekehrt. In seiner Verbindung zu einer Tochter Thomas Manns sieht er, wie er mit leichtem Pathos im Schreiben an die Eltern um die Hand Elisabeths formuliert, auch ein «Symbol unserer Epoche». Eine deutsch-italienische Allianz gegen den Faschismus ist für ihn zugleich das mit Thomas Manns Unterstützung realisierte Projekt «The City of Man», das wie «The Other Germany» 1940 erscheint.

«Über den Berg»

Nach einem längeren Aufenthalt in Amerika
kehrt Golo Mann im Sommer 1939 nach
Zürich zurück, um als Redaktor die Herausgabe der Exilzeitschrift «Maß und
Wert» weiter zu betreuen. Kurz darauf,
nach Kriegsausbruch im September 1939,
überschlagen sich die politischen Ereignisse in Europa. Im April 1940 marschiert
die deutsche Wehrmacht in Dänemark
und Norwegen ein, im Mai beginnt die
Westoffensive. Nach nur kurzer Zeit ka-
pitulieren die Niederlande und Belgien.
Mitte Mai stoßen Hitlers Truppen nach
Frankreich vor. Am 14. Juni wird Paris
eingenommen. Im Waffenstillstand von
Compiègne wird das Land am 22. Juni in
ein besetztes und ein unbesetztes Gebiet
geteilt.

Schon im Mai eilt Golo Mann nach Frankreich, um gegen die deutschen Invasoren
zu kämpfen. Es kommt nicht dazu: Nach
der Grenzüberschreitung wird er in verschiedenen Lagern inhaftiert und erst Anfang August endgültig wieder in Marseille
freigelassen.

«Wie geschah ihm nun? Unter dem Vorge-
ben, daß er nach einem Soldatenlager geführt werde, sah er sich plötzlich in dem
Lager der Entwaffneten und der Lästigen.
Festgehalten, bis sie der Übergabe Frankreichs nicht mehr im Wege sein konnten;
nachher mochten sie zusehen, wo sie blieben; derart geriet der junge Mann endlich
auf denselben Berg wie der alte. Er war
besser zu Fuß, dafür mußte er durch här-
tere Erlebnisse gehen.»

Unter dem Titel «Über den Berg» hat
Heinrich Mann in seinen Erinnerungen die
abenteuerliche und beschwerliche Flucht
mit seinem Neffen von Marseille über die
Pyrenäen beschrieben. Nach seiner Frei-

Juni 1940: Adolf Hitler
und Albert Speer (links)
im besetzten Paris

Lion Feuchtwanger
in Les Milles bei Aix-en-
Provence, Mai 1940. In
dem französischen Lager
war auch Golo Mann
ab Juni interniert.

lassung stößt Golo Mann in der südfranzö-
sischen Hafenstadt auf Heinrich und Nelly
Mann, Franz Werfel und Alma Mahler-
Werfel. Mit Hilfe des Amerikaners Varian
Fry vom «Emergency Rescue Committee»
treten sie den Weg nach Spanien an. Das
Komitee war direkt nach dem Zusammen-

bruch Frankreichs unter anderem von
Dorothy Thompson und Thomas Mann
gegründet worden, um antifaschistischen
Flüchtlingen aus dem unbesetzten Vichy-
Frankreich über die Grenze zu verhelfen.
«Unser Dasein bestand aus illegalen
Schritten [...]. Die Rucksäcke holen war al-

Grade telephoniert mir Kesten die gute
Nachricht, dass Heinr.-Golo in
Lissabon sind. Ein Stein
weniger auf Unsrer Brust!

20.IX.40

Frau Mamale,

nur einen hastigen Gruss und ein Ankunftszeichen:
die Reise hat kolossal <u>lang</u> gedauert,ich hatte ir=
gendwie <u>Pech</u> mit den Zügen. Uebrigens auch sonst;
denn mein Geldgeber in Pittsburgh war gerade nach
Mexico abgereist - was ich ihm nicht einmal übel
nehmen kann:erstens,weil <u>reiche</u> Menschen sich schlecht=
hin <u>alles</u> gestatten dürfen;dann aber auch,weil ich
ja schliesslich zwischen dem 12. und 14. mit ihm

The Bedford
118 EAST 40TH STREET
NEW YORK

Brief von Klaus
an Katia Mann über die
geglückte Ankunft von
Heinrich und Golo Mann
in Lissabon, 20. Sep-
tember 1940

Heinrich Manns
Schiffskarte für die «Nea
Hellas», mit der er Europa
für immer verlässt

Warten auf Einlass – der
griechische Dampfer «Nea
Hellas» am Pier

les. [...] Wir fragten einen Einheimischen, der uns gleich verstand: ‹Nach Spanien? Hier.› [...] Der Ziegensteig nach dem Exil überhob vieler peinlicher Eindrücke, er strengte körperlich an. [...] Mehrmals unterstützte mein Neffe mich, dann überließ er es meiner Frau, die an sich selbst genug gehabt hätte. Er nahm die noch steileren Abkürzungen, kehrte aber zurück, wenn wir gescheitert auf einem Stein saßen. Er verließ uns nicht, eher machte er den Weg dreifach.» (Heinrich Mann – «Ein Zeitalter wird besichtigt»)

Nächstes Fluchtziel ist Portugal. Auch Erika Mann ist im Herbst 1940 vor Ort, um aus nächster Nähe über die Lage zu berichten: «Lissabon, der einzige freie und neutrale Hafen in Europa, ist zum Treffpunkt und zur Wartehalle all derer geworden, die vor Hitler fliehen. [...] Verbannte sind es, Heimatlose, die hier versammelt sind; [...] ohne Gepäck, ohne Geld, oft ohne Ausweispapiere [...], und nun warten sie auf das Rettungsschiff.» (Erika Mann – «In Lissabon gestrandet»)

Golo, Heinrich und Nelly Mann treffen am 20. September in Lissabon ein. Anfang Oktober gehen sie mit den Werfels an Bord der «Nea Hellas». Der griechische Dampfer soll sie, wie Heinrich Mann in «Ein Zeitalter wird besichtigt» schreibt, nach Amerika bringen: «Der Blick auf Lissabon zeigte mir den Hafen. Es wird der letzte gewesen sein, wenn Europa zurückbleibt. Er erschien mir unbegreiflich schön. Eine verlorene Geliebte ist nicht schöner. Alles, was mir gegeben war, hatte ich an Europa erlebt, Lust und Schmerz eines seiner Zeitalter, das meines war; aber mehreren anderen, die vor meinem Dasein liegen, bin ich auch verbunden.

Überaus leidvoll war dieser Abschied.»

Eine Nacht in London

Deutscher Heinkel-
Bomber über London

Erika Mann

Blick auf London während
eines der ersten großen
Luftangriffe, 7. September
1940

Im August 1940 beginnt die Luftschlacht um England. Wenn auch die geplante Invasion schließlich wegen der überlegenen britischen Flugabwehr erfolgreich abgewendet werden kann, die schweren Bombenangriffe kosten viele Opfer unter der Zivilbevölkerung und ziehen eine Spur der Verwüstung nach sich. Das massive Bombardement schreibt als «The Blitz» ein düsteres Kapitel der britischen Geschichte. Ab September 1940 fliegt die deutsche Luftwaffe ihre ersten Großangriffe gegen London.

Monika Mann schreibt über die mit Jenö Lányi im Londoner Hexenkessel verbrachte Zeit: «Diese große Stadt war danach angetan, düstere Gedanken zu hegen [...]. Der Himmel über London war eingezirkelt von einem Ballonnetz, in dem die ‹Heu-

schrecken› sich verfangen sollten, falls sie kämen: sie konnten ja jeden Moment kommen: sie kamen. Am gegenwärtigsten von jener Zeit – an die man sich gewöhnte wie an jede Zeit – ist mir jener Gleichmut der düster-monumentalen Stadt – wie sie äußerlich in eine Hölle verwandelt wurde und innerlich eine vollkommene Würde bewahrte. Dem Lärm, der Spannung, der Not und Verwüstung begegnete sie mit einem solchen Anstand, wie wohl nur der Engländer ihn besitzt. Gegenwärtig sind mir die Sirenen, von denen man im

Schlaf, beim Kochen, beim Musizieren, im Hyde Park zwischen herrlichen Blumen und Bäumen überfallen wurde [...]; das ‹Blackout›, das wie ein makabres Versteckenspiel anmutete und bei dem in einer verräterischen Mondnacht London unvergeßlich schön erschien; die Gasmasken, die man sich umhängte, als seien sie das Alltäglichste der Welt – ein Opernglas oder Einkaufsbeutel. Ja, so akzeptierte man im Grunde alles, und mitten im Haarsträubenden ging man seiner Arbeit, ja seinem Vergnügen nach.»

Schutzsuchende
während eines Bomben-
angriffs in Londoner
U-Bahn-Schächten,
Oktober 1940

Obdachlos gewordene
Kinder, September 1940

Die «City of Benares»
(Foto: «Imperial
War Museum», London)

Erika Mann reist eigens an den Kriegsschauplatz, um für die BBC und den
New Yorker «Aufbau» über den Londoner
«Blitz» zu berichten: «Niemals zuvor ist
eine Stadt derartig nerventötenden Angrif-
fen ausgesetzt gewesen. Nicht einmal Rot-
terdam mit seiner sieben Minuten dauernden Verheerung und seinen 20000 Toten,
nicht einmal Warschau oder die Städte des
loyalistischen Spanien hatten ein solches
Maß erschreckender Gleichmäßigkeit des
Grauens zu ertragen wie London, das zehn
Stunden jede Nacht bombardiert wird. Ein
paar Stunden Schlaf kann man zwar stets
gegen Morgengrauen finden, aber Ruhe
und Aufwachen sind die eines Kranken,
dem man nach einer fiebrigen Nacht voller
Schmerzen und Wahnvorstellungen mil-
dernde Tabletten gegeben hat, um ihn zu

beruhigen. Er ist erschöpft, aber glücklich.
Doch selbst in seinen freundlicheren Träu-
men wacht die Ahnung, daß die Ruhe nicht
anhalten wird, daß der Kampf gegen den
Tod nicht vorüber ist.»
Thomas und Katia Mann bemühen sich für
die Tochter Monika und Jenö Lányi lange vergeblich um ein Ausreisevisum nach
Amerika. Erst am 8. August 1940 kann
Thomas Mann an Agnes E. Meyer ver-
melden: «Gerade habe ich von Seiten der
kanadischen Regierung inbetreff Monikas und ihres Mannes ein überraschend

freundliches Entgegenkommen gefunden
und zwar ausdrücklich mit folgender Begründung: ‹It was only your own exceptio-
nal and distinguished service to the causes
for which this country is at war that made
it possible for an exception to be made in
the general rule in the case of your daughter and her husband.›»
Am Freitag, dem 13. September, schiffen
sich die beiden in Liverpool mit der «City
of Benares» in Richtung Halifax, Nova Sco-
tia, ein.

«City of Benares»

In der Nacht vom 17. September wird die «City of Benares» mitten auf dem Atlantischen Ozean torpediert und sinkt. Das deutsche U-Boot U 48, das den Untergang des britischen Dampfers gezielt herbeiführt, wird zu diesem Zeitpunkt von Kapitän Heinrich Bleichrodt kommandiert.

Bei der Schiffstragödie verlieren von 406 Passagieren und Besatzungsmitgliedern um die 250 ihr Leben. Unter den Toten sind viele britische Kinder, die auf der «City of Benares» nach Kanada evakuiert werden sollten. Aber auch deutsche Emigranten wie der Schriftsteller und Ossietzky-Verteidiger Rudolf Olden zählen zu den Opfern: «Müde des ewigen Kampfes», weigert er sich nach der Torpedierung, seine Kabine zu verlassen.

Die «Trauernachricht von der Torpedierung eines englischen Kinder-Schiffes» erreicht die Manns im amerikanischen Exil erst mit einiger Verspätung. Nach und nach dringen weitere Meldungen durch: «Nachricht, daß R. Olden mit Frau bei der ruchlosen Torpedierung des Kinderschiffes umgekommen. Grauen.» Auch die eigene Tochter war an Bord des Schiffes, dies erfahren die Eltern zuletzt: «Morgens Kabel von Erika, daß Moni und Lányi auf dem torpedierten Schiff waren, der Mann tot ist und Moni sich in einem Hospital in Schottland befindet (in welchem Zustande?!), von wo Erika sie abholt. [...] Erbarmen mit dem gebrechlichen Kind. – Nicht gearbeitet.» (Tagebucheinträge Thomas Manns vom 22. bis 24. September)

Im schottischen Greenock gibt Monika Mann der Schwester Erika ein genaueres Bild vom durchlebten Schreckensszenario: «Sturm und Wellen waren so, dass alle Boote kippten, – den Jenö hat das Möndle noch 3 Mal aus den Wellen rufen hören, ‹aber das dritte Mal klang es schon sehr schwach.› Sie ist davon überzeugt (und mag recht haben), dass er sich aufgegeben hat, weil er *sie* für verloren hielt. (Er hat, des bin ich Zeuge, in ganz ungewöhnlichem Masse an ihr gehangen. Wann, je,

Ein britischer Zerstörer birgt Überlebende eines Rettungsbootes der «City of Benares» (Foto: «Imperial War Museum», London).

«83 Kinder sterben, als Deutsche Linienschiff im Sturm versenken» titelt der «Daily Mirror» am 23. September 1940.

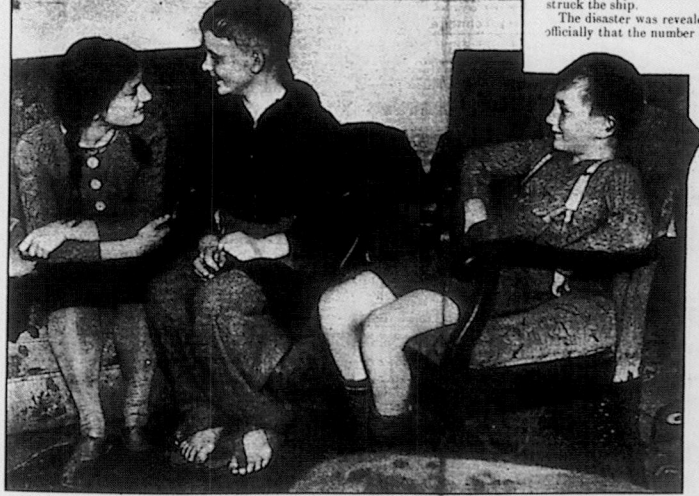

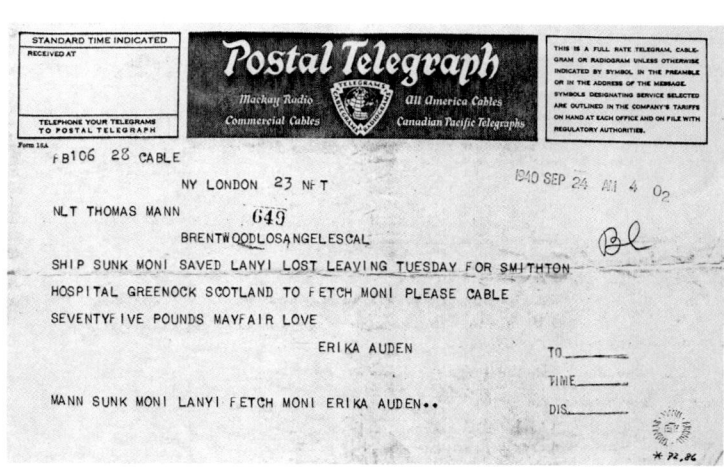

Telegramm Erika Manns an die Eltern, 24. September 1940: «SCHIFF GESUNKEN MONI GERETTET LANYI VERMISST ABFAHRE DIENSTAG NACH SMITHON HOSPITAL GREENOCK SCHOTTLAND UM MONI ABZUHOLEN BITTE KABELT FUENFUNDSIEBZIG PFUND MAYFAIR GRUESSE ERIKA AUDEN»

Erste Seite des Briefes von Erika an Katia Mann aus dem schottischen Hospital in Greenock, in das Monika Mann nach dem Schiffsunglück gebracht worden ist

Tagebuch von Klaus Mann, 26. September 1940

wird sie dergleichen wiederfinden?) Sie selber konnte nicht rufen, – war zu lange unter Wasser gewesen.»

Der Bruder Klaus erfährt durch Katia Mann vom Schiffsunglück: «Die sehr grauenvolle Nachricht, vom Mielein, dass *Moni* und *Lányi* auf jenem nach Canada bestimmten Dampfer waren ... Er ist ertrunken, sie gerettet. Das Unvorstellbare des Hergangs, der Konsequenzen. – – – Wie muss es ausschauen im Herzen, im Kopf der armen, unbarmherzig geschlagenen, zerschmetterten, vom Schicksal weggeschmissenen Moni.»

Das der Schwester Widerfahrene wird Klaus Mann später in dem niemals veröffentlichten Theaterstück «The Dead Don't Care» aufgreifen, einer Vorstufe zu seinem Drama «Der siebente Engel».

Erika Mann setzt dem verunglückten Kindertransport nach Kanada in ihrem 1942 erschienenen Buch «A Gang of Ten» ein kleines Denkmal. In ihrem 1940 veröffentlichten Buch «The Lights Go Down» hat Erika die Tragödie der Schwester auf erstaunliche Weise vorausgeahnt.

Reunion

Golo Mann in New York

Am 13. Oktober 1940 trifft die «Nea Hellas» am Pier von Hoboken ein. Auf dem Weg in die Freiheit drängen sich die Menschen an Bord, nicht wenige bekannte Gesichter sieht man unter den Ankommenden. Alfred Polgar, Hermann Budzislawski, Franz Werfel und Alma Mahler-Werfel, Golo, Nelly und Heinrich Mann retten sich mit der «Nea Hellas» nach Amerika. «Das Schiff, voll gestrandeter, durch Europa gejagter Berühmtheiten», gibt Klaus Mann seinen Eindruck über die Ankunft des griechischen Dampfers im Tagebuch wieder.

Die «New York Times» schreibt einen Tag später über die Einreise der prominenten Exilierten: «Heinrich Mann, der mit seinem Neffen Gottfried Mann reiste, wurde an der Pier von Dr. Thomas Mann begrüßt, dem von sich aus ins Exil gegangenen Schriftsteller und Nobelpreisträger. Dr. Mann ist der Vater von Gottfried und der Bruder von Heinrich Mann. Gottfried, der seinen Vater eineinhalb Jahre nicht gesehen hatte, lebte in Zürich und gab dort eine deutschsprachige Zeitschrift heraus,

als der Krieg begann. Bald danach ging er nach Frankreich, um dort Kriegsdienst zu leisten, wurde aber festgenommen.»

Mit der Einfahrt der «Nea Hellas» am Pier von Hoboken bricht auch für Heinrich und Golo Mann die Zeit des amerikanischen Exils an: «Schnelles Wiederanknüpfen abgebrochenen Gespräches mit G[olo]. Seine Intelligenz. Wohltuend – nach so viel konfusen, inhaltslosen Debatten», so Klaus Mann über die Wiederbegegnung mit dem Bruder.

Zwei Wochen später, am 28. Oktober, erreicht Monika Mann mit dem Schiff «Cameronia» New York. Die geglückte Ankunft in der Neuen Welt wird in ihrem Fall noch lange von dem ersten gescheiterten Emigrationsversuch und dem Tod ihres Mannes überschattet.

Franz Werfel, Heinrich und Nelly Mann bei ihrem Eintreffen in New York. Bericht in der «New York Times», 14. Oktober 1940

Mrs. Thomas Mann, wife of the exiled German author, kisses her daughter, Mrs. Monica Lanyi, whose husband, Jeno Lanyi, Hungarian art historian, was lost when the City of Benares was sunk on September 17. Mrs. Lanyi was rescued by a British destroyer after being in an open boat for twenty-four hours.

Es bedrängte mich viele Jahre, Tag und Nacht, jenes alptraumhaft Wirkliche, jenes in allen Fasern Erlebte und doch so völlig Unwahrscheinliche – jenes Kriegsabenteuer, das unserer Abreise mit den vielen Hoffnungen und ebensoviel schlimmen Ahnungen unmittelbar auf dem Fuß folgte und in dem mein Mann zugrunde ging. Es geschah alles in einer Viertelstunde. [...]

Es gab so einen Ruck, als sei man irgendwo aufgefahren – die Alarmglocke klingelte – nachts, ja, es war halb elf, ich hatte schon

geschlafen, er kam aus dem Salon herunter, wo er Klavier gespielt hatte – Bach, das Wohltemperierte Klavier von Bach –, bei der Alarmglocke kam er herunter in unsere Kabine, bleich – er zog erst mir den Rettungsgürtel an, dann sich selbst – was wir anhatten? Nur Regenmäntel, wir nahmen nichts mit, wir hatten keine Zeit, wir hatten Rettungsboot Nummer sechs, da waren viel zuviel Menschen, viel mehr als in ein Rettungsboot gehen, es fehlten Rettungsboote, die waren durch den Torpedo ka-

puttgegangen, und wir fielen alle auf den Grund des Meeres fast, weil wir zu viele waren, auch waren die Seile kaputt. Es war ein wahnsinniges Geschrei gewesen von der Mannschaft, schwarze Mannschaft, sie hat nichts als geschrien – und als wir wieder heraufkamen, schrien wir, so gut es ging, nahe am brennenden Schiff, wir hatten Petroleum geschluckt und waren zerschlagen und suchten nach etwas zum Anhalten, wir riefen einander, ich hörte seinen Ruf, dreimal, und dann nichts mehr. Und dann waren lauter Tote um mich rum und ganz schwarze Nacht und ganz hohe Wellen, und ich war durstig, und ich hatte keine Stimme mehr [...] – die Wellen haben mich ganz zugedeckt, sie kamen wie schwarze Gebirge auf mich los – tote Kinder gab es, von Schreck und Kälte getötet, und Durst – ja der Durst! –, und sie schwammen wie Puppen herum – es hatte in Strömen geregnet, dann kam der Mond, jetzt schwammen die Kinder auf den schwarzen Wellen im Mondschein [...]. Und am nächsten Nachmittag um vier Uhr kam das englische Kriegsschiff – mit dem ging es zurück nach Schottland [...]... Tränen erstickten mich. Tausend Details, das Verworrene kreiste um das eine, um den einen, um den herum, der nicht mehr war. Er hieß Jenö Lányi.

New York in seinem Lärm und in seinem Licht war erschütternd und beschämend. Ich saß neben meiner Mutter im Auto, schweigend. [...] Vom New Yorker Hafen bis Princeton war es ungefähr eine Stunde Fahrt, immer eben, breit, hell, immer viele Autos, viele Autos. Da glitten sie dahin, es schienen gar keine Menschen in ihnen zu sein, auch in den Wolkenkratzern nicht, es war ein ganz seelenloses Bild. Das tat gut. Oder es brachte die eigene Seele zum Schweigen, die viel zu laut gewesen war.

(Monika Mann – «Vergangenes und Gegenwärtiges»)

Großstadtleben

Europäische Emigranten in New York: Wystan H. Auden und Bertolt Brecht (Foto: Ruth Berlau/ © R. Berlau/Hoffmann)

Golo Mann

Nach einigen bei den Eltern in Princeton verbrachten Monaten siedelt Golo Mann im Frühjahr 1941 nach New York über. Er bezieht eine Wohnung in einem Haus, in dem die «Literatur und Bohème» ein und aus geht und auch sein Schwager Wystan H. Auden lebt. Für die neue Zeitschrift des Bruders Klaus, die im Entstehen begriffen ist, liefert er Beiträge – wie schon «acht Jahre früher in der ‹Sammlung›», so Golo. Über sein Leben in New York erzählt er: «[1941] wohnte ich einige Monate mit [Auden] zusammen in Brooklyn, in einem alten, stark heruntergekommenen Haus, das er zusammen mit einem New Yorker Literaten namens George Davis gemietet hatte. Andere Mitbewohner stellten sich ein. Da drei von ihnen, Auden, Carson McCullers und Benjamin Britten, später sehr berühmt wurden, so bin ich nach der Hausgemeinschaft oft gefragt worden; das müsse ja eine ‹Kommune› von höchstem Rang und Interesse gewesen sein. Darauf konnte ich nur antworten, daß solche menschliche Konstellationen in ihrer Wirklichkeit sich oft weniger bedeutend ausnähmen als im fremden Rückblick.» Lange währt Golo Manns Aufenthalt in Brooklyn nicht. Anders als seine älteren Geschwister Klaus und Erika kann sich Golo in New York nicht akklimatisieren. Die Großstadt «ist Gift für mich», schreibt er an Manuel Gasser.

Carson McCullers

Monika Mann, die wie die Geschwister später in New York leben wird, über ihre ersten Eindrücke vom Land der unbegrenzten Möglichkeiten: «Der Überfluß und Übermut Amerikas, Licht, Lärm, Reichtum, Sorglosigkeit, Verschwendung – das sogenannte Glück mutete mich zunächst so zynisch, absurd an […]. Seine Reklameorgien, sein Tempo, das nur immer zu sagen schien – Weiter, vorwärts, nicht stehenbleiben, nicht nachdenken, nicht des Lebens gewahr werden, darüber hinwegschwirren, mit Motoren und Maschinen und Kinos und Television und Flugzeugen ... nicht innehalten, sonst kommen die Skrupel, sonst kommen die Zweifel – vorwärts!»

New York, Times Square, 1941

Dieses sonderbare Haus in Brooklyn, wo sich *George Davis* niederlässt und einrichtet. [...] – *George* [...] zeigt mir das ganze wunderliche Anwesen: die Apartments vom *Wystan* – den ich, samt *Chester*, ein paar Minuten sehe –, von Carson *McCullers*, die später mit ihrer Mutter aus dem Theater kommt. – Welcher Roman wäre hierüber zu schreiben! – *George's* Verlobung mit diesem populären Broadway-Star, *Gipsy?* – – – – *McCullers*, verzehrt von ihrem Talent, ihrer Schwindsucht und ihrer unsinnigen Liebe zu *Miro* – – – (Dazu: *Miro* – *E[rika]*; *E[rika]* – *Wystan*; *Wystan* – *Chester*. – – –) – Welch ein Roman!!
(Tagebuch Klaus Mann, 8. Oktober 1940)
Die All-Stadt, in der die Städte sich aufheben, Stadt bis zur Abstraktheit. Die Architektur, das Licht, das Tempo, das Klima, die Größe, das Kosmopolitische sind Komponenten, viel bleibt, das Geheimnis ist. [...] Jenes systematisierte Dasein, das die Menschen voneinander trennt, sie einsam macht, bildet ein Ganzes, in dessen Schutz man steht. Ja, in New York ist man einsam wie in keiner anderen Stadt, zugleich gewährt es eine Protektion wie eine riesige, stählerne, abstrakte Mutter.
(Monika Mann – «Vergangenes und Gegenwärtiges»)

«Decision»

Klaus Mann
im Foyer des Hotels
Bedford, um 1939

Für Klaus Mann war New York von jeher die ‹Stadt der Städte› gewesen. Jetzt findet er dort ein neues Lebenszentrum. Er wohnt regelmäßig im Hotel Bedford, in dem auch viele andere Exilierte Quartier nehmen. Und er beginnt mit den Vorbereitungen für eine neue Zeitschrift, die er herausgeben will – diesmal in englischer Sprache.

Im Januar 1941 liegt schließlich das erste Heft der neuen Monatsschrift vor. Sie trägt den Namen «Decision», und Klaus Mann kann eine stattliche Liste von prominenten «Editorial Advisors» aufführen – von Sherwood Anderson über Somerset Maugham und Freda Kirchwey bis zu Stefan Zweig. Auch Thomas Mann gehört zum Gremium der Editorischen Berater. Und nicht nur der Bruder Golo, auch der Onkel Heinrich Mann wird Autor des Journals.

Im Geleitwort des ersten Heftes erklärt Klaus Mann: «Wir nennen diese Zeitschrift *Decision – Entscheidung –* nicht, weil wir ein fest umrissenes politisches oder geistiges Programm haben. Vielmehr bedeutet dieser Titel, daß wir uns vorgenommen haben, ein Programm zu suchen, weiterzumachen, der Herausforderung zu begegnen, die der gegenwärtige Rückgang an Menschlichkeit bedeutet, und die allgemeine Verzweiflung mit den Waffen konstruktiven Denkens zu besiegen. Schon die Tatsache, daß wir gerade jetzt das Wagnis eingehen, eine literarische Zeitschrift zu gründen, die sich der freien Kultur widmet, ist eine Geste des Protestes und der Hoffnung.»

Höchst international und prominent ist die Liste der Autoren: Aldous Huxley, Upton Sinclair, Janet Flanner, William Carlos Williams und Carson McCullers gehören dazu, auch Jules Romains, Christopher Isherwood, Jean-Paul Sartre, Franz Werfel, Bertolt Brecht und Berthold Viertel.

Thomas Mann hat später festgestellt, dass die Zeitschrift seines Sohnes «wohl wirklich die beste, farbigste literarische Revue war, die Amerika je gesehen hat». Doch obwohl «Decision» ein hohes literarisches Niveau erreicht, gelingt es niemals, aus den roten Zahlen herauszukommen. 5000 Exemplare werden von den Heften gedruckt, und es gibt rund 2000 Abonnenten. Aber die Zeitschrift trägt sich zu keinem Zeitpunkt selbst. Auch dass der Vater sich verstärkt für «Decision» engagiert, vermag die Zeitschrift nicht zu retten. Erika Mann bemüht sich, Agnes E. Meyer, Thomas Manns reiche amerikanische Gönnerin, für eine finanzielle Unterstützung von «Decision» zu gewinnen – doch ohne Erfolg. Ein Doppelheft für Januar/ Februar 1942 ist endgültig die letzte Ausgabe.

Klaus Mann empfindet das desaströse Ende seiner Zeitschrift als bittere Niederlage. «Ich bin *furchtbar* traurig», schreibt er seiner Mutter im Januar 1942. «Nicht nur, oder nicht einmal vor allem, wegen des Verlustes der Zeitschrift selber oder wegen all der vergeblichen Müh und Plag, sondern weil das ganze Schlamassel mir so recht vor Augen rückt, wie wenig man unsereinen in dieser fragwürdigen Welt will, braucht und würdigt.»

Im Sommer 1941 unternimmt er einen verzweifelten Versuch sich umzubringen. Der «Decision»-Redakteur Christopher Lazare findet ihn gerade noch rechtzeitig, um ihn «aufzuwecken».

The Bedford · 118 E. 40th St., New York

Zeitgenössische Postkarte
des Hotel Bedford

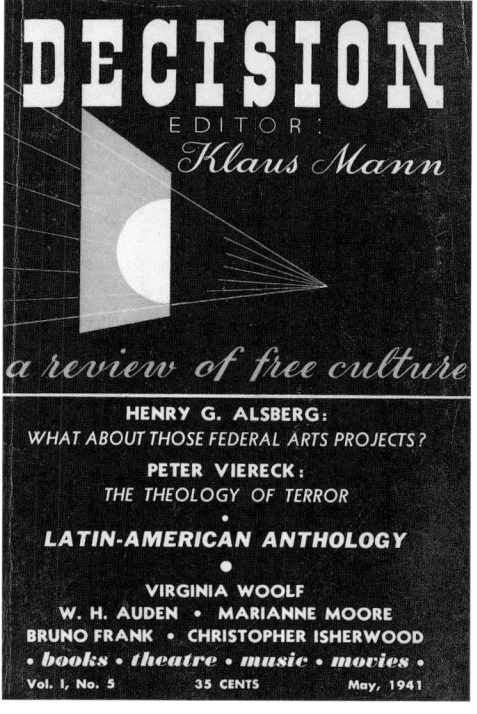

Die Ausgabe vom
Mai 1941

Ab Juli 1941 hatte die
Zeitschrift einen rein
typographisch gestalteten
Umschlag.

Anzeige des Hotel Bedford
in «Decision»

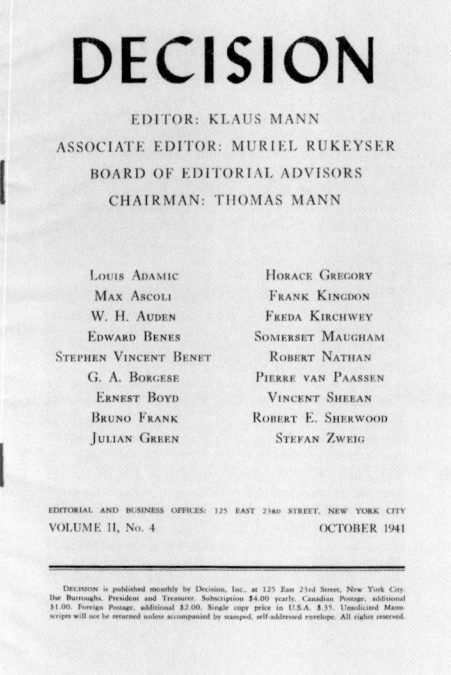

«Chairman:
Thomas Mann»

Pacific Palisades

Das Haus am San Remo
Drive

Thomas Mann in seinem
Arbeitszimmer

Im März 1941 siedeln Katia und Thomas Mann von der amerikanischen Ostküste an die Westküste über. Sie erwerben einen Bauplatz an der Küste von Los Angeles, am San Remo Drive 1550 in Pacific Palisades. Bis zur Fertigstellung der neu errichteten Villa im Februar 1942 leben sie in einem Mietshaus am Amalfi Drive. An die Tochter Erika schreibt der Vater noch im Monat des Einzugs: «Die Geselligkeit wird zurückgehen, Kinder kommen nicht, müssen ihr eigenes Leben führen, und wenn Golo einen Job bekommt, was man ihm herzlich wünschen muß, werden wir ganz allein mit dem armen Mönchen in der mühsam hergestellten Pracht vergreisen und verseufzen.»

In einem Brief an Hermann Hesse dagegen schwärmt Thomas Mann im März 1942 von den neuen Lebensumständen, «für deren Gunst ich nicht dankbar genug sein kann – in dem schönsten Arbeitszimmer meines Lebens. Die Landschaft um unser Haus herum, mit dem Blick auf den Ozean,

sollten Sie sehen; den Garten mit seinen Palmen, Öl-, Pfeffer-, Citronen- und Eukalyptus-Bäumen, den wuchernden Blumen, dem Rasen, der wenige Tage nach der Saat geschoren werden konnte. Heitere Sinneseindrücke sind nicht wenig in solchen Zeiten, und der Himmel ist hier fast das ganze Jahr heiter und sendet ein unvergleichliches, alles verschönendes Licht.»

Die «transplantierte, zerspaltene, frustrierte Existenz» des Emigrantendaseins in Amerika macht Golo Mann zunächst zu schaffen. Noch aus New York schreibt er im Juli 1941 an Erich von Kahler: «Ich war in den letzten Monaten sehr arm. Im Herbst muss sich da irgend etwas ändern, sonst vollziehe ich einen radikalen Kurswechsel in meinem Leben; da ich die Zahl der geld-, nutz- und wertlosen Emigranten

Olivet, Michigan

10. Oktober.

Liebste Dulala:

vielleicht hat dir der gute Dr. Gottschalk gesagt, wie es mit mir steht, und dass daran garnicht zu denken ist, dass ich Deine freundlichen Weekend-Einladungen (siehe meinen vorigen Brief) annehmen könnte. Ich stehe meistens um drei Uhr auf und werde bald sterben: gelte aber auch schon als the most brilliant man of the faculty! - Dass IHR, bevor die Gasrationierung einsetzt, einmal Sonntags die schöne Strasse den See entlang hier heraus kämet, wo dem Antonio gewiss die höchsten Ehrungen sicher wären - d a s wäre eine andere Möglichkeit. - Nun sei doch so gut, und rufe das CS Consulat an: sie möchten mir die Applikationen etc. für erneuerung meines Passes hier her schicken (Gottfried Th. M O. College, O. Mich.) Bitte tue mir diesen grossen Dienst recht bald, weil ich donst nicht im Ländli bleiben darf. Ach ma chere amie, es liesse sich wohl manches plaudern, denn hier ist es gar einsam, human gesprochen, aber gedrängt, technisch gesprochen, und darum, ich fange lieber nicht damit an.

Tout a toi,

Golo

Brief Golo Manns an seine Schwester Elisabeth: «Liebste Dulala»

Golo Mann mit dem Pudel Niko in Pacific Palisades

hier auf die Dauer nicht vermehren will.» Golo Mann hält sich wiederholt für längere Zeit bei den Eltern in Kalifornien auf, macht sich dort im Hause nützlich, dient dem Vater als Sekretär und Chauffeur. «Es ist ganz gut hier», berichtet er Erich von Kahler, «was die *animalischen* Lebensfreuden betrifft, sogar sehr gut. Täglich den Ozean, schönes Licht, Reinheit der Luft, Ruhe. Das Hausen mit den Eltern hat seine Vor- und Nachteile, wovon aber, verglichen mit dem, was sich mir sonst böte, die ersteren weit überwiegen.» Die Geselligkeiten des «Emigranten-Ghettos» von Los Angeles dagegen meide er ebenso wie «das Film-Gesindel», schreibt er Manuel Gasser, denn dort herrsche nichts als «makabre Langeweile»: «Es ist der ‹Zauberberg›, aber ohne die geistigen Ansprüche desselben.»

Im Herbst 1942 gelingt es ihm endlich, eine feste Anstellung zu bekommen: am Olivet College in Michigan unterrichtet er für zehn Monate das Fach Geschichte. Später schreibt er über diese Zeit: «Es war harte Arbeit, allerdings, und die Landschaft war flach und Angst einflössend. Aber es war meine erste Arbeit in Amerika, und ich war froh, sie gefunden zu haben.»

Wie Erika und Klaus findet sich auch Golo immer wieder zu längeren Aufenthalten in Pacific Palisades ein.

«Ein ganz *unseliges* Problemata»

Blick auf Garten und Terrasse am San Remo Drive 1550

«Denke auch schon viel darüber nach, was man mit *Moni* tun könnte. Ist ja auch ein ganz *unseliges* Problemata», schreibt Erika Mann am 13. April 1941 an ihre Eltern. Die in der Familie wenig geliebte ‹mittlere› Tochter wird zu einem dauerhaften Sorgenpunkt; man wirft ihr Untätigkeit, ja Faulheit vor.

Die ersten Monate in Amerika wohnt sie zunächst bei den Eltern in Princeton. 1941 kommt sie für einige Zeit bei ihrem Bruder Michael und seiner Familie unter. Nach Katia und Thomas Manns Umzug an die kalifornische Küste nimmt sich Monika in Pacific Palisades zwar eine eigene Wohnung, ist aber trotzdem häufiger Gast bei den Eltern.

Das Verständnis, das man ihr zunächst entgegenbringt, wird mit der Zeit geringer. Selbst Katia spricht in einem Brief von dem «unlösbaren Problem» «Mönle» und gesteht: «das Zusammenleben mit dem egozentrischen, […] aggressiven und ungnädigen Geschöpf hat sein Trostloses». Die Mutter empfindet es als «wirklich bitter, dass gerade dieses Kind uns so unwandelbar zur Seite stehen soll». Immerhin konzediert Katia, dass es nach dem von Moni erlittenen Schicksalsschlag «*zu* hart wäre, eben jetzt etwas zu ändern, und eine Zeit lang (?) mag es wohl noch so weiter gehen».

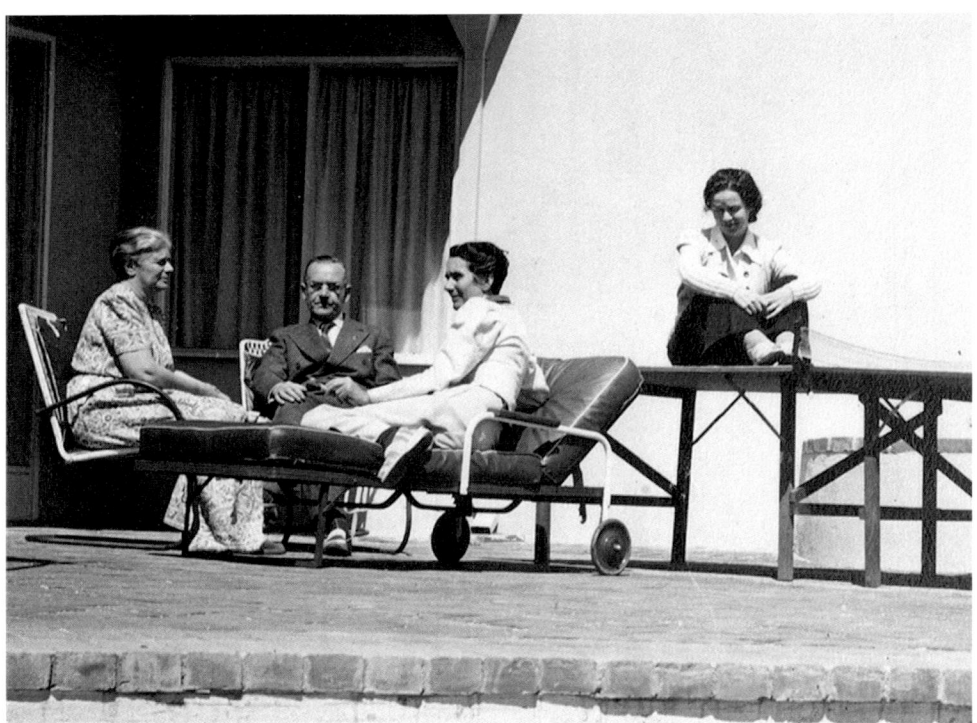

Monika (auf der Tischtennisplatte) mit Erika und den Eltern

Vater und Tochter

Katia und Thomas auf
der Terrasse

Monika mit dem Pudel
Niko

Ende 1942 stellt sich Monika Mann auf eigene Füße und siedelt nach New York über. Hier nimmt sie Klavierunterricht beim Pianisten Kurt Appelbaum. «Urmimchens Putzvasen, – soviel ist richtig –, *können* nicht nutzloser gewesen sein als diese meine Schwester», urteilt Erika Mann ebenso scharfzüngig wie unerbittlich. 1945 tut sich Monika in New York vor-

übergehend mit Kadidja Wedekind zusammen. Katia an Klaus Mann: «Sie lebt aber seit einigen Monaten mit Kadidja zusammen, was eine glückliche Kombination zu sein scheint, und jedenfalls unendlich besser wie das trübselige alleine Hausen. Sie scheint auch zu kochen – was entschieden sittlich höher zu werten ist als das Stenographieren –, einige Menschen um Monika

Mann haben sich auch gefunden, und ihre Briefe klingen eigentlich ganz vergnügt. Am Ende wird sie in New York noch ein ebenso ehrenvolles Renommée hinterlassen wie in Florenz. Es ist seltsam, die Leute finden ja auch ihre Briefe reizend, und am Ende bin ich es, die bees und ungerecht ist. Glaubs aber nicht.»

Und doch vermag Monika Mann in der Neuen Welt nicht wirklich Fuß zu fassen. Ihre Wohnsitze wechseln, für längere Aufenthalte zieht es sie immer wieder zu den Eltern nach Pacific Palisades. Depressive Stimmungen der Tochter veranlassen die Eltern schließlich sogar, sie 1948 in einem anthroposophischen Heim unterzubringen. Als «schwierigster Grenzfall», so Thomas Mann einmal in seinem Tagebuch, wird sie auch fortan in der Familie eingestuft.

Aus dem Familienalbum

Die beiden jüngsten Kinder der Manns, Michael und Elisabeth, gründen im amerikanischen Exil Familien. In Monterey bei Carmel, einem Küstenort südlich von San Francisco, wird am 31. Juli 1940 Fridolin Mann geboren, der erste Sohn von Michael und Gret Mann. Die Familie nennt ihn Frido. Thomas Mann notiert im Tagebuch recht nüchtern: «Telegramm von Bibi aus Carmel, daß das Kind, ein Knabe, glücklich zur Welt gekommen. Die Großvaterschaft kommt spät und macht mir geringen Eindruck. Der erste Enkel, Amerikaner von Geburt, hat deutsches, brasilianisches, jüdisches und schweizerisches Blut, vom letzteren sogar noch von meiner Großmutter.» Schon bald sollte Frido, dessen Patin Eva Herrmann ist, zum erklärten Lieblingsenkel Thomas Manns avancieren.

1942 siedelt Michael mit seiner Familie nach Mill Valley nördlich von San Francisco über. Im San Francisco Symphony Orchestra von Pierre Monteux wird er Orchestermitglied, zugleich Fakultätsmitglied des San Francisco Conservatory of Music. Im selben Jahr, am 20. Juli, kommt auch der zweite Sohn von Michael und Gret zur Welt: Anthony Mann, der in der Familie Toni gerufen wird.

Gret und Michael mit
ihren Söhnen Toni (links)
und Frido

Toni und Frido

Katia und Thomas Mann
mit den beiden Enkel-
söhnen

«Lebensdinge»

Die Borgeses mit der
ersten Tochter Angelica

Am 30. November 1940, im selben Jahr wie
Frido Mann, erblickt auch die erste Tochter von Giuseppe Antonio Borgese und
Elisabeth das Licht der Welt, Angelica
genannt. Knapp dreieinhalb Jahre später, am 6. März 1944, folgt Angelica eine
Schwester, Dominica.

Dominica wird zusammen mit Toni Mann
getauft. Bei der Feier sorgen die Geschwister Michael und Elisabeth für die musikalische Umrahmung. Elisabeth Mann Borgese erinnerte sich später an die Taufe und
ihr Verhältnis zu ihrem Bruder Michael:
«Wir sind zusammen aufgewachsen, wir
haben im gleichen Jahr geheiratet, wir haben fast im gleichen Jahr Kinder gehabt,
wir haben unsere Kinder taufen lassen,
erst die älteren und dann die jüngeren.
Wie wir die Jüngeren haben taufen lassen,
in der Unitarian Church, wollten wir gerne
die Musik dazu machen, denn wir haben ja
viel zusammen Musik gemacht. Und er
ging also hin zum Pfarrer und sagte: ‹Diese
Kinder werden getauft, meine Schwester
und ich, wir würden gern die Musik dazu
machen, meine Schwester und ich, wir
sind nämlich die Eltern von den Kindern.›
Der Pfarrer wäre fast in Ohnmacht gefallen.»

Kurz vor dem Tauffest, am 17. Dezember 1944, stirbt Heinrich Manns Ehefrau
Nelly an einer Überdosis Schlaftabletten.
Thomas Mann reflektierte später über die
beiden dicht beieinander liegenden Er-

eignisse: «Lebensdinge … Zehn Tage nach
der Bestattung gab es eine Taufe: Das
zweite Söhnchen, Tonio, unseres jüngsten
Sohnes, das zweite Töchterchen, Dominica, Elisabeth Borgese's, unserer jüngsten
Tochter, wurden in der Unitarian Church
mit einem Minimum an religiöser Prä-
tention, in den verständig-menschlichsten
Formen zu Christen geweiht. […] Im Familienkreis, mit Borgese, auch mit Freunden
wie Neumanns war von der Kriegslage immer wieder die Rede. Im Rückblick nimmt
die schwankende Beurteilung der Aussich-
ten, die damals immer noch möglich war,
sich seltsam genug aus.»

Heinrich und Nelly Mann
in glücklichen Tagen

Angelica,

Elisabeth and

G. A. Borgese

wish you a

Merry Christmas

and a victorious 1942.

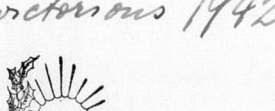

Sorry we did not see you this year;

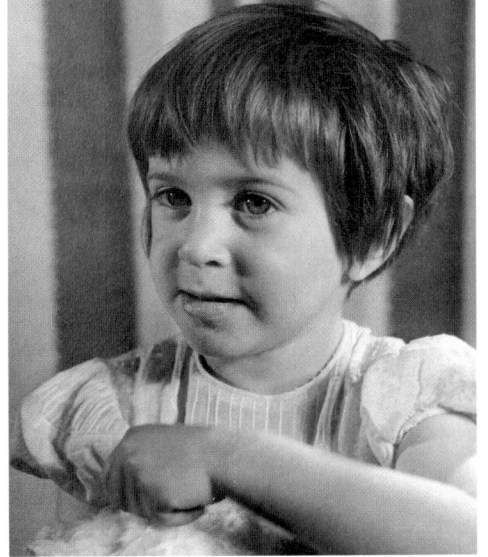

Angelica

Dominica

Thomas Mann tat sich nicht immer leicht mit dem temperamentvollen italienischen Schwiegersohn. Die Elisabeth-Mann-Biographin Kerstin Holzer schreibt: «Borgeses lautes und bestimmtes Auftreten drängte andere schnell an den Rand, was speziell Thomas, selbst nicht uneitel, nicht goutierte. Mit einem Wort: Giuseppe Antonio Borgese, ein leidenschaftlicher Redner und Salonlöwe, provozierte beim zurückhaltenderen Schriftsteller schlechte Laune. Dabei waren die Auslöser meist recht unbedeutend, erinnert sich Elisabeth. ‹Einmal waren wir bei meinen Eltern in Pacific Palisades. Nun schätzte es mein Vater, wenn es sich ein bißchen um ihn, den Hausherren, drehte. Statt dessen saßen die weiblichen Gäste Borgese zu Füßen, der ununterbrochen predigte. Das hat meinen Vater schon gegiftet. Und er mochte es auch nicht, wenn Borgese vor ihm durch die Türe ging.›»

Doch dass die Borgeses in ihren ersten gemeinsamen Jahren «ein sehr harmonisches, glückliches, geistig anregendes Eheleben» führten, war offenkundig und stimmte auch Thomas Mann versöhnlich. Sein geliebtes «Kindchen» hatte eine gute Wahl getroffen.

Der Wendepunkt

Klaus Mann mit seinem
Neffen Frido

«**Von mir kommen keine Kinde**r, nur Bücher, ein melancholisch-insuffizienter Ersatz. Aber wenn man schon nichts zur Vermehrung der Menschheit tut, so will man die armen Buben kommender Epochen doch wenigstens mit einiger interessanter Lektüre versorgen», schreibt Klaus Mann. Im Tagebuch notierte er am 13. September 1940, nach einem Besuch bei Michael und Gret in Carmel: «Und das *Baby* – mein erster Neffe, *Fridolin*. (WARUM Fridolin??) – Das greisenhafte Gesichtchen, grosse Ohren, schaumige Backen, blicklose Transparenz des Blicks, zahnloses Lachen. Die Händchen und Füsse – so genau geformt. Nervöse Fleischblümchen. – – – – Was wird DER nun erleben?? – – – – Ach, und WIR?»

Mitten hinein in die nervenaufreibende Dauerkrise von «Decision» beginnt Klaus Mann im Sommer 1941 mit der Niederschrift eines neuen Buches: «The Turning Point». Er schreibt – zum zweiten Mal nach «Kind dieser Zeit» – einen Bericht über sein Leben. Mit selbstkritisch-ironischer Distanz erzählt er von eigenen Werken und Erfahrungen; und zugleich zieht er eine subjektive Bilanz der Zeit- und Kulturgeschichte des 20. Jahrhunderts. In den autobiographischen Text sind zahlreiche Porträts von Personen und Skizzen politisch-literarischer Ereignisse eingeflochten. Diese Passagen verdichten sich zu einem meisterhaften Bild der Epoche – sie gehören zum Besten, was Klaus Mann überhaupt geschrieben hat.

Die Arbeit an dem Buch hilft ihm aus den tiefen Depressionen, in die er immer häufiger stürzt, zumindest teilweise heraus. Es solle ein ernstes und aufrichtiges Buch werden, betont Klaus Mann: «Ich bin müde aller literarischen Clichés und Tricks. Ich bin müde aller Masken, aller Verstellungskünste. Ist es die Kunst selbst, deren ich müde bin? Ich will nicht mehr lügen. Ich will nicht mehr spielen. Ich will bekennen. Die ernste Stunde – das ist die Stunde der Konfession.»

Der Topos «Wendepunkt» ist für die Autobiographie von zentraler Bedeutung. Er bezeichnet Klaus Manns Überzeugung, dass man in bestimmten Situationen die Wahl hat: Man kann diese oder jene Richtung einschlagen und dadurch über seine Zukunft selbst entscheiden. Das gilt im Großen wie im Kleinen – für die Menschheit oder ganze Nationen und Völker, aber auch für jedes Individuum.

Für sich persönlich trifft Klaus Mann Ende 1941, noch während der Arbeit an der Autobiographie, eine gravierende Entscheidung: Er entschließt sich, seine Rolle als bloßer «Kommentator, Warner, Propagandist und Kritiker» aufzugeben und sich

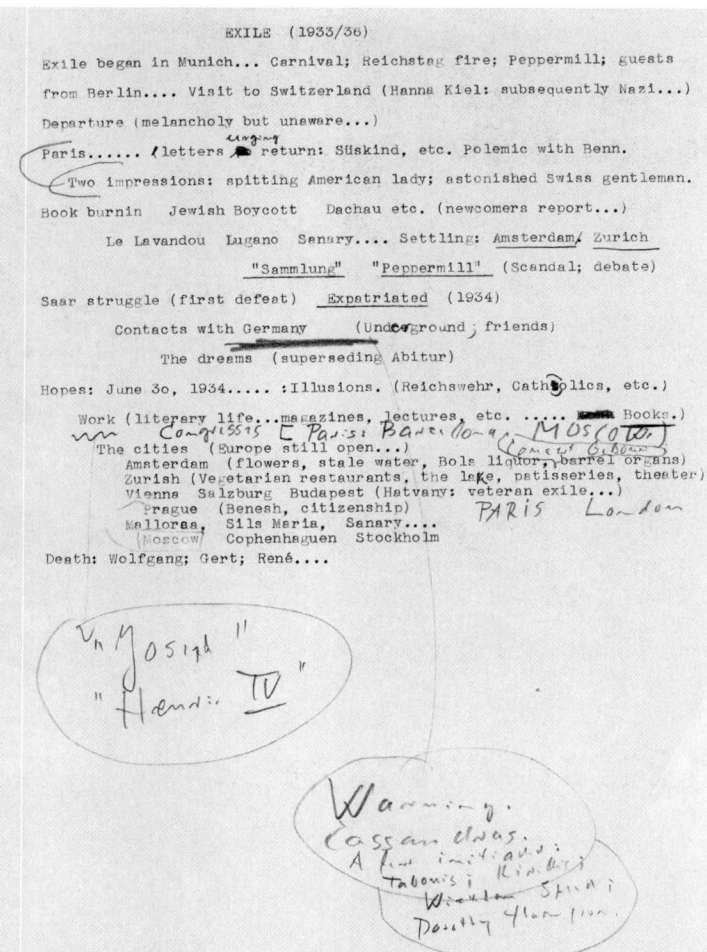

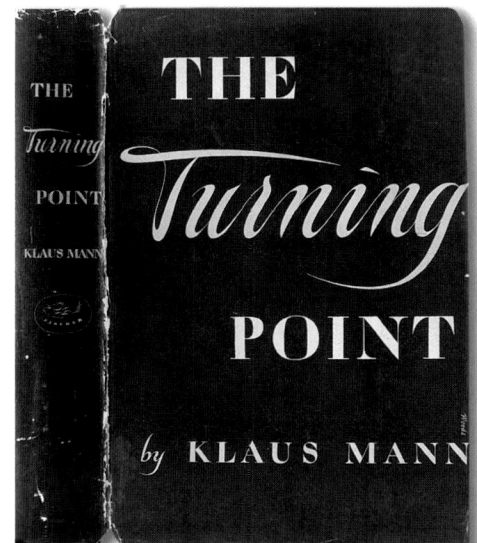

Umschlag der
Erstausgabe, 1942

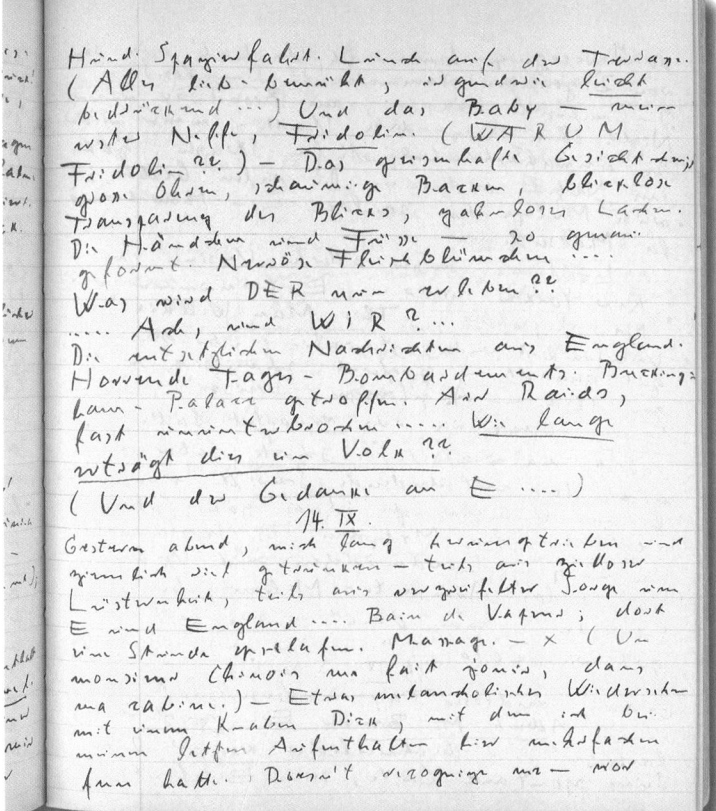

Tagebucheintrag Klaus
Manns über seine erste
Begegnung mit Frido

der US Army als Soldat zur Verfügung zu stellen.

Der Krieg hat zu diesem Zeitpunkt globale Dimensionen angenommen. Im Juni 1941 haben deutsche Truppen die Sowjetunion angegriffen – die Allianz zwischen Hitler und Stalin war beendet.

Am 7. Dezember 1941 überfallen Einheiten der japanischen Luftwaffe den US-Marinestützpunkt Pearl Harbor – und die Vereinigten Staaten erklären Japan den Krieg. Vier Tage später folgen die Kriegserklärungen Deutschlands und Italiens an die USA.

Klaus Mann schreibt am 11. Dezember 1941 ein Statement, in dem er den Kriegseintritt der USA als ein «wichtiges, einschneidendes Ereignis» begrüßt und betont: «Ich bin stolz, mich in dem Land aufzuhalten, das dem apokalyptischen Monster den Todesstreich versetzen wird. Meine bescheidenen Kräfte stelle ich der amerikanischen Regierung zur Verfügung.»

«... tapfer wie ein Mann»

Klaus Mann (rechts)
mit Angehörigen seiner
Kompanie

Blick auf Fort Dix,
New Jersey

Dass Klaus Mann sich der US Army zur Verfügung stellt, ist ein politischer Entschluss: Er will aktiv mithelfen, den Faschismus zu besiegen. Seine einstige pazifistische Überzeugung hat er längst relativiert angesichts der Bedrohung durch Hitler und dessen Verbündete. In der Autobiographie schreibt Klaus Mann unter dem Datum des 15. Juli 1940: «Als gesitteter Mensch ist man *natürlich* Pazifist, was denn sonst?» Aber er fügt hinzu: «Ein Krieg, der *unvermeidlich* geworden ist, läßt sich nicht mehr ‹ablehnen›, sondern nur noch gewinnen.» Nicht der Krieg sei das schlimmste aller Übel – schlimmer noch würde die «Neue Ordnung» sein, die ein siegreicher Hitler weltweit etablieren könnte. Der Kampf gegen die Achsenmächte ist daher für ihn, wie er dem Bruder Golo schreibt, «die gerechte Sache».

Doch Klaus Manns Bereitschaft zum Army-Eintritt ist auch ein Versuch, die anhaltende persönliche Krise zu überwinden, aus der er kaum noch einen Ausweg weiß. Berufliche Misserfolge – wie das Ende von

«Decision» – tragen zu seinen Depressionen ebenso bei wie eine dauerhafte finanzielle Misere und ein zunehmendes Gefühl der Isolation. Aus diesen Problemen, so hofft er, kann ihm der Armeedienst heraushelfen: «Überdrüssig der Freiheit; überdrüssig der Einsamkeit. Sehnsucht nach Gemeinschaft. Der Wunsch, mich einzuordnen, zu *dienen*!»

Nach langer Verzögerung
wird Klaus Mann im
September 1943 in den
USA eingebürgert.

Klaus Mann in der Uniform der US Army. Das Foto trägt eine handschriftliche Widmung für Lotte Walter: «to Lotte, in the most militant and most friendly spirit».

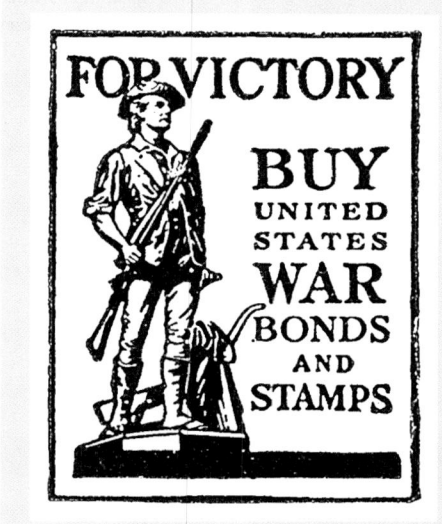

Aufruf zum Erwerb von War Bonds

Am 14. Dezember 1942 nimmt ihn die US Army an, am 4. Januar 1943 beginnt Klaus Mann offiziell seinen Dienst. Die erste Station seiner Soldatenlaufbahn ist Fort Dix in der Nähe von New York. Am 4. Februar wird er ins Camp Robinson, Arkansas, versetzt, wo er die militärische Grundausbildung absolviert. Anfang April 1943 folgt der nächste Standort: Camp Ritchie in Maryland.

In Camp Ritchie wird Klaus Mann der First Mobile Radio Broadcasting Company zugeteilt, einer für Propaganda-Arbeit vorgesehenen Einheit. Man befördert ihn zum Staff Sergeant. Thomas Mann klopft dem ältesten Sohn brieflich auf die Schulter: «Du bewährst Dich nun [...] ganz richtig und tapfer wie ein Mann.» Am 1. Mai 1943 verlässt die Kompanie das Camp, um zum europäischen Kriegsschauplatz eingeschifft zu werden. Klaus Mann aber bleibt zurück – denn er ist noch kein US-Staatsbürger. Er muss Verhöre über sich ergehen lassen: Beamte der Military Intelligence Division fragen ihn aus über seinen moralischen Lebenswandel und seine politischen Einstellungen, denn er war schon 1941 beim FBI denunziert worden als kommunistischer Agent und sexuell Perverser. Verbittert schreibt er ins Tagebuch, «jedem Cohn und Müller» werde die US-Staatsbürgerschaft zuerkannt – aber ihm werde sie verweigert. Dabei wüssten «diese Herren» sehr genau, dass er «weder ‹Kommunist› noch ein gefährlicher Wüstling» sei.

Am 25. September 1943 wird Klaus Mann endlich eingebürgert. Danach muss er noch einmal drei Monate warten. Am 25. Dezember aber ist es so weit: Er hat seinen Marschbefehl in der Tasche und verlässt den amerikanischen Kontinent mit einem Truppentransport von 8000 Mann.

«Warum kämpft Ihr deutschen Soldaten immer noch?»

Am 2. Januar 1944 landet Klaus Mann mit einem amerikanischen Truppentransport in Casablanca. Von dort geht es weiter über Algier und Tunis, am 13. Februar kommt er mit seiner Einheit in Syrakus auf Sizilien an. Er ist zurück in Europa – als Soldat der US Army.

Klaus Mann wird in der psychologischen Kriegführung eingesetzt und nimmt am Feldzug der alliierten Streitkräfte teil, die von Süden kommend die deutschen Truppen aus Italien zurückdrängen. Er schreibt und redigiert Flugblätter, die sich an die Soldaten auf der anderen Seite der Front richten und die Landser dazu aufrufen, sich freiwillig zu ergeben. Flugzeuge werfen die Blätter über den deutschen Truppen ab. Auch für alliierte Radiosender und für Grabenlautsprecher verfasst Klaus Mann Texte, mit denen die feindlichen Soldaten im Frontlinienbereich zur Aufgabe aufgefordert werden.

Themen und Tenor seiner Texte variieren nur geringfügig: Der Krieg ist längst entschieden, lautet die Grundaussage, und der deutsche Soldat steht folglich auf verlorenem Posten. «Wer jetzt noch stirbt, ist umsonst gestorben», heißt es in einem Flugblatt; ein anderes appelliert eindringlich: «Denkt an Stalingrad! Denkt an Tunis! Denkt an die zerstörten Städte des Rheinlandes! An die Trümmerhaufen in Berlin und Bremen, in Mannheim und Wilhelmshaven, in Hamburg und Stuttgart, Königsberg und München! Muß ganz Deutschland in Schutt und Asche verwandelt werden? Müssen eure Frauen und Kinder zu Grunde gehen, damit ihr endlich einseht, daß ihr die Welt nicht erobern könnt? Nehmt Vernunft an!»

Flugblätter der Alliierten

Im Dienst der
psychologischen Krieg-
führung – an der Wand im
Hintergrund hängen
zahlreiche Flugblätter,
zum Teil von Klaus Mann
verfasst.

Die Einheiten der psychologischen Kriegführung eruieren die Stimmungslage in der deutschen Truppe: durch Gespräche mit gegnerischen Soldaten, die in Gefangenschaft geraten sind. Auch Klaus Mann führt Dutzende von Verhören mit deutschen Kriegsgefangenen durch und wertet sie in ausführlichen Protokollen aus. Diese sind wiederum die Basis für die weitere Flugblattarbeit.

Während anfangs in den Flugblättern die politische Agitation überwiegt, geht man bald zunehmend von der konkreten Situation der Landser aus. Verführerischer als jedes noch so einleuchtende Argument ist das Versprechen, dass das Leben in Schlamm und Dreck ein Ende haben werde: «Du wirst bei uns als Soldat – das heißt: anständig – behandelt. Und nach dem Krieg – und das heißt vielleicht: *bald!* – wirst du in deine Heimat zurückkehren.» Um den deutschen Soldaten die Angst vor möglichen Repressalien gegen die Familie zu Hause zu nehmen, versichert man ausdrücklich: «Unter keinen Umständen werden irgendwelche Einzelheiten über eure Gefangennahme veröffentlicht.» Am wichtigsten aber ist die Zusage: «Reichliches, gutes Essen.»

Back From Battle

Auch Erika Mann ist im Kriegseinsatz für die Alliierten. Ab Herbst 1940 arbeitet sie zunächst für den Deutschen Dienst der BBC, der im Rahmen der psychologischen Kriegführung die Aufgabe hat, die Hörer im Dritten Reich über die wahre weltpolitische und militärische Situation zu informieren. Erika schreibt 1940/41 eine Reihe von Sendungen und tritt auch selbst als Sprecherin an die Mikrofone der BBC. (Die Rundfunkansprachen ihres Vaters, die vom German Service der BBC ausgestrahlt werden, gelangen unter dem Titel «Deutsche Hörer!» zu einiger Berühmtheit.)

Ab Januar 1942 arbeitet Erika im Amt des ‹Coordinator of Information› in New York. 1943/44 ist sie als Kriegsberichterstatterin mit der Ninth Army der US-Streitkräfte in Ägypten, Persien und Palästina unterwegs. «Als Kairoer Korrespondentin von ‹Liberty› interviewte sie den US-Oberbefehlshaber für den Mittleren Osten, was ihre Umgebung für unmöglich gehalten hatte, da er unter keinen Umständen mit Frauen reden wollte. [...] Zuletzt wurde Erika nach Frankreich, Belgien und Holland geschickt und berichtete auch über die alliierte Invasion in der Normandie.» In einem ihrer Berichte heißt es: «Trotz der angespannten Aktivität herrscht eine seltsame Ruhe. Besorgt beobachten die englischen und amerikanischen Ärzte und Sanitäter das näher kommende Boot mit amerikanischer Flagge, das aber Verletzte aus fast jedem Land an Bord haben kann. [...] Bewegungslos liegen die verwundeten Männer unter schweren Decken, und man schämt sich seiner Rolle als Zuschauer.» («Back From Battle»)

Im Jahr 1943 beginnt Erika Mann mit der Niederschrift einer Autobiographie, die den Titel «I Of All People» bekommen soll. Doch das Werk bleibt ein Fragment.

Im Einsatz für die
Alliierten

Rechte Seite: Reportagen
und Artikel Erika Manns

Es ist etwas paradox, daß meine «persönliche Geschichte» sich vor allem mit Politik befassen wird, obwohl die Politik keinesfalls mein Hauptinteresse ist. Ich habe nie irgendeiner politischen Partei angehört, noch habe ich mich je um die spitzfindigen Argumente und zwielichtigen Intrigen von Berufspolitikern gekümmert. Meine Sicht der entscheidenden Themen der modernen Gesellschaft ist eher emotional als intellektuell – nicht dogmatisch, sondern menschlich. Ich bin weder eine Partisanin, noch würde ich zum Kreuzfahrer taugen. Meine politischen Ansichten und Handlungen sind stets mehr von meinen persönlichen Erfahrungen und Impulsen als von abstrakten Prinzipien bestimmt worden. Das einzige «Prinzip», an das ich mich halte, ist mein hartnäckiger Glaube an einige grundlegende moralische Ideale – Wahrheit, Ehre, Anstand, Freiheit, Toleranz. [...] Ich habe den häßlichen Triumph brutaler Gewalt gesehen und erfahren, den Bankrott diplomatischer Tricks und Konventionen, das Leiden anständiger, irregeleiteter Menschen. Aber ich habe auch das Erwachen der Opfer gesehen, die Rebellion des einfachen Mannes, seine Tapferkeit und grimmige Entschlossenheit. Ich habe den Krieg der Völker gesehen und dahinter – hinter all seinem Schrecken und Stumpfsinn – die gewaltige Verheißung eines Friedens für die Völker der Erde.

(Erika Mann – «Ausgerechnet Ich»/«I Of All People»)

Toughness und Urbanity

«**Golo ist nun auch tauglich** befunden worden und tritt in die Army ein», berichtet Thomas Mann Agnes E. Meyer am 9. August 1943. «Klaus ist für 10 Tage bei uns auf Urlaub. Er sieht gut aus, gesund, und ist – nie hätte ich es für möglich gehalten – mit Leib und Seele Soldat.» Und nicht ohne Stolz vermeldet der Vater: «Erika ist als U.S. War Correspondent in Cairo, Egypt, auch in Uniform, mit Offiziersrang. Bunte Zustände sind das.» Am 30. November 1943 schreibt Thomas Mann der Gönnerin: «Klaus ist nun citizen geworden und wird wohl bald über See gehen. Golo bereitet uns als Soldat dieselbe Ueberraschung wie sein Bruder. Er ist begeistert und erklärt, einen so vorzüglichen Eindruck habe er von diesem Lande überhaupt noch nie gewonnen wie durch die Army und die Art wie für die boys gesorgt sei.»

Die wenigen erhaltenen Briefe Golos aus dieser Zeit bestätigen das Urteil des Vaters. «Was mich betrifft, ich bin innerlichem Wohlbefinden näher als gewöhnlich», verkündet Golo der Freundin Eva Herrmann am 25. September 1943 in einem Brief auf Army-Papier. Und er fährt fort: «Das Soldatenleben ist dem Zeitalter, in dem ich hätte leben sollen, so nahe wie das Wandern im Hochgebürg. Und dann die Illusion, das Richtige zu tun. Die Atmosphäre. Die physische Müdigkeit. Das Leben im Freien. Auch kann ich, nach vierwöchentlicher Erfahrung, dies System nicht genug preisen. Eine vorzügliche Mischung von Toughness und Urbanity. Wenn man an europäische Armeen denkt, kann man nur lachen. Endlich und überhaupt: das Wohlgefühl zu irgendeiner grossen Communität zu gehören. Das sind Gründe.»

Gut zwei Wochen später schreibt er: «Hier wird es nun immer tougher und tougher. Ich tue Dinge, die ich mir alterndem nervösem Federfuchser nie zugetraut hätte,

Golo Mann
(Foto: H. Tarr, New York)

weil es eben sein muss: lasse mich an Seilen über Abgründe, grabe foxholes, in denen man sich dann, zusammengeduckt, von Tanks überfahren lassen muss etc. und ähnliche Spässe.»

Seine Grundausbildung absolviert Golo ab August 1943 in Fort McClellan, Alabama. Anfang November erhält er das amerikanische Bürgerrecht. Im Dezember 1943 wird er dem Office of Strategic Services (OSS) in Washington, D.C., zugeteilt. Seine Aufgabe ist es, wie sein Biograph Urs Bitterli berichtet, «Informationen von militärischem Wert zu sammeln, zu übersetzen und an seine Vorgesetzten weiterzuleiten».

Im April 1944 wird er vom OSS nach London geschickt. Dort ist er zunächst nachrichtendienstlich tätig und kommt schließlich zur deutschen Abteilung der American Broadcasting Station in Europe (ABSIE), einer dem Office of War Information unterstellten Einrichtung der psychologischen Kriegführung. Golo schreibt und

spricht Radiosendungen, die sich an Soldaten und Zivilisten der feindlichen Länder richten. ABSIE informiert die Hörer über die Lage in den Kampfgebieten und ruft offen zum Widerstand gegen die Diktatur auf. Gegen Ende des Krieges, ab März 1945, wird Golo schließlich als politischer Kommentator beim Sender Radio Luxemburg eingesetzt, der im September 1944 fast unversehrt in die Hände der Alliierten gefallen ist.

An vorderster Front ist Golo im Gegensatz zu seinem älteren Bruder nicht im Einsatz gewesen. «Tatsächlich habe ich nie mit der Waffe in der Hand gegen deutsche Soldaten gekämpft», schreibt er später – «es hat sich nie so gefügt. Aber ich hätte durchaus nichts dagegen gehabt. Man kämpfte hier nicht gegen deutsche Soldaten, sondern gegen die Macht des Scheusals Adolf Hitler, der diese Menschen, ob sie wollten oder nicht, sich fügen mussten; aber die Macht musste gebrochen werden.»

Familienbild vom letzten Kriegsweihnachten 1944, Pacific Palisades: Thomas Mann, Giuseppe Antonio Borgese, Katia mit Enkelsohn Frido, Elisabeth mit Dominica, Michael, Angelica, dahinter verdeckt Gret, ganz rechts Toni (v. l.). Golo ist zu dieser Zeit in London, Klaus in Italien; Erika kam per Schiff aus Europa und stieß am 29. Dezember zur Familie.

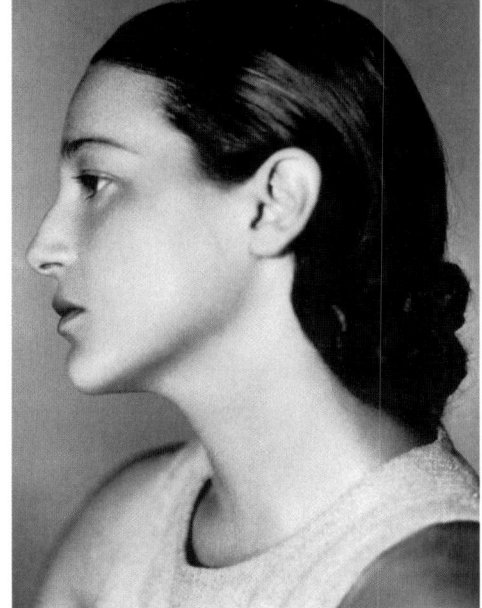

Eva Herrmann

UNITED STATES ARMY

FORT McCLELLAN
FORT McCLELLAN, ALABAMA

25. Sept. 1943.

Teuerste Freundin:

bedenke ich, wieviele Briefe ich Ihnen seinerzeit ins Hospital sandte, so sollte es eigentlich dieser Mahnung garnicht bedürfen! OUR BOYS NEED LETTERS FROM HOME, from the old town, from their sweethearts. Ach wüssten Sie, wie einsam man so am Samstag Abend in seiner Barracke sitzt. Denken Sie doch bloss an gewisse Abende im Dormitorium des Kyspert, wenn alle Freundinnen ausgeflogen! Wie geht es Ihnen? Ihrem Glück? Ihrer Trauer? Ihrem Haus? Ihren Finanzen? Nicht als ob mein Interesse in die letzteren selbstischer Natur wäre! Oh nein meine Liebe. Was mich betrifft, ich bin innerlichem Wohlbefinden näher als gewöhnlich. Wie ich vorauswusste. Das Soldatenleben ist dem Zeitalter, in dem ich hätte leben sollen, so nahe wie das Wandern im Hochgebürg. Und dann die Illusion, das Richtige zu tun. Die Atmosphäre. Die psysische Müdigkeit. Das Leben im Freien. Auch kann ich, nach vierwöchentlicher Erfahrung, dies System nicht genug preisen. Eine vorzügliche Mischung von Toughness und Urbanity. Wenn man an europäische Armeen denkt, kann man nur lachen. Endlich und überhaupt: das Wohlgefühl zu irgendeiner grossen Communität zu gehören. Das sind Gründe. Ich soll hier noch 14 Wochen bleiben, basi c

training. Dann irgend was anderes, meinem background vielleicht besser Angepasstes. Mittlerweile möchten die Deutschen wohl völlig aus Russland vertrieben sein. Ich sehe hier manchmal Gefangene, von weitem, und bemerke, dass sie mir nicht nur in corpore sondern sogar individualiter widerlich. Aschblonde, frech grinsende Schächer. Die Armee wird, glaube ich sehr rasch einen Amerikaner aus mir machen.

Soviel für heute, wir sind entsetlich busy. Do ut des ("ich gebe damit Du gibst").

Ihr wohlgeneigter Freund

Golo

PS Mielein preist Sie sehr in ihren Briefen!

Brief Golo Manns aus Fort McClellan an Eva Herrmann, 25. September 1943

Kapitel 5

Zwischen den Welten

Nachkrieg und Frieden

Heimkehr oder Exil? Falsche Problemstellung! Überholte Alternative! Die einzig aktuelle, einzig relevante Frage ist: Wird aus diesem Kriege eine Welt erstehen, in der Menschen meiner Art leben und wirken können? Menschen meiner Art, Kosmopoliten aus Instinkt und Notwendigkeit, geistige Mittler, Vorläufer und Wegbereiter einer universalen Zivilisation werden entweder ü b e r a l l zu Hause sein oder n i r g e n d s. In einer Welt des gesicherten Friedens und der internationalen Zusammenarbeit wird man uns brauchen; in einer Welt des Chauvinismus, der Dummheit, der Gewalt gäbe es keinen Platz, keine Funktion für uns. Wenn ich das Kommen einer solchen Welt für unvermeidlich hielte, ich folgte noch heute dem Beispiel des entmutigten Humanisten Stefan Zweig...
Klaus Mann – «Der Wendepunkt»

«You Can't Go Home Again!»

Klaus Mann in seinem zerstörten Elternhaus, 10. Mai 1945. Foto: Grayson B. Tewksbury

Im Gespräch mit einer Bewohnerin. Foto: Grayson B. Tewksbury

Als Sonderkorrespondent für «The Stars and Stripes» reist Klaus Mann als einer der ersten Emigranten nach der Niederlage Hitler-Deutschlands in die frühere Heimat. Bereits am 9. Mai 1945, einen Tag nach der deutschen Kapitulation, erreicht er zusammen mit dem Fotografen Tewksbury seine Geburtsstadt München. Dem Vater schreibt er – hier in der deutschen Übersetzung – auf Englisch: «Die Zerstörung spottet jeder Beschreibung. Während die Außenviertel (Bogenhausen etc.) nur zur Hälfte zerbombt sind, liegen das Zentrum und Schwabing vollkommen in Trümmern. Es ist buchstäblich kein einziges Gebäude ganz geblieben.»

Die Fahrt durch die Trümmerlandschaften führt Klaus Mann auch zu den Stätten seiner Kindheit und Jugend, ins Herzogparkviertel. Die «Poschi», das gemeinsame «Kinderhaus», scheint nur äußerlich halbwegs unversehrt. Hinter der Fassade offenbart sich das ganze durch Luftangriffe bewirkte Ausmaß der Zerstörung. Einer jungen Frau zufolge, die – selbst ausgebombt – die Ruine provisorisch bezogen hat, diente sein Elternhaus unter der NS-Diktatur vorübergehend als «Lebensborn», in dem SS-Männer mit favorisierten blonden und blauäugigen Frauen zur Fortpflanzung ihrer auserwählten «Herrenrasse» beitrugen. Für die unmöglich gewor-

Außenansicht der Villa, 1947

Ukrainische
Flüchtlinge vor der Villa,
1947

dene Rückkehr nach Deutschland gewinnt das zerstörte Elternhaus geradezu symbolischen Wert. «You Can't Go Home Again!» ist das bittere Fazit, das Klaus Mann aus seiner Wiederbegegnung mit der verlorenen Heimat schon bald zieht.

Nach Kriegsende verschlägt es viele osteuropäische Flüchtlinge in den Münchener Stadtteil Bogenhausen, wo eine um die 20 000 Emigranten umfassende Siedlung entsteht. Auch die stark beschädigte Villa der Manns in der Poschingerstraße 1 wird bereits seit 1945 als notdürftige Unterkunft genutzt. «Vier Jahre später teilten sich zwölf russische und ukrainische Familien das Haus, insgesamt 50 Personen, die Hälfte davon Kinder.» (Dirk Heißerer – «Im Zaubergarten»)

Die Manns ziehen eine Rückkehr nach München nicht ernsthaft in Betracht, auch wenn sie 1948 wieder zu rechtmäßigen Besitzern der Ruine erklärt werden. Nach langwierigen Verhandlungen erhalten sie 1957 eine geringfügige Entschädigungssumme von wenigen tausend Mark.

Innenaufnahme des
Hauses mit den neuen
Bewohnern, 1947

«Meine
alten Landsleute»

In den Monaten nach der Kapitulation reist Klaus Mann für «The Stars and Stripes» quer über den zerstörten Kontinent, durch Deutschland, Österreich bis in die befreite Tschechoslowakei. Er spricht mit vielen Menschen, sieht die Konzentrationslager Dachau und Theresienstadt, begegnet auch Heinrich Manns erster Frau Mimi Kanová, die in Theresienstadt, dem tschechischen «KZ zum Vorzeigen», inhaftiert war und durch die leidvollen Erfahrungen zum Schatten ihrer selbst geworden ist. Klaus Mann sucht auch das Gespräch mit namhaften Künstlern, die sich unter Hitler arrangiert hatten. Franz Lehár ist darunter, auch der «Professor Unrat»-Darsteller Emil Jannings aus Sternbergs «Blauem Engel», früher ein Freund der Familie. Kein wirklicher «Nazi», wie Klaus Mann betont, aber ein Opportunist, der dem Druck des totalitären Regimes durch das Mitwirken in einem Propaganda-Film nachgegeben hat und trotzdem von sich behauptet: «Mein Gewissen ist rein.» Nicht anders steht es um Richard Strauss – einst namhafter Unterzeichner des «Protests der Richard-Wagner-Stadt München» gegen Thomas Mann –, der trotz mancher Diskrepanzen meist «korrekte, um nicht zu sagen freundliche Beziehungen» zum Naziregime gepflegt hat.

Artikel von Klaus Mann in «The Stars and Stripes», 1. Juni 1945

THE STARS AND STRIPES — Friday, June 1, 1945

Jannings, Lehar Hark Back To Old Triumphs

SALZBURG, May 29 (Delayed)—This afternoon I called on two internationally-known entertainers, both living in this lovely mountainous area—Emil Jannings, the German stage actor and movie star, and Franz Lehar, the Hungarian composer, author of such celebrated operettas as "The Merry Widow" and "The Land of Smiles."

Jannings' home, situated on the picturesque lake of St. Wolfgang, was not a new place to me: in pre-Hitler days I spent many a weekend there. Jannings used to be a great friend of my family; up to 1933 we saw a lot of him and his clever, attractive wife, formerly known, under the name of Gussy Holl, as one of Berlin's most sophisticated performers.

The beginning of Hitler's Third Reich marked the end of our personal contact. Jannings continued to appear in German films and theatrical productions; he flourished under the Nazi regime as he had flourished under the Weimar Republic.

There could be no connection between us. Our job and ambition was to fight Hitlerism. Jannings belonged to the enemy camp. His place was on the other side of the fence.

After an interval of almost 13 years, I entered his house again, not as a friend but as a correspondent to interview him. I must admit that my feeling and my attitude changed during the course of our conversation. As we talked and remembered, my resentment dwindled, the ice of my distrust and bitterness gradually melted.

Jannings' family didn't seem to have changed much. Ruth Jannings, whom I remembered as a half-grown girl, now was an earnest young lady. As for Emil himself, he has gained some weight and some new wrinkles have been added to his large expressive physiognomy. Gussy, well-preserved and as sparkling as ever, produced an album with photographs.

YE OLDE ALBUM

There were snapshots taken in Hollywood 18 years ago. That was the time when I first met the Jannings—the time when he fascinated the American public with his performances in films like "The Last Command," "The Patriot," and "The Way of All Flesh."

One of the photos showed a Christmas party at the Jannings' home in 1927. Ernest Lubitsch was there and Garbo—then a newcomer in Hollywood.

The Jannings assured me, again and again, they hated the Nazis. Yet they prospered under Hitler.

"Why didn't you leave? Most of your old friends preferred exile to tyranny. Why did you stay?"

Jannings had plenty of explanations.

"There I was—trapped!" he said. "What could I do? I had to be diplomatic; open resistance would have meant a concentration camp.

"The only propaganda film in which I appeared was 'Ohm Krueger'—and that I did under pressure. When Goebbels first offered me the leading role in that anti-British picture, I refused—whereupon he

END OF THE LUFTWAFFE

Two dejected German pilots mourn the loss of their plane, which cracked up as the war in Europe ended. *(Acme)*

Oil Is Key To Tension

Richard Strauss

Die Münchener
Theatinerkirche, 1945.
Foto: Grayson B.
Tewksbury

Hermann Göring als
Gefangener der Alliierten.
Foto: Grayson B.
Tewksbury

Mit Hermann Göring, den er mit anderen Reportern befragen darf, hat er nicht einen Dulder, sondern eine zu den Haupttätern zählende Parteigröße vor sich. Göring behauptet, mit «den Greueltaten in den Konzentrationslagern überhaupt nichts zu tun», geschweige denn von ihnen gewusst zu haben. Ähnliche Einstellungen bekommt Klaus Mann auch von einfachen Menschen aus dem Volk zu hören: «Doch was konnte ich dagegen tun? Erstens wußte ich nicht, was in den Konzentrationslagern vor sich ging. Und auch wenn ich es gewußt hätte, wäre ich machtlos gewesen.» Die Deutschen – ein Volk von Mitläufern und Befehlsempfängern, die sich nun genauso unter die Militärregierung der Besatzer fügen wie zuvor unter die NS-Diktatur, so erlebt es Klaus Mann. Denn worauf das deutsche Volk in der Vergangenheit vor allem zu hören gelernt hat, ist die «Stimme der Autorität».

«Alien Homeland»

Erika Mann als
Kriegskorrespondentin,
Mai 1945

Auch für Erika Mann rückt eine mögliche Rückkehr nach Deutschland nach 1945 in immer weitere Ferne. Die gespenstisch anmutenden Erlebnisse bei der Wiederbegegnung mit ihrem Vaterland, dessen Muttersprache sie als Schriftstellerin im Exil längst gegen die englische eingetauscht hat, hält sie in einem Erfahrungsbericht fest. Er ist Fragment geblieben, spricht aber mit seinem geplanten Titel Bände: «Alien Homeland» – zu vieles in der alten Heimat ist fremd geworden.

Bereits Ende 1944 führt Erika Mann die schrittweise Rückeroberung des europäischen Kontinents durch die Alliierten in das befreite Aachen. Nach der endgültigen Kapitulation Deutschlands ist sie als Kriegsberichterstatterin der Besatzungsmächte wieder vor Ort. Sie sieht die Ausmaße der Zerstörung in den zerbombten Städten, konfrontiert sich mit Tätern und Mitläufern, die sich ahnungslos über die zu verantwortenden Gräueltaten geben. Erika Manns Urteil über die «deutschen Zustände» ist vernichtend. Ihren früheren Landsleuten, die sich voller Selbstmitleid in eine Opferrolle flüchten und an keine

Das in ein politisches
Gefängnis umgewandelte,
streng gesicherte
Palace-Hotel in Mondorf

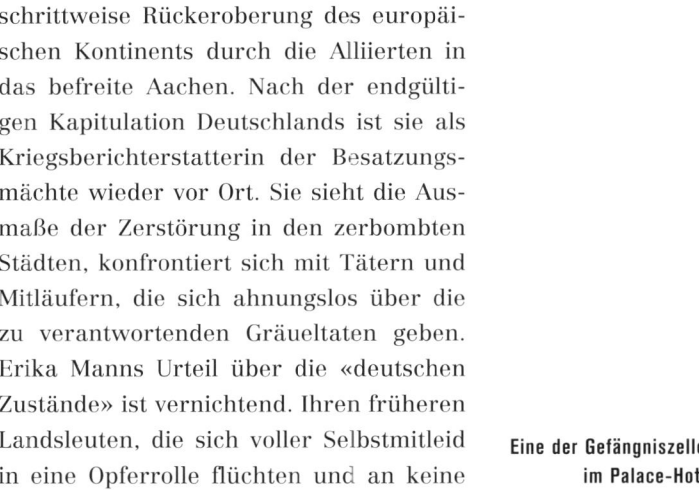

Eine der Gefängniszellen
im Palace-Hotel

SPOKANE DAILY CHRONICLE Wed., Oct. 16, 1946. 5

Goering's Successful Suicide Scandalous, Says Erika Mann

Intense is the word for Erika Mann, the famous daughter of the world-renowned ex-German author, Thomas Mann.

Miss Mann will deliver the second of the series of Spokane town meeting addresses tomorrow and Friday nights at Lewis and Clark high school.

She arrived from Portland this morning and was dressed in white sleeping pajamas, a tan, brown and blue dressing gown and sandals when interviewed in her room at the Davenport.

"I am furious over Goering," she declared. At the moment all one scess on his lung, and is writing a new book at his home at Pacific Palisades, Calif.

Miss Mann left Germany in 1933, has been in the United States since 1936 and is an American citizen. She was the only woman correspondent to view the German leaders as prisoners in the Grand hotel at Norndorff in Luxembourg last year.

"They were very upset to know a woman had seen them, and when they learned who I was they were almost in hysterics," she asserted. The Nazis hated her, she said, and had expatriated her because of the 1034 performances of the stage play, "Pepper Mill," in which she had appeared throughout Eu-

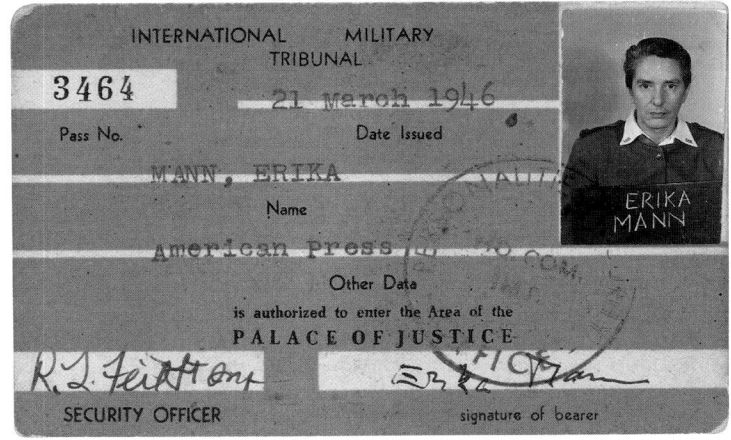

Kollektivschuld glauben, begegnet sie mit unversöhnlicher Härte.

Bevor die Prozesse gegen die Hauptkriegsverbrecher ab November 1945 vor dem Internationalen Militärgerichtshof in Nürnberg beginnen, sind die Angeklagten im luxemburgischen Bad Mondorf im ehemaligen Palace-Hotel inhaftiert. Erika Mann lässt es sich nicht nehmen, den nationalsozialistischen Politikern und Militärs gegenüberzutreten. Die entmachteten Nazi-Größen werden erst im Nachhinein über die Identität der Besucherin aufgeklärt: «Rosenberg murmelte: ‹Pfui Deubel!› Und

Streicher lamentierte: ‹Du *lieber* Gott, und diese Frau ist in meinem Zimmer gewesen!› Göring war am erregtesten. Hätte ich mich doch nur vorgestellt, sagte er, dann hätte er alles erklärt; und hätte *er* den Fall Mann bearbeitet, dann hätte er die Sache anders gehandhabt.»

Als Beobachter der Kriegsverbrecherprozesse findet sich neben Erika Mann auch ihr Bruder Golo ein. Bezeichnend für Erikas kompromisslose Haltung ist aus seiner Sicht eine Begegnung mit dem früheren Freund Willi Süskind, der Deutschland nach 1933 nicht verlassen hat: «Erikas

Intransigenz, bewundernswert, gewiß; obgleich nicht die Sache des Unterzeichneten, der schwächer und gutmütiger ist. [...] Unvergeßlich die Szene während des Nürnberger Prozesses, dem ich nur für einen Tag beiwohnte. Erika beständig. Ich aber genau an dem Tag. Süskind geht mit offenen Armen auf sie zu: sie, in ihrer Uniform schön wie eine Kriegsgöttin, wendet sich ab. Danach sitze ich hinter ihm. Er: ‹Kennen Sie mich auch nicht mehr?› ‹Aber nein, Herr S., wie geht es Ihnen?...› Erika und ich hatten einiges gemeinsam, unvermeidlicher Weise; vieles nicht ...»

Entlassung in Ehren

Nach Kriegsende ist Golo Mann im Dienst der amerikanischen Streitkräfte in Bad Nauheim für Radio Frankfurt, einen Vorgänger des Hessischen Rundfunks, tätig. Als ehemaliger Deutscher, nun Uniformträger mit amerikanischem Pass, beteiligt er sich damit wie viele andere Remigranten am Wiederaufbau des deutschen Rundfunks. Dieser war im Dritten Reich gleichgeschaltet und versorgte Millionen Deutsche über ihre «Volksempfänger» mit Goebbels-Propaganda. «Feindsender» zu hören, für die Golo Mann zuletzt ab 1944 bei Radio Luxemburg arbeitete, war verboten.

Golo Mann, 1945

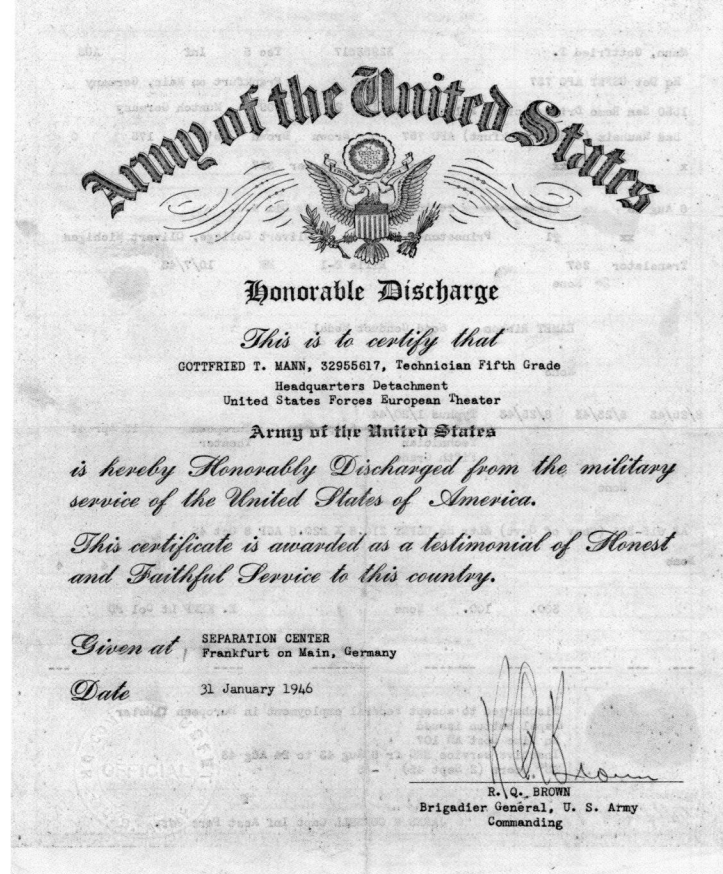

Entlassungsurkunde der amerikanischen Armee für Golo Mann, 31. Januar 1946

Im Januar 1946 wird er auf eigenen Wunsch hin «ehrenvoll» aus der amerikanischen Armee entlassen. Radio Frankfurt bleibt er aber, einen zivilen Rang als Kontrolloffizier bekleidend, vorerst erhalten.

Ende 1946 wird Golo Mann vom Remigranten wieder zum Emigranten. Er entschließt sich zur Rückkehr nach Amerika – und ist damit kein Einzelfall unter den aus dem Exil Heimgekehrten, von denen einige der fremd gewordenen Heimat erneut den Rücken kehren. Im September 1945, einige Monate vor seinem Bruder Golo, wird auch Klaus Mann auf eigenen Wunsch hin aus der amerikanischen Armee entlassen. Wie den jüngeren Bruder hält es ihn, nun in Zivil, vorerst in Europa.

In Italien kommt es ab dem Sommer 1945 für Klaus Mann zu einer vorübergehenden Zusammenarbeit mit dem Regisseur Roberto Rossellini, der mit «Rom, offene Stadt», «Paisà» und «Germania, anno

NINE OLD MEN WITH BUT A SINGLE THOUGHT

These characters, all over 38, will be getting out of the Army any day now. In case you don't recognize them, from left to right, they are Klaus Mann, Gino Bardi, Clarence Kidby, Howard Taubman, Marty Kennedy, Nate Jackson, Chas. Delmonico, Bob Kupsick and Chick Levere. A tenth 38-er, George Rowland, wasn't around when the picture was taken.

38-Year-Old Men Eyeing Discharges

Ten tired old men are finally getting their chance to slip quietly out of the Army. With the announcement that men over 38 could apply for discharge within 90 days the Stars and Stripes administration office was almost wrecked in the stampede as ten of the paper's loyal hired hands leaped at the op-

from Cornell to the New York Times, where he started out on general reporting, then switched to music column in 1931. He was here when the Army rescued him in January, 1944, and put him in a Special Service unit with a dog act and a lion tamer. He's one of the few men to come to Stars and

like five consecutive weeks on a trial basis. He's not married now, and all he really wishes is that he were not 38 but 35.

PVT. CHARLIE DELMONICO— Likewise 38, Charlie hails from Brooklyn. He got his start in printing as a galley boy at the New York

Artikel in «The Stars and Stripes» über Klaus Manns bevorstehende Entlassung aus dem Armeedienst, 28. August 1945

zero» Meisterwerke des italienischen Neorealismus schuf. Dass mit dem angeblichen «Jahr Null» in den Trümmerlandschaften des zerstörten deutschen Staates eine neue Zeitrechnung anbricht, bekommt Klaus Mann hingegen nur wenig zu spüren. Viele Deutsche knüpfen nach 1945 fast nahtlos an ihre Karrieren aus dem Dritten Reich an.

Auch Gustaf Gründgens wird schnell wieder salonfähig. «War er im Herzen ein Nazi? Natürlich nicht – lediglich ein Opportunist. Da er genügend Macht besaß, etwas aufs Spiel setzen zu können, wagte er es gelegentlich, jüdischen oder liberalen Freunden zu helfen, die von der Gestapo verfolgt wurden. Görings Freund konnte sich derart noble Gesten erlauben. Außerdem mag der Herr Staatsrat es durchaus als klug erachtet haben, seine Kontakte zu den Antinazi-Kreisen aufrechtzuerhalten. Man kann ja nie wissen ...» Bei Gründgens' erstem, umjubeltem Auftritt nach Kriegsende sitzt sein ehemaliger Schwager im Publikum und konstatiert bitter: «Berlins unverwüstlicher Liebling vor, während und nach der Nazizeit.»

Wirklichen Nazigegnern begegnet Klaus Mann nur wenigen – einer davon ist Golo Manns Doktorvater, der berühmte Philosoph Karl Jaspers, der seinen Lehrstuhl aufgeben musste und dessen Schriften von den Nationalsozialisten auf die schwarze Liste gesetzt wurden. Aber auch diese müssen von der halbherzigen Entnazifizierung enttäuscht sein, wie Klaus Mann traurig konstatiert: «Die Nazis und Halbnazis finden sich milder behandelt, als sie erwartet hatten, während die Nazigegner mehr moralische Unterstützung und Ermutigung erhofft hatten.»

Klaus Mann, der Produzent Rod Geiger und Roberto Rossellini

Ein europäischer Staatsmann

Wiener Kongress,
1814/15

Deutsche Erstausgabe,
Zürich 1947. Das Buch,
auf Deutsch geschrieben
und dann ins Englische
übersetzt, war zunächst
für den amerikanischen
Buchmarkt konzipiert.
Erst ein Jahr später folgte die deutsche Ausgabe
im Europa Verlag Emil
Oprechts.

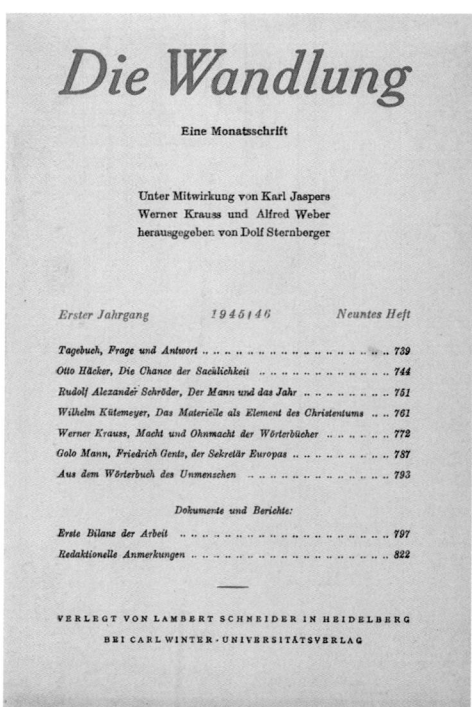

Beitrag Golo Manns
über den «Gentz» in «Die
Wandlung», 1945/46

Mit «Secretary of Europe. The Life of Friedrich Gentz» tritt auch Golo Mann 1946
erstmals als Buchautor in Erscheinung.
In seinem Erstlingswerk sind Grundzüge
einer pessimistischen Geschichtsphiloso-
phie, die im Prinzip an einen evolutionären
Gang der Historie nicht glaubt, unverkennbar. Das «eigentlich Neue ist in der Geschichte selten», so Golo Mann. Menschliche Unzulänglichkeit wiederholt sich in
der Politik immer wieder, die Einflussnah-
me des Einzelnen auf die Macht ist be-
grenzt: «Wie mein später ‹Wallenstein› ist
auch dies Erstlingswerk eine Geschichte
vom Elend der Politik; vom Scheitern des
politischen Menschen.»
Durch die Wiederkehr bestimmter histori-
scher Muster kann Geschichte so zum
Spiegel der Gegenwart werden: «Wäre die
Vergangenheit der Gegenwart radikal un-
ähnlich, so wäre sie uns gleichgültig und
fremd. Umgekehrt, böten die Gegenwart
und jede Vergangenheit wesentlich das
selbe Bild, so wären historische Bücher
langweilig. Das Interesse liegt in der un-
entwirrbaren Verbindung von Ähnlichkeit

und Unterschied, von ewig Wiederkehren-
dem und Individuellem.»
Eine solche Überschneidung von Geschichte und Gegenwart sieht Golo Mann
zweifelsohne in seinem eigenen Emigran-
tenschicksal und dem Leben des 1764 in
Breslau geborenen Friedrich von Gentz.
Der preußische Publizist konservativer
Staatsauffassung wandte sich als politischer Journalist gegen die Expansionsbe-
strebungen Napoleons, war schließlich im
österreichischen Staatsdienst tätig und
als hochrangiger politischer Berater des
Außenministers Metternich auf dem Wiener Kongress an der Neuordnung Europas

beteiligt. Auch nach der napoleonischen
Niederlage setzte sich der «Sekretär Europas» aus Sicht Golo Manns für den Gedanken eines «freien Europa» ein – denn
nationalistische Bestrebungen anderer
Staaten gab es auch noch nach dem Wiener Kongress.

Als ich das Buch schrieb, stand ich unter dem Eindruck eines anderen, ungleich häßlicheren Lehrganges. Davon ist eine Menge mit eingegangen. Natürlich wurde ein Vergleich niemals ausgesprochen; er – nämlich der Vergleich zwischen Napoleons und Hitlers «neuer Ordnung» – wurde sozusagen diskret aufgedrängt. Er stimmte weniger als halb, wessen ich mir auch bewußt war; bis zum Erstaunlichen in der schieren Machtmechanik; in anderen Beziehungen keineswegs. Im ersten, noch vor 1939 geschriebenen Teil ging es mir vor allem um das Verhalten des alten Europa gegenüber Napoleon; die hoffnungslose «Beschwichtigungspolitik» und den Kampf, den Gentz gegen sie führte. Im zweiten Teil, 1941–42 geschrieben, ging es mir bereits um die Nachkriegszeit; damals stand schon fest, daß Hitler den Krieg verlieren würde. Indem ich den «vernünftigen» Frieden pries, den Frankreich 1814 erhielt, plädierte ich für einen «vernünftigen» Frieden mit einem «anderen» Deutschland. Indem ich das Treiben der nach Paris zurückgekehrten Emigranten in dunklen Farben schilderte, schrieb ich eigentlich gegen mich selber; Emigrant war ja auch ich. Ob mir dabei die Gegenwart wichtiger war oder die Vergangenheit, das läßt sich nicht bestimmen. Alle Historie ist aktuell, und Gewalt tat ich ihr keine an.
(Golo Mann – Vorwort zum «Gentz», 1972)

Der Gentz hat mich eine ganze Woche lang […] beschäftigt und unterhalten. Ich muß sagen, es ist selbst in der Übersetzung, die es doch etwas einebnet und einem bestimmten westlichen Buch-Typus ähnlich macht, ein vortreffliches, wohltuend gescheites, geistig originelles, faszinierendes Buch, das seinem Verfasser alle Ehre macht und ihm gewiß auch praktisch Ehre machen und Förderung bringen wird.
(Thomas Mann an Golo Mann, 16. Juni 1946)

«Wo ich bin, ist Deutschland»

Erika, Katia und Thomas Mann werden auf ihrer Europareise bei der Ankunft im Mai 1947 in Zürich von Emil Oprecht (links) und dessen Frau, Gret Mann und den Enkelsöhnen Frido und Toni in Empfang genommen.

Gret Mann, Emil und Emmie Oprecht (von links) bei Thomas Manns Ankunft mit dem Flugzeug

Erste Europareise Thomas Manns nach dem Krieg, Mai bis August 1947. Nach Deutschland führt diese vorerst nicht – trotz der in der Debatte zwischen innerer und äußerer Emigration an ihn herangetragenen Aufforderung, in die zerstörte Heimat zurückzukehren.

Bei der Wiederbegegnung mit dem alten Kontinent begleitet Erika die Eltern. Die älteste Tochter wird nach Kriegsende mehr und mehr zur engen, bald unverzichtbaren Mitarbeiterin Thomas Manns. Als «Eckermann» des Vaters beschränkt sich ihre Rolle dabei nicht auf die der Übersetzerin, Lebensorganisatorin der Familie und Begleiterin bei Vortragsreisen. Mit Kürzungen und Änderungsvorschlägen wird sie auch zur Lektorin seiner Werke und leistet damit aus Sicht des Vaters manches «Meisterstück literarischer Regie».

So etwa beim 1947 beendeten und erschienenen «Doktor Faustus», Thomas Manns Opus magnum über die Tragödie Deutschlands, dem sein Bestes im Teufelspakt mit Hitler in Böses umschlug. Als Deutscher, wenn auch inzwischen mit amerikanischem Pass, schließt sich Thomas Mann dabei von den gemachten Fehlern nicht aus. Sein «Faustus» legt davon Zeugnis ab. Zu sehr fühlt sich Thomas Mann in der deutschen Kultur beheimatet. Seine von einer Ankunft in Amerika überlieferten Worte bringen diese starke Identifizierung prägnant auf den Punkt: «Wo ich bin, ist Deutschland.» Und doch weiß Thomas Mann darum, dass die spezifischen Wesenszüge seiner Landsleute nicht nur die deutsche Kultur hervorgebracht haben, sondern auch das Emporkommen Hitlers gerade in diesem Staat ermöglichten. Sein Urteil über die alte Heimat fällt damit unvergleichlich milder aus als das der Tochter Erika, die über das «garstige, unselige Volk, die Deutschen», zunehmend in Verbitterung fällt.

Thomas Mann

DOKTOR FAUSTUS

*Das Leben
des deutschen Tonsetzers
Adrian Leverkühn,
erzählt
von einem Freunde*

BFV

1947

BERMANN-FISCHER VERLAG
STOCKHOLM

Deutsche Erstausgabe

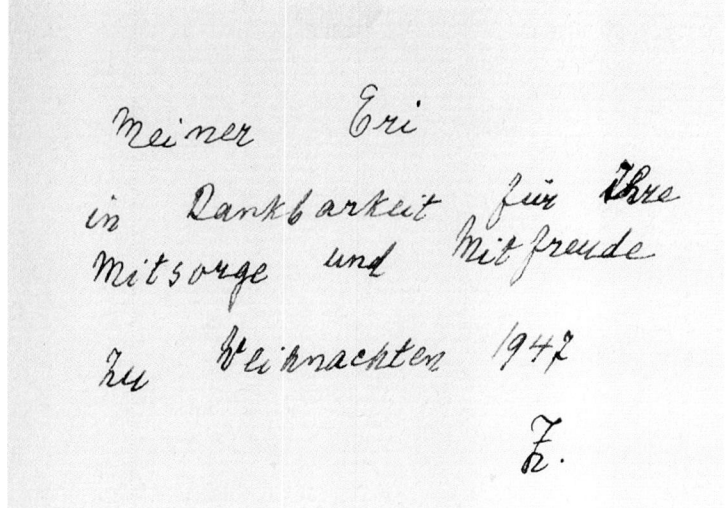

Thomas Manns
Widmungsexemplar des
«Doktor Faustus» für die
Tochter Erika

Thomas Mann mit
seinem Lieblingsenkel
Frido, den er im «Doktor
Faustus» als «Echo»
porträtiert

*Die Rede «Deutschland und die Deut-
schen», besonders aber auch der Roman
vom Doktor Faustus, sollten alle Verstän-
digen überzeugen, daß mein Herz bei
Deutschland geblieben ist und daß ich am
deutschen Schicksal gelitten habe wie nur
einer… Ich bin auch als amerikanischer
Staatsbürger ein deutscher Schriftsteller
geblieben, treu der deutschen Sprache, die
ich als meine wahre Heimat betrachte.*
(Thomas Mann – «Botschaft für das deutsche Volk»)

*Gestern Abend habe ich Mielein, dem
Schwägerle, seinem Söhnchen und Golo
zwei Kapitel vorgelesen, wie der reizende
Nepomuk Schneidewein, eine Art Ariel,
nach Pfeiffering kommt und dort an der
Meningitis stirbt, weil ja Adrian nichts erlaubt ist. Der Kleine, ein elfenhaft ideali-
sierter Frido, ist gewiß das Schönste im
ganzen Buch, und dann holt ihn der Teufel.
Wir waren alle garnicht weit von Tränen.*
(Thomas Mann, 14. Dezember 1946)

«Cable Address: Oneworld, Chicago»

Elisabeth mit ihrem Ehemann Giuseppe Antonio Borgese in Chicago, Aufnahme aus den vierziger Jahren

Mitte der vierziger Jahre wird an der University of Chicago ein «Committee to Frame a World Constitution» ins Leben gerufen. Robert M. Hutchins ist Präsident der Vereinigung, Giuseppe Antonio Borgese ihr Generalsekretär. Das Komitee arbeitet an dem Konzept einer neuen Weltordnung, das die unübersehbar in Chauvinismus mündenden nationalen Barrieren zu überwinden sucht. 1948 ist es dann so weit – der erste Entwurf einer Weltverfassung wird vorgelegt, der sich schon bald weltweit übersetzt findet. Elisabeth Mann Borgese, inzwischen enge Mitarbeiterin ihres Mannes, nimmt an dem Wirken der Chicagoer Weltföderalisten regen Anteil. 1950 wird sie sogar zur Präsidentin des Dachverbands aller Vereinigungen, die sich um eine Weltregierung bemühen, gewählt.

Das Bemühen um eine neue Weltordnung traf damals einen Nerv der Zeit. Nach dem Ende des Zweiten Weltkriegs wurden mehr und mehr mahnende Rufe laut, durch die Überwindung nationaler Grenzen fortan auch nationalistische Expansionsgedanken einzudämmen. Noch 1945 wurden die Vereinten Nationen zur Sicherung des Weltfriedens ins Leben gerufen. In direkter Anknüpfung an Coudenhove-Kalergis Paneuropa-Idee forderte Winston Churchill 1946 zur Gründung einer «Art Vereinigte Staaten von Europa» auf. Namhafte amerikanische Wissenschaftler wie Albert Einstein und J. R. Oppenheimer schließen sich im selben Jahr in dem Aufruf «One world or none» zusammen – eine unmittelbare Resonanz auf die Zerstörung der japanischen Städte Hiroshima und Nagasaki im August 1945 durch die Atombombe.

Der Zweite Weltkrieg war vorbei, und die pilzförmigen Giftwolken von Hiroshima und Nagasaki hatten sich im Raum verteilt. 1948 kam ich zum erstenmal wieder nach Deutschland und sah die zerstörten Städte. Ein Anblick, der mich mit Entsetzen erfüllte über die Perversität der Menschen, die so etwas fertiggebracht hatten. [...]
An der Universität von Chicago empfand man eine besondere Verantwortung, denn es war dort, am Stag Field, gewesen, wo die bedeutendsten Physiker der Welt – Enrico Fermi, Edward Teller, Leo Szilard, James Franck – Entscheidendes zur Entwicklung der Atombombe beigetragen hatten. Es entstand das Committee to Frame a World Constitution, eine Vereinigung, die es sich zur Aufgabe gemacht hatte, eine Weltverfassung zu etablieren. Mein Mann, der Exilitaliener und Antifaschist Giuseppe Antonio Borgese, dessen Studentin und Mitarbeiterin ich war, war die Seele dieses Komitees.
«Internationale soziale Gerechtigkeit»,

Preliminary Draft of a World Constitution

As Proposed and Signed by

ROBERT M. HUTCHINS
G. A. BORGESE
MORTIMER J. ADLER
STRINGFELLOW BARR
ALBERT GUÉRARD
HAROLD A. INNIS
ERICH KAHLER
WILBER G. KATZ
CHARLES H. McILWAIN
ROBERT REDFIELD
REXFORD G. TUGWELL

The University of Chicago Press · Chicago · Illinois

Englische Erstausgabe der Weltverfassung, 1948

Zündung der Atombombe über Nagasaki, 9. August 1945

Die in zahlreichen Ländern der Erde verbreitete Weltverfassung «Preliminary Draft of a World Constitution» erschien 1951 als deutsche Erstausgabe im S. Fischer Verlag.

Ist eine Weltregierung möglich?

Vorentwurf einer Weltverfassung

S. FISCHER VERLAG

COMMITTEE TO FRAME A WORLD CONSTITUTION

ROBERT M. HUTCHINS, *President* · G. A. BORGESE, *Secretary General*

THE UNIVERSITY OF CHICAGO
975 EAST 60TH STREET
CHICAGO 37, ILLINOIS

Cable Address:
ONEWORLD, CHICAGO

Präambel

Angesichts der Überzeugung der Völker der Erde,
  daß die Entwicklung der Menschen
zu geistiger Vollkommenheit und physischem Wohlergehen das Ziel der Menschheit ist,
  daß allgemeiner Friede Vorbedingung
für die Verfolgung dieses Zieles,
  daß Gerechtigkeit wiederum Vorbedingung des
Friedens ist;
  und daß Friede und Gerechtigkeit miteinander stehen
oder fallen;
  daß Unrecht und Krieg untrennbar
dem anarchischen Wettbewerb nationaler Staaten
entspringen;
  daß daher das Zeitalter der Nationalstaaten enden
und die Ära der Menschheit beginnen muß;
haben die Regierungen der Nationen beschlossen,
  ihre getrennten Souveränitäten in einer
Regierung des Rechts einzuordnen,
der sie ihre Waffen übergeben;
  wie sie hiermit tun
  und diese Verfassung aufzurichten
in Übereinkunft und als Grundgesetz
der Bundesrepublik der Welt.

Präambel der Weltverfassung

dessen waren wir uns sicher, verlangt grundlegende Änderungen in der Weltwirtschaft. Gedanken des damaligen Dekans von Canterbury, Hewlett Johnston, aufgreifend, schrieb unsere Weltverfassung vor, daß alle vier Elemente des Lebens – Wasser (die Meere, Flüsse, Seen und Grundwasser), Erde (Land und Bodenschätze), Luft (Atmosphäre) und Feuer (Energie in allen ihren Formen) – als Gemeinschaftsgüter der gesamten Menschheit betrachtet werden müssen. Im Jahr 1948, als unsere Verfassung, in fünfzig Sprachen übersetzt, in Millionen von Exemplaren auf der ganzen Welt verteilt wurde, eine absolut utopische Vorstellung.
(Elisabeth Mann Borgese)

Vaterländer und Muttersprachen

Lebensorte
Klaus Manns, die sich in
seiner Korrespondenz
spiegeln

Klaus Mann ist Weltbürger geworden aus Not und Überzeugung. Die globale Heimat, gegen die er das Vaterland eintauschen musste, erweist sich in seinem Fall aber als schwierige Behausung. «Seit beinah fünfzehn Jahren bin ich kein Deutscher mehr. Seit fünf Jahren bin ich Amerikaner. Eine Rückkehr nach Deutschland kommt für mich nicht in Frage. Als Weltbürger und überzeugter Internationalist muß ich aber hoffen, daß es in Zukunft wieder möglich sein werde, auch in Deutschland literarisch zu wirken.» Auch diese Hoffnung zerschlägt sich für Klaus Mann zuletzt. Im kulturellen Bereich überwiegen nach 1945 die Stimmen der inneren Emigration, für Werke von Exilschriftstellern – darunter seine eigenen – gibt es in Deutschland kaum einen Markt. Auch gerät seine literarische Produktion nach Kriegsende merklich ins Stocken. Unter den umfangreicheren Werken, die entstehen, sind vor allem Übersetzungen eigener Werke zu nennen: die seines Gide-Buches und die des «Turning Point», dessen Erscheinen auf dem deutschsprachigen Markt Klaus Mann allerdings nicht mehr erlebt.

Sesshaft im Sinn eines festen Wohnsitzes wird Klaus Mann nach 1945 nicht mehr. Er hält sich in Amerika und Europa auf, lebt in New York, Amsterdam, Cannes, Paris und Rom. Etwas allerdings gibt es – so hält Klaus Mann in seinem Essay «Das Sprach-Problem» fest –, das er bei seinen häufigen Grenzüberschreitungen immer im Gepäck hat: «Das Vaterland kann man verlieren, aber die Mutter-Sprache ist der unverlierbare Besitz, die Heimat der Heimatlosen.» Aber auch dieser Halt droht dem ruhelosen Schriftsteller im Pendeln zwischen zwei Sprachen zu entgleiten.

«Damals [in Deutschland] hatte ich *eine* Sprache, in der ich mich recht flink auszudrücken vermochte; jetzt stocke ich in zwei Zungen. Im Englischen werde ich wohl nie *ganz* so zuhause sein, wie ich es im Deutschen *war* – aber wohl nicht mehr bin ...»

«Wegbereiter einer universalen Zivilisation werden entweder *überall* zu Hause sein oder *nirgends*» – für Klaus Mann schlägt der Wechsel zwischen den Sprachen, Ländern und Kontinenten mehr und mehr in ein Gefühl der Haltlosigkeit und Entwurzelung um.

«Zu sagen, daß der Gang der öffentlichen Dinge seit 1946 ihn tief deprimierte, wäre ganz treffend. Aber der deprimierte andere auch, zum Beispiel den Schreiber dieser Zeilen. [...] Wahr ist nur dies. ‹Antifaschismus›, die Hoffnung auf den Untergang des Tyrannen, ist für Klaus zwölf Jahre lang ein Lebenselement gewesen.» «Nie lebte Klaus intensiver, angespannter, tätiger, als in den ersten Jahren der Emigration; darum wohl auch: nie glücklicher. Seine erzählerische Produktion war stetig und erreichte in drei aufeinanderfolgenden Romanen ‹Symphonie Pathétique›, ‹Mephisto›, ‹Der Vulkan› ihr höchstes Niveau.» «Nun war der Tyrann tot, aber nicht gut die Welt, die er hinterlassen hatte. Moralische Energie, so lange gegen ihn gerichtet, ging ins Leere, fand sich nicht mehr.» (Golo Mann)

Nach den vielen hinzunehmenden Enttäuschungen trifft Klaus Mann Ende 1948 ein

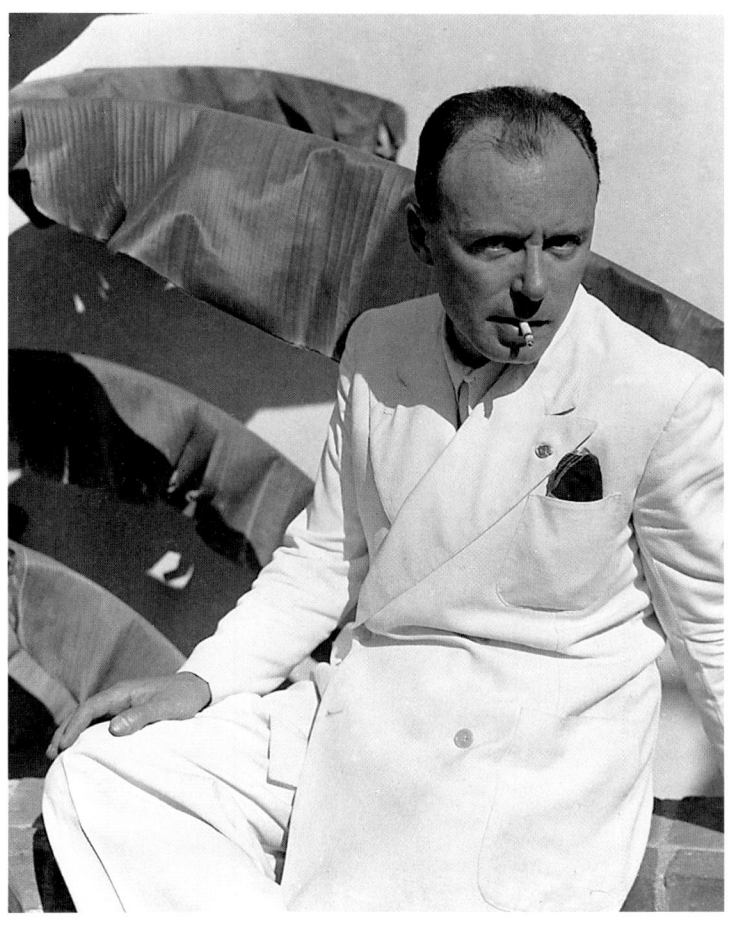

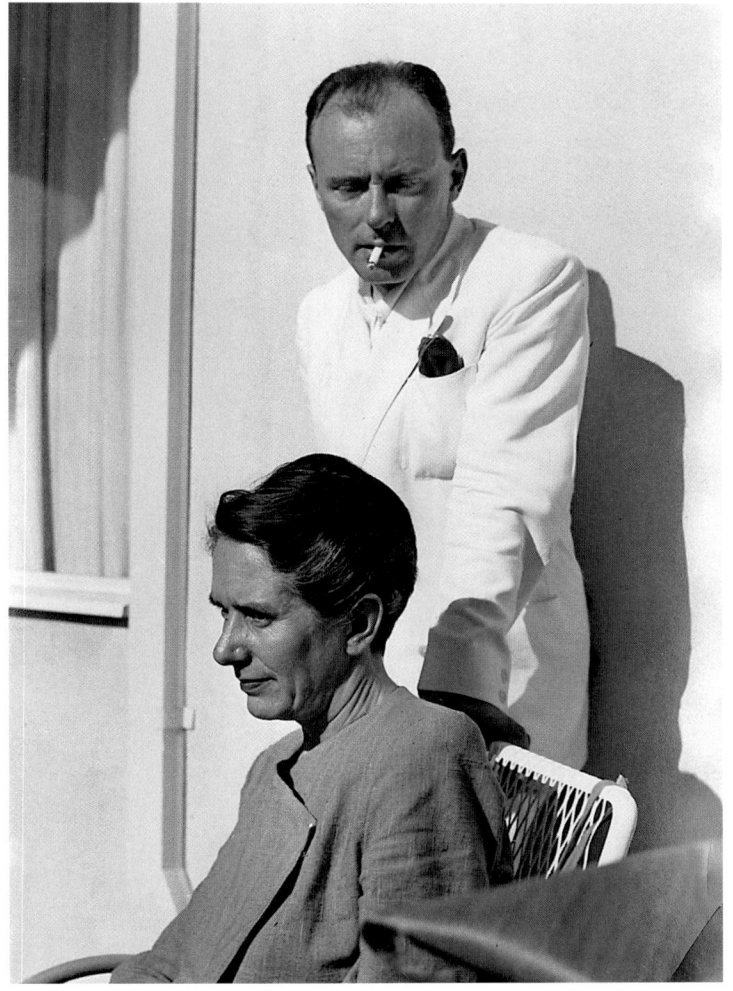

Erika und Klaus
Mann, 1948 (Fotos:
Florence Homolka)

neuer Schlag. Er und seine Schwester
Erika werden in der westdeutschen Presse
als kommunistische Agenten Stalins beschimpft. Auslöser für die Anfeindungen
war eine amerikanische Podiumsdiskus-
sion, zu der die Schwester geladen war
und bei der sie die Demokratiefähigkeit
der Deutschen in Frage stellte: «I don't
think there are enough German demo-
crats in Berlin to be worthy to fight over,
actually.» Umgehend dementieren die Geschwister öffentlich die absurden Anschuldigungen. Und doch bleibt der Vorwurf
einer prokommunistischen Einstellung an
ihnen haften. Nicht zuletzt im kommunis-
tenfeindlichen Amerika der McCarthy-Ära
verleiht er Klaus und Erika ein Stigma der
politischen Anrüchigkeit.

Die Tochter-Adjutantin

Sind die Vorwürfe auch vollkommen haltlos, ihre Enttäuschung über die allgemeine politische Entwicklung in Deutschland kann Erika Mann nur schwer verbergen. Ihre verbitterte Haltung scheint selbst dem Vater etwas zu «deutschfeindlich» und durch «irrationalen Gram» bestimmt, wie er im Tagebuch festhält: «Zuviel Charakter macht ungerecht.» Die rigide Ablehnung alles Deutschen weist auch die Loyalität dem Vater gegenüber in ihre Grenzen. Bei der gemeinsamen Europareise 1949, die Thomas Mann erstmals nach Kriegsende wieder in die alte Heimat führt, steht sie den Eltern zwar als Reisebegleiterin zur Verfügung, auf deutschen Boden aber setzt sie keinen Fuß.

Thomas Mann bei der Verleihung der Ehrendoktorwürde der Universität Oxford im Mai 1949

Erika und Thomas Mann im Mai 1949 in der Wiener Library in London, einer der bedeutendsten Bibliotheken über den Nationalsozialismus

Ohne die Tochter an seiner Seite nimmt Thomas Mann in Frankfurt am Main sowie in Weimar den Goethepreis entgegen, Letzteren nicht ohne massive Protestrufe aus der noch jungen Bundesrepublik. Mit seiner Reise in beide Teile Deutschlands hofft er eine Mittlerrolle zwischen Ost und West einzunehmen, die in den Zeiten des Kalten Krieges zur Verständigung zwischen den sich verhärtenden Fronten beitragen soll.

Die Rolle als «Sekretärin, Biographin, Nachlaßhüterin, Tochter-Adjutantin» des Vaters mag ihren Teil zu einer spürbaren Entfremdung Erikas von ihrem Bruder Klaus beigetragen haben.

J.W.GOETHE / TH. MANN

Denkmalprojekt für das Goethejahr:
„Arm in Arm mit dir, so fordr' ich mein Jahrhundert in die Schranken!"

Fiel der Apfel weit vom Stamm?

Erika Mann: „Ich glaube, es gibt gegenwärtig nicht genug deutsche Demokraten in Berlin, die eines Kampfes wert sind"

Im Goethe-Jahr besuchte Thomas Mann beide deutschen Staaten. Die Beziehung zu Nachkriegsdeutschland blieb zwiespältig. Karikatur von Hans Ulrich Steger in der «Weltwoche», Zürich, 10. Juni 1948

Erika und
Thomas Mann in Oxford,
13. Mai 1949

Karikatur aus dem
«Puck-Telegraf», Berlin,
20. November 1948

So jedenfalls die Sicht von Golo Mann, der nie der «Vikar» des Vaters sein wollte und Erikas neues Aufgabengebiet daher mit einem unüberhörbar abschätzigen Unterton kommentiert: «Ich füge hinzu, daß [Klaus] auch zu seiner Schwester nicht mehr ganz so stand wie ehedem. Sie unternahmen nichts Gemeinsames mehr. Erika hatte sich nun ganz auf den Vater konzentriert, seine Assistentin und Editorin, seine Unterhalterin und Hofnärrin. Sie reiste mit den Eltern, und die reisten häufig [...]. Auf solcher Ehrenreise – Oxford, Stockholm – war sie auch, als das Letzte geschah; ein Zufall, aber ein nicht uncharakteristischer.»

«Il faut en finir»

Der «Pavillon Madrid»
in Cannes

Aufzeichnungen zu
Klaus Manns letztem
Romanprojekt «The
Last Day»

Afterwards .....

No reason to be afraid. – Either it's the end – which would be all night with me; or there something new, something different – which would be extremely interesting. It may not be perfect, but it could hardly be worse than what we living through below. I don't think it's anything worth or fantastic. Too many has experienced it, after all ..... My personal guess: temporary end of individual consciousness, of one's identity – for some time. one's soul passes through various phases – re-materialize as ... Later, at some point, one never loses used Later, at some point, one never loses all the previous incarnation. Not too bad .....

Am Abend des 20. Mai 1949 nimmt Klaus Mann im Pavillon Madrid in Cannes eine Überdosis Schlaftabletten. Tags darauf findet man ihn bewusstlos. Er wird in die Clinique Lutetia gebracht, wo er noch am frühen Abend desselben Tages stirbt.

Antworten auf die Frage nach den Ursachen für diesen letzten Schritt zu suchen wäre spekulativ. Fest steht, dass der Todeswunsch in Klaus Mann zuletzt immer mächtiger wurde. «Ständige Sehnsucht nach dem Tod», «an den Tod gedacht, ihn begehrt, erwartet, erhofft – jede Stunde dieses langen, ermüdenden Tages», verzeichnet das Tagebuch 1948. Seine Aufzeichnungen für das nächste Jahr beginnen mit der Eintragung: «Ich werde diese Notizen nicht weiterführen. Ich wünsche nicht, dieses Jahr zu überleben.»

Thomas Mann sieht den «Todeszwang» von langer Hand her in dem ältesten Sohn wirken. Nach einem gescheiterten Selbstmordversuch von Klaus Mann schreibt er im August 1948: «Die Situation bleibt gefährlich. Meine beiden Schwestern haben sich getötet, und Klaus hat viel von der Älteren. Der Trieb ist in ihn gelegt und wird

THE LAST DAY
NOVEL
"For whosoever shall save his life shall lose it; but whosoever shall lose his life, the same shall find it."

doch wird sie wenige Wochen vor seinem Tod noch einmal auf trostlose Weise genährt. Das Angebot, den «Mephisto» neu aufzulegen, wird von einem westdeutschen Verlag mit der Begründung zurückgezogen, Gründgens spiele doch inzwischen wieder eine zu «bedeutende Rolle». Golo Mann über diese tragische Ironie: «Hätte der deutsche Büchermarkt sich ihm etwas früher geöffnet, was er nun im Begriff war zu tun, hätte er selber verstanden, daß hier keine geringe, sondern eine entscheidende Chance für ihn war.»

durch alle Umstände begünstigt.» Unter diesen dürfte die Enttäuschung über die Entfremdung von der Schwester noch am wenigsten schwer wiegen. Hinzu kamen die versiegende Schreibkraft – «Rien» verzeichnet das Tagebuch immer wieder ernüchternd über den schriftstellerischen Ertrag des Tages. Auch die Abhängigkeit von der Droge wird als selbstzerstörerisch empfunden und schließlich mit der Forderung «Il faut en finir» quittiert, wenn auch zuletzt erfolglos.

Die weltpolitische Entwicklung nach 1945 hat zu Klaus Manns zunehmender Verzweiflung maßgeblich beigetragen. Sein Essay «Die Heimsuchung des europäischen Geistes» wirkt in dieser Hinsicht fast wie ein literarisches Vermächtnis. In ihm sieht der Autor Europa in einer globalen Krise, aus der es keinen Ausweg mehr gibt: «Während Ost und West sich drohend gegenüberstehen, hält die Schlacht der Ideologien die besten europäischen Köpfe in Bann.» Wie eine schriftliche Legitimation seines eigenen Freitods wirkt die Forderung darin, sich die «völlige Hoffnungslosigkeit unserer Lage» einzugestehen und in einen kollektiven Massenselbstmord der Intellektuellen münden zu lassen.

Vor allem aber auch der Umstand, als Autor nicht mehr gefragt zu sein, erfüllt Klaus Mann zuletzt mit immer größerer Mutlosigkeit. Eine Annahme übrigens, die sich als falsch herausstellen sollte – und

Die vermutlich letzten Bilder von Klaus Mann, aufgenommen in Cannes, 2. Mai 1949

Dies abgekürzte Leben

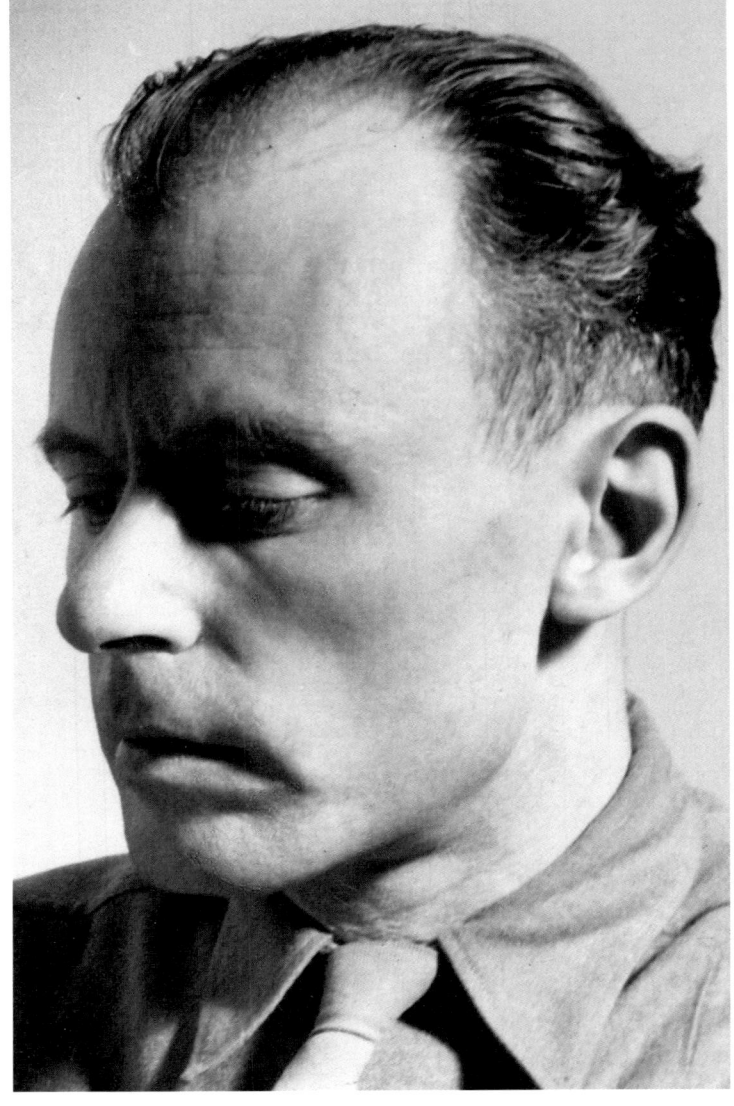

Ein Jahr nach Klaus Manns Tod gibt Erika Mann im Amsterdamer Querido Verlag ein Gedächtnisbuch heraus, eine Hommage von Weggefährten, Freunden und Kollegen an den Schriftsteller und Menschen Klaus Mann.

Die Nachricht vom Tode Klaus Manns ereilt Erika Mann mit den Eltern auf der Vortragsreise durch Europa in Stockholm. Nach langen Besprechungen beschließt man, die Reise nicht abzubrechen, aber allen gesellschaftlichen Anlässen fernzubleiben. «Da kam die Unglücksnachricht aus Cannes, und wir waren seelisch vorerst völlig mattgesetzt. Es ist sehr, sehr bitter, und namentlich Erika, die den Weggenossen verloren hat, um dessen Bleiben an ihrer Seite sie immer rang», hätte er es «nicht antun dürfen», so Thomas Mann. Erika erfährt den Verlust als einen nie mehr ganz verheilenden Einschnitt in ihrer eigenen Existenz. «Waren wir doch Teile von einander, – so sehr, daß ich ohne ihn im Grunde gar nicht zu denken bin», offenbart sie der Freundin Eva Herrmann. Das Verhältnis zum Vater war mehr von

reservierter Distanz geprägt, nicht nur durch die Abweichungen, sondern auch durch die Spiegelungen in beider Existenz: «Klaus war Schriftsteller, wozu er sicher geboren war, was aber für ihn, als Sohn seines Vaters, nicht günstig war», so Katia Mann. «Es traute der Ältere dem Jüngeren auch nicht, sah Verzerrungen seiner selbst in ihm, der eigenen überwundenen Morbidität, sah eine untergegangene Schwester in ihm, mißbilligte, Moralist und strenger Arbeiter an sich selber, seines Sohnes ‹Privatleben›», urteilt demgegenüber der Bruder Golo.

Golo Mann ist es auch, der Klaus Manns Mittlerwesen innerhalb der Familie hervorhebt: «Wo sechs Geschwister sind, gibt es kleine Gruppen, Parteien, die sich bilden und wieder umbilden. Klaus stand gut mit allen.» Tatsächlich bringt Klaus Mann

noch Verständnis auf, wo das Einfühlungsvermögen anderer Familienangehöriger versagt. In der für sie nach dem erlittenen Schicksalsschlag schwierigen Situation der amerikanischen Emigration wächst Monika Mann mehr und mehr in die «Rolle des unnützen Sonderlings» hinein – Klaus Mann gibt ihr durch die Übersetzungsarbeit am «Wendepunkt» eine Aufgabe. Ihre spät erwachten literarischen Ambitionen werden in der Familie, die sich von ihren «peinlichen piècen» zumeist unangenehm berührt zeigt, mit Argwohn betrachtet – Klaus Mann, der 1948 das Manuskript einer Autobiographie der Schwester liest, begleitet ihre schriftstellerischen Anfänge mit unbefangener Neugier. Aber auch zu den anderen Geschwistern stellt sich Klaus Mann in den Jahren der Emigration gut. Vor allem zu Golo, der sich an ein verab-

Undatiertes Typoskript
Monika Manns über ihren
Bruder Klaus

Klaus Mann

Der schief-erhobene Kopf und der angehaltene
Atem   Das konzentrierte Nebenher
Das Verbindlich-Defensive   Kult und Ab-
surdum, Engel in Jeans (die ihn berauben)
Bringt er Blumem mit, ist er eifersuechtig
auf sie, die movefarbenen Gladiolen   Beim
Klavierspielen wundert er sich ueber die Eigen-
macht der Klaenge   Die okkulte Geschaeftig-
keit   Er isst gerne und mit den Haenden -
mit den Haenden, Seelen mit den Haenden
Der Rauch seiner Zigarette verraetselt sein
Laecheln   Er tippt auf der Maschine mit
zwei Fingern, mit dem dritten nur aus Loyalitaet
Sein gebendes Wesen mag zur einzigen Bitte werden,
aus Einsamkeit   Das Glueck in seiner heiligen
Dummheit - verwirrend   Ordnung und Gesetz
beherrschen ihn und treiben ihn in die Flucht
Ungesehen-Sein mit dem Gefuehl des Unsichtbaren -
der verletzte Geltungstrieb   Sein Soldatentum,
das Juedische in ihm   Das Obdachlose seiner
Argumente, wennschon sie ins Schwarze treffen
Das Korrekte verkleinert ihn, eine Titelanrede,
glanzgeputzte Schuhe   Seine Leichtglaeubig-
keit als Symptom einer Unschuld, die sich noch
in der Korruption bewahrt - ja bewahrheitet
Das Weltorientierte-und Verlorene   Die
Zeitung, das Kleinbuergerliche   Das Orden,
die Auszeichnung, die Summe seiner selbst,
vor der er abwechselnd erroetet und erbleicht
Das Gesellschaftliche, das Gemuet im Frack -
es will zerspringen   Oscar Wilde haette
ihn erschaffen muessen, im rotausgeschlagenen
Domino aus dem Flugzeug winkend   Es geht
bei ihm nicht ab ohne das Aeusserliche (haette
Brecht nicht eine so lange Nase...)   Die
hehre Demut des Tiers, wenn er im Regen geht
(er besitzt keinen Schirm)   Hell und leicht
scheint er in der Menge abseits   Die hekti-
sche Sachlichkeit   Vor geistiger Groesse
streckt er sich, waechst physisch   Im
Schuetzengraben liest er den JOSEPH   Er
hat ein Herz fuer alles und ein Achselzucken
Haette Gide ihn ueberreden koennen?

Monika Mann

Klaus Manns Grab
auf dem Friedhof in
Cannes

redetes, dann doch nicht zustande gekommenes Treffen mit Michael und Monika kurz vor Klaus' Tod in Cannes erinnern kann.

Bei der Beerdigung am 24. Mai 1949 ist von der Familie nur Michael Mann zugegen. Heinrich Mann berichtet über die Zeremonie: «Mit dem Trauergeleit erschien unerwartet sein jüngster Bruder, Michael. [...] Über dem schon versenkten Sarg des Bruders spielte er ein Largo; dann ging man auseinander.» Ins spätere Familiengrab wird Klaus Mann nicht überführt: «All sein erwachsenes Leben lang hat er im Schatten des Vaters gestanden, und daß er in eben diesem Schatten nun auch ruhen sollte, war ein Gedanke, der uns letztlich unzulässig schien. Er wollte in Cannes sterben und zweifellos wollte er dort begraben sein», so die Schwester Erika.

An Hermann Hesse schreibt Thomas Mann im Juli 1949: «Dies abgekürzte Leben beschäftigt mich viel und gramvoll. Mein Verhältnis zu ihm war schwierig und nicht frei von Schuldgefühl, da ja meine Existenz von vorn herein einen Schatten auf die seine warf. Dabei war er als junger Mensch in München ein recht übermütiger Prinz, der viele herausfordernde Dinge beging. Später, im Exil, wurde er viel ernster und moralischer, auch wahrhaft fleißig, arbeitete aber zu leicht und zu rasch, was die mancherlei Flecken und Nachlässigkeiten in seinen Büchern erklärt. Wann der Todestrieb sich zu entwickeln begann, der so rätselhaft mit seiner augenscheinlichen Sonnigkeit, Freundlichkeit, Leichtigkeit, Weltläufigkeit kontrastierte, liegt im Dunkeln. Unaufhaltsam, trotz aller Stütze und Liebe hat er sich selbst zerstört und sich zuletzt jedes Gedankens an Treue, Rücksicht, Dankbarkeit unfähig gemacht. Trotzdem, er war eine ausgezeichnete Begabung. Nicht nur der ‹Gide›, auch sein ‹Tschaikowsky› ist ein sehr gutes Buch und sein ‹Vulkan›, abgesehen von Partien, die er besser hätte machen *können*, vielleicht der beste Emigrantenroman.»

«Wo die Heimat zur Fremde wird»

Erstausgabe, Querido
1949

«Der Atem»,
letzte Manuskriptseite

« Trotz deinem Abschied für immer hast du an das Kreuz, hast an vergoltenes Leiden geglaubt. Es ist dir hier schon vergolten, meine Schwester. Hast du wohl gewußt, das ich knieen werde? » Sie kniete. Es war still. Die Helligkeit des Gartens war gelöscht. Die Welt schlief gelähmt wie in Nächten ihrer ausgebrochenen Katastrophen, wenn auch wir müde sind und das Wort niederlegen.

Der Atem
(beendet Sonnabend den 25. Oktober 1947)
11½ Uhr vormittag.
Korrekturen zu Ende gelesen
Mittwoch 2. märz 1949 11¼ Uhr vormittag.

«Aber schließlich, was heißt heute Fremde, was Heimat? In Lübeck an der Trave sind wir ohnedies lange nicht mehr. Wo die Heimat zur Fremde wird, da wird die Fremde zur Heimat.» Amerika ist Heinrich Mann immer fremd geblieben – im Gegensatz zu seinem ersten Exilort Frankreich, mit dessen Kultur er sich verbunden fühlte. Seine letzten Lebensjahre in Kalifornien sind durch zunehmende Isoliertheit und Vereinsamung gekennzeichnet, besonders nach dem Tod seiner Frau Nelly, die sich Ende 1944 das Leben nimmt.

Sein Neffe Golo Mann urteilt über Heinrich Mann und dessen Erinnerungen «Ein Zeitalter wird besichtigt», die zusammen mit den Alterswerken «Der Atem» und «Empfang bei der Welt» zu seiner späten literarischen Hinterlassenschaft gehören: «Einsam war H. M. schon während der dreißiger Jahre in Nizza, wo er gleichwohl sich zu Hause fühlte [...]. Aber welches Glück war ihm Frankreich, verglichen mit Los Angeles! Im letzten Teil des Buches, welcher ‹Schlußfolgerungen›, in Wirklichkeit aber eine Menge persönlicher Erinne-

rungen bietet, ist auch von dem Abschied von Europa, Herbst 1940, die Rede; unserer gemeinsamen Fluchtwanderung über einen Vorberg der Pyrenäen, der Reise nach Lissabon, dem Warten dort auf das Schiff, das allerletzte, das nach Amerika ging. ‹Überaus leidvoll war dieser Abschied.›»

Zu einem Wiedersehen mit dem alten Kontinent kommt es nicht mehr. Kurz vor der geplanten Rückkehr nach Deutschland, wo Heinrich Mann in Ost-Berlin die Präsidentschaft der Akademie der Künste übernehmen sollte, stirbt er am 12. März 1950 in Santa Monica.

Er lebte recht unerkannt, recht einsam hier, und wenn ich ihm, solange es nicht augenscheinlich zu spät war, zuredete, der dringenden Einladung der volksdemokratischen deutschen Regierung nach Berlin zu folgen, so war es, weil ich wußte, daß dort ein Lebensabend voller Ehren sein gewesen wäre. Den wünschte ich ihm, fand, daß es ihm zukam und unterstützte also den Wunsch der offiziellen deutschen Stellen, obgleich seine Übersiedelung wohl die Trennung von ihm für immer bedeutet hätte und auch obgleich immer deutlicher wurde, daß er nichts mehr wünschte, als in Ruhe gelassen zu werden.
(Thomas Mann – «Brief über das Hinscheiden meines Bruders Heinrich»)

Zuletzt sah ich ihn – es war zu Beginn des Jahres 1949 – in Santa Monica. Er hatte dort kürzlich, nach dem Tod seiner Frau, eine neue Wohnung bezogen. [...] Der Lübecker Patrizier mit dem Gebaren eines französischen Grandseigneurs ging einsam, fremd und müde durch die Alleen von Santa Monica. Leicht gebeugt der Rücken, die Arme etwas nach vorne hängend, der Panamahut seine junge Stirn beschattend – schaute er verständnislos auf das Treiben der Menschen: abhold, verschlossen ihrer Sprache, ihrer Mentalität. Sein Gang war elegante Opposition und vollkommene Isoliertheit.
(Monika Mann – «Der Einsame»)

**Heinrich Mann
in Santa Monica**

The American Violist

**Komponisten- und
Dirigentenstimmen zu
Michael Mann**

Wie viele andere Remigranten wagt auch Michael Mann Ende der vierziger Jahre den Ozeansprung zurück Richtung Europa. Dieser «Sea Change» markiert für ihn zugleich den Beginn einer vielversprechenden Solokarriere als Bratschist. Ende des Jahres 1949 startet er eine erfolgreiche Tournee durch Europa, die ihn auch zu den Stätten seiner Kindheit und Jugend, nach München und Zürich, führt. Zunächst leben Gret und Michael Mann in der Gemeinde Zollikon am Zürichseeufer, fester Wohnsitz wird später Strobl im Salzkammergut.

1951 macht sich Michael Mann zu einer weiteren Konzertreise auf. Begleitet wird er diesmal von der Pianistin Yaltah Menuhin, der Schwester des Geigenvirtuosen Yehudi Menuhin. Die Medienresonanz ist stark, die Kritik wohlwollend. Und doch findet die Zusammenarbeit zwischen den beiden Künstlern schon bald ein jähes Ende. Die Michael-Mann-Biographen Sally und Fritz Tubach über den Vorfall: «In Los Angeles hatte die New Music Society ein Konzert angesetzt, das auch im Radio übertragen werden sollte. [...] Während der Autofahrt zur Konzerthalle brach ein Streit zwischen den beiden Solisten aus, der in einem ungewollten Akt spontaner Gewalttätigkeit Michaels endete. Er verließ den Wagen und verschwand. Als er an der Konzerthalle ankam, erfuhr er, daß das Konzert nicht stattfinden werde. Yal-

tah erschien nicht. Michael war fassungslos. Nach einiger Zeit wurde über das Radio bekanntgegeben, daß das Konzert wegen eines Unfalls abgesagt worden sei. Katia Mann ging sofort zu Yaltah und versuchte, sie zu beschwichtigen. Sie stellte sich immer auf die Seite ihrer Kinder. Wie so oft, traf sie den Kern der Situation in ihrer Bemerkung zu Michael: ‹Du hast dich um vieles gebracht.›» Der beherrschte Vater bringt weniger Verständnis für die Ausbrüche Michaels auf, «der Zügellose und durch extreme Anstrengungen Überreizte» bleibt ihm im Kern wesensfremd.

Seit Ende der vierziger Jahre wechselt Michael Mann vom praktischen Fach nun auch häufiger in das des Kritikers. Eine seiner ersten Besprechungen verfasst er über den «Doktor Faustus». Zu diesem steuert er mit einer Harmonielehre musikwissenschaftliches Quellenmaterial bei; dieser Beitrag ist gegenüber dem zweifellos größeren Einfluss Adornos und Schönbergs auf Thomas Manns Roman weniger bekannt. Und so bleibt, auch aus Sicht Michael Manns, die Musik das Vater und Sohn am stärksten verbindende Element. Der «Faustus», dieser «experimentelle,

Michael Mann.
Zeichnung der befreun-
deten Karikaturistin
Eva Herrmann

Darius Milhaud · Quatre Visages (1946)

La Californienne · The Wisconsonian · La Bruxelloise · La Parisienne

Michael Mann, Viola · Dika Newlin, Piano

Deutsche
Grammophon
Gesellschaft

30 295 EPL HI-FI

in seiner Symbolik kaum zu entziffernde
Ausflug Thomas Manns in die Problematik
der zeitgenössischen Musik hat mich wohl
im Verlaufe meines ‹infantilistischen› Lebens meinem Vater am nächsten gebracht.
Und das in den Roman hinein ‹montierte›
Porträt meines älteren Sohnes (‹Echo›) habe ich ihm viel leichter nachgesehen als
den ‹Beißer› [aus ‹Unordnung und frühes
Leid›]!» Nepomuk Schneidewein – kurz
«Echo» genannt – stirbt im Roman an Meningitis.

«Einige Kritiker haben einen deutlichen
Einfluß der Musik auf meine Romandich-
tungen erkennen wollen, und es ist wahr:
ich habe, ohne daß ich es als ausübender
Musiker je zu was Rechtem gebracht hätte
(dafür ist nun mein Sohn da), immer sozusagen in Nachbarschaft mit der Musik gelebt, auf vertrautem Fuße mit ihr, und es
als reizvolles Experiment empfunden, ihre
Wirkungsmittel, ihre thematische Arbeits-
art ins Literarische zu übertragen.» (Thomas Mann)

Unter Verdacht

Erika, Katia und
Thomas Mann in Pacific
Palisades, um 1951

Endgültige Rückkehr nach Europa? Nicht zuletzt das sich in der neuen Heimat merklich abkühlende politische Klima legt diesen Gedanken für die Manns nahe. In den Zeiten des Kalten Krieges erfasst Amerika eine Welle der Angst vor einer kommunistischen Unterwanderung des Landes. Geschürt wird diese vor allem von Senator Joseph McCarthy, der einen militanten Feldzug gegen alle «unamerikanischen Aktivitäten» führt. Verhöre und Bespitzelungen von vermeintlich prokommunistischen Umstürzlern gehören in der Ära des McCarthyismus zum Alltag. Wie viele andere Intellektuelle und Künstler auch, die in der hysterisch aufgeladenen Stimmung zu Unrecht verdächtigt werden, geraten die Manns ins Visier der amerikanischen Behörden und damit ins Kreuzfeuer der Kritik.

Zur endgültigen Entscheidung für die Aufgabe der amerikanischen Existenz trägt maßgeblich Erika Mann bei. Die älteste Tochter, die in der frostigen politischen Atmosphäre des Landes nicht mehr atmen kann, ist wie schon zuvor federführend für die Ortsveränderung der Familie. Sie ist es

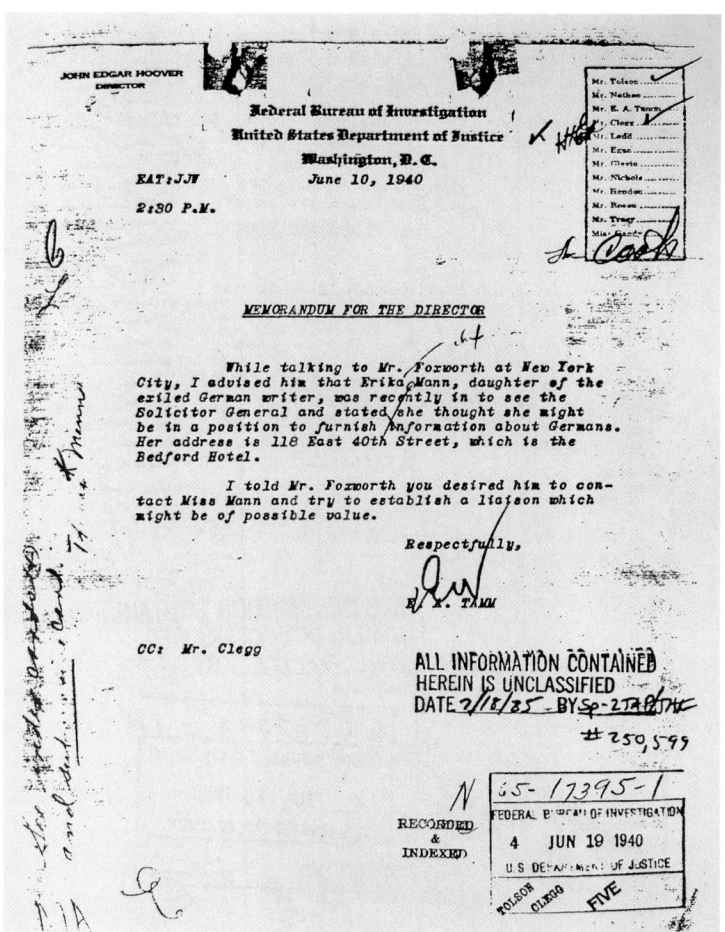

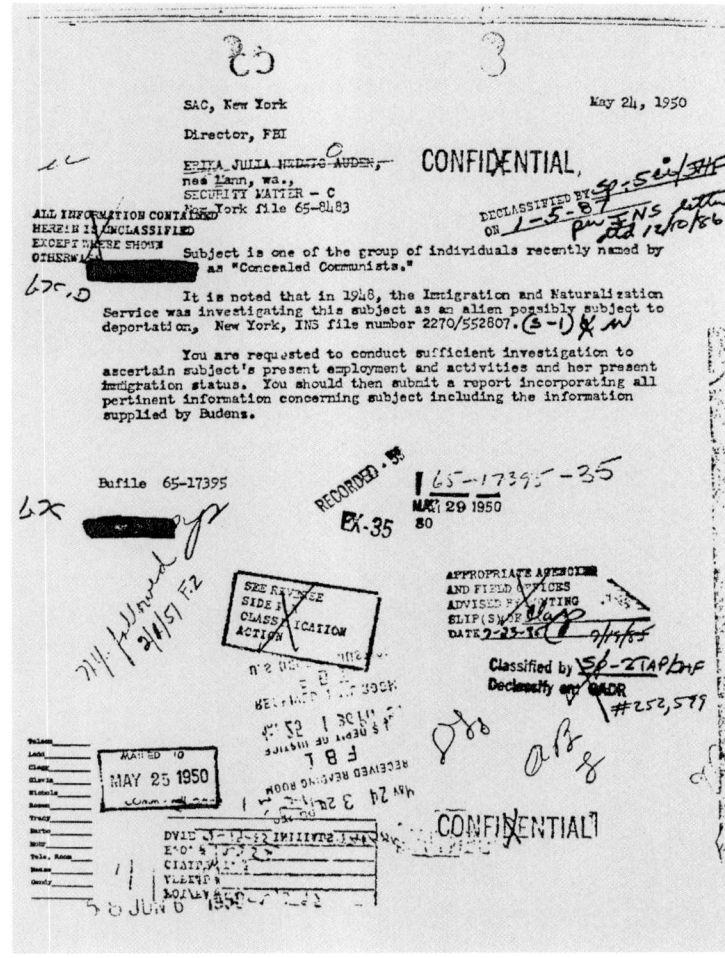

wohl auch, die zunehmend die teils irrationale Ausmaße annehmenden Amerika-Ängste der Eltern schürt. Von dem ausgedehnten Europaaufenthalt 1950 mit den Eltern will Erika, Sanktionen gegen sich befürchtend, nicht mehr in die USA zurück. Nach ihrer doch noch erfolgten Wiedereinreise stößt ihr «unbedingter Wille zum Verlassen des Landes» vor allem bei Katia auf nur bedingtes Verständnis.

Erikas Ängste scheinen nicht unbegründet. Ihr 1947 gestellter Einbürgerungsantrag liegt nach wie vor auf Eis, das FBI, zu dem sie im Kampf gegen die Nationalsozialisten einst selbst Kontakt aufnahm, führt nun ein Dossier über sie – wie übrigens auch über Thomas Mann und zuvor schon den Bruder Klaus. Langwierige Verhöre von Freunden und Bekannten stempeln sie, so Erika, in den Augen potenzieller Arbeitgeber zu einer probolschewistischen Verdächtigen, ohne dass sie jemals mit dem Kommunismus sympathisiert hätte. Enttäuscht über die Anschuldigungen und Verdächtigungen, zieht Erika Mann im

Dezember 1950 ihren Antrag auf die amerikanische Staatsbürgerschaft zurück:

«Von 1939 bis 1946 verbrachte ich ungefähr die Hälfte meiner Zeit im Krieg oder bei den Besatzungstruppen und, um mir etwas Erholung zu gönnen, ein Drittel bei Vortragsreisen ‹daheim› in den Vereinigten Staaten. Ich bekam mehr Angebote, als ich hätte annehmen können – weitaus mehr. [...] Wäre ich amerikanische Staatsbürgerin gewesen, ich hätte mich nicht stärker bemühen können, dem Lande nützlich zu sein. In der Tat fühlte ich wie eine Amerikanerin, lebte wie eine Amerikanerin, *war* praktisch eine Amerikanerin.»

«Erst als ‹Einbürgerungsbewerberin› mußte ich die allmähliche Vernichtung von allem, was ich in mehr als einem Jahrzehnt aufgebaut hatte, mit ansehen. Dieses Schauspiel war um so quälender, als es die dritte Existenz betraf, die ich mir selbst geschaffen hatte. Der Nazismus vertrieb mich aus meinem Geburtsland Deutschland, wo ich ziemlich erfolgreich gewesen war; Hitlers wachsender Einfluß in Europa veranlaßte mich, den Kontinent zu verlassen, in dem ich auf Gastspielreisen mit meiner eigenen Show über tausend Vorstellungen gegeben hatte; und jetzt sehe ich mich – ohne eigenes Verschulden – ruiniert in einem Land, das ich liebe und dessen Staatsbürgerin zu werden ich gehofft hatte.»

«Heimkehr zur alten Erde»

Das Haus der Manns in
Erlenbach bei Zürich,
Wohnsitz der Familie von
1952 bis 1954

Erika und Thomas Mann
in Erlenbach

Nicht zuletzt der McCarthyismus gibt für die Manns den Ausschlag, Amerika zu verlassen. Thomas Mann in «Comprendre»: «Trotz bequemster Lebensbedingungen ließ mein schon weit vorgeschrittenes Alter den fast ängstlichen Wunsch nach Heimkehr zur alten Erde, in der ich einst ruhen möchte, immer dringender werden. Ich [...] will nur zugeben, daß, ähnlich wie im Jahre 1933, das Politische nicht unbeteiligt war an diesem Entschluß. Eine unglückselige Welt-Konstellation hat Veränderungen in der Atmosphäre des so begünstigten, zu ungeheuerer Macht aufgestiegenen Landes hervorgebracht, die wohl als bedrückend und besorgniserregend empfunden werden können.»

Erika Mann mit ihrer
Mutter Katia

Katia Mann mit ihren
Enkeln Frido (links) und
Toni

1952 kehren die Eltern mit Erika endgültig nach Europa zurück. Die Wahl fällt – wie schon 1933 – auf die Schweiz, für Thomas Mann am ehesten verbunden mit der Idee eines neutralen Europäertums. Eine Rückkehr nach Deutschland wird ausgeschlossen, wie er an Theodor W. Adorno schreibt: «Deutschland kommt nicht in Betracht, es ist mir zu unheimlich, – wenn es auch das Einfachste wäre, uns auf unserem schönen Grundstück an der Isar (die Ruine ist nun abgerissen) ein neues kleineres Haus zu bauen, und ich ginge wieder zum Aumeister spazieren. Wäre aber doch zu gespenstisch.» Erika über das neue Erlenbacher Domizil an Curt Bois: «Unser Häuschen hier, oder vielmehr die zwei Stockwerke des Häuschens, das wir bewohnen, sind ganz lieb und vor allem zauberisch gelegen. An Pacific Palisades, natürlich, dürfen wir nicht denken, wenn wir Erlenbach tolerieren wollen, – aber who the hell denkt schon freiwillig an Pacific Palisades oder sonst einen Platz dortzusumpfe?»

Den künstlerischen Ambitionen Michael Manns und den Notwendigkeiten eines freischaffenden, von Engagement zu Engagement eilenden Musikers sind die beiden Kinder Frido und Toni eher im Wege. Die Söhne verbringen daher einen Großteil ihrer Jugend im Hause ihrer Großeltern – bei Katia und Thomas Mann sowie bei den Eltern von Gret, die ebenfalls am

Zürichsee, im Ort Zollikon, leben. Am 13. August 1952 notiert Thomas Mann im Tagebuch: «7 Uhr mit Frido nach Strobl. Dort im Garten bei Wermuth, während Bibi draußen seinen morgigen Vortrag memorierte. Abendessen im oberen Zimmer. Erwägungen über das Internat, in das die Kinder zu geben, während die Eltern in Amerika sind. Englisch? (Erika) Schweiz (Geheeb)? Bodensee? – Teilnahme für Grets schlechtes Aussehen u. stilles Wesen. Sie hat es nicht leicht mit dem nervösen, von egocentrischem Ehrgeiz besessenen, tyrannischen Vater ihrer Kinder.»

Auch wenn «die Enkelbübchen», vor allem Frido, von Katia und Thomas Mann sehr geliebt werden, ist die oft lange Trennung von den eigenen Eltern doch eine schmerzhafte Erfahrung für die Halbwüchsigen.

Frido Mann hat davon viele Jahre später in seinem autobiographischen Roman «Professor Parsifal» Zeugnis abgelegt. Die Hauptfigur des Buches reflektiert zu Anfang der Handlung, im Spätsommer 1955: «Während der letzten fünf Jahre hatte ich [wegen des Musikerberufs seines Vaters] nicht nur viermal Wohnsitz und Schule gewechselt, sondern meistens auch noch das Land. Und ich glaube, daß vor allem die zwei Jahre im Schweizer Internat, als meine Eltern sich auf einer Konzert-Tournee durch die Welt befanden, mir nicht sonderlich gut getan haben. Selbst in den Ferien mußten mein Bruder und ich uns zwischen den am selben See wohnenden Großeltern väterlicher- und mütterlicherseits aufteilen.»

«Vom Geist Amerikas»

Erstausgabe von 1954

Im Rückblick betrachtet Golo Mann seine im Exil verbrachte Zeit: «Es war mir nicht an der Wiege gesungen, mich jahrelang heimatlos herumzutreiben, einmal da, einmal dort, und andere lange Jahre in Nordamerika zu verbringen. [...] Es sollte ein hartes Stück Arbeit sein, mir fremde Landschaften zu erobern; bei den fremdesten, den Wüsten von Kalifornien und Nevada, gelang mir das ganz und gar nicht. Im Grunde suchte ich in der Fremde immer das Vertraute, etwa in Spanien; das völlig Fremde war das Beängstigende. Daß fremde Sprachen sprechen und schreiben Vergnügen machen kann, wußte ich nicht, solange ich in Deutschland lebte; da konnte ich französisch und englisch zur Not lesen, weiter nichts, das Latein, als ‹tote› Sprache, ging für sich. Meine historische, literarische Bildung war nahezu ausschließlich deutsch; ich konnte ein paar hundert deutsche Gedichte auswendig, kein einziges nicht-deutsches, von Horaz abgesehen. Und das wäre vermutlich alles so geblieben, ohne die Ereignisse des Jahres 1933. Was ohne sie aus mir geworden wäre? Ich weiß es nicht.»

Für Golo Mann sind die Jahre nach 1945 für lange Zeit durch einen stetigen Wechsel zwischen Amerika und Europa gekennzeichnet. In Kalifornien unterrichtet er bis 1958 am Claremont Men's College Geschichte, nach Österreich und in die Schweiz zieht er sich für längere Aufenthalte zum Schreiben zurück.

Nach dem «Gentz» legt er mit «Vom Geist Amerikas» sein zweites Buch vor, eine Schilderung der Vereinigten Staaten aus europäischer Sicht. Seine «Einführung in amerikanisches Denken und Handeln im zwanzigsten Jahrhundert» setzt sich nach einem geschichtlichen Abriss in essayistischer Form mit der Innen- und Außenpolitik sowie der Philosophie des Landes auseinander, die auch kritische Töne gegenüber McCarthy erlaubt. «In der Tat erscheinen die USA in der Darstellung Golo Manns als Land voller Widersprüche, geschichtslos und geschichtsbewusst, isolationistisch und expansionistisch, konform und exzentrisch, doktrinär und pragmatisch.» (Urs Bitterli)

Ich schreibe dies Büchlein von Amerika abwesend in Europa. Man sieht seinen Gegenstand besser in der Distanz. Ein Volk hat einen bestimmbaren Charakter nur, wenn man es von außen als Ganzes sieht und vergleicht. In Amerika fallen mir die Amerikaner nicht auf, da freue ich mich, wenn ich Europäer treffe. Hier, in Europa, fallen sie mir auf, da zeigen sie etwas, was ihnen gemeinsam ist und sie von den Europäern unterscheidet.

Das Unkleinliche muß es sein, das Bequeme, Freie, Gutmütige, gerade Gewachsene, weil unter keinem europäischen Druck Gewachsene. Amerikaner sein ist, unter anderem, eine physische Eigenschaft. Das Nicht-unter-Druck-aufwachsen, das Nicht-in-Enge-und-Angst-aufwachsen, Angst vor den Eltern, der Schule, der Zukunft, der Welt, das von früher Kindheit an sich frei Betätigen – das, vor allem, macht den Amerikaner, was er ist und als was er in Europa erscheint. Der Europäer, der früh genug, als Kind, nach Amerika kommt, wird dem Typus sich rasch anpassen, der eine mehr, der andere weniger. Es ist ein ungeheuer starker Organismus, der ihn aufnimmt und assimiliert. Selbst für den schon geprägten, erwachsenen Einwanderer ist es selten ganz zu spät.

Persönlich kann ich nicht sagen, daß ich, was ich als den amerikanischen Glauben zu beschreiben versuchen werde, mir zu eigen gemacht hätte. Noch immer sehe ich Amerika mit den Augen des Europäers. Umgekehrt aber sehe ich Europa mit amerikanischen Augen und vieles, was mir hier ehedem natürlich erschien, erscheint mir heute eng, künstlich und unerträglich. Insbesondere leugne ich nicht, daß ich gewisser Seiten meiner deutschen Kindheit und Jugend mich heute nur mit Grausen erinnern kann.

Dann wieder sehe ich in Europa viel, was mich «amerikanisch» anmutet, besonders in Deutschland. Hier muß man freilich wenigstens im Prinzip auseinanderzuhalten versuchen, was im Detail der Wirklichkeit nicht zu trennen ist; auf der einen Seite den amerikanischen Einfluß, den Import, die bewußte oder unbewußte Nachahmung – auf der anderen Seite die Parallel-Entwicklung oder allgemeine Entwicklung der Zivilisation, in der Amerika einen gewissen Vorsprung hat.

[...] Andererseits mag gerade dies Betrachten des Allgemeinen, der Entwicklung, welche Europa mit Amerika gemeinsam hat und in der es mit ihm wetteifert, den Europäer nachdenklich stimmen. Denn er weiß, daß Europa in diesem Wettstreit nicht gewinnen kann. Es wird nie wieder so reich sein wie Amerika, wird nie den weiten Raum haben, den Amerika hat. Es kann seine lebendige Wirklichkeit, zu der unentrinnbar die Vergangenheit gehört, nie so leicht, nie so vollständig dem Neuen anpassen, wie Amerika es kann. Das ist es, was Goethes berühmte Verse ausdrücken: «Amerika, du hast es besser...»
(Golo Mann – «Vom Geist Amerikas»)

Michael, Katia, Erika, Thomas und Golo Mann während eines Europaaufenthalts, um 1950

Trauer in Fiesole

Wie ihre Eltern kehrt auch Elisabeth 1952
nach Europa zurück. Ziel ihrer Remigration ist das Heimatland ihres Mannes, Italien. Borgese war zuvor einem Ruf seiner
alten Universität in Mailand gefolgt, an der
er bis zum Gang ins Exil Anfang der dreißiger Jahre gelehrt hatte. Nur wenige Monate nach der endgültigen Rückkehr der
Familie in sein Heimatland stirbt Giuseppe
Antonio Borgese im Alter von siebzig Jahren am 4. Dezember 1952 in Fiesole.

Fiesole bei Florenz

Erster Kongress
für kulturelle Freiheit,
Berlin 1950. Von links:
Gräfin und Graf Guido
Piovene, Toni Kesten, der
«Merkur»-Herausgeber
Hans Paeschke, Hermann
Kesten, Giuseppe Anto-
nio Borgese

Beerdigung von Giuseppe Antonio Borgese in Fiesole, Dezember 1952. Von links: Katia Mann, Dominica Borgese, Elisabeth Mann Borgese, Angelica Borgese, dahinter der Verleger Alberto Mondadori

San Domenico, Fiesole. Wohnsitz von Elisabeth Mann Borgese mit ihren Töchtern seit 1953

Blick vom Haus in San Domenico

Unsere Ehe dauerte [dreizehn] Jahre, bis zu Borgeses Tode in Fiesole, im Dezember 1952. Er war 70 Jahre alt, ich war 34, als er starb. Er hinterließ mir zwei kleine Kinder und den Geist unserer Zusammenarbeit. Dieser Geist hat mich nie verlassen. Meine Lebensarbeit, für eine Neuordnung der Nutzung und des Schutzes der Meere, eine Neuordnung, die ich von Anfang an als Modell und Teil einer Neuordnung der Welt betrachtet habe, beruht letzten Endes auf Borgeses Glauben an eine neue Form von humanistisch-sozialistischer globaler Demokratie [...].
(Elisabeth Mann Borgese)

«Hin und Her»

In ihrem Essay «Über das nationale Gefühl»
beschreibt Monika Mann die Erfahrungen
einer ganzen Generation von Emigranten.
Sie selbst verschlägt es immer wieder für
längere Aufenthalte nach Europa.
In Amerika wiederum verraten ihre wechselnden Adressen ihr Nichtsesshaftwer-
den in der Neuen Welt. An die befreundeten Kestens schreibt sie: «Nun ist es eine
Woche, daß wir zusammen am Broadway
spazierten und auf der verwüsteten Allee
am Hudson. Der Umbruch New York – Interlaken ist so groß, daß es mir hundert
Jahre lang her scheint. Ein Eremit bin ich
zwar hier wie dort – aber die Steinmassen,
der Menschenlärm brüten anderes aus
meiner Seele als der Wind, die Kühe, das
Laub. Übrigens ist *beides* elementar, aber
von elementarem Unterschied.»

Monika Mann 1951 in
Interlaken, Nähe
Boston/Massachusetts

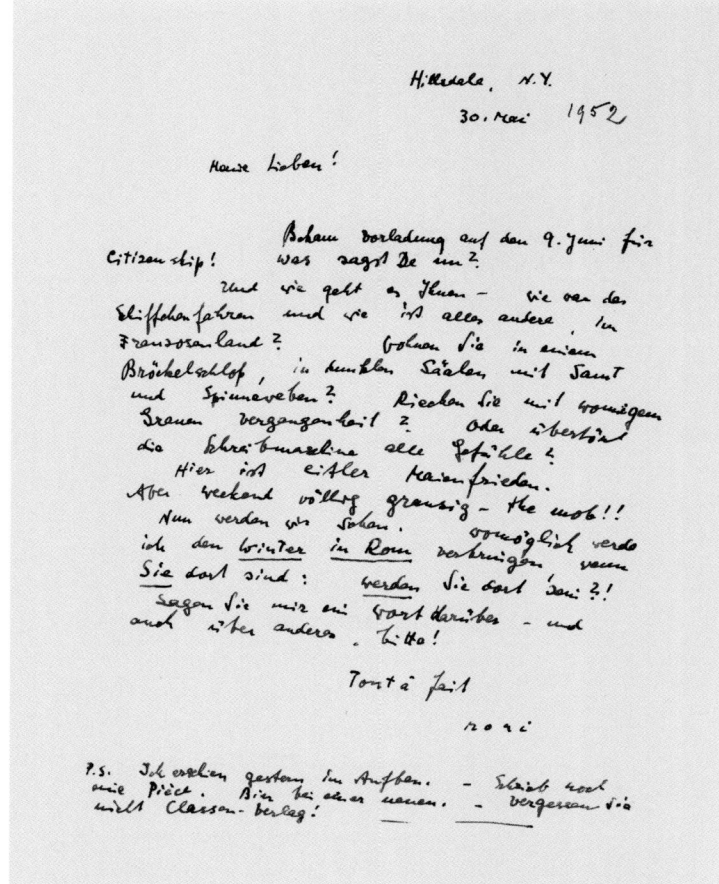

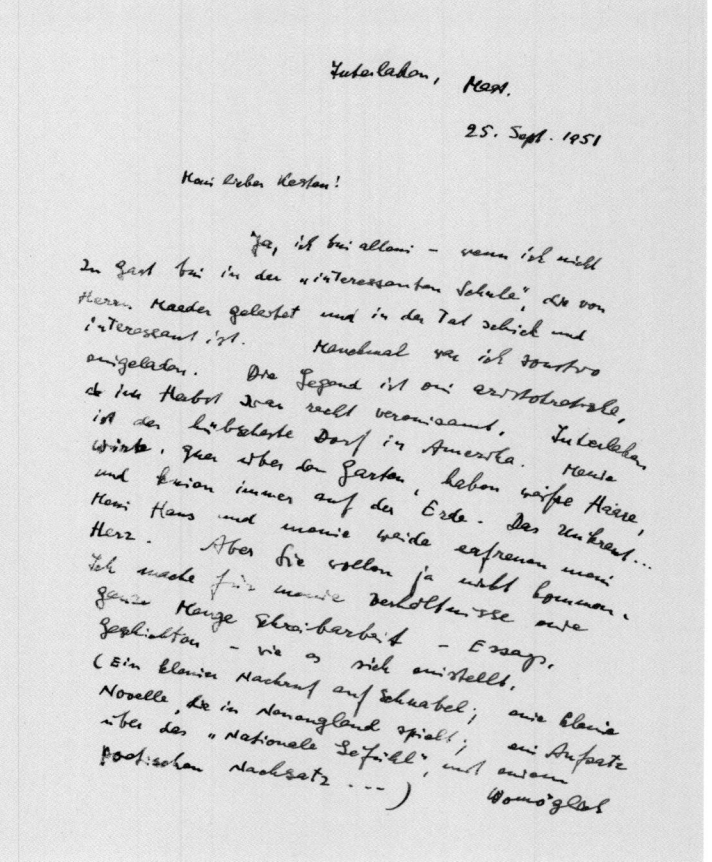

Briefe Monika Manns
an Hermann und Toni
Kesten, 1951/52

Rechte Seite:
«Neue Literarische Welt»,
10. März 1952

NEUE LITERARISCHE WELT

Herausgegeben von der Deutschen Akademie für Sprache und Dichtung

NEUE LITERARISCHE WELT („Das literarische Deutschland" 3. Jahrgang). - Zeitung der Deutschen Akademie für Sprache und Dichtung. - Für die Redaktion verantwortlich: Oskar Jancke. - Redaktion: Darmstadt, Ernst-Ludwig-Haus, Tel. 3863. - Für unverlangt eingesandte Manuskripte wird nicht gehaftet. Rücksendung erfolgt nur, wenn Porto beiliegt. Rezensionsexemplare sind ausschließlich an die Redaktion zu senden. - Nachdruck nur mit Quellenangabe. Druck von Wittich & Stichnote in Darmstadt.

NUMMER 5
3. JAHRG.

DARMSTADT
10. März 1952

Verlag: Montana-Verlag GmbH., Darmstadt, Alexandraweg 26, und Montana-Verlag AG., Zürich, Bahnhofstr. 74. - Die „NEUE LITERARISCHE WELT" kostet einzeln 0,70 DM/SFrs., vierteljährl. 4,— DM/SFrs. und jährlich 16,— DM/SFr zuzügl. Porto. - Bezugsbedingungen für das übrige Ausland sind beim Verlag zu erfragen. — Bestellungen nehmen die Buchhandlungen, die Post und der Verlag entgegen, der ebenfalls über die Anzeigenpreise Auskunft erteilt. - Postscheckkonto: Frankfurt a. M. Nr. 624 21 und Zürich, Nr. VIII 448 38

PREIS
70 PF.

Über das nationale Gefühl

Von Monika Mann (New York)

Es ist vorwiegend sinnlicher und ästhetischer Art (ein mir vorzügliches Gericht, Rosen- und Fliederduft in einem chinesischen Haus, macht dieses mir vertraut). Seine Geschichte und seine Ethik ist eher auf Tradition als auf Blut und Boden gebaut (ein orientalischer Künstler ist mir verwandter als ein Hamburger Kaufmann).

Heute ist das sogenannte nationale Gefühl ohnedies weitgehend kontinental geworden. (Wir, in Amerika, sprechen von „Heimweh nach Europa"; die in Europa sprechen von „europamüde".) Die Grenzlinie ist kaum noch ein Landstreifen mit Zollbeamten, sondern der Atlantische Ozean. Da aber dieser Zwischenraum das Nichts – nämlich Wasser und Himmel – ist, trennt uns im eigentlichen Sinne nichts voneinander. Es wäre etwas anderes, wenn ein allmählicher Auf- oder Abstieg, eine Veränderung in dem Raum stattfände, der zwischen den Kontinenten liegt: der stete Gang der Elemente ist sicherlich so bindend wie scheidend. Hinzu kommt, daß die Möglichkeit des raschen Überquerens jenes Nichts das kontinentale Gefühl um ein Wesentliches verringert.

Was mich zum Deutschen abstempelt, ist negativ. Denn das Positive ist flexibel, universell. Das, was der Wert einer Persönlichkeit ausmacht, ist nicht Beschränktheit, sondern Weite: diese Weite ist keineswegs verwaschen, indifferent, sondern warm und artikuliert. Das Charakteristische ist immer hart an der Grenze des Parodistischen, weshalb es zum Kult zu erheben nicht erstrebenswert ist.

Das „typisch Deutsche", „typisch Französische", „typisch Amerikanische" usw. neigt stets zum Lächerlichen. Freilich sucht man gerne im Menschen seine Herkunft, doch wird er liebenswert, verehrenswert erst dann, wenn diese zwar erkenntlich ist, aber über sich selbst hinausschreitet: wenn jene Herkunft gleichsam rührend durch das große Allgemeine durchschimmert. (Es freut mich gar nicht, wenn ich auf Reisen einem so recht deutschen Deutschen begegne – es mutet mich sogar peinlich an. Hingegen, sobald das „Fremde" – nämlich das geweihte Weite – in ihm zu bemerken ist, fühle ich mich angezogen.)

„Deutsch bin ich sowieso – mein Lebensziel liegt anderswo." Aus einem „Sowieso" ein Kriterium zu machen, ist absurd. Das Kriterium beginnt, wenn jener Quell zu fließen anfängt, ins gottgewollte Freie dringt.

Nur im Vergleich erhält das Nationale Gültigkeit. Im Vergleich liegt aber schon die Annäherung, die Aneignung. Wir wägen Sitten, Menschen und Landschaften verschiedener Völker ab, um vielleicht diejenigen unseres eigenen Volkes am Ende vorzuziehen. Doch in diesem Bevorzugte haben wir unbewußt das Fremde gestreut — sonst hätte es ja nicht die Eigen-

schen oder italienischen Städtchens, ist nicht allein das Alte an sich, sondern sein Hineinragen, das Sichvermischen ins Neue: alles Rührende und Erhabene ist eine Fusion, ein Zusammenstoßen zweier Elemente. Und also ist jene unsere Traditionsliebe auch eine Zukunftsliebe – und umgekehrt.

In traditionsärmeren, jüngeren Gefilden wie Amerika ist der Hang zum Alten besonders stark (eine 300 Jahre alte Kirche in Neuengland mag den Stolz der Nation bilden): hat man doch das Material ganzer Schlösser aus Spanien und anderen geschichtegründigen Landen herübergeschleppt und sie auf jungem Boden aufgebaut. Dies Verfahren ist aber kein „Spleen", sondern ein echtes Bedürfnis, Neues und Altes zu verbrüdern.

Unsere Bindungen sind immer vorwärts und rückwärts gerichtet, nach der Vergangenheit und Zukunft, nach Herkunft und Mündung. Das Nationale ist eine Komponente jener Bindungen und fügt sich in dies Doppelwesen ein.

Das Element der Sinnlichkeit und Ästhetik spielt – wie schon angeführt – eine große Rolle im sogenannten nationalen Gefühl. Das Gefühl der Heimat berührt mich in der Ferne beim Anblick jener Blumen, die bei uns zuhause im Garten blühten; bei dem Aroma des feuchten Waldbodens, wie ich ihn kannte in meinem Geburtsland; bei dem weidenden Vieh auf den Wiesenhängen, wie ich es daheim in Oberbayern sah; bei dem komisch-erquickenden Duft der Heuernte im Juni – wie im Juni auf unseren Feldern . . . Tausende von Meilen fort – über tiefe Wasser hinweg – in der Fremde, erlebe ich es wieder, das Bei-uns, das Zuhaus – Heimat! Der gleiche Vogelsang, die gleichen Zitronenfalter in der Septembersonne über der lehmigen Straße, in der Wagenfurchen sind, der gleiche Schrei des Hahnes, der mich morgens um sieben aus dem Schlafe weckt, das gleiche Sausen des Windes um das Haus, die gleichen abendlichen Wolken – silbrig im Osten, rot im Westen, das gleiche Himmelsblau. All dies Heimatliche gibt es weit, weit fort in die Fremde. Wie weit erstreckt es sich in die Welt hinein!

Natürlich, wo immer man auf Schönheit, auf Größe des Geistes trifft, fühlt man sich, im erhabenen Sinne, angeheimelt – und sei es auch exotischer Art: mit der Farbenschönheit eines persischen Teppichs oder mit der durchsichtigen Tiefe einer indischen Weisheit oder mit der musikalischen Schönheit einer griechischen Statue sind wir schnell vertraut. Und ob die Großen nun Dante, Shakespeare, Buddha oder Goethe heißen – sie verleugnen ihre Herkunft nicht, aber sie ragen weit in die Welt hinein, wo Nationen, Kontinente in bare Größe münden und verschwinden.

Schönheit, Geist, Sentiment, Humor – wie international,

Haug-Foto

Knut Hamsun † 19. 2. 1952

Das Unpopuläre

Einige Bemerkungen über Bertrand Russells Essays

Von Max Bense

Man soll nicht unpopulär schreiben und man soll auch den Essay vermeiden. Das sind zwei Vorurteile, die zur bürgerlichen Konvention des geistigen Mittelstandes gehören. Nicht überall. In England und Frankreich hat der Essay eine lange Geschichte. An ihrem Anfang tauchen zwei Namen auf, die einen großen Klang besitzen und zum Ruhm der Völker gehören, Bacon und Montaigne. Bereits in ihren Essays gibt es ein bemerkenswert unpopuläres Element, das der Kritik, der Polemik. Seither gehört mindestens in England und Frankreich die unpopuläre Betrachtung zu den Möglichkeiten des Essays. Manchmal nimmt der Essay auch die Gestalt eines aktuellen Traktats an, vor allem, wenn er plötzlich den Angriff auf das Bestehende umschlagen läßt in eine Proklamation dessen, was noch nicht vorhanden ist, aber sein soll. Auch das kann noch unpopulär sein. Zuweilen aber wird damit auch nur die Meinung der Mehrzahl ausgedrückt. Dann ist weder der Essay noch der Autor unpopulär. Jedoch gewinnen diese Art von Essays, wir haben in Deutschland genug davon, leicht das Aussehen einer abgegriffenen, dünn gewordenen Münze, die durch viele

---

Seit dem Ende der vierziger Jahre findet man Monika Manns Namen immer häufiger unter Feuilletons und essayistischen Beiträgen. Vor allem die deutsch-jüdische Emigrantenzeitschrift «Aufbau» mit Sitz in New York druckt ihre Artikel, in Europa erscheinen ihre journalistischen Arbeiten regelmäßig im «St. Galler Tagblatt», aber auch in überregionalen Medien wie der «Neuen Zürcher Zeitung», der «Frankfurter Rundschau» und der «Süddeutschen Zeitung».

Ein erstes umfangreicheres literarisches Werk schließt sie 1954 unter dem Arbeitstitel «Wir haben kein Alter» ab. Es beschäftigt sich mit dem Los der zwischen den Welten heimatlos Gewordenen, in dem sich auch ihr eigenes Schicksal spiegelt: «Denn die große amerikanische Emigration ist ja nun ein Hin und Her – ein zwischen den Kontinenten geworden.» Auf dem Manuskript steht als Motto: «Wir haben kein Alter. Wir haben keine Reife, sondern nur Fülle. Wir sehen nicht in die Tiefe, sondern in die Weite. Im großen Einswerden sind wir verloren und frei.»

Das «fahrende Haus»

Monika Mann in Bordighera an der italienischen Riviera, 1952/53

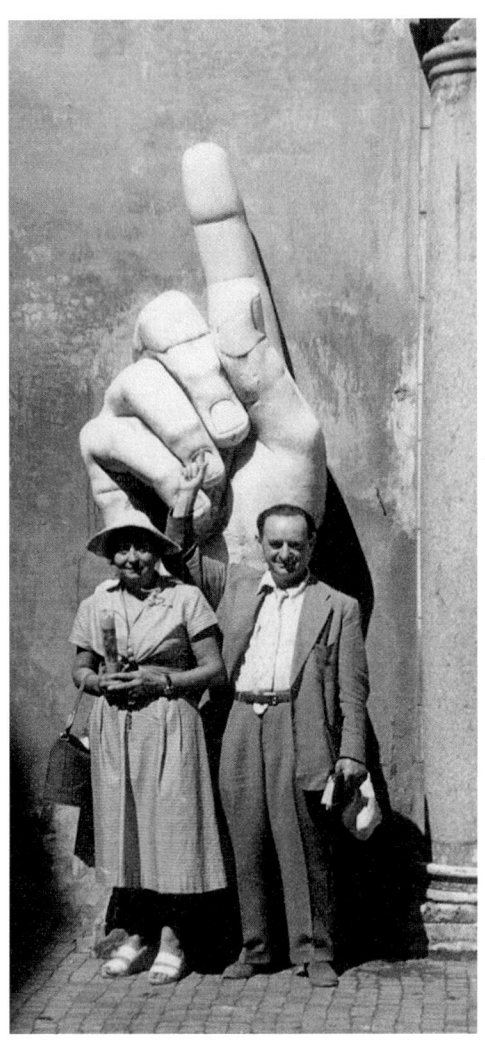

Hermann und
Toni Kesten vor dem
Kapitolinischen Museum
in Rom

1952 wird Monika Mann amerikanische Staatsbürgerin. Nach deutscher, tschechischer und ungarischer ist dies die vierte Staatsangehörigkeit, die sie im Verlauf ihres Emigrantendaseins erhält. Der nun auch «offiziellen» Heimat der letzten zwölf Jahre kehrt die entwurzelte Weltbürgerin noch im gleichen Jahr wieder den Rücken. «Längst hatte das episodische, wellenhafte Dasein den Begriff ‹Heimat› weggespült», so Monika Mann. Den «menschlichen Anhaltspunkt» für den Entschluss zum endgültigen «Ozeansprung» bietet ihr das befreundete Schriftstellerehepaar Kesten. Nach einem mehrmonatigen Aufenthalt in Bordighera an der Riviera stößt sie mit den beiden in Rom zusammen. Für die nächs-

ten zwei Jahre vermag die Ewige Stadt sie zu halten. «Über die Länder, Meere und Kontinente habe ich Freunde, Verwandte und Bekannte. Ich habe so viele Orte und Städte, die ich kenne und an die ich irgendwie gebunden bin. Und hier jetzt, am Morgen, wenn ich erwache, frage ich mich – mit einem Druck auf der Brust – wohin soll ich gehen? [...] Und trotzdem bin ich irgendwie ein Fels. Im Grund einfach, ruhig und bestimmt. Bei aller Buntheit und bei allem Aberwitz meines Daseins, ein herzliches gewöhnliches Menschenkind. Was habe ich geerbt, angenommen, was ist Maske, Spiel, was ist eigentlich und gezüchtet, was ist Tünche und wahr – –?» (Monika Mann an Richard K. Raupach)

Fremd zu Hause

Von Monika Mann

Monika, die zweitjüngste Tochter Thomas Manns, ist zum erstenmal nach zwanzig Jahren wieder zu einem Besuch nach Deutschland gekommen. Sie lebt als Schriftstellerin in New York und schreibt zur Zeit an einem Buch über den Großstadtmenschen. Hier schildert sie ihr Wiedersehen mit München, der Stadt ihrer Kindheit.

Trotz Frieden und offener Grenzen habe ich es nie erwogen, mein Heimatland aufzusuchen. Ressentiment? Ich weiß es kaum zu sagen. Ich stellte mir nichts darunter vor, da es mir im Rausch der Zeit abhanden kam. Längst hatte das episodische, wellenhafte Dasein den Begriff „Heimat" weggespült. Um ehrlich zu sein, ich kannte ihn nie sehr genau: jene Auflösung ins Vage saß mir immer in den Knochen, das Bodenständige war nicht meine Sache gewesen. Das sag ich so, als ob ich es wüßte, jedoch

Es geschah, daß ich nach meiner Heimatstadt München fuhr. Vielleicht geschah es, weil ich 20 Jahre lang nicht dort war, weil „20" eine schöne runde Zahl ist; vielleicht würde der Kreis sich nicht schließen, ohne einen Blick auf den Ort meiner Kindheit; vielleicht . . . Undeutliches und Spielerisches ersetzten Pathos und Schwere. Ich würde eine Maske tragen und ein verworrener Schalk würde mich beherrschen. — Der Himmel war strahlend blau, als ich durch die bayrische Landschaft fuhr. Der Schnee auf den Bergen, die weidenden Kühe, die großen Wälder und die kleinen Städte stiegen aus der Erinnerung in eine vollkommene Wahrhaftigkeit. Gepäckträger, Zollbeamter, Taxichauffeur erschienen mir als Urphänomene — eine wilde Zärtlichkeit drängte mich, ihnen „alles" zu sagen. Das währte einen Augenblick. Dann huschte das Lächeln meiner Maske über die fremde Stadt.

Sie war so fremd und abhanden gekommen, daß

ich die Leute nach dem Weg fragte. Sobald ich sie reden hörte, fiel er mir ein, der Weg und manches andere. Vorhänge taten sich auf ins Urvertraute und schlossen sich wieder. Die blaue Mütze des Trambahnschaffners, sein finster-pfiffiges Gesicht nahmen symbolische Kraft an — die Fahrt zur Schule kitzelte meinen Sinn, daß ich lachen mußte. Er sah mich an, erkannte er mich? Wie konnte er, durch die Maske! Ich war ja geborgen, und hinter diesem Schutz begann ich frech zu werden. Ich benahm mich wie jemand, der sich auskennt, gleichviel, ob ich im Kreise lief und an kein Ziel kam. Und war das nur meine Schuld? Hinter dem Abenteuer „Welt" dämmerte die Heimatstadt. Je eingeborener ich mich aufspielte, desto mehr befürchtete ich, mir in diesem Dämmer den Kopf anzustoßen. Ich münchnerte, und meinte, daß meine Worte wie kosmopolitische Blasen in der Luft zerplatzten, zum Schrecken der Leute. Allmählich merkte ich, daß auch unter ihnen nicht alles stimmte. Die Zeit hatte auch sie ergriffen, durcheinandergeworfen, hatte ihnen vieles genommen und Neues erstehen lassen. Die Häuser, die Menschen, die Luft war anders geworden. Mein München gab es nicht mehr.

Seine Wandlung harmonierte seltsam mit mir: wäre es wie einst, machte es mich selbst zunichte. Mit diesem egoistischen Trost ging ich keck an die eigentliche Stätte meiner Kindheit, in den Herzogpark. Er würde ja doch unkenntlich sein. Aber als ich die „Föhringer Allee" hinunter spazierte, fühlte ich, wie die Jahrzehnte, das Abenteuer „Welt", wie ich lawinengleich ins Nichts stürzte: Es stand da im verklärten Licht, das Einst leuchtete und summte wie eine Offenbarung. Von weitem — durch jenen goldigen Nebel, der sich zwischen die grauen Bäume und die grüne Isar spann — kam mir ein Mann entgegen. Endlich streifte ich seinen Blick und dachte — wenn du wüßtest!

«Münchner Merkur»,
21./22. November 1953

«Aber schließlich liegt man selbst an dem Ort gebettet, wo man ist und verschiebt seine Grenzen, seine Beschränktheit nach dem eigenen Willen. – Überhaupt, bei aller namenlosen ‹Allverwobenheit› sind wir doch nichts wie das Ich – das ganz und gar sonderbare! Ein Leben reicht nicht aus, es zu ahnen, *wie* sonderbar ...» Als ein Ort, an dem man dauerhaft bleiben könnte, kommt Deutschland nach 1945 für Monika Mann nicht mehr in Betracht. 1953, zwanzig Jahre nach dem Gang ins Exil, kehrt sie noch einmal in die frühere Heimat zurück, fühlt sich aber nach all der Zeit «fremd zu Hause». An den befreundeten Journalisten der Münchener «Jüdischen Nachrichten» Richard K. Raupach schreibt sie: «Als kennte ich mich nicht – mich Deutsche. Übrigens habe ich 23 Jahre in meinem Vaterland gelebt, a, B, bin ich weitere 27 Jahre in beständigem Kontakt mit ihnen.

Nicht Hassliebe. Aber *jedes* Absondern, Herausheben und Besondersfinden (negaoder positiv) ist Chauvinismus, Nazismus oder wie Du's nennst.

Hitler ist ein Zufall. Oder doch zufällig fiel das Los auf Deutschland.

Ich kenne Länder und Kontinente ein wenig und nehme an, daß die Chancen zum Guten und Schlechten überall ziemlich gleich sind.»

In der «Welt am Sonntag» bringt sie später ihr entwurzeltes, übernationales Weltverständnis für sich noch einmal auf den Punkt: «Ein episodisches Sein, das fahrende Haus hat als Grundstein die gefestigte Kindheit und Jugend. Emigrantentum, das die Herkunft nicht preisgibt, [...] erfährt statt des Vagabundentums das Weltbürgertum. Sanary-sur-Mer, Florenz, Zürich und Wien, London, New York und Los Angeles, Carmel, Bordighera, Boston und Rom – Länder und Kontinente sind Stockwerke des Münchener Elternhauses.»

Alte Neue Welt

1952 kehren Michael und Gret Mann wieder von der Alten in die Neue Welt zurück. Als «Freelancer» setzt Michael Mann in Amerika seine Solokarriere mit Konzerten und Vorträgen fort. Auch baut er die begonnene publizistische Tätigkeit aus, musiktheoretische und journalistische Arbeiten entstehen. Ab Herbst des Jahres unternimmt Michael Mann eine Welttournee, die ihn nach Japan und Indien führt. Vor allem als «Förderer vorklassischer Bratschenmusik und führender Interpret des Bratschen-Repertoires zeitgenössischer Komponisten wie Roy Harris, Lennox Berkeley, Darius Milhaud und Arthur Honegger» – so seine Biographen Tubach – erwirbt er sich einen Namen. Auch arbeitet er mit Ernst Křenek zusammen, dessen Werke er interpretiert. Andere Komponisten wie René Leibowitz schreiben eigens Stücke für ihn und seine Bratsche.

Dem Vater berichtet Michael Mann im März 1953 aus Pacific Palisades: «Übrigens gibt es ja viele interessante neue Werke zu spielen, wenn Adorno auch nicht daran glaubt. Gerade spielte ich Milhaud sein neues Bratschen-Konzert vor, und er schien es ganz zufrieden. In meinem Los-Angeles-Konzert im Mai, zusammen mit Lukas, muß ich eine neue Solo-Sonate von Krenek ins Programm aufnehmen, um dem Meister, den wir häufig sehn (und mit dem wir auch Kammermusik spielten), zu huldigen.»

Lassen sich auch Erfolge verzeichnen, die Existenz als freier Musiker bleibt ungesichert und zieht «Lebens- und Niederlassungsprobleme» für die Familie des jüngsten Sohnes nach sich. 1954 kehren Gret und Michael Mann noch einmal nach Europa zurück, diesmal nach Italien. Ab 1955 nimmt Michael Mann wieder ein festes Engagement am Symphonie-Orchester in Pittsburgh an, wo er auch zwei Jahre später an der Duquesne University seinen Master of Music erwirbt.

Michael Mann mit Hans Erik Pringsheim in Japan. Der Vetter hatte sich wie auch sein Vater Klaus Pringsheim sen., Katia Manns Zwillingsbruder, dort niedergelassen.

ル・マン氏

柳兼子女史と打合せるミハエ

国連運動の基金に寄贈

ミハエル・マン氏、友愛の演奏会

Michael Mann in Tokio

MICHAEL MANN
VIOLA CONCERT

| Clarinet | RISEI KITAZUME |
| Piano | NORIHIKO WADA |

16th (Sat.) Jan., 1954   at   TOKYO UNIVERSITY

Konzertankündigung
Michael Manns in Tokio,
10. Januar 1954

Gret und Michael Mann
in Japan

Der Vetter hat uns ja in einem völlig japanischen Haus untergebracht, wo man schon an der Haustüre seine Schuhe auszieht, auf dem Boden auf einer Matratze schläft und auf der Strohmatte kauernd liest, schreibt und ißt. Die Stadt ist, wie man weiß, ein Gemisch aus amerikanischer Scheußlichkeit und japanisch Merkwürdigstem, übertrifft aber doch in Beidem alle Erwartungen: und ganz unglaublich schwer sich zurecht zu finden, am ehesten noch mit der Stadtbahn, wo allerdings auch nur alles in japanischen Aufschriften zu lesen ist; kein Taxi würde je eine Adresse finden. Und sehr entgegen Hubsis [Klaus (Hubert) Pringsheim jr.] Versicherung spricht n i e m a n d auf der Straße Englisch und man kann sich überhaupt nur mit japanisch gezeichneten Plänchen und Anweisungsbriefchen auf den Weg trauen (daß hingegen die Närr im Laufe von zwanzig Jahren eigentlich kaum japanisch lernte, grenzt doch ans Originelle). Von den sonderbarsten Speisen leben wir, die man im Restaurant der Kellnerin um sie zu bestellen zeigen muß im Schaufenster, wo sie in einem Dutzend Schüsselchen ausgestellt werden: roher Fisch mit Reis, Oktopus, das Innere von Bambusröhrchen und dergleichen: doch ein Glück, daß wir geimpft sind – übrigens sind wir natürlich vorsichtig, essen keine rohen Muscheln, die am Marktplatz locken und köcheln auch manchmal selbst in unserem Papierhäuschen mit den vielen Schiebetüren. [...] Nun Schluß mit diesem bunten Bericht; bin ja auch im Grunde von den nachmittäglichen Darbietungen doch etwas erschöpft, habe aber eigentlich g a n z hübsch gespielt und die Zuhörerschaft hat s e h r applaudiert, sodaß ich denn auch gleich noch z w e i «Encores» zum besten gab und nachher mußte ich noch eine halbe Stunde, mit Hans Erich [Pringsheim] als Dolmetscher, «questions» beantworten.
(Michael Mann über seinen Aufenthalt in Japan an Katia Mann, 10. November 1953)

Kapitel 6

Die letzte Adresse

«Vergangenes und Gegenwärtiges»

Thomas Mann wird allmählich eine historische Figur für mich. Und der Druck, den er, ohne es zu wollen, unbewußt auf uns alle mehr oder weniger, auf die Söhne allerdings bedeutend mehr als auf die Töchter, ausgeübt hat, ist nun verschwunden.
Golo Mann

Eines nur – seine Gegenwart war stark. Seine Abwesenheit ist stark. Aber seine Abwesenheit ist voll Gegenwart. Und war seine Gegenwart nicht auch voll Abwesenheit?
Monika Mann

Prof. Golo ist Deutschlands angesehenster Historiker. Monika, die auf Capri lebt, schreibt miserable Feuilletons, Medi (Elisabeth) ist eine hochbegabte Schriftstellerin, publiziert aber nur in Englisch, wobei manches ins Deutsche übersetzt wird und dadurch sehr verliert, Michael war zunächst Bratschist und durchaus erfolgreich, hatte es aber plötzlich satt und ist jetzt Professor der Germanistik in Berkeley.
Erika Mann an Artur Beul,
15. April 1967

Kilchberg,
Alte Landstraße 39

Kilchberg am Zürichsee, Wohnsitz von Thomas, Katia und Erika Mann ab 1954. Nach
den Wanderungen der vergangenen Jahrzehnte wird das Haus in der Alten Land-
straße Thomas Manns «letzte Adresse». In
ihrem gleichnamigen Artikel lässt Erika
Mann die Lebensorte der Familie Mann
noch einmal Revue passieren.

Thomas Mann
im Garten seines Hauses
mit Blick auf den
Zürichsee, 1954

Ein Haus, ein eigenes Haus überm Zürichsee, das war – mehr oder weniger geheim –
sein Wunsch gewesen, seit langem. Bis er
ihn aber hegen, geschweige denn verwirklichen konnte, mußten Jahrzehnte vergehen. [...] Mit «Tölz» fing es an. Erbaut
anno 1908, war unser liebes «Tölzhaus»
anspruchsloser Natur, doch auffallend
hübsch und umgeben von einem Garten,
der uns Kindern unabsehbar erschien. [...]
Als der Krieg kam, waren wir in Tölz, sein
Ende aber erlebten wir «tölzlos» – das hübsche Haus war dahin. Sein Verkauf war
genau das, was T. M., hätte er damals klar
gesehen, «ein Stück aus der Tollkiste»
genannt haben würde. An den «Betrachtungen eines Unpolitischen» arbeitend,
verzweifelt patriotisch gestimmt und entschlossen, sein bestes Scherflein zum Siege
beizutragen, tauschte er im Sommer 1917
unser Tölzhaus gegen ein wenig Kriegsan-
leihe ein. [...]

Im Falle der «Poschi» nahm die Weltgeschichte es etwas gemächlicher. Neunzehn
Jahre lang erfreuten wir uns des schönen,
gediegenen, übrigens «unverbaubaren»
Besitzes – neunzehn Jahre lang glaubte
T. M., seine arbeitsamen Tage dort be-
schließen zu dürfen. Auch hatte er es, nach
der Währungsreform und mit Hilfe des
«Zauberbergs», wieder zu einigem Wohl-
stand gebracht, einer Affluenz, die der
Nobelpreis (1929) noch wesentlich ver-
stärkte. Sie war es denn auch, die uns ermutigte, neuerdings zu bauen. Ein zweites
Landhaus entstand – in etwas unprakti-
scher Ferne diesmal – in Nidden, auf der
Kurischen Nehrung. Immer noch gab es
Kinder, die sich im Ferienparadies tummel-
ten: Medi und Bibi, will sagen, Elisabeth
und Michael, waren jetzt etwa so alt, wie
Klaus und ich es im letzten Tölzer Sommer
gewesen, und wenn uns fast Erwachsenen
das Nidden-Häuschen wenig bedeutete,
verglichen mit dem versunkenen und eben
dadurch verklärten «Tölz», so kannten
«die Kleinen» es nicht anders, als daß man
des Sommers in Nidden daheim war, an
Sund und Meer, zwischen den hellen und
hohen Dünenbergen und bei den Elchen,
die zutraulich herantraten, wohl wissend,
daß sie auf einer Elchschonung lebten.
Eine «Menschenschonung» freilich (ge-

setzt, es hätte dergleichen je gegeben) war
Deutschland schon lange nicht mehr. Der
Nazismus marschierte, von T. M. seit jeher
leidenschaftlich bekämpft. Wie eindringlich der «Unpolitische» aber auch warnte,
an die «Machtergreifung» vermochte er im
Grunde noch weniger zu glauben als an
die deutsche Niederlage im großen Kriege.
Als sie kam, befand er sich zufällig im
Ausland. [...] [E]he er sich's versah, war er
Emigrant. Unaufhaltsam verfielen derweil
unsere Häuser dem Feind, weit direkter als
«Tölz» dies in grauer Vorzeit getan. In der
staatlich konfiszierten «Poschi» gab es
schließlich eine Niederlassung des «Lebensborn e. V.», während das Niddenhäus-
chen gebührend um- und ausgebaut, von
Reichsforst- und Jagdmeister Göring in
Besitz genommen wurde. Ach, über die
schönen, ahnungslosen Elche.
T. M., seiner gesamten Habe beraubt, trauerte nicht so sehr seinem Vermögen – inklu-
sive Nobelpreis – wie seinen Häusern nach.
Ein eigenes Dach überm Kopf, das gehörte
nun einmal zu den Grundbedingungen der
Existenz, die er sich geschaffen und die
nun zertrümmert war. [...] Daß es gesegnet
blieb, dies Leben, auch während der ärgs-
ten Emigrationsjahre, verdankt er [Katia],
die ihm in aller wirtschaftlichen Bedräng-
nis eine Heimstätte nach der anderen
schuf. Es waren gemietete Häuschen oder
Häuser, erst im südfranzösischen Sanary-

sur-Mer, dann in Küsnacht bei Zürich, wo
man fünf gute, fruchtbare Jahre verlebte. Nach dem «Anschluß» kam die Berufung als Gastprofessor an die Universität
Princeton, New Jersey. [...]
Die Lehrtätigkeit am «Institute for Advanc-
ed Study», dem Einstein bis ans Lebensende verbunden blieb, kostete Zeit. Milde,
wie die Verpflichtungen waren, glaubte auf
die Dauer T. M. sich den Zeitverschleiß
nicht leisten zu dürfen, und, finanziell aufs
neue sehr ungesichert, wandte er sich mit
den Seinen gen Westen, zur pazifischen
Küste [...]. Sieben gewaltige Palmen und
einen kleinen Zitronenhain hatte man vor-
gefunden, und was man zusätzlich pflanz-
te, gedieh aufs üppigste unter diesem Himmel. Das Haus, bungalowartig und nicht
unterkellert, entsprach dennoch sehr wohl
den Bedürfnissen des Bauherrn, dem es
zehn Jahre lang als Heimstätte diente.
Dann, 1952, war es spät in der politischen
Entwicklung, die nach Roosevelts Tod in
Amerika eingesetzt hatte und seither Gift-
blüten trieb. Längst waren die Staaten das
Land nicht mehr, in das T. M. emigrierte
und dessen Bürger er geworden. Der «Mc-
Carthyism» florierte. Vom Politischen abgesehen, sehnte mit zunehmenden Jahren
T. M. sich ganz einfach heim, nach Europa,
in deutsches Sprachgebiet, in die Kultur,
der er entstammte.
(Erika Mann – «Die letzte Adresse»)

Späte Ehrungen

«Ein viel Gewanderter, war er kein Wanderer», kommentiert Monika Mann das unfreiwillige Emigrantenlos des Vaters. Auch Michael Mann sieht in Thomas Manns vagabundierender Existenz vor allem die festen Konstanten – das Verwurzeltsein in der deutschen Kultur, die er allerorts mit sich trägt, besonders das wachsende Bewusstsein, in der Tradition Goethes zu leben: «Hermann Kesten hat T[homas] M[ann] einen ‹hartnäckigen Villenbesitzer› genannt: Das weiße ‹Professoren-Haus› in München und das am Zürichsee, in Princeton und an der Pazifischen Küste – ragte hinter all diesen komfortablen Not-Quartieren nicht stets der Giebel jenes alten Kaufmanns-Sitzes an der Lübecker Mengstraße? Oder glitt der vergegenwärtigende Blick heimlich weiter, nach Frankfurt, zu den Treppen und Zimmern eines wahlverwandten Elternhauses ...»

Nach den Staatsfeierlichkeiten des Goethe-Jahres 1949 stattet Thomas Mann der Bundesrepublik und der DDR 1955 erneut einen offiziellen Besuch ab. Den zum hundertfünfzigsten Todestag des Dichters entstandenen «Versuch über Schiller» kürzt Erika in gewohnter Perfektion auf die angemessene Vortragslänge – anders noch als 1949 begleitet die mit ihren Ressentiments kämpfende Tochter diesmal den Vater auf seiner Ehrenreise.

Eine späte Genugtuung erfährt Thomas Mann auch durch seine Vaterstadt. Kurz vor seinem achtzigsten Geburtstag verleiht ihm Lübeck die Ehrenbürgerschaft: «Ach, vorher kommt ja noch soviel anderes: Die Schillerfeiern in Stuttgart und Weimar und die etwas beängstigende Heimkehr in die Kindheit, ins alte Lübeck, das dem Verlorenen Sohne ein Kalb schlachten will.» (Thomas an Monika Mann, 17. April 1955)

Thomas Mann
(rechts) während eines
Interviews im Garten sei-
nes Hauses in Kilchberg,
Juni 1955. Stehend:
Erika Mann

Erika und Golo
Mann als Gratulanten
beim 80. Geburtstag

Festakt der Gemeinde
Kilchberg mit dem
Bundespräsidenten Max
Petitpierre, 4. Juni 1955.
Von der Familie sind
anwesend: Golo (3. v. l.),
Elisabeth und Monika
Mann. Vordere Reihe:
Erika (2. v. l.), Katia und
Thomas Mann.

Als eine ihn tief befriedigende «biographische Rundung» empfindet Thomas Mann die Heimkehr nach Lübeck, «wo man seinen Vater zum Senator gewählt und wo dieser gewirkt und ‹regiert› hatte. Der letzte Chef der alteingesessenen Firma Mann [...] hätte gewiß seine verwunderte Freude gehabt an der Genugtuung, die dem ins Künstlertum Entlaufenen heute zuteil wurde.» Und doch spiegelt sich in der nicht unumstrittenen Auszeichnung auch sein gebrochenes Verhältnis zu Deutschland, so Golo Mann: «Als er im Jahre 1933 durch politischen Raub den Großteil seiner Ersparnisse verlor, sagte er zu meiner Mutter: ‹Das ist auch eine Parallele.› Ich ver

stand schon, was er meinte. Eine Parallele zum Schicksal seines Vaters, der auch auf der Höhe seines Lebens einen schweren finanziellen Verlust erlitten hatte, von dem ja auch in den ‹Buddenbrooks› die Rede ist. Wie Goethe hätte mein Vater sagen können: ‹Vom Vater hab ich die Statur, des Lebens ernstes Führen.› [...] Er hat den Ernst, die Pflichterfüllung, die Lebensregeln eines Kaufherrn des 19. Jahrhunderts ins Künstlerische übertragen.»
Thomas Mann wurzelt in der Lübecker Kaufmannstradition, die ihm gegenüber dem südländisch-künstlerischen Erbteil die Disziplin und die Gabe zum bürgerlichen Repräsentieren eingab. Seine erste

längere Exilstation nach 1933 aber bleibt auch nach der Rückkehr aus Kalifornien seine Wahlheimat: «Wenn ich aber ‹Europa› dachte und sagte, so meinte ich immer die Schweiz.»
Am 6. Juni begeht Thomas Mann seinen achtzigsten Geburtstag in Kilchberg bei Zürich. Die Feierlichkeiten erstrecken sich über mehrere Tage. Ehrungen aus aller Welt werden ihm anlässlich dieses Festes zuteil, die Thomas Mann in ihrer immensen Flut erstaunen: «Kurios, kurios. Eine Merkwürdigkeit, dieses Leben.»

Abschied

Nach den vielen Ehrungen und Feierlichkeiten des Jahres 1955 zieht es Katia und Thomas Mann im Juli zur Erholung ans Meer. Ihre Wahl fällt auf das holländische Noordwijk aan Zee. Ein Abstecher von Lübeck nach Travemünde hat für Thomas Mann im gleichen Jahr schon einmal die «geliebte, unvergleichlich befriedigende und angemessene Situation» am Meer herbeigeführt. 1953 hatte er erstmals wieder das Ostseebad nach dem Krieg besucht: «Namentlich der Gedanke, die Luft Travemündes, des Kindheitsparadieses, noch einmal geatmet zu haben, sitzt ‹lächelnd um mein Herz› – ‹sits smiling to my heart›, wie es im ‹Hamlet› heißt.» Im Sommer 1955 erreichen Carl Jacob Burckhardt aus Noordwijk die Zeilen: «Die Küste ist mir unendlich lieb, schon längst, auch im Nebel, wie er jetzt herrscht. Dies schreibe ich in meiner Strandhütte, die dem sehr sanft rollenden Meere zugekehrt ist.»

Die Trauerfeier auf dem Kilchberger Friedhof. Von links: Richard Schweizer, Monika, Golo, Elisabeth, Katia und Erika Mann

Die trauernden
Angehörigen Elisa-
beth, Katia, Michael,
Erika, Frido und Golo
Mann (v. l.).
Dahinter: Gret und
Monika Mann

Die Trauerfamilie:
Monika, Golo, Elisa-
beth, Katia und Erika
Mann (v. l.).
Hintere Reihe: Michael
(verdeckt), Frido und
Gret Mann

Während des Urlaubs erkrankt Thomas
Mann an einer Thrombose und wird ins
Züricher Kantonsspital überführt. Einen
seiner letzten Briefe richtet er an die «Lieben Leutchen», so seine bevorzugte Anrede für Michael Mann und seine Familie.
Die Tochter Erika über ihren Eindruck
vom Vater: «Sein Aussehen war zufrieden-
stellend; Wind und Sonne hatten ihn ge-
bräunt; er war frei von Schmerzen, klagte
auch nicht über Übelbefinden, trauerte
nur aufs innigste der Zeit nach, – ‹den
schönen zehn Tagen›, die er in Noordwijk
noch vor sich gehabt und um die er ge-
prellt worden war. ‹Ich habe mich dort so
wohl gefühlt, – so wohl wie –›; hier unter-
brach er sich, um schließlich anzufügen:
‹wie ich mich überhaupt fühlen kann.› Den
halben Zusatz brachte er zögernd vor, ohne rechte Überzeugung und so, als habe
er ursprünglich etwas anderes, viel Stim-
migeres sagen wollen.» Erika weiter: «Mir
ist kaum zweifelhaft, was da ungesagt
blieb und warum er dies tat. Nur als Kind,
meinte in Wahrheit mein Vater, habe er je
das Meer mit solcher Hingabe genossen
wie diesmal wieder; und wie damals der
Junge, sehne er sich nun zurück ...»
Am 12. August 1955 stirbt Thomas Mann
nach einem schweren Kollaps im Beisein
seiner Frau Katia im Kantonsspital in
Zürich. Am 16. August wird er auf dem
Friedhof in Kilchberg beigesetzt.

Repräsentantentum und Einsamkeit

Von den späten Ehrungen bis hin zum Tod des Vaters kommentiert Erika Mann die Ereignisse von 1955 in ihrem Bericht «Das letzte Jahr». Aber auch die Kinder, die dem Vater nicht so nahe standen, beschäftigt der Tod Thomas Manns noch lange. Golo Mann notiert im Herbst des Jahres 1955 im Tagebuch: «Denke immer an den 12. August. Dass das, was ich seit 46 Jahren als selbstverständlich hingenommen habe, nicht mehr ist und nie wieder sein wird.» Über seinen Bruder schreibt Golo in seiner Autobiographie: «Michael vergoß damals Ströme von Tränen, obgleich er während der entscheidenden Werde-Jahre durchaus keinen Grund gehabt hatte, dem Vater dankbar zu sein.»

Geliebt oder ungeliebt – die «Gegenwart» des Vaters bleibt auch noch in der «Abwesenheit» des Todes stark, so Monika, die anders als Elisabeth und Erika nicht gerade zu den bevorzugten Töchtern gehörte: «Mein Vater hatte mich nicht weiter ungern, aber auch nicht weiter gern. Ich weiß nicht, was er von seinen Kindern gehalten hat.»

Desinteressiertheit, sogar «Eiseskälte» konstatierte schon Klaus Mann dem Vater im Umgang mit ihm. Die Gefahr, «über der Betrachtung und poetischen Spiegelung des Lebens dem Leben selbst abhanden zu kommen», sah auch Bruno Walter bei seinem so «völlig zum Künstler» geborenen Freund. Ob diese scheinbare Weltabgewandtheit täuschte, fragt sich später Golo, der sich beim Lesen der Tagebücher «überrascht und gerührt von dem warmen Interesse, das er an seinen Kindern nahm», zeigt.

Erika Mann
DAS LETZTE JAHR
Bericht über meinen Vater
S·FISCHER VERLAG

Erste Buchausgabe, S. Fischer 1956

«Erziehung ist Atmosphäre, weiter nichts», hat Thomas Mann einmal im Tagebuch vermerkt. Und diese war in einem Schriftstellerhaushalt, in dem alle Kinder früher oder später mit dem Schreiben anfangen, doch sehr prägend.

«Der Schatten des väterlichen Ruhms auf meinem Weg ... ja, das gehört auch hinein», hatte sich schon Klaus Mann zum Vorsatz für seine Autobiographie «Der Wendepunkt» gemacht. Über Golo Mann äußert Marcel Reich-Ranicki sehr treffend, er habe sich «nur mit oder gegen, doch nicht ohne Thomas Mann entfalten» können. Dieser äußert demgegenüber lakonisch: «I want to be myself and not the son.»

Er hatte die Idee, daß eine direkte Erziehung vielleicht weniger wirksam ist als eine Erziehung durch das Vorbild, durch das Beispiel. Und er glaubte – nicht ganz zu Unrecht –, daß seine Art zu leben, so wie wir sie sehr wohl beobachten konnten, vielleicht einen gewissen Eindruck auf uns nicht verfehlen würde [...].
(Erika Mann)

Man ist ja doch aus so vielen Elementen und Umständen gemacht. Zufall ist es natürlich, daß man das Kind seiner Eltern ist. Aber was man dann daraus macht, den Sinn, den man dem Leben gibt, das hängt doch von einem persönlich ab, natürlich nicht ganz, aber doch sehr weitgehend.
(Elisabeth Mann Borgese)

Mein Vater trug am Kreuz des Bürgers und Künstlers, er vereinte Zucht und Abenteuer, Verantwortung und Phantasie, Repräsentantentum und Einsamkeit; er triumphierte in der Diktatur des Geistes (nicht etwa Geist der Diktatur!), beherrschte Genie mit der Stoppuhr, verband Muse mit Pünktlichkeit, Bohème mit Ordnung und Sitte, je toller es in ihm zuging, desto tadelloser seine Erscheinung – ein einsamer Repräsentant, bescheiden [...].
(Monika Mann)

In seinem Erinnerungsbuch «Les môts» meint Jean-Paul Sartre, daß der Mensch normalerweise kaum vor seinem 50. Lebensjahr seinen «Infantilismus» überwinde. Bis dahin lebe man wesentlich zu dem Zwecke, seine Eltern zu beeindrucken. [...] Zum Revoltieren gab uns unser Vater wenig Gelegenheit. Denn wir sahen ihn nicht eben viel. Eigentlich meist nur bei den Mahlzeiten. [...] Bei Tisch waren oft Gäste, deren Namen ich später bei meinem Studium der Literaturwissenschaft wieder begegnet bin. Diese Erfahrung ist gewiß ein wichtiger Aspekt der Tatsache, der «Sohn eines berühmten Mannes» zu sein.
(Michael Mann)

Auch ich, in aller Bescheidenheit, fühle mich mehr als der Meine als der Seine; ohne den gewaltigen Einfluß, den er auf mich ausgeübt hat, zu bestreiten. Im nächsten Band, falls ich ihn noch hinbringe – der letzte wird es auf jeden Fall sein –, werden Sie sehen, daß unsere Beziehungen sich nach 1933 entschieden zum Guten veränderten. [...] Schlimm stand es zwischen meinem zehnten und meinem zwanzigsten Jahr und davon blieb natürlich immer irgend etwas hängen. Unvermeidlich mußte ich seinen Tod wünschen; war aber während seines Sterbens und danach völlig gebrochen; es dauerte Monate, bis ich mich einigermaßen von diesem Verlust erholte. Solche Nester voller Widersprüche sind wir nun einmal...
(Golo Mann an Marcel Reich-Ranicki)

Tagebuch Golo Manns, «Fall 1955»: «Always thinking about August 12. That that which I took for granted for 46 years, is no more and shall never be again. –»

«Ich lebe auf einer Insel»

Monika Mann
am Fenster der Villa
Monacone

Monika Mann in der
Villa Monacone

Seit dem Jahreswechsel 1954/55 lebt Monika Mann auf Capri. Sie wohnt in der Villa Monacone an der Via Pizzolungo, mit direktem Blick auf die Felsengruppe der Faraglioni. Schon mit Oskar Kokoschka hatte die Villa Monacone einen berühmten Mieter. Den Wert seiner Wandmalereien erkannte man nicht – heute sind sie übertüncht. Die Villa ist im Besitz der Capreser Fischer- und Bauernfamilie Spadaro. Ihr entstammt auch der Capri-Fischer Francesco Spadaro, der im folkloristischen Kostüm als pittoreskes Postkartenmotiv Berühmtheit erlangte. Mit seinem Neffen Antonio geht Monika Mann eine Lebensgemeinschaft ein.

In ihrem betont ruhigen und einfachen Lebensstil auf Capri sieht sie selbst eine Distanzierung von ihrer großbürgerlichen Herkunft. Schon in München habe sie vor allem das Gespräch mit bodenständigen Menschen, mit der Köchin oder dem Chauffeur, gesucht: «Bei Gesprächen mit einfachen Menschen kommen viel elementarere Argumente vor. In unserer Familie war das immer ziemlich kompliziert. Ich war anders und wurde deshalb als komisch angesehen.» Ihre Rolle als eigenwilliger «Sonderling», in der sie auch Katia sieht, setzt sich in der Emigration fort: «In der ersten Zeit der Unrast des Exils scheint sie wenig mit der Familie zusammen gewesen zu sein. Sie ist eine Vagantennatur, die nicht recht in diesen Rahmen paßt. Unschwer erkennt man auch, daß man sie nicht ganz ernst nimmt. Als der Vater ihr aus Kalifornien den ‹Faustus› zuschickt, bemerkt er dazu geringschätzig: ‹Für Mönchen, die es schon verstehen wird›.»

Proben eigener schriftstellerischer Versuche hatte Monika dem Vater bereits in Amerika zukommen lassen – und das Schreiben, in dem sich sehr deutlich ihre familiären Wurzeln spiegeln, setzt sie auf Capri fort.

Ich lebe auf einer Insel. Es ist still da, und die Menschen machen sich Gedanken. In der Stadt denken die Menschen kaum, weil der Lärm die Gedanken tötet und sie achtgeben, daß sie unter kein Auto kommen und keinem Dieb in die Hände fallen. Also auf meiner Insel, sagte ich, machen sich die Menschen Gedanken. Neulich fragte mich da ein wortkarger alter Fischer – Was ist das Leben? Ich fand seine Frage erst ein bißchen albern und unnütz, und statt dem Fischer etwas zu antworten, sah ich ihm leer ins Gesicht. Aber seine Frage hämmerte sich gleichsam in die Stille hinein – Was ist das Leben? Er wollte mir wohl eine Falle stellen, wußte es besser als ich, hatte auf dieser stillen Insel viel darüber nachgedacht. Ich fühlte mich beengt und bedrängt und sagte heraus, nur um wieder frei zu sein – Ein Geschenk. Der Fischer hatte wohl alles andere erwartet, er sah zornig darein. Ich entschuldigte mich und sagte dann rasch hintereinander weg – Ein Kampf, ein Ausdruck des Willens, eine Prüfung –, schüttelte den Kopf, indem ich beteuerte, daß nichts davon zutreffe, daß ich es nicht wisse, und ich bat ihn, es mir doch zu sagen. Er schlug mit der Faust in die Luft. Der Fischer schien jetzt wirklich zornig. Mit seinen Faustschlägen schien er irgendeinen Ausgang erzielen, ins Freie gelangen zu wollen. Seine Faust löste sich, und er zeigte in die Ferne. Er wußte es besser als ich: er zeigte über das helle, weite Meer hin, als läge dort die Antwort. Sein Blick wurde ganz hell und gelöst, ich verstand. Er meinte, daß das Leben eine Selbstbefreiung sei.
(Monika Mann – «Vergangenes und Gegenwärtiges»)

«Vergangenes und Gegenwärtiges»

1956 veröffentlicht Monika Mann ihr erstes Buch «Vergangenes und Gegenwärtiges». Das gleichzeitige Erscheinen mit Erika Manns Bericht über den Vater «Das
letzte Jahr» führt zu Spannungen mit der
Schwester. Erika spricht Monika das Recht
ab, über die Familiengeschichte zu schreiben: «Dass also Dein kühnes Unternehmen und mein kleines einander in die Que-
re kommen könnten, kam mir gar nicht
in den Sinn. [...] Deine Autobiographie
muss auf eigenen Füssen stehen, wenn
sie denn stehen will. [...] Das leidigste
Gerede und Geschreibe wird keinesfalls
ausbleiben. Und die Atemlosigkeit, mit der
gleich zwei von T. M.s Töchtern Nutzen zu
ziehen suchen aus diesem Tode, – auch
sie wird man kommentieren. Die Lektüre,
freilich, müsste erweisen, wer hier legiti-
miert war.»

Der Graphiker
und Bühnenbildner
Emil Preetorius
(1883–1973)

Monika Manns Beschwichtigungsversuche
sind zum Scheitern verurteilt: «Und was
ist denn im Grund geschehen? Geht diese
Fatalität nicht im ‹Strudel der Welt› unter,
und steht nicht jeder für sich selber ein,
hängen wir denn von dem (eventuellen!)
Gerede ab? Ist nicht ein bißchen Humor
am Platz? [...] Humor im Sinn von Überlegenheit?» Der Haussegen über Kilchberg
hängt allerdings noch lange schief, wie
Monika Mann dem Freund Richard K.
Raupach schreibt: «In Kilchberg herrscht
keine Harmonie, was von meiner älteren
Schwester gewollt ist. Sie ist zwar Feindin
der atonalen Musik, aber liebt die atonale
Stimmung im Geschwisterlichen.»

Frontispiz
der Erstausgabe

Brief Monikas an
die Schwester Erika,
4. Mai 1956

Nicht nur Erika, auch Katia Mann ist von Monikas Autobiographie wenig angetan. Vor allem ein Grund entzieht dem Werk der Tochter aus ihrer Sicht die Existenzberechtigung: «Von allen sechs Kindern stand sie ihm am fernsten, und was [in diesem Buch] an Tatsächlichem über ihn gesagt ist – viel ist es ja nicht – entspringt ausschließlich ihrer Phantasie.» Verdrießlich sei weiterhin, so Katia, dass Monika mit ihrer Autobiographie auch noch die größeren Erfolge erziele.

Das leidige «Gerede und Geschreibe» bleibt aus, beide Bücher werden von den Rezensenten positiv aufgenommen. Oskar Maria Graf gehört dabei zu jenen, die Monikas Autobiographie den Vorzug geben: «Monika ist das, was der Verstorbene zeitweise innig zu sein wünschte, was er aber seiner ganzen zaghaft-langsamen, denkerisch kontrollierenden Natur nach nie hätte sein können: ein kampflustiger, gegen alles Einengende opponierender Bohemien. Schon deswegen ist ihr Buch interessanter, ganz abgesehen davon, daß es geladen ist mit teils heiteren, teils beklemmend schrecklichen Erlebnissen, die ausgezeichnet erzählt sind.»

Erika Mann urteilt strenger. Für sie sind die inopportunen Schilderungen Monikas, die außer der Familiengeschichte vor allem ihre eigene bewegte Exilzeit bis zu ihrer Ankunft in Capri ins Zentrum rücken, «unstimmig und erfunden» – und dies ist auch der Grund dafür, Monikas Jahre später gemachten Vorschlag zu einer Anthologie aller schreibenden Familienangehörigen abzulehnen: «Du weisst, ich war und bin – aus eben diesem Grunde – sehr eingenommen gegen Dein Erinnerungsbuch. [...] Ich wiederhole. Hiessest Du Lieschen Müller und veröffentlichtest Du Kindheitserinnerungen, die vorne, wie hinten, historisch, wie persönlich den Tatsachen nicht entsprächen, es wäre gleichgültig. Sobald aber eine historische Figur wie T. M. als Hauptakteur im Spiele ist, ist dergleichen vollständig unzulässig. Dabei kommt es nicht so sehr darauf an, ob Dein Gedächtnis gut ist (offenbar ist es schlecht), oder ob Du wissentlich die Unwahrheit sagst. Auf die Unwahrheit kommt es an und die darfst Du nun nicht mehr in Druck geben.»

«Drehbuch: Erika Mann»

Heidi Brühl in der Rolle der Eleanor Twentyman und Erika Mann als ihre Zofe in «Bekenntnisse des Hochstaplers Felix Krull», 1957

Erika und Katia Mann mit den Schauspielern Horst Buchholz (Darsteller des «Krull») und Ingrid Andree (spielte die «Zouzou»)

Noch zu Lebzeiten des Vaters und mit seinem Einverständnis beginnt Erika Mann, sich einer ganz neuen Aufgabe zu widmen: Sie übernimmt die «Oberaufsicht» über die Verfilmung von Thomas Manns Romanen. «Das bedeutete: kein Drehbuch, das nicht von Erika abgesegnet, in der Regel aber gleich von ihr selbst geschrieben wurde; keine Rollenbesetzung, auf die sie nicht Einfluß zu nehmen versuchte, keine Drehtermine ohne ihre Anwesenheit», schreibt Irmela von der Lühe.

Der erste Film, «Königliche Hoheit», kommt 1953 in die Kinos. Danach folgen «Bekenntnisse des Hochstaplers Felix Krull» (1957) und eine zweiteilige Verfilmung der «Buddenbrooks» (1959). In den beiden ersten Filmen spielt Erika Mann sogar selbst in Nebenrollen mit: als Oberschwester Amalie in «Königliche Hoheit» und als Zofe im «Felix Krull». Auch bei den Leinwandadaptionen von Thomas Manns Erzählungen «Wälsungenblut» und «Tonio Kröger» unter der Regie von Rolf Thiele wirkt Erika Mann am Drehbuch mit.

«Lang und dornenvoll ist der Weg vom Buch zum Film. Je besser aber das Buch, desto schwieriger der Weg», bekennt Erika Mann 1959, und die zeitaufwändige und oft mühevolle Filmarbeit bezeichnet sie unverblümt als «Galeerendienst». Die Arbeit am «Buddenbrooks»-Drehbuch zieht sich über mehrere Jahre hin. Erikas wichtigstes Anliegen ist es, für größtmögliche Werktreue der filmischen Umsetzungen zu sorgen. Das literarische Ansehen des Vaters geht ihr über alles. Daher sollen die Filme der jeweiligen Vorlage so treu bleiben, wie es nur möglich ist «innerhalb der filmischen Gegebenheiten». Wer andere Ansichten als Erika vertritt, setzt sich ihrer erbitterten Kritik aus.

Buddenbrooks

Frei nach dem Roman von Thomas Mann

Regie: Alfred Weidenmann

Drehbuch: Erika Mann, Dr. Harald Braun, Jacob Geis / Kamera: Friedel Behn-Grund / Bauten: Robert Herlth / Musik: Werner Eisbrenner / Kostüme: Herbert Ploberger / Schnitt: Caspar van den Berg / Ton: Werner Schlagge / Masken: Franz Mayrhofer, Gerda Grosse, Gertrud Weinz-Werner

EIN ALFRED WEIDENMANN-FILM
Produktionsleitung: Eberhard Krause
Gesamtleitung: Hans Abich

DARSTELLER:

Tony	Liselotte Pulver
Thomas	Hansjörg Felmy
Gerda	Nadja Tiller
Christian	Hanns Lothar
Konsulin	Lil Dagover
Konsul	Werner Hinz
Bendix Grünlich	Robert Graf
Leutnant von Throta	Matthias Fuchs
Aline Puvogel	Maria Sebaldt
Hermann Wagenström	Wolfgang Wahl
Lotsenkommandeur Schwarzkopf	Gustav Knuth
Frau Schwarzkopf	
Morten Schwarzkopf	Horst Janson
Corle Smolt	Günther Lüders
Hauptpastor Kölling	Paul Hartmann
Clara	Gustl Halenke
Permaneder	Walter Sedlmayr
Makler Gosch	Fritz Schmiedel
Ida Jungmann	Carsta Löck
Herr Wenzel	Rudolf Platte
Fräulein Kistenmaker	Eva Maria Meineke
Hanno	
Pastor Tiburtius	Frank Freytag
Sesemi Weichbrodt	Hela Gruel
Anna	Ellen Roedler
Dr. Grabow	Hans Leibelt
Marcus	Karl Ludwig Lindt
Herr Arnoldsen	Hans Paetsch
Dr. Langhals	Peter Lühr
Bürgermeister	Karl Kramer
Kandidat Modersohn	Günther Jerschke
Zahnarzt Brecht	Hans Hessling
Trine	Gerda Maria Jürgens
Johann	Wilhelm Grothe
Klothilde	
Diener Anton	Ernst Braasch
Herr Kesselmeyer	Joseph Offenbach
Konsul Kistenmaker	Carl Voscherau
Herr Stuht	Wilhelm Walter
Kai	
Frau Popinet	Charlotte Schellenberg
Pastor Naegele	Max Strecker
Herr Hinrich	Benno Gellenbeck
Hausmädchen	Gerti Eller

Ein Film in zwei Teilen

Produktion: **FILMAUFBAU**   Verleih: **EUROPA**

Erika Mann beim Casting für den «Buddenbrooks»-Film

Filmankündigung «Buddenbrooks»

Nadja Tiller, Darstellerin der Gerda Buddenbrook, und Erika Mann bei der Uraufführung von «Buddenbrooks» in Lübeck, 1959

Mein liebes, teueres Kind,
heute habe ich meinen guten neuen Maßanzug angelegt, um Dir zu gratulieren. Ich wünsche Dir Glück zum Geburtstag, recht herzlich. Aber Dir Glück wünschen, das tue ich eigentlich jeden Tag, immer mit gleicher Dringlichkeit. Ich wünsche Dir Gesundheit und Erfolg und Freude, immer angemessenere und befriedigendere Möglichkeiten, Deinem Aktivitätsbedürfnis zu genügen, und daß Deiner belebenden Persönlichkeit sich in der Welt ein immer breiteres Wirkungsfeld eröffnen möge. Natürlich vermisse ich Dich im Hause, aber ich tue es gern, weil ich weiß, daß Du Arbeit hast, wenn auch nicht die edelste, und den armen Filmmenschen, die Dich zu Hilfe riefen, auf ihrem Gebiete zeigen kannst, wie man es gut macht. [...]
Der Film «Buddenbrooks» – ich schicke Dir den neuesten Brief von Ophuls und einen, den er an Rodenberg geschrieben hat. Klingt ja alles ganz gut und verheißungsvoll. In meiner erfreuten Antwort habe ich ihn darauf hingewiesen, daß Du in der ganzen Angelegenheit meine Vertrauensperson und glücklicherweise gerade in München bist [...].

(Thomas Mann an Erika Mann, 7. November 1954)

Till und andere

«Wenn ich ein Zug-
vogel wär!» Der 1953
erschienene erste Band
der «Zugvögel»-Reihe.
Umschlagillustration:
Else von Czulik

Ein Kuriosum ist die
1955 erschienene schwe-
dische Ausgabe des
ersten «Zugvögel»-Bandes:
Ihr Titelheld heißt nicht
Till, sondern «Klaus».

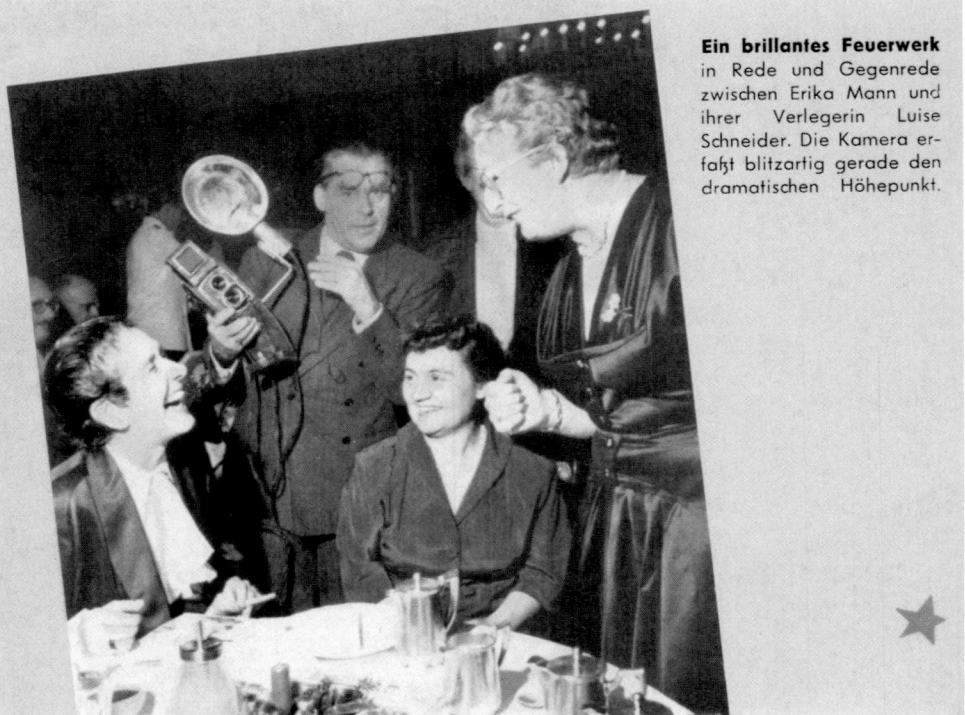

Ein brillantes Feuerwerk
in Rede und Gegenrede
zwischen Erika Mann und
ihrer Verlegerin Luise
Schneider. Die Kamera er-
faßt blitzartig gerade den
dramatischen Höhepunkt.

«Die Zugvögel singen
in Paris und Rom». Der
1956 erschienene letzte
Band der «Zugvögel»-
Tetralogie

Erika Mann und
die Verlegerin Luise
Schneider

In den fünfziger Jahren widmet sich Erika
Mann auch wieder intensiv dem Schreiben
von Kinderbüchern. Sie sei «rastlos für die
lieben Kleinen tätig» und bringe «ein Kin-
derbuch nach dem anderen zu Papier»,
schreibt sie dem Schauspieler Curt Bois
1953, und flapsig fügt sie hinzu: «Für die
Erwachsenen zu schreiben ist mir längst
zu blöd.»
In einem anderen Text bekennt sie etwas
ernsthafter: «Warum ich Kinderbücher

schreibe? Weil es mir Freude macht. Und
warum macht es mir Freude? Weil ich
selbst ziemlich kindisch bin. Will sagen:
was ich als Kind getan und erfahren, was
mich damals beschäftigt, bewegt, belus-
tigt, bezaubert, berührt oder geärgert hat,
ist mir heute noch nah und verständlich.
Ich kann es ‹mir nachfühlen› – manchmal
besser und genauer als Erlebnisse, die ich
gestern gehabt habe.»
Zwischen 1953 und 1956 entstehen vier
Bände eines Erzählzyklus, dessen Hauptfigur der elfjährige Till ist. Der Junge wird
Mitglied eines Knabenchors, der «Zugvögel», und reist mit ihm durch Europa. Zwei
ältere Jugendbücher Erika Manns erscheinen im Franz Schneider Verlag in Neuausgaben: «Muck, der Zauberonkel» kommt
1952 unter dem Titel «Unser Zauberonkel
Muck» heraus, «Stoffel fliegt übers Meer»
1953 unter dem Titel «Christoph fliegt
nach Amerika».
Eine enge Freundin Erikas aus den späten
Lebensjahren hat die kluge Beobachtung
gemacht, dass Erika in ihren Kinderbüchern stets Helden mit einer «schweifen-

Erika Mann im Garten des Ehrwalder Hauses mit der Jugendfreundin Edith Loewenberg

Das «Pfeffermühlen»-Haus in Ehrwald, Tirol

den Existenz» beschreibt – was offenkundig ihre eigene Biographie widerspiegele. Der Bruder Golo stellt anerkennend fest: «Sie verstand die Kindersprache, keine falschen Manieren, keine Form von oben herab, sich zu den Kindern herablassen, sondern sie unterhalten und amüsieren, natürlich, als ob man sich mit seinesgleichen unterhielte. Die Freude am Fabulieren kam dazu.»

Die Biographin Irmela von der Lühe wertet Erika Manns Hinwendung zur Kinderliteratur als einen «Abschied von der Politik, vom Streit, von aufreibenden Konflikten» – die «Zugvögel»-Serie mit ihrer leichten, musikdurchwebten Stimmung sei insgesamt ein Gegenentwurf zur «unglückselig

den Existenz» sich etablierenden Welt des Wirtschaftswunders und der Ärmelhochkrempler». Doch gerade aus Erikas späten Jahren gibt es viele Beispiele für briefliche und juristische Auseinandersetzungen mit Andersdenkenden. Sie wird von einer regelrechten Prozessierlust erfasst, und wenn sie sich öffentlich gegen Ungerechtigkeiten oder Missstände äußert, mischt sich zunehmend ein verbitterter, aggressiver Ton hinein. «Aus der Amazone wurde eine Erinnye», schreibt Marcel Reich-Ranicki. Mehrere Buchprojekte für erwachsene Leser werden erwogen: die Fortführung ihrer Autobiographie oder ein Buch über die «Pfeffermühle», aber nichts davon wird realisiert.

Eine andere Aktivität Erika Manns ist offenkundig eine Reminiszenz an die wohl beste Zeit ihres Lebens: Mitte der fünfziger Jahre kauft Erika zusammen mit Magnus Henning in Ehrwald/Tirol ein Haus, das sie «Die Pfeffermühle» nennen. Henning findet dort einen Alterswohnsitz, Erika ein Feriendomizil. 1961 wird das Haus wieder verkauft.

Ein bleicher
Nachlaßschatten

Wichtiger noch als die Filmarbeiten und die Kinderbücher wird für Erika in ihren zwei letzten Lebensjahrzehnten der Einsatz für die Werke des Vaters und des Bruders Klaus. Solange Thomas Mann lebt, stellt sie sich ihm als «Tochter-Adjutantin» zur Verfügung: Sie begleitet ihn auf Reisen, redigiert und kürzt seine Texte und Vorträge, trägt nach Kräften zu seiner geistigen Anregung und Erheiterung bei. Nach seinem Tod wird sie die Herausgeberin seiner Werke, unter anderem ediert sie die erste Briefausgabe Thomas Manns. Zugleich ist sie eifrig darum bemüht, den Vater vor falschen Vereinnahmungen und angeblichen Fehldeutungen zu schützen. Nicht immer macht sie sich Freunde damit.

Erika selbst gesteht im September 1963 einem Freund: «Ich bin ein bleicher Nachlaßschatten und darf hienieden nichts mehr tun, als Briefbände, Anthologien und dergleichen meiner lieben Toten herausgeben.» Auch für die Werke ihres verstorbenen Bruders Klaus setzt sie sich mit Nachdruck ein. 1952 erscheint die Autobiographie «Der Wendepunkt», Neuausgaben der wichtigsten Romane folgen. In dem Verleger Berthold Spangenberg von der Nymphenburger Verlagshandlung findet sie einen engagierten Partner für die Edition der Werke Klaus Manns, als Herausgeber wird der Publizist Martin Gregor-Dellin gewonnen.

Argwöhnisch überwacht Erika Mann den Nachruhm von Thomas und Klaus Mann. Dabei schreckt sie bei ihren Editionen vor fragwürdigen Eingriffen in die Texte nicht zurück. In der dreibändigen Briefausgabe ihres Vaters zum Beispiel werden alle Stellen, die Thomas Manns Neigung zur Homosexualität belegen, kurzerhand eliminiert – ohne die Streichungen kenntlich zu machen. In dem noch von Klaus Mann

Feier zum zehnten
Todestag Klaus Manns,
1959. Neben Erika:
Therese Giehse

nymphenburger

Eilige Sonderankündigung

Klaus Mann »Mephisto« erscheint

Der aufsehenerregende Prozeß am Hamburger Landgericht, über den die gesamte deutsche Presse berichtete, wurde von der Nymphenburger Verlagshandlung gewonnen. Die Klage auf Verbot der Veröffentlichung dieses Romans einer Schauspieler-Karriere im Dritten Reich wurde abgewiesen.

Um die starke Nachfrage nach dem Roman, die durch den Prozeß ausgelöst worden ist, zu erfüllen, hat sich der Verlag entschlossen, das Werk der deutschen Öffentlichkeit sofort zugänglich zu machen.

*Klaus Mann   Mephisto - Roman einer Karriere
400 Seiten. Leinen DM 19.80*

Erscheinungstermin Ende Oktober

Der kurzen Herstellungszeit wegen mußte die erste Auflage beschränkt werden. Wir bitten um sofortige Bestellung, da der Band von unseren Vertretern bisher nicht angeboten werden konnte.

Anzeige der Nymphen-
burger Verlagshandlung
im «Börsenblatt des
Deutschen Buchhandels»,
September 1965

Gefeiert und hoch dekoriert auch in der Bundesrepublik: Gustaf Gründgens erhält 1953 von Bundespräsident Theodor Heuss das Große Bundesverdienstkreuz mit Stern.

selbst unmittelbar vor seinem Tod fertig gestellten Manuskript des «Wendepunkt» schwächt sie eine Reihe von Passagen ab, vor allem bei den Äußerungen über Gustaf Gründgens. Und in der ersten Nachkriegsausgabe des Emigranten-Epos «Der Vulkan» werden auf Erikas Drängen mehrere Stellen, die eine gewisse Sympathie Klaus Manns für den Kommunismus verraten, gestrichen.

Ein besonderes Kapitel ist die Wirkungsgeschichte von Klaus Manns Roman «Mephisto». Die erste Ausgabe nach dem Krieg erscheint 1956 in der DDR. Gustaf Gründgens stirbt im Oktober 1963 in Manila an einer Überdosis Schlaftabletten. Im selben Jahr kündigt die Nymphenburger Verlagshandlung ihre Absicht an, den Roman nun endlich auch in der Bundesrepublik herauszubringen. Daraufhin klagt Gründgens' Adoptivsohn Peter Gorski gegen den Verlag: Er möchte das Erscheinen des Buches verhindern, weil der Roman geeignet sei, Gründgens «herabzuwürdigen» und sein Andenken «in der Öffentlichkeit zu verunglimpfen». Nach aufwändigen Verfahren durch mehrere Instanzen bekommt Gorski schließlich vor dem Bundesverfassungsgericht Recht: «Mephisto» darf in der Bundesrepublik nicht verbreitet werden.

Erika Mann reagiert auf den «Mephisto»-Skandal mit Empörung. Dass der verbotene Roman ihres Bruders etliche Jahre später dann doch erscheint und über Nacht zum Bestseller wird, hat sie leider nicht mehr erlebt.

Gründgens mit seinem Adoptivsohn Peter Gorski bei den Dreharbeiten zum «Faust»-Film, 1961

Szene mit Anne Demeyer und Joséphine Derenne aus der «Mephisto»-Inszenierung des Théâtre du Soleil, 1979. Die dort gespielte Bühnenfassung von Ariane Mnouchkine leitete die Wiederentdeckung des Romans und seines Autors ein.

Geschichte
und Geschichten

Golo Mann
mit Altbundespräsident
Theodor Heuss

Der zweite Teil von Golo
Manns erstem großem
Bucherfolg, 1958 in der
Büchergilde Gutenberg
erschienen

Podiumsgespräch,
Oktober 1960

Golo Mann gibt 1958 seine Professur am Claremont College auf und kehrt endgültig nach Europa zurück. Im selben Jahr erscheint seine «Deutsche Geschichte» des 19. und 20. Jahrhunderts in zwei Teilen, die sich bald als historisches Standardwerk etabliert. Golo findet zunehmend Anerkennung: Anfang der sechziger Jahre wird er Mitherausgeber der «Propyläen Weltgeschichte» und der Zeitschrift «Neue Rundschau». Auch seine Lehrtätigkeit kann er in Deutschland fortsetzen. Zunächst übernimmt er eine Gastprofessur an der Universität Münster, ab 1960 einen Lehrstuhl für Politische Wissenschaft an der Technischen Hochschule Stuttgart.

«Daß ich im Grunde ja doch zum Schriftsteller bestimmt war, sei es auch nur zum historisierenden, ein wenig philosophierenden, verbarg ich mir lange Zeit; unbewußt wohl darum, weil ich meinem Bruder Klaus nicht ins Gehege kommen und weil ich den Tod meines Vaters abwarten wollte», schreibt Golo in seinen Memoiren. «Auch durch die Zeitläufte wurde es mir verborgen. Denn obwohl ich französisch, zeitweise leidlich, später englisch glatt genug schrieb, nie hätte ich ein französischer oder amerikanischer Autor sein können. Dafür brauchte ich den deutschen Sprachraum [...]. Wäre Hitler nicht Hitler gewesen, begnügte er sich mit dem im

NEUE RUNDSCHAU

Begründet von S. Fischer
im Jahre 1890

74. Jahrgang 1963
Erstes Heft

Golo Mann
Ist der Krieg zu retten?

Tibor Déry
Rechenschaft (Erzählung)

Ossip Mandelstamm
Zwei Gedichte
aus dem Nachlaß

Paul Celan
Gedichte

Michel Butor
Balzac und die Wirklichkeit

Johannes Bobrowski
Sechs Gedichte
Mäusefest (Erzählung)

Sigm. Freud/Oskar Pfister
Psychoanalyse und Religion
(Aus dem Briefwechsel)

Victor Lange
Ausdruck und Erkenntnis.
Zur politischen Problematik
der deutschen Literatur seit
dem Expressionismus

BERICHT

Harry Pross
Plebiszitäre und staatliche
Moral

Enno Patalas
Die Krise des Films –
die Chance der Filmkunst

KRITIK

Rezensionen

Jean Cau/Das Erbarmen
Gottes (Wolf Jobst Siedler)

Joseph Breitbach/
Bericht über Bruno
(Karl Markus Michel)

Christoph Meckel/Wildnisse
Karl Krolow/Unsichtbare
Hände (Peter Rühmkorf)

Ernst Augustin/Der Kopf
(Hans Daiber)

Helmut Gollwitzer/
Forderungen der Freiheit
(Manfred Linz)

Alexander Kluge/Lebensläufe
(Reinhard Baumgart)

Otto F. Walter/Herr Tourel
(Hans Schwab-Felisch)

Peter Weiss/Der Schatten des
Körpers des Kutschers/Abschied
von den Eltern/Fluchtpunkt
(Roland H. Wiegenstein)

ANMERKUNGEN

Reinhard Baumgart
Dichtung und ihre Gesellen

Rudolf Hartung
Auf der Suche nach
Marcel Proust

Bücher-Rundschau

S. FISCHER VERLAG
BERLIN · FRANKFURT/MAIN

1963 wird Golo Mann
Mitherausgeber der tradi-
tionsreichen Zeitschrift

Die Neufassung
des zwölfbändigen Werks
erscheint 1960-1965

PROPYLÄEN
WELTGESCHICHTE

EINE
UNIVERSALGESCHICHTE

Herausgegeben von Golo Mann und Alfred Heuß

Erster Band

IM PROPYLÄEN VERLAG
BERLIN · FRANKFURT · WIEN

Michael Mann

ÄSTHETIK UND SOZIOLOGIE DER MUSIK
1600—1800

Das Blickfeld

Der ästhetische Rationalismus stand der Musik, unter allen Künsten, wohl am unbeholfensten gegenüber. Ästhetische Betrachtung und musikalische Produktion klaffen auseinander; sie scheinen, auf den ersten Blick, streckenweise voneinander ganz unabhängige Wege zu gehen. Liest man aber, was die Musiker selbst über ihre Kunst dachten und worin sie ihre schöpferischen Triebfedern erblickten, so wird man mit Staunen feststellen, in welchem Grade die Musik selbst im Bann des rationalistischen Geistes stand. Erst aus diesen Zusammenhängen heraus sind wesentliche Züge der Musikgeschichte zwischen 1600 und 1800 zu verstehen.

Am ratlosesten steht die Kunstbetrachtung, bis in das letzte Drittel des 18. Jahrhunderts hinein, vor dem Phänomen der reinen Instrumentalmusik. Man mußte vorher entdeckt haben, daß es in der Kunst wie im Leben genügt, wenn »das Herz versteht«, ehe man die ästhetische »Entdeckung« der Instrumentalmusik wagen konnte. Das geschieht endlich, gleichzeitig mit der ersten Hochblüte der Symphonie und des Streichquartetts. Auf diese berufen sich auch die Entdecker: »wenn sie eben Symphonien und Quartetten von Haydn und unsern andern großen Deutschen Meistern gehört hätten«, läßt J. J. W. Heinse in seinem Musikroman (›Hildegard von Hohenthal‹, 1795/96) den Schmälerern der Instrumentalmusik ausrichten, »so würden sie gewiß nicht, auch nur zum Scherz, so gering von ihr (der Instrumentalmusik) gesprochen haben«. Noch weiter geht Tieck; die Verbindung der Musik mit dem Wort gilt ihm als Profanierung der Tonkunst. Nur in der Instrumentalmusik »ist die Kunst unabhängig und frei, schreibt sie sich selbst ihre Gesetze«. Das deutet, in überspitzter Form, in die Zukunft der Musikgeschichte und erinnert an Beethovens Bemerkung, daß, wenn sich bei ihm eine musikalische Idee melde, er dabei stets den Klang des vollen Orchesters im Ohre habe.

Das durch die romantische Ästhetik legitimierte neue Primat der Instrumentalmusik, gegenüber der Vokalmusik, bedeutet nicht nur die Umkehrung einer seit jeher gültigen Rangordnung (*musica id est ars cantandi*); es führt auch zu einer bewußteren gegenseitigen Scheidung der Musizierarten: »Mir scheint«, meint Tieck, »die Vokal- und Instrumentalmusik noch nicht genug gesondert und jede auf ihrem eigenen Boden zu wandeln.« – Aber schließlich hatte die Instrumentalmusik doch längst ihre eigenen, idiomatischen Formen

Auch den Bruder Michael
gewinnt Golo als Autor
für die neue «Propyläen
Weltgeschichte»

Jahre 1938 Gewonnenen, anstatt seine Götterdämmerung aufzuführen, so hätte ich für immer mein Leben gefristet in den USA, Lehrer an irgendeinem College, gelegentlich einen gelehrten Aufsatz veröffentlichend, in einer Zeitschrift, die niemand las.»

Vom Privatleben Golo Manns dringt wenig an die Öffentlichkeit. Wie sein Bruder Klaus und sein Vater Thomas ist auch Golo homosexuell. Doch was Klaus auslebt und Thomas Mann literarisch sublimiert oder dem Tagebuch anvertraut, bleibt bei Golo der Außenwelt weitgehend verborgen.

Im Dezember 1959 schreibt Golo Mann der alten Freundin Eva Herrmann aus Münster: «Du fragtest damals, neulich meine ich, ob ich in Münster auch etwa etwas für das Gefühl gefunden hätte? Nein, ma chère, habe ich nicht und kann es auch gar nicht. [...] Münster ist eine ganz gemütliche deutsche Stadt alten Stils, zwar völlig neu aufgebaut, aber ein bisschen so wie das amerikanische Venedig oder Venice des guten seligen Lion, nämlich ganz künstlich konservativ, eine mittelalterliche Spielzeugstadt, im Dezember alles hell im amerikanischen Christbaumstil erleuchtet. Da gehe ich nun abends durch die Strassen spazieren, darf doch aber niemanden auch nur anschauen, da es ein Student, wenn nicht ist so doch sein könnte und da ich ein bekannter Professor bin, und so ist man halt von allem ausgeschlossen, wie es auch wieder jenem Lebensalter entspricht.» Er ist zu diesem Zeitpunkt fünfzig Jahre alt.

Marcel Reich-Ranicki berichtet von einem vertraulichen Gespräch mit Golo im Jahre 1975 über die Homosexualität bei den Manns: «Der Vater habe die Homosexualität seines Sohnes Klaus ‹verabscheut›, Aussprachen über dieses Thema seien zwischen ihnen niemals erfolgt. In seiner Familie, belehrte mich Golo, habe es zwei Arten von Homosexualität gegeben – eine Mannsche und eine Pringsheimsche. Die Mannsche sei scheu und voll von Hemmungen und Komplexen, die Pringsheimsche hingegen fröhlich und lebensbejahend. Klaus sei der Pringsheimschen Tradition verbunden gewesen, er selber jedoch weit eher der dunklen und komplizierten Mannschen Tradition.»

Am Rande der Zeit

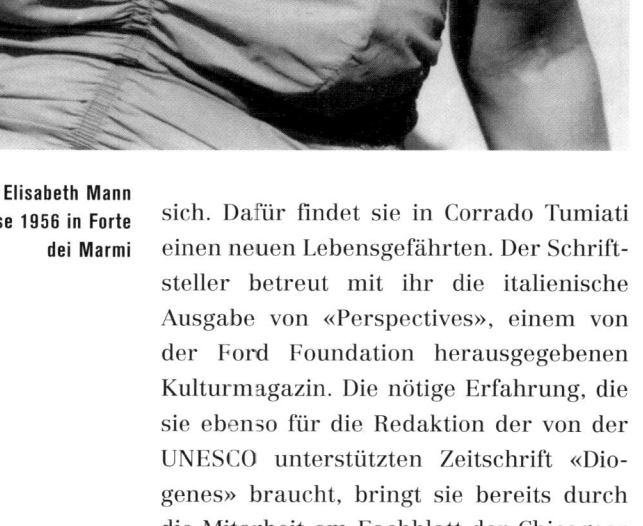

Nach dem Tod Borgeses bleibt Elisabeth Mann Borgese im Heimatland ihres Mannes. «Italien spielt eine sehr große Rolle in meinem Leben», erzählt sie im Gespräch mit Wolf Gaudlitz. Mit den Töchtern Angelica und Dominica richtet sich die junge Witwe ein eigenes Haus an der «Via Vecchia Fiesolana» in San Domenico, Fiesole, ein. In Forte dei Marmi, dem Schauplatz von «Mario und der Zauberer», besitzt sie ein Sommerhaus. Heiratspläne mit dem damaligen Weltpräsidenten des PEN-Clubs Ignazio Silone, der ihr einst die Lektüre Borgeses ans Herz gelegt hat, zerschlagen sich. Dafür findet sie in Corrado Tumiati einen neuen Lebensgefährten. Der Schriftsteller betreut mit ihr die italienische Ausgabe von «Perspectives», einem von der Ford Foundation herausgegebenen Kulturmagazin. Die nötige Erfahrung, die sie ebenso für die Redaktion der von der UNESCO unterstützten Zeitschrift «Diogenes» braucht, bringt sie bereits durch die Mitarbeit am Fachblatt der Chicagoer Weltföderalisten «Common Cause» mit.

Mit «To Whom It May Concern» legt Elisabeth Mann Borgese, die auch als Übersetzerin arbeitet, zudem ihren ersten Erzählungsband vor. In ihm beschäftigt die Autorin vor allem die Frage nach der Selbstbestimmtheit des Individuums. Wie stark ist die Prägung durch Herkunft,

Das Sommerhaus
in Forte dei Marmi,
erbaut vom Architekten
Leonardo Ricci

Corrado Tumiati und
Elisabeth Mann Borgese,
1957

Elisabeth Mann Borgese
1958 mit ihren beiden
Töchtern Angelica
(«Gogoi») und Dominica
(«Nica») in ihrem Haus in
San Domenico, Fiesole,
bei Florenz

Gene oder durch die Zeit, in der man lebt? «Wie frei ist der freie Wille? Gegenüber dem Schicksal, das doch nur die äußere Gestalt des inneren Charakters ist, und das man, wie schon die alten Griechen wussten, oft gerade dadurch erfüllt, indem man es zu vermeiden sucht?»

Die im Lauf der Zeit entstehenden weiteren literarischen Arbeiten fasst Elisabeth Mann Borgese später in einem zweiten auf Deutsch geschriebenen Erzählungsband zusammen. Die Autorin, sich an Vorbildern wie Samuel Beckett oder Eugène Ionesco orientierend, sieht trotz des Wechsels zwischen den Sprachen Konstanten in ihrem Werk: «Die Geschichten sind, wie die ersten, etwas abstrakt und surrealistisch. Im ersten Band erklärte ich mir das damit, daß ich sie in einer Sprache geschrieben hatte, die nicht meine Muttersprache war. Den zweiten Band habe ich ganz in meiner Muttersprache geschrieben, die mir aber etwas fremd geworden war. Die Abstraktion ist daher nicht geringer.»

Wie schon im ersten Erzählungsband trifft in «Wie Gottlieb Hauptmann die Todesstrafe abschaffte» die Zukunftsvision auf den Mythos, werden «uralte Volksweisheit und moderne Wissenschaft» kontrastiert. Nicht zuletzt mit dem Ziel, die Vermessenheit des Menschen aufzuzeigen, der sich zum «Herren» seiner «eigenen Evolution» aufspielt.

Die letzte Geschichte ist die deutsche Übersetzung eines Kinderbuchs von ihr über das Meer, «Chairworm & Supershark». Sie zeigt nicht zuletzt, dass die schriftstellerische Tätigkeit für Elisabeth Mann Borgese nicht in den Lebensmittelpunkt rückt. Dort steht nach wie vor das politische und gesellschaftskritische Engagement. Zweifel, ob die Welt dadurch wirklich eine bessere werden kann, verarbeitet sie schreibend: «Ich muß mich zum Optimismus zwingen, um handeln zu können. Die Novellen sind, in gewissem Sinn, ein Sicherheitsventil, das ich aufdrehe, um meinen inneren Dampfdruck zu vermindern, der in mir sonst eine Explosion erzeugen könnte ...»

Aufstieg der Frau

In einem ihrer späten Interviews erwähnt Elisabeth Mann Borgese einmal, in ihrer Familie hätten «die Frauen immer in der zweiten Reihe» gestanden: «Meine Eltern waren beide, wie man so sagt, male chauvinists. Mein Vater hat einmal ganz im Ernst gesagt: ‹Women are good second class.› Meine Mutter war immer todunglücklich, wenn sie eine Tochter geboren hatte. Sie wollte nur Jungen. Ich lache darüber.»

Das für sie so typische Lachen hat sich Elisabeth Mann Borgese erst spät angewöhnt. In ihrer Kindheit bemüht sie sich um einen betont «ernsthaften» Anstrich. Mit ihm will sie dem familiär tradierten Vorurteil entgegenwirken, Mädchen seien «doch nichts Ernsthaftes».

Fast scheint es, als stellt sich Elisabeth in die Tradition ihrer Urgroßmutter Hedwig Dohm, die als eine der führenden Figuren der Emanzipationsbewegung ihr Leben lang für die Rechte der Frauen stritt. Ihr Tod 1919 ist nach Elisabeth die früheste

Erinnerung, die sie mit sich trägt. Elisabeth Mann Borgese über dieses für sie zentrale Lebensthema: «Ich habe mich sehr lange und sehr intensiv mit der Frauenfrage beschäftigt, und zwar von ganz jungen Jahren an, als ich vielleicht 14 oder 15 Jahre alt war. Ich habe wohl so ungefähr 20 bis 30 Jahre an dieser Frage gearbeitet.»

Nach und nach nimmt das Projekt mehr Konturen an. 1951 steht der Titel fest, wie sie ihrem Ehemann Borgese schreibt: «Ascent of Woman». Sie versteht ihn als Anspielung auf Darwins «Descent of Man». «Descent» meint hier im Titel «Abstam-

mung», es kann aber auch, so Elisabeth über ihr Wortspiel, «Abstieg» heißen.

Gut zehn Jahre später legt sie nach «To Whom It May Concern» ihr zweites Buch auf Englisch vor. In deutscher Übersetzung erscheint es 1965 unter dem Titel «Aufstieg der Frau. Abstieg des Mannes?»

Deutsche Erst-
ausgabe, München 1965

Die englische Erst-
ausgabe, London 1963

Brief Elisabeths an
ihren Mann Giuseppe
Antonio Borgese vom
26. September 1951, in
dem sie bereits den Titel
ihres 1963 auf Englisch
erscheinenden Buches
«Ascent of Woman»
festlegt

Das Buch findet ein vorzeigbares Echo, wie etwa Besprechungen in der «New York Herald Tribune» zeigen. Ein durchschlagender Erfolg aber wird es nicht. Grundthese von «Ascent of Woman» ist aus Elisabeths Sicht, dass in jeder Gesellschaft das Weibliche für das «Kollektive», das Männliche für das «Individuelle» steht: «Frauen sind besser sozialisiert als Männer. In Gesellschaften, die gruppenbezogen sind, haben Frauen viel zu sagen. In Gesellschaften, die sehr individualistisch sind, haben es Frauen viel schwerer.»

Das Buch ist als interdisziplinärer Streifzug durch verschiedene Forschungsrichtungen angelegt. Im letzten Kapitel aber verlässt Elisabeth wissenschaftliches Terrain und versteigt sich in einen kühnen Zukunftstraum, den ihr wohl nicht zuletzt Frauenrechtlerinnen «übel genommen» haben. Die grundsätzliche Überlegenheit des Mannes stellt er nicht in Frage. In «Mein eigenes Utopia» wachsen Frauen an der Seite eines erheblich älteren, weisen Mannes heran – Parallelen zum eigenen Lebensmodell, ihrer Ehe mit dem wesentlich bejahrteren Borgese, liegen auf der Hand. Zur freien Entfaltung gelangt die Frau erst nach der Trennung von ihrem Lebenspartner und wird selbst «in die Rolle eines Mannes wachsen». Für die kurios anmutende Vision der Doppelgeschlechtlichkeit des Homo sapiens beflügeln ihre Phantasie zahlreiche Beispiele aus Flora und Fauna, die die Geschlechtsumwandlung im Lauf eines Lebens wie auch den Zustand der Androgynität kennen.

Sie selbst hat mit «Aufstieg der Frau», wie ihre Biographin Kerstin Holzer berichtet, das Frauenthema für sich erledigt. Fortan handelt sie nur noch wie «ein Mensch, egal ob weiblich oder männlich».

Von fernen Ländern und Menschen

Der Landrover unterwegs im fernen Asien, am Steuer: Elisabeth Mann Borgese

Elisabeth Mann Borgese beweist als erwachsene Frau eine außergewöhnliche Reiselust – die bei ihr bis ins hohe Alter anhält. Eine geradezu abenteuerliche und vielleicht deshalb besonders prägende Fahrt unternimmt sie 1964. Von einer amerikanischen Zeitschrift erhält sie den Auftrag, den indischen Staatspräsidenten Jawaharlal Nehru zu interviewen. Sie sagt zu, unter einer Bedingung: dass die Reise von Italien nach Indien per Auto stattfindet. Die Auftraggeber sind einverstanden, und Elisabeth gewinnt den Schweizer Journalisten Peter K. Wehrli als Reisebegleiter.

Am 10. Januar 1964 brechen sie mit einem Landrover auf. Die strapazenreiche Fahrt führt sie über Jugoslawien, Bulgarien, die Türkei, Syrien, Jordanien, den Irak, Persien, Pakistan und Afghanistan nach Indien. Peter K. Wehrli hat sich später an die Reise erinnert und Elisabeths nie versiegende Neugier beschrieben: «Je weiter wir vorstießen, umso fremder wurden die Dinge um uns. Du hast mich ge-

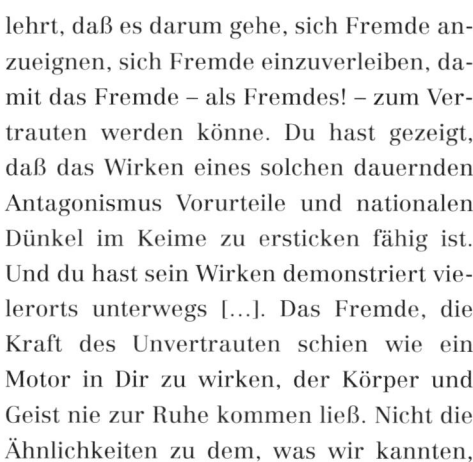

lehrt, daß es darum gehe, sich Fremde anzueignen, sich Fremde einzuverleiben, damit das Fremde – als Fremdes! – zum Vertrauten werden könne. Du hast gezeigt, daß das Wirken eines solchen dauernden Antagonismus Vorurteile und nationalen Dünkel im Keime zu ersticken fähig ist. Und du hast sein Wirken demonstriert vielerorts unterwegs [...]. Das Fremde, die Kraft des Unvertrauten schien wie ein Motor in Dir zu wirken, der Körper und Geist nie zur Ruhe kommen ließ. Nicht die Ähnlichkeiten zu dem, was wir kannten,

Ein Elefant hindert an der Weiterreise – und wird erst nach Bezahlung von ‹Wegegeld› von der Straße geleitet.

haben wir registriert, sondern das, was verschieden war, anders war. Als ich Dir sagte: ‹Ich arbeite an einer Liste dessen, was überall anders ist›, da sagtest Du: ‹Du wirst staunen, was da zusammenkommt: nämlich *Alles*!›»

Jawaharlal
Nehru

Mit jedem weiteren Vorrücken gerieten wir in die Bereiche, in denen die bekannten Zeichen und Gesten rätselhafter wurden, ein Kopfschütteln «Ja» und ein Nicken «Nein» zu bedeuten begann. [...] Die Elefanten begannen die Reise mehr und mehr zu beherrschen, als sei nicht das Interview mit Nehru der eigentliche Grund unseres Unterwegsseins. Ich jedenfalls blieb angstvoll im Hintergrund, während Du im Dschungel mutig auf die Elefanten zugingst, um ihnen farbige Holzklötze vor den Rüssel zu legen und zu beobachten, für welchen sie sich entscheiden. Dir war klar, daß das Verhältnis zwischen Tier und Mensch grundsätzlich revidiert werden müsse und daß jene Aufgaben, vor denen der Mensch versage, vielleicht unter Ausnützung der tierischen Intelligenz gelöst werden können. Dein Arbeitswille blieb auch während der Reise ungebrochen. Bis zu achtzehn Stunden am Tag hast Du am Steuer gesessen. Ermattet sanken wir Beifahrer im pakistanischen Teehaus in den Schlaf. Und dann platztest Du in unser Zimmer und schütteltest den Kopf: «Was, ihr schlaft? Ich habe die Zeit genutzt, um einen Artikel für ‹Sports Illustrated› zu schreiben!» Und auf ging's zu einem neuen fünfzehnstündigen Tag am Steuer auf den damals ungepflasterten Straßen.
(Peter K. Wehrli über die Indienreise)

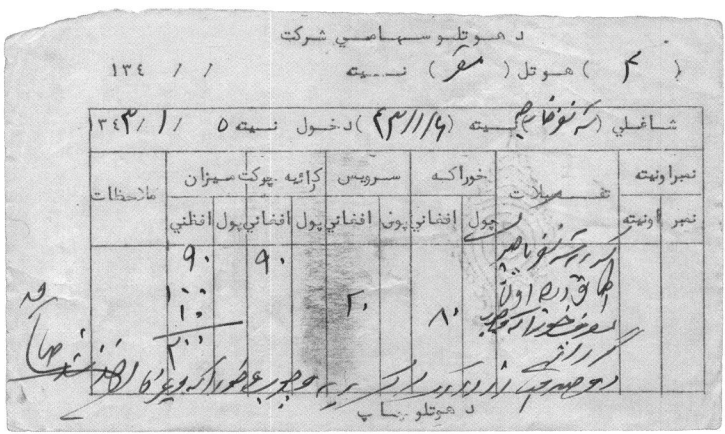

Eine
Hotelrechnung

Am Ende der großen Fahrt: Abschiedsessen im Restaurant «La Colomba» in Venedig. Links Peter K. Wehrli, in der Mitte Elisabeth Mann Borgese, rechts die Reisegefährtin Didi Bell.

Wie man mit den
Tieren spricht

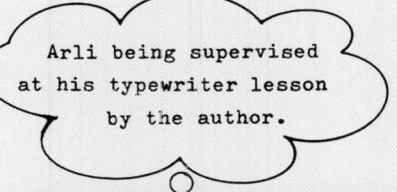

Die 1968 unter anderem
Titel erschienene Ausgabe
von «The White Snake»

Die deutsche Ausgabe,
hg. von Peter K. Wehrli,
1971

Der Hund Arli und die
Hundeschreibmaschine.
Abbildungen aus der ame-
rikanischen Ausgabe

Ihre Forschungen zur Intelligenz von Tieren, die sie sogar auf der Indienreise fortführt, verarbeitet Elisabeth Mann Borgese in dem Buch «The White Snake» aus dem Jahr 1966. Es beschreibt zum einen den damals aktuellen Wissensstand zur Frage der tierischen Intelligenz und der Kommunikation zwischen Tieren und Menschen. Zum anderen berichtet die Autorin ausführlich von eigenen Erfahrungen und Lernexperimenten mit Elefanten, Hunden und Affen. Das Buch «The White Snake» sei Elisabeths «Plädoyer für mehr Respekt im Umgang mit Wesen, die sie als erstaunlich intelligent und sensibel beschrieb», kommentiert die Biographin Kerstin Holzer.

Nikolaus Gelpke, heute Herausgeber von «mare. Die Zeitschrift der Meere» (und in jungen Jahren einer von Elisabeth Mann Borgeses «Dogsitters»): «Elisabeths Einsatz für die Schwächeren bezog sich jedoch nicht nur auf die Menschen. Über Jahrzehnte beschäftigte sie sich mit der Intelligenz von Tieren. Ihre Hingabe zu ihren Hunden blieb dann auch nicht ohne skurrile Züge. Ihrem Setterrüden Arli brachte sie das Schreiben auf einer umgebauten Olivetti bei. Ein anderer Hund, Claudio, erwies sich als über die Maßen musikalisch. Schnell wurde ein Hundeklavier gebaut, und wieder war die Schnauze ausführendes Organ. Ich selbst habe erlebt, wie der Hund Bach oder Beethoven mit erstaunlichem Taktgefühl spielte.»

Von Elisabeth Mann Borgeses ungewöhnlichen Studien mit den Hunden berichten auch die Schriftsteller John Irving, dem die Mann-Tochter auf einer Flugreise davon erzählt, und Paul Auster, der das

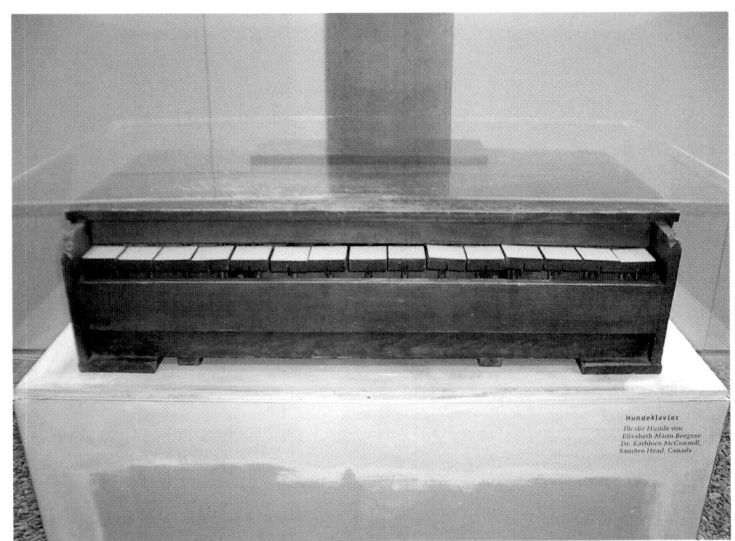

Oben: Das Hundeklavier, das nach Elisabeth Mann Borgeses Konzept gebaut wurde

Von Arli getippter Text

Thema in seinem Roman «Timbuktu» literarisch aufbereitet. Austers Hauptfiguren sind der Hund Mr. Bones und dessen Herrchen Willy; und der Autor lässt Willy ausführlich berichten von einem Freund, der einst Thomas Manns Tochter und ihren Schreibmaschine schreibenden «Setter namens Ollie» in Italien besucht hat. Obwohl die Tierexperimente auf den ersten Blick kurios anmuten, haben sie durchaus einen seriösen Kern. Und sie spiegeln Elisabeth Mann Borgeses besonderes Verhältnis zur Natur, das später die Grundlage ihrer Aktivitäten für den Schutz und Erhalt der Meere sein wird.

In einem Fernsehinterview hat sie einmal erklärt, dass auch ihre Entscheidung, sich vegetarisch zu ernähren, durch ihre Tierliebe begründet ist: «Ich habe mich einfach zu viel und zu nah mit Tieren abgegeben, Tiere zu viel studiert, und nicht nur Hunde, sondern auch Affen, Schimpansen, Elefanten und so. Ich sehe viel zuviel Kontinuität zwischen der Tierwelt und der Menschenwelt, als daß es noch annehmbar für mich wäre, Tiere zu essen. Die stehen uns einfach zu nahe, und je mehr man sich mit Tieren abgibt, desto mehr versteht man, daß sie uns sehr nahestehen. Die sind einfach zu menschlich. Fleisch zu essen, halte ich für Kannibalismus. Also ich kann es gar nicht mehr tun. […] Und man lebt ausgezeichnet vegetarisch. Der Mensch braucht kein Fleisch. Das ist Unsinn. Es gibt so gutes vegetarisches Essen.»

Berkeley, California

University of Berkeley,
Bibliothek

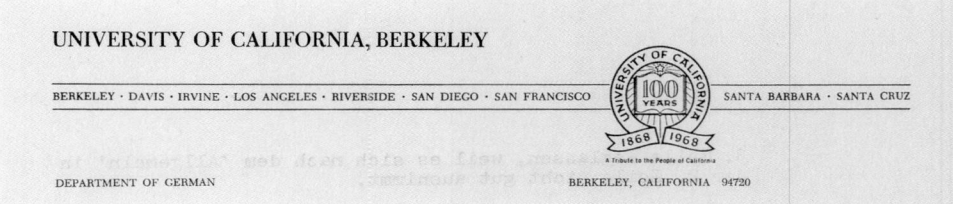

UNIVERSITY OF CALIFORNIA, BERKELEY

BERKELEY · DAVIS · IRVINE · LOS ANGELES · RIVERSIDE · SAN DIEGO · SAN FRANCISCO   SANTA BARBARA · SANTA CRUZ

DEPARTMENT OF GERMAN   BERKELEY, CALIFORNIA 94720

Michael Mann (rechts)
mit seinen Germanistik-
Kollegen Frederic
C. Tubach (links) und
Herbert Penzl

Buchausgabe der
Dissertation

«**Michael war Musiker** und wurde erst sehr spät seriös, Professor für Germanistik in Berkeley», urteilt Katia Mann recht unverblümt in ihren «Ungeschriebenen Memoiren». Der jüngste Sohn nimmt sein Studium der Germanistik 1957 in Harvard auf und schließt es 1961 mit der Promotion ab. Noch im selben Jahr beginnt er an der University of Berkeley zu unterrichten, 1964 erhält er dort eine Professur. Die kalifornische Elite-Universität wird im Verlauf der sechziger Jahre zu einem Zentrum der amerikanischen Studentenrevolte.

Michael sei politisch ein dezidierter Linker gewesen, berichtet sein Berkeley-Kollege und enger Freund Frederic C. Tubach, und in der Germanistik habe Michaels Interesse zunächst den großen Rebellen in der

Gret Mann und Werner
Heisenberg

Bei der Hochzeit von
Frido Mann und Christine
Heisenberg, 1966: Katia
Mann und der Brautvater
Werner Heisenberg

Das Brautpaar:
Frido Mann und Christine
Heisenberg

deutschen Literatur gegolten: Schubart, Schiller und Heinrich Heine. «Von seinem Vater war anfangs kaum die Rede. Es schien mir fast, als ob er sich in seinen literarischen Interessen so weit wie möglich vom Vater absetzen wollte. [...] Der Vater war ihm als jungem Germanisten zunächst eine Machtfigur, die er von sich fern hielt. Sein Onkel Heinrich und dessen Lebensweise standen ihm viel näher als die konstruierte Haltung seines Vaters.» Spätestens seit Mitte der siebziger Jahre sollte sich diese Einstellung allerdings ändern: Leben und Werk des Vaters werden dann für Michael Mann zum wichtigsten Forschungsgegenstand.

Ihren Wohnsitz finden Michael und Gret Mann in Orinda, Kalifornien. Die beiden Söhne Frido und Toni wachsen nach dem Tod Thomas Manns in Kilchberg auf.

Frido beginnt nach seiner Maturaprüfung 1959 eine Ausbildung an der Züricher Musikhochschule. Er tritt mit seinem Wunsch, Musiker zu werden, die Imitatio des eigenen Vaters an – sehr zum Missfallen von Michael Mann. In einem Brief an ihren Zwillingsbruder Klaus berichtet Katia Mann über ihren Sohn Michael, dem sie trotz aller kritischen Einwände fest zur Seite steht: «Leider muß ich berichten, daß Dein junger Kollege [Frido] von seinem eigenwilligen und unkontrollierten Papa, teils, weil er seine Berufswahl miß-

billigt, teils, weil er ihn für egoistisch und hochmütig hält, quasi verstoßen wurde. Erregt sagt er, er habe ihn abgeschrieben. Ja, mein Gott, so kann man doch nicht handeln.»

1966 heiratet Frido Mann Christine Heisenberg, eine Tochter des berühmten Physikers Werner Heisenberg. Auch Michael und Gret Mann sind Gäste bei der Hoch-

zeitsfeier. 1968 wird Stefan Mann geboren, der einzige Sohn von Frido und Christine Mann. 1970 adoptieren Michael und Gret Mann ein indisches Mädchen namens Raju. Michael Manns Verhältnis zu seinen Söhnen, vor allem zu Frido, bleibt angespannt. Erst Mitte der siebziger Jahre kommt es wieder zu einer Annäherung, schließlich zur Versöhnung.

«Der Start»

Monika Manns
Capreser Lebensgefährte
Antonio Spadaro,
Aufnahme aus den sech-
ziger Jahren

Nach ihrer Autobiographie «Vergangenes und Gegenwärtiges» legt Monika Mann mit «Der Start» 1960 ihre zweite Buchveröffentlichung vor. Für ihre im nächsten Jahrzehnt anbrechende rege Publikationstätigkeit besitzt sie einen fast programmatischen Titel. In dem Porträt einer schweifenden Existenz, in der Schilderung ihrer eigenen Lebensorte Florenz und New York weist «Der Start» eindeutig autobiographische Züge auf. «Wie lange sind wir unterwegs, wie lange schon zwischen den Welten? [...] Meerfahrt, das ist schwere Arbeit. Ewig mit der Axt ins Weite schlagen.» – «Ich liebe nicht mich in der Welt – [...] ich liebe die Welt in mir», heißt es an anderer Stelle. Auf Capri kommt Monika Mann dauerhaft zur Ruhe, 1958 hat sie im nahe gelegenen Neapel wieder die deutsche Staatsbürgerschaft angenommen. Im Nachwort zu «Der Start» bekennt sie: «Ich glaube nicht, ich hätte den Mut gehabt, die Einsicht und Vitalität, auf eigene Faust dem braunen Pseudogott zu fliehen. Ich emigrierte automatisch mit meiner Familie, ließ mich ausbürgern, einmal zur Tschechin schlagen, ein andermal zur Amerikanerin, lebte in Frankreich, England, Italien, Österreich und der Schweiz. Und je mehr das Übernationale von uns Besitz ergriff, oder je mehr wir davon Besitz ergriffen, umso verliebter war ich in die Übersprache ‹Musik› – das Idiom, das mir als das heimischste erschien. [...] Ich vagabundierte zwölf Jahre in Amerika und [...] re-emigrierte 1952 nach Italien, wurde in Neapel wieder deutsch, lebe auf Capri, ohne Wunder zu tun, geschweige auf Quellen zu stoßen – so quellenlos ist Capri, daß es in Cisternen das Regenwasser auf-

fangen muß! – aber, wo Himmel und Meer Geträumtes und Ungeträumtes, Gelebtes und Ungelebtes reflektieren.»
Drei Jahre nach «Der Start» veröffentlicht Monika Mann mit «Tupfen im All» eine Suite von aphoristisch zugespitzten Bildern, die Kritiker mitunter in die Tradition des japanischen Haiku stellen. In der kurzen Form hat Monika Mann, die nebenher rege als Feuilletonistin arbeitet, ohnehin ihren

eigenen Schreibstil gefunden. Bei Heinrich Manns Briefpartner und Freund, dem Publizisten und Verleger Karl Lemke, veröffentlicht sie 1967 die Erzählung «Der letzte Häftling». Ein Jahr zuvor kehrt sie mit «Wunder der Kindheit. Bilder und Impressionen» in die Welt ihrer frühen Jahre zurück. Gewidmet hat sie das Buch ihrer Mutter Katia, bei der sie sich zu jährlichen Besuchen in Kilchberg einfindet.

Auf der Veranda der Villa Monacone

Türschild «Monika Mann, Schriftstellerin»

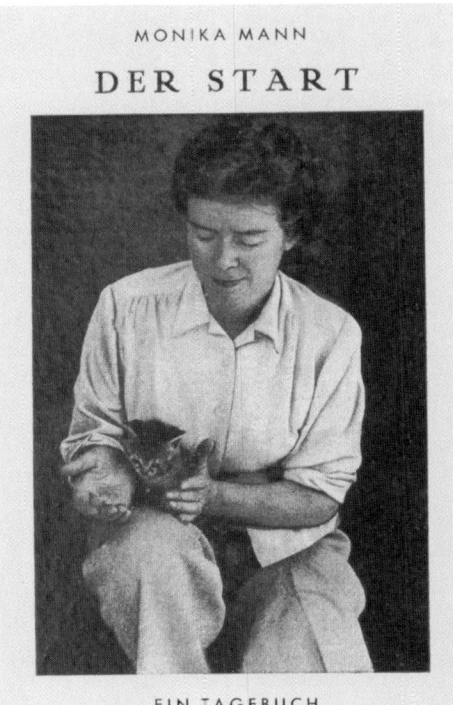

Erstausgabe, 1960

Erstausgabe, 1963

Trotz der liebevollen Widmung «Für Mielein» bleibt das Verhältnis zur Mutter wie auch zu Erika nicht spannungsfrei. Am besten, so Monika Mann, habe sie sich in der Familie immer mit Michael und Klaus verstanden. In der Erzählung «Brudergespräche» liefert Monika Mann unverkennbar ein Porträt von Michael. Sie greift in ihr auch das «Problem, das die Größe des Vaters in uns erzeugt», auf: Der Bruder

«fuhr zusammen, wie immer, wenn wir anfingen, von ihm zu reden». «Was vor allem ihm im Weg ist zu einer Angleichung oder Freundschaft», ist der Erzählerin zufolge die «Askese und Introvertiertheit» des Vaters. Michael opponiert gegen das Einengende; nicht kühle Beherrschtheit, sondern exzessives Ausleben kennzeichnen sein Wesen. Er steht damit ohne Zweifel Klaus Mann näher, der schon früh eine «Neigung, mich zu kopieren», an Michael konstatierte. Hermann Kurzke bemerkt über den jüngsten Mann-Sohn: «Michael Mann gehört zu der unbürgerlichen Fraktion der Familie: zu Heinrich und Klaus, nicht zu Thomas und Golo.» Und auf dieser Seite liegen auch eindeutig Monika Manns Sympathien.

Schillerpreis und Mauerorden

Golo Mann zwischen
Hans-Jochen Vogel und
Marion Gräfin Dönhoff
im Januar 1966 bei der
Verleihung des Theodor-
Heuss-Preises an Marion
Dönhoff

Golo Mann erhält
den von der Akademie für
Sprache und Dichtung
verliehenen Georg-Büch-
ner-Preis, 26. Oktober
1968.

1965 gibt Golo Mann seine Stuttgarter Professur auf, fortan arbeitet er als freier Publizist. Sein ständiger Wohnsitz wird Kilchberg.

Golo Manns Rat ist bei westdeutschen Politikern gefragt. Immer wieder schaltet er sich in die öffentlichen Debatten ein und wird zu einem wichtigen Kommentator der Geschehnisse in der Bundesrepublik. 1966 kommt es zu einer ersten Begegnung mit Konrad Adenauer. In den siebziger Jahren tritt dessen Familie mit der Bitte an Golo Mann heran, eine Biographie über den ersten langjährigen Kanzler der westdeutschen Republik zu schreiben. Golo Mann lehnt ab, weil er mit dem Plan einer Biographie über Alfried Krupp von Bohlen und Halbach beschäftigt ist.

In den späten sechziger Jahren beginnt er, sich öffentlich für Willy Brandt stark zu machen. Im Wahlkampf von 1969 intensiviert er sein Engagement und setzt sich in den folgenden Jahren dezidiert für die Friedens- und Ostpolitik des neuen sozialdemokratischen Kanzlers ein. Golo Mann plädiert für eine Öffnung der Bundesrepublik nach Osten und die Normalisierung der Beziehungen zur DDR. Ab 1973 jedoch wendet er sich zunehmend von Brandt ab, weil er den «Abwehrwillen» der SPD gegenüber «kommunistischer Infiltration» vermisst. Zu Golo Manns sechzigstem Geburtstag 1979 gratuliert Brandt «in dankbarer Erinnerung an die Jahre, in denen Sie mich ermutigten und mir wichtigen Rat vermittelten».

Der Studentenbewegung steht Golo Mann skeptisch gegenüber («Hört auf, Lenin zu spielen!»). Auch seine Stellungnahmen zum Terrorismus, in dem er eine neue «Art von Bürgerkrieg» sieht, und vor allem zur deutschen Außenpolitik finden ein nachhaltiges Echo. 1974 übernimmt der Historiker in der Nachfolge von Günter Gaus eine eigene Fernsehsendung: «Golo Mann im Gespräch mit …».

Zahlreiche öffentliche Ehrungen werden ihm zuteil. 1968 erhält er einen der renommiertesten deutschen Literaturpreise, den Georg-Büchner-Preis. 1972 wird er mit dem Großen Bundesverdienstkreuz ausgezeichnet, ein Jahr später mit dem

Im Pariser Goethe-
Institut, 1968

Bei der Verleihung
des Mannheimer Schiller-
preises an Golo Mann
1965 kommt es zu
Protesten.

Orden «Pour le Mérite». Ludwig-Thoma-Medaille, Freimaurer-Preis, Bayerischer Verdienstorden und Goethe-Preis werden ihm verliehen. Auch wird er mehrfacher Ehrendoktor.

Sein politisches Engagement stößt aber keineswegs immer auf Zustimmung. Beim Schillerpreis 1965 empfehlen rechtsgerichtete Demonstranten, Golo Mann lieber den «Mauerorden» zu verleihen. Der Historiker Joachim Fest schreibt, Golo Mann sei von einem tief verwurzelten «Einzelgängertum» geprägt gewesen, und mit Vorliebe und Zustimmung habe er Lord Acton zitiert: «I am afraid, I am a partisan of sinking ships.»

Mit seiner Schwester Elisabeth verbindet Golo ein intensiver politischer Dialog. Kerstin Holzer schreibt: «Namentlich ihrer Meinung, der Sozialismus sei ‹praktisch ziemlich unannehmbar, in der Theorie aber doch wenigstens mit gutem Ziel›, konnte sich Golo nicht anschließen. Dennoch hatten sie sich humorvoll auf die Formel ‹We agree to disagree› geeinigt; Elisabeth hielt Golo ‹für den vielleicht intelligentesten Menschen›, den sie kannte, und er wiederum respektierte ihre Bemühungen zur Weltverbesserung mit skeptischer Sympathie.»

«Club of Rome»

1959 gründet Robert Maynard Hutchins, der frühere Präsident der Chicagoer Weltföderalisten, in Santa Barbara das «Center for the Study of Democratic Institutions». Fünf Jahre später unterbreitet er Elisabeth Mann Borgese den Vorschlag, als «Senior Fellow» an sein Institut nach Kalifornien zu kommen. Elisabeth nimmt das Angebot des alten Freundes an. Abermals wird sie zum Wanderer zwischen den Welten – bis zum Tod ihres Lebensgefährten Corrado Tumiati 1967 lebt sie abwechselnd in Italien und Kalifornien.

Am Center arbeitet sie mit Kollegen wie dem Pulitzer-Preisträger Harry Ashmore an einer Neuausgabe der «Encyclopædia Britannica». Vor allem aber soll Elisabeth Mann Borgese in Santa Barbara an die gemeinsame frühere Arbeit anknüpfen. Was bedeutet die Idee einer Weltverfassung heute? Sind wir näher an ihrer Realisierung als zuvor? Tatsächlich bringt das Center 1965 noch einmal eine mit einer Einführung Elisabeths versehene Weltverfassung heraus. Und doch lässt es sich nicht von der Hand weisen: In den Zeiten des Kalten Krieges ist eine gemeinsam regierte Welt mehr denn je eine kühne Utopie geworden.

1967 berührt diese Utopie erstmals die Wirklichkeit. Für Elisabeth Mann Borgese wird dieses Jahr zu einem Wendepunkt, der ihr zukünftiges Leben maßgeblich bestimmt. Zentraler Auslöser dafür ist die laut Elisabeth Epoche machende Rede von Arvid Pardo vor der Generalversammlung der UNO. In ihr erklärt der Botschafter Maltas das auf den entgegengesetzten Prinzipien Seehoheit und -freiheit fußende «traditionelle (westliche) Seerecht» für überholt: «Die Freiheit der See brächte einerseits die weitere Verminderung ihrer lebenden Ressourcen und die Zerstörung

Elisabeth Mann Borgese und ihr Kollege Harry S. Ashmore am «Center for the Study of Democratic Institutions»

ihrer Ökologie mit sich. Andererseits würde eine weitere Ausdehnung der Hoheitszonen, die den gesamten Ozean so aufteilen könnte, wie dies die Kolonialmächte im vergangenen Jahrhundert mit Afrika praktizierten, unweigerlich zu Konflikten führen.»

Pardos Vorschlag für ein neues Seerecht kommt den Ideen der Chicagoer Weltverfassung recht nahe. Er will die Ozeane, zunächst beschränkt auf den Meeresgrund, zum «gemeinsamen Menschheitserbe» erklären.

Dennis Meadows   Donella Meadows
Erich Zahn   Peter Milling

Die Grenzen des Wachstums

Bericht des Club of Rome* zur Lage der Menschheit

ro ro ro sachbuch

*Friedenspreis des Deutschen Buchhandels 1973

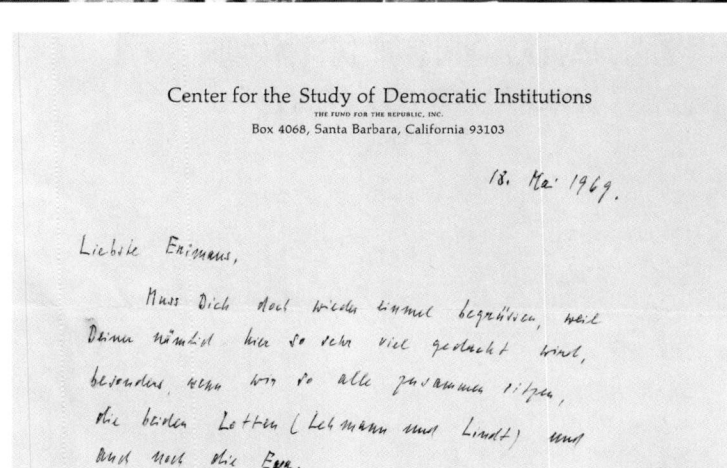

Center for the Study of Democratic Institutions
THE FUND FOR THE REPUBLIC, INC.
Box 4068, Santa Barbara, California 93103

18. Mai 1969.

Liebste Erika,

Muss Dich doch wieder einmal begrüssen, weil Deiner nämlich hier so sehr viel gedacht wird, besonders wenn wir so alle zusammen sitzen, die beiden Letten (Lehmann und Lindt) und auch noch die Eva.

Zu Arvid Pardo, für Elisabeth Mann Borgese der «Initiator der Seerechtsrevolution» auf der UNO-Generalversammlung von 1967, ist schnell der Kontakt hergestellt. Gemeinsam wird ein Dreijahresprojekt vereinbart, das in eine Konferenz auf Malta münden soll. In Anlehnung an die Papst-Enzyklika «Pacem in Terris», nach dem auch Center-Projekte benannt sind, steht sie unter dem Motto «Pacem in Maribus». Elisabeth selbst arbeitet an einem ersten Modell für eine Seerechtsverfassung. Viele Ideen, so meint sie, «die wir in unserer Weltverfassung entwickelt hatten», lässt sie darin einfließen. 1968 steht ein erster

Entwurf, er trägt den Titel «The Ocean Regime».

Im gleichen Jahr wird der «Club of Rome» ins Leben gerufen. Der Zusammenschluss aus führenden Wissenschaftlern, Politikern und Wirtschaftsexperten versteht sich als internationale Denkfabrik, die sich an keine Regierungsorganisation binden und politische wie soziale, ökologische und technologische Zukunftsprobleme ins öffentliche Bewusstsein rücken will. Weltweit für Furore sorgt 1972 Meadows' «Club of Rome»-Bericht «The Limits to Growth», der dem bedingungslosen Fortschrittsglauben seine Grenzen aufweist.

Elisabeths – teils belächeltes – Buch «Aufstieg der Frau» scheint zumindest für sie einen programmatischen Titel zu besitzen. Unter den handverlesenen Gründungsmitgliedern des «Club of Rome» ist sie ab 1970 die einzige Frau: «Ich glaube, der Club of Rome hat ziemlich verzweifelt nach einer Frau gesucht. Er konnte nicht nur ein Club von Männern sein.»

Und so beschreitet Elisabeth unter den Geschwistern einen sehr eigenen Weg, der – so Golo Mann – im Vergleich zum traurigen Ende der ehemals so strahlenden Schwester Erika «noch immer steil nach aufwärts führt».

Ein sehr gebranntes Kind

Erika Manns letzte Lebensjahre sind überschattet von immer neuen Krankheiten. Sie leidet unter anderem an progressiver Knochenatrophie, kann zeitweilig nur im Bett liegend arbeiten und ist wiederholt zu langen Kur- und Klinikaufenthalten gezwungen. Ihr Tablettenkonsum nimmt gefährliche Ausmaße an, hinzu kommen Alkoholprobleme und unmäßiges Rauchen. Das Verhältnis zu den eigenen Geschwistern ist zunehmend angespannt. Katia Mann berichtet ihrem Zwillingsbruder nach Japan: «Was mir meine alten Tage [...] vergällt, ist das mehr als unfreundliche Verhältnis meiner sämtlichen Kinder zur guten dicken Ältesten, worin sie entschieden zu weit gehen, obgleich einiger Anlaß [...] vorhanden wäre. Auf der anderen Seite ist [Erika] maßlos empfindlich und mißtrauisch, hängt dabei in übertriebenem Maß selbst an mir, was mir gar nicht recht ist, da ich beständig Rücksicht auf sie nehmen muß.»
Privates Glück findet Erika kaum noch. Die einst von Männern wie Frauen gleichermaßen Umschwärmte und Umworbene ist eine gebrechliche, traurige Existenz geworden. Ihre letzte Lebensgefährtin Signe Scanzoni hält ihre Erlebnisse mit Erika in einem Bericht mit vielsagendem Titel fest. Er greift auf einen Ausspruch Erika Manns zurück, mit dem sie die Zeit vor ihrem Amt als Nachlassverwalterin beschreibt: «Als ich noch lebte!»
Anfang des Jahres 1969 reist Erika Mann mit der Freundin nach Klosters in Graubünden. Sie leidet unter schwer erträglichen Kopfschmerzen; schließlich wird ein Gehirntumor diagnostiziert. Eine Operation im Züricher Kantonsspital bringt keine grundsätzliche Besserung. Am 27. August 1969 stirbt Erika Mann; sie wird auf dem Kilchberger Friedhof beigesetzt.

Ich bin ein sehr gebranntes Kind, wissen Sie. Also ich habe sehr früh in meinem Leben angefangen mit dieser Sorte von [politisch-aufklärender] Tätigkeit; ich habe sie in Amerika länger fortgeführt als dies eigentlich möglich war, das heißt bis tief in die McCarthy-Zeit hinein, wo ich mich ja dann mit amerikanischer Außenpolitik befaßt habe in meinen lectures, und zwar sehr kritisch zu einem Zeitpunkt, wo das kaum mehr möglich war. Die Amerikaner haben das ja dann ganz anders gemacht, McCarthy hat das anders gemacht als die Nazis; man wurde gar nicht eingesperrt oder offiziell verboten, das gab's ja gar nicht, man wurde abgewürgt. Es war nicht mehr möglich, es war aus, man durfte nicht mehr, man konnte nicht mehr, [das] FBI kam jede Woche einmal zum Verhör, und im übrigen konnte man nicht mehr auftreten. Das hat mich sehr schockiert in dem von mir unter Roosevelt so geliebten Amerika, daß ich diese Erfahrung nun zum dritten Mal machen mußte, erst in Deutschland, dann in Europa und nun in Amerika wieder, und nachdem ich dort so schön Fuß gefaßt hatte, war das ein enormer Schock. Von 1950 an war ich dort fertig, zu Ende;

Erika Manns Zimmer
in Kilchberg

Erika Mann
und Max Brod, 1967

Erika Mann, Actress and Writer Who Denounced Hitler, Is Dead

By ALDEN WHITMAN

Erika Mann, writer and actress, eldest daughter of Thomas Mann, the Nobel Prize novelist, died last Wednesday in Zurich, Switzerland, according to an announcement here yesterday by William Koshland of Alfred A. Knopf, Inc., Miss Mann's American publisher.

Miss Mann, who was 63 years old, had been ill with a brain tumor for some time. She had lived in Kilchberg, near Zurich, since the early nineteen-fifties.

A member of one of the most distinguished German literary families of this century, Miss Mann was well known to Americans. Thirty years ago, as an anti-Hitler exile from her native land, she lectured and wrote here on the menace of Fascism.

A handsome woman, with dark hair and eyes, she was widely applauded as she exhorted her audiences in excellent English against the barbar-

The New York Times
Erika Mann in a 1940 photo

Nachruf der «New
York Times», 3. September
1969

wir blieben bis 1952 da, und ich habe es mir in der Folge abgewöhnt, wissen Sie. Ein viertes Mal nochmal anzufangen, mit der Wahrscheinlichkeit, daß es dann bald wieder zu Ende ist, ich habe mich einfach nicht dazu entschlossen, das ist die traurige Wahrheit.

(Erika Mann im Gespräch mit Fritz J. Raddatz)

Erika war ganz ungeheuer begabt – als Schauspielerin, als Schriftstellerin, als Journalistin, als Unternehmerin, als alles… Und sie besaß einen Charme, wie ihn nur wenige haben. Also, was will man mehr im Leben? Aber sie hat sich eben ihr Leben sehr zerstört und ist doch eigentlich sehr traurig verendet. Und man fragt sich immer: warum, wieso?

(Elisabeth Mann Borgese im Gespräch mit Heinrich Breloer)

Kilchberg und Berzona

In ihrem Testament vermacht Erika Mann ihren Nachlass dem Bruder Golo. Er wird nun zum «Hausherrn» der Villa in Kilchberg. Nach der Aufgabe seiner Professur in Stuttgart 1965 lebt er – zusammen mit seiner Mutter – in dem Anwesen, das einst sein Vater als letzten Wohnsitz gewählt hat.

Die Persönlichkeit Thomas Manns ist in Kilchberg überall gegenwärtig. Eine eigene Note verleiht Golo der Villa erst nach und nach. Der Journalist Hanno Helbling, ein guter Freund Golos: «Man sah ihn leiden in Kilchberg; woran nicht die Ortschaft schuld war [...]. Die Schatten gingen um in dem Haus.»

Nach dem Tod Erikas wird Golo zudem immer mehr der Repräsentant und Sprecher der Familie. Er akzeptiert diese Rolle eher ungern. «Ich will und darf nicht der Vikar meines Vaters auf Erden sein», erklärt er trotzig. Golo Mann möchte als eigene Persönlichkeit anerkannt werden – und als Schriftsteller.

In Katia Manns Memoiren findet sich ein vielsagender Dialog mit Golo. Katia: «Ich habe immer gewollt, daß einer einen gut bürgerlichen Beruf ergreift, Arzt oder Ingenieur, und das haben sie alle nicht getan. Schriftsteller! Historiker geht ja noch.» Antwort Golo: «So gerade, knapp. Zum Ingenieur hätte ich mich sicher nicht geeignet, zum Arzt weiß ich nicht. [...] Es ist kaum zu entscheiden, ob das Stück geerbtes Talent wichtiger ist oder das Aufwachsen in einer bestimmten Atmosphäre überwiegt. Die Grenze zwischen der sogenannten Erbmasse und den Beeinflussungen, denen man im Leben selber untersteht, ist ja gar nicht zu ziehen. Der Wunsch, den meine Mutter andeutete, wir

oder einer von uns, oder zwei von uns, hätten normale, praktische Berufe ergreifen sollen, war doch wohl mehr ein theoretischer, d. h. in der Atmosphäre des Hauses, in den Gästen, den Freunden des Hauses lag das nicht. Sie waren ja ganz überwiegend eben Schriftsteller oder ein paar Professoren, auch wieder in den brotlosen Wissenschaften, und dergleichen. Wir Kinder standen doch sehr stark im Banne dessen, was wir da eben an Tischgesprächen usw. hörten, oder lasen. Ich würde sagen, es hätte eines kühnen und kräftigen Absprungs bedurft, ja vielleicht sogar eines gewissen Protestes gegen diese Atmosphäre.»

Golo Mann mit
seinem Adoptivsohn
Hans Beck-Mann und
dessen Töchtern Claudia
und Katja

Vor seinem Refugium in
Berzona, Tessin

Zur Revolte hat Golo Mann nicht getaugt.
Mit zunehmendem Alter neigt er verstärkt
zu Pessimismus und Melancholie. Katia
schreibt 1974 an Elisabeth: «Verstehst es
besser, Dein Leben zu gestalten als Bruder
Golo, der im Grunde doch wohl schwer-
mütig ist.»

Golos Leben ist von großer Disziplin und
hoher Arbeitsbelastung geprägt. Ein eigenes Refugium fernab der Familie hat er
sich bereits seit 1961 mit einem kleinen
Häuschen in Berzona geschaffen, wohin
er sich auch zum Schreiben zurückzieht.
Große Teile seines «Wallenstein» entstehen hier. Zeitlebens ist Golo ein leidenschaftlicher Wanderer. Zu seinen Nachbarn in dem kleinen Tessiner Ort zählen
Max Frisch und Alfred Andersch.

Einen weiteren Lebenskreis fernab von
Kilchberg schafft sich Golo durch eine
Adoption: Er nimmt Hans Beck, den er
schon 1955 kennen gelernt hat, an Kindes
statt an. Nachdem Hans Beck-Mann eine
Familie gegründet hat und in Leverkusen
bei den Bayer-Werken eine Anstellung findet, reist Golo häufig dorthin zu Besuch. In
einem Brief an Eva Herrmann betont er,
sein «Sohn Hans» sei eine «Freude», nur
leider zu «weit fort».

Golo Mann und
Hans Beck-Mann, 1970

Albrecht von Wallenstein, Herzog von Friedland

Golo Mann vor einem lebensgroßen Gemälde des Feldherrn aus dem Dreißigjährigen Krieg

1971 wird für Golo Mann das Jahr seines größten Erfolges. Das Buch «Wallenstein. Sein Leben erzählt von Golo Mann» erscheint. Die Kritik feiert sein Opus magnum als Meisterwerk der Geschichtsschreibung – Golo Mann selbst wünscht sich vor allem aber auch Wertschätzung als Schriftsteller. «Was ist Geschichtsschreibung anderes als Literatur?» – «Einige Künstlergestalten sind Dichter, Schriftsteller, Historiker in einem gewesen; so Voltaire, so Schiller, so H. G. Wells, so Ricarda Huch.» Seinen «Wallenstein» will er als «nur allzu wahren Roman» verstanden wissen. «Der Vergleich zwischen Roman und Historie ist sinnvoll, für mich wenigstens [...]. Paul Veyne nennt die Historie einen ‹wahren Roman mit Lücken›. Wahr, weil nichts erfunden werden darf, Roman, weil erzählt wird, mit Lücken, weil man nicht alles weiß.»

Der Fertigstellung seines «Wallenstein» geht eine lebenslange Beschäftigung mit dem Thema voran. Die Lektüre Schillers kommt dabei für Golo Mann einem Initiationserlebnis gleich. Seine «Geschichte des dreyßigjährigen Kriegs», vor allem aber sein «Dramatisches Gedicht» begeistern Golo Mann schon als Schüler – als Abiturient bringt er bekanntlich in Salem dessen dritten Teil, «Wallensteins Tod», mit sich selbst in der Titelrolle zur Aufführung. Neben Schiller liefert ihm Ricarda Huch mit ihrem Werk «Der große Krieg in Deutschland» wichtige Anregungen. Der Student Golo Mann lernt die Dichterin bereits in den zwanziger Jahren in Berlin kennen. Ihr Buch «Wallenstein – Eine Charakterstudie» bespricht er ausführlich in seiner Hamburger Staatsexamensarbeit, die er kurz vor der Flucht aus Deutschland abschließt. «Diese Schrift enthält im Keim bereits das spätere Lebenswerk, so u. a. in bildhaften Schilderungen des Feldherrn und der Reaktionen auf seine Ermordung», meint Thomas Feitknecht.

Thomas Feitknecht vom Schweizerischen Literaturarchiv hat die Entstehungsgeschichte des «Wallenstein» anhand von Exzerpten, Notizen und Entwürfen Golo Manns nachgezeichnet und dafür auch dessen Tagebuch zu Rate gezogen. Insgesamt dauert die eigentliche Schreibarbeit fünf Jahre. Immer wieder überarbeitet er den Text und unterzieht ihn Straffungen. Unterbrochen wird die Arbeit durch Lesungen und andere unliebsame Verpflichtungen, wie eine Notiz vom 21. März 1969 über eine Veranstaltung in Frauenfeld zeigt: «SUCH a strain for 80 small town people, to keep them for almost two hours in a state of moderate boredom.» Über einen späteren Auftritt im Herkules-Saal der Residenz in München schreibt Golo Mann am 16. Juni 1971 ins Tagebuch: «UEBERFUELLT, tout Munich, auch Jugend, viele,

Beim Signieren

Seite aus Golo Manns Manuskript zum «Wallenstein»

Erstausgabe 1971

die nicht hereinkamen. Konzentration und Erfolg, aber mit was [für] Kosten. Empfang, Bier, Gerede.» Bereits zu Beginn des Jahres, am 8. Februar 1971, hatte er die Arbeit an seiner Biographie abgeschlossen. «Gestern schrieb ich das letzte Wort», vermerkt er tags darauf im Tagebuch: «Die zweite geglückte Mondlandung, während ich die letzten Seiten schrieb – zwei sehr verschiedene Unternehmungen.»

Am 2. Oktober 1971 hält er erstmals das fertige Buch in Händen: «étrangement peu ému», so sein stoischer Kommentar. Und am Ende des Jahres wendet sich sein Blick in die Vergangenheit zu Klaus und Erika, den «ehemals so strahlenden, so hoch über mir lebenden Geschwistern: wie elend gingen sie beide zugrund. Nun ich, im Fett des Erfolges, desgleichen sie nie hatten. NO satisfaction: SADDENING» (Tagebuch, 19. Dezember 1971). Golo Mann selbst weiß aber auch, dass ihm nach Abschluss seines Lebenswerkes nichts Vergleichbares mehr gelingen kann: «Der Erfolg des Buches – das ist nun so ziemlich erledigt und hilft nicht viel. Melancholie der nun sinnlos gewordenen schönen Sammlung: Gefühl, dergleichen nie wiederholen zu können und nur noch sinken zu können.» (Tagebuch, 12. Januar 1972)

Botschafterin der Meere

Eines der erfolgreichsten Meeresbücher von Elisabeth Mann Borgese war 1975 «The Drama of the Oceans»

Ob «das Stück geerbtes Talent» oder «das Aufwachsen in einer bestimmten Atmosphäre» überwiegt, fragt sich Golo Mann immer wieder im Hinblick auf seine Herkunft, gegen die es schon früher eines «gewissen Protestes» bedurft hätte. Für Elisabeth Mann Borgese hat das familiäre Erbe nichts Belastendes. Ab einem gewissen Zeitpunkt trägt jeder die Verantwortung für sein Leben selbst, so Elisabeth dem Bruder gegenüber: «When you get past the age of thirty, you stop blaming your parents for what you are.» Als «Botschafterin der Meere» hat sie sich von den schreibenden Wurzeln ihrer Familie gelöst – nicht ohne sich gern in romantischen Reminiszenzen auf die Meeresliebe des Vaters zu

berufen. Die erste «Pacem in Maribus»-Konferenz auf Malta 1970 stellt sie so auch unter das Motto eines Meereszitats aus dem «Tonio Kröger».

In ihrem Mittelpunkt jedoch steht die Vorbereitung der dritten Seerechtskonferenz der Vereinten Nationen, auf der Pardos Idee des Meeres als «common heritage of mankind» in das zu verabschiedende neue Seerecht eingebracht werden soll.

Nur zwei Jahre später, 1972, gründet Elisabeth Mann Borgese unter anderem mit der Unterstützung des «United Nations Development Programme» (UNDP) das erste Internationale Ozeaninstitut auf Malta, das heute Hauptsitz von über zwanzig Landesvertretungen weltweit ist. Das «IOI», das in regelmäßigen Abständen die «Pacem in Maribus»-Konferenzen durchführt, macht sich für die friedliche und ökologische Nutzung des Meeres stark und führt Umweltprogramme in Entwicklungsländern sowie Trainingsmaßnahmen durch – alles mit dem Ziel, ein Bewusstsein für das Meer als «gemeinsames Menschheitserbe» zu schaffen.

«UNEP Environment
Programme – Interna-
tional Ocean Institute
Training Programme» mit
Elisabeth Mann Borgese
und Noel Braen (links).
Das Umweltprogramm der
UNO (UNEP) existiert
seit 1972.

Bis zur Annahme des neuen Seerechtsübereinkommens ist es ein weiter Weg. Die
«United Nations Convention on the Law of
the Sea» von 1973 wird erst 1982 ver-
abschiedet. Die UNO-Seerechtskonvention
findet vor allem unter den Industriena-
tionen keine ungeteilte Zustimmung: die
USA, Deutschland und England gehören
nicht zu den Mitunterzeichnern.

Zwölf Jahre vergehen von der Verabschiedung des neuen Seerechts bis zu seiner
Ratifizierung. Elisabeth Mann Borgese ist
unermüdlich als Streiterin für die Belange
des Meeres unterwegs – bis hin zu Verhandlungen mit Politikern, Ministern und
Staatsoberhäuptern, die sie im persönlichen Gespräch zu überzeugen versucht.
In ihren zahlreichen Publikationen warnt
sie vor den Gefahren der Überfischung, vor
Ölkatastrophen und der Plünderung von
Bodenschätzen. Das alte Seerecht des
«mare liberum» sei inzwischen obsolet geworden. Die Freiheit der Meere auf hoher
See ist oft nichts anderes als eine «Freiheit
des Stärkeren», der die Ozeane als «Autobahn für Eroberungszüge» missbraucht
und damit ihr ökologisches Gleichgewicht
gefährdet.

Der Geschichten-
erzähler

Michael Mann zufolge prägte sein Verhältnis zum Vater lange Zeit «eine Art intimer Distanz oder distanzierter Intimität». In den siebziger Jahren gibt er diese Haltung zum Vater und dessen Werk mehr und mehr auf. Michael versteht sich zunehmend als Repräsentant der Familie und plant unter anderem die Herausgabe einer Essayausgabe des Vaters und die Edition von dessen Tagebüchern, die zwanzig Jahre nach Thomas Manns Tod, also 1975, freigegeben werden.

Zugleich tritt er in den siebziger Jahren öffentlich als Erzähler hervor; vereinzelt erscheinen Prosaarbeiten von ihm in Literaturzeitschriften. Heinz Politzer urteilt über Michael Manns Erzählung «Verwechslungen»: «Daß jemand noch in der Mitte seines Lebensweges von Lust und Ungemach des Schreibens ergriffen wird, geschieht nicht zum ersten Mal. Wenn dieser aber einen Namen trägt, der bei Literatur und Geschichte gleichermaßen akkreditiert, von Vaters, Onkels und Geschwister Seite her ins Weite bekannt und schließlich selbst schon als Kind und Phantasie-Geschöpf seines Vaters in die schöne Literatur eingegangen ist, dann bedeutet ein solches Ergriffenwerden entweder einen Akt der Tollkühnheit oder eine große Naivität. – Nun, von Naivität kann bei Michael Manns Erzählversuch nicht die Rede sein.» Über die Erzählung «Das verschimpfierte Straußenei» schreibt Hermann Kurzke: «Wie fast alle Erzählungen Michael Manns hat sie einen gekonnten Anfang und ein mattes, zufälliges Ende. In diesem Fall ist es autobiographisch aufschlußreich: der Zooangestellte Windrift, der höchstpersönlich ein verlassenes Straußenei ausbrütet, obgleich die Zeiten ‹unbrütsam› sind, liebt es nur so lange, bis der Vogel schlüpft und sich ihm ähnlich erweist. Danach bleibt sein Schicksal ungewiß. Michael, das Straußenei!»

Zu einem großen, dauerhaften Erfolg verhilft Michael Mann einem anderen Werk, das bis heute zu den wichtigsten Quellen der Mann'schen Familiengeschichte gehört: Katia Manns 1974 erscheinenden Erinnerungen «Meine ungeschriebenen Memoiren», «herausgegeben von Elisabeth Plessen und Michael Mann».

Das Buch basiert auf Fernsehinterviews, aus denen zunächst eine schriftliche Rohfassung entstand. Das Manuskript kommt später in die Hände des Sohnes, der es einer grundlegenden Überarbeitung unter-

Bei einem Segeltörn

Michael Mann (Mitte)
mit Frederic C.
Tubach (links) und
Herbert Barth bei den
Wagner-Festspielen in
Bayreuth

zieht – zusammen mit der Mutter Katia, die schließlich befindet, «daß das doch eine recht amüsante Erzählung sei».

Wenn sich Michael Mann in seiner Arbeit auch zunehmend mit der eigenen Familiengeschichte auseinander setzt – die späte Annäherung an den Vater ist zum Scheitern verurteilt. Zu grundverschieden sind beide Charaktere. Das Bild vom krisengeschüttelten «Beißer» aus «Unordnung und frühes Leid», den «Wutgetrampel» und «Jähzorn» plagen, behält Thomas Mann vom jüngsten Sohn bei. Dessen aufbrausendes, aber auch lebensfreudiges Wesen bleibt ihm fremd. In der Balance zwischen Bürger- und Künstlertum erlaubt sich Thomas Mann ausschweifende Gedanken nur in der Literatur. Im Leben herrscht bürgerliche Selbstbeherrschtheit.

Michael Mann lässt trotz aller Selbstdisziplin die Zügel schon mal locker. Die Lebenssteigerung im Rausch, der auch selbstzerstörerische Tendenzen und das «Spiel mit dem Tod» kennt, zeigt eher eine Wesensverwandtschaft mit Klaus Mann, der schon früh an Michael eine Neigung, ihn zu kopieren, beobachtete. «Die am Brüderlichen gemessenen Heimfahrten ziehen weite Kreise», schreibt Michael Mann einmal in einem Gedicht und fährt fort: «Du bliebst doch eine ganze Weile.»

Im «Convertible» unterwegs

Ein bitterer Verlust

1975 wird in aller Welt des 100. Geburtstags von Thomas Mann gedacht. Sein jüngster Sohn Michael unternimmt eine Vortragsreise und spricht an vielen Orten in den USA und in Europa über Werk und Leben des Vaters. «Schuld und Segen im Werk Thomas Manns» heißt der offizielle Festvortrag, den er am 6. Juni 1975 bei der Zentenariumsfeier in Lübeck hält. In einem «Reisetagebuch für Fritz» (Tubach) hält Michael Mann die wichtigsten Eindrücke seiner Vortragstournee fest.

Während er auf Reisen ist, begleiten ihn die Konvolute vom Tagebuch seines Vaters, das er edieren will. Die Offenheit des väterlichen Diariums überrascht ihn, vor allem «ihr rückhaltloses Durchleben einer erregenden Zeit. Literarisch durchaus verwertbar, wenn auch die ungeschminkte Intimität mich vor herausgeberische Probleme stellt.» Dann der Schock: In den Aufzeichnungen des Jahres 1918 liest Michael Mann, dass seine Eltern erwogen hatten, ihn abzutreiben. Auch wenn die Entscheidung letztlich anders ausfiel, trifft es den Sohn schmerzlich, davon jetzt zu erfahren.

Michael bereitet eine zweibändige Auswahl-Edition der Tagebücher vor. keine vollständige Ausgabe. Gegen Ende des Jahres 1976 ist das Manuskript fertig. Doch es wird nie veröffentlicht. In der Nacht zum Neujahrstag 1977 stirbt Michael Mann in Orinda, Kalifornien, an einer Mischung aus Alkohol und Barbituraten. Die Tagebücher seines Vaters erscheinen ab 1977 in einer – bis auf wenige Auslassungen – ungekürzten Ausgabe, deren erste fünf Bände Peter de Mendelssohn herausgibt, dann übernimmt Inge Jens die editorische Arbeit.

«Diese Tagebücher seines Vaters haben ihn verrückt gemacht, umgebracht. Ich wünschte, er hätte sie verbrannt», lautet das radikale Urteil eines befreundeten Kollegen aus Berkeley.

Michael Mann in seinem Arbeitszimmer

14. Oktober
[Thomas Mann]
Empfang eines neuen Schubs (50 Seiten) der Tagebücher von 1918, auf die ich mich stürze: ihr rückhaltloses Durchleben einer erregenden Zeit. Literarisch durchaus verwertbar, wenn auch die ungeschminkte Intimität mich vor herausgeberische Probleme stellt. Verschiedene Lösungsmöglichkeiten.   Hier seit der Ankunft pausenloser Trubel. Noch im Mantel Interview. Nach kurzer Nachmittagsruhe (Bad und Knietübungen) der Universitätsvortrag (wenige aber liebe Zuhörer -- ich improvisierte), dann das Abendessen bei dem reizenden alten Max Tau (Aschenhoug Verlag), der
hier
alles/für mich arrangierte. So gestern. Und heute nicht anders. Mittags Eröffnung der Photo-Ausstellung, dazu meine verbindlichen Witze. Champagner. Abends der offizielle Vortrag in Kerzenbeleuchtung des prachtvollen Museumssaal. Dann Bankett. Einigermassen ungeschickter abgehaspelter Toast meinerseits, an der langen Festtafel, gutmütig aufgenommen. Mein Invalidentum entschuldigt mich früh (11 Uhr). Maxens Abschiedskuss auf die Stirn ("Du"). Die Tagebücher: ich als Embryo, der eigentlich abgetrieben werden soll. Aber die Mutter will es nicht. Die Wirtschaftslage ist zwar nicht nach weiterem Zuwachs angetan. Aber, ob 5 oder 6 Kinder -- was macht es

Aus Michael Manns «Reisetagebuch für Fritz»: Aufzeichnungen über Thomas Manns Tagebücher

schon aus? So die väterliche Position. Sein fast einziges Bedenken, dass ein weiteres "Kindchen" seine poetisch ausgekostete Freude am Kindchen "Lisa" (Medi) vermindern könnte. Sehe meiner Geburt in nächsten Schub entgegen. Morgen Stockholm.

Michael Mann bei dem Festvortrag für seinen Vater anläßlich der Thomas-
Mann-Festtage 1975 in Lübeck. (Foto: Kripgans)

Michael Mann starb in Berkely

Seine letzte Arbeit galt den Tagebüchern des Vaters

Michael Mann, der jüngste Sohn des Lübecker Nobelpreisträgers Thomas Mann, ist kurz vor seinem 58. Geburtstag in Berkeley im amerikanischen Bundesstaat Kalifornien gestorben. Er war als Professor für Germanistik an der Universität Berkeley tätig.

1919 in München geboren, hat Michael Mann wie seine Geschwister ebenfalls einen Teil der Begabungen der Familie, der er entstammte, geerbt. Er hat jedoch nicht literarischen Ruhm in dem Maße gewonnen, wie ihn sich seine Brüder Klaus und Golo, jeder auf seinem Gebiet, erwerben konnten.

Michael Mann begann als Musiker und war bereits ein angesehener Bratschist, ehe er sich schriftstellerischen Arbeiten zuwandte. Er gab u. a. Heinrich Heines Musikkritiken heraus und schrieb eine grundlegende Studie über Schillers „Räuber". Unter den sechs von ihm verfaßten Büchern befindet sich auch eine Biographie seines 1955 verstorbenen Vaters.

Den Lübeckern unvergessen ist Michael Mann durch den Festvortrag über seinen Vater, den er im Jubiläumsjahr 1975 im Großen Haus des Stadttheaters gehalten hat. Auf eine andere Weise wird er in der Erinnerung der Leser Thomas Manns bleiben. Denn Michaels Sohn Friedo war als Kind das Modell des Knaben Echo, der im „Doktor Faustus" ein schweres Schicksal erleiden muß. Die Wirklichkeit indes ging glücklichere Wege: Friedo hat als Mann eine Tochter von Werner Heisenberg geheiratet und ist heute ebenfalls wissenschaftlich tätig.

Michael Mann wird auch über seinen Tod hinaus, der bereits am vergangenen Sonnabend eintrat, aber erst jetzt bekanntgegeben wurde, dem Werk seines Vaters und der großen Lesergemeinde verbunden bleiben. Seine letzte Arbeit galt den Tagebüchern Thomas Manns, die erst kürzlich geöffnet werden durften.

«**Michael Mann** war ein sehr merkwürdiger Mensch, verspannt und überspannt, schroff und begeisterungsfähig, hochbegabt, aber ausschweifend, ein bucklicht

Michael Mann
FRAGMENTE EINES LEBENS
Lebensbericht und Auswahl seiner Schriften von Frederic C. und Sally P. Tubach

edition spangenberg im Ellermann Verlag

Männlein, dem alles schief geht, obgleich er alles gut machen will. Ich traf ihn 1976 in Zürich. Er hinkte [nach einem Beinbruch] wie Quasimodo, kam prinzipiell nicht zur Sache und schwadronierte schallend über Weltpolitik, wobei er immer die gegenteilige Meinung äußerte wie sein Bruder Golo», schreibt Hermann Kurzke in seiner Thomas-Mann-Biographie.

Die Schwester Monika bekennt in einem Brief an Berthold Spangenberg: «*Ich persönlich* stand *glänzend* mit ihm. Es klappte und schnappte zwischen uns. VIEL *gelacht*. Viel Rührendes. Und wirklich Kameradschaftliches. Zusammen gereist. Gewohnt. Erlebt. (Bei eignen Krisen stand ich bei ihm unter.) Na usw. Er hatte etwas absolut Ruchloses, was mit einer eigenen – ja was mit Selbstverachtung zusammenhing, an der wiederum die kalifornische Atmosphäre *(oweh)* nicht unschuldig ist: Er konnte absolut *teuflisch* sein mit einem *seelenguten* fond.»

Golo Mann schreibt an Alice von Kahler: «Für mich ist's ein bitterer Verlust. Michael war wohl nicht der leichteste, war jähzornig, erratisch, irascibel, aber er war generös und mutig und, bei vielen Belastungen, auch lebensfreudig und es war immer was mit ihm los. Er war der einzige ‹he-man› in unserer Familie, Angler und Schiffer und Flieger und was noch, und großer homme à femme. – Vorbei. Wir müssen halt weiter machen, Sie und ich und wir alle, bis es auch uns erwischt.»

Fast ein Jahrhundert

Ob Michaels Tod ein bewusst herbeigeführter Suizid war oder das Ergebnis einer ‹versehentlich› eingenommenen Überdosis von Tabletten und Alkohol, ist bis heute ungeklärt. Dass der jüngste Mann-Sohn starke selbstzerstörerische Neigungen hatte, bezeugen allerdings viele Freunde und Familienmitglieder.

Der greisen Mutter Katia verschweigen die Geschwister den Tod Michaels. Golo Mann schreibt an Alice von Kahler: «So recht auffassen könnte sie es nicht mehr, und ein Choc könnte es dennoch sein. Übrigens *ahnt* sie es, ohne es zu wissen.»

Katia Mann ist bis ins hohe Alter erstaunlich rüstig. Der Tochter Elisabeth schreibt die Zweiundneunzigjährige im März 1976 einen launigen Brief: «Bestes Dingerle, hattest ja offenbar eine sehr nette Reise und bist am Ende eine richtige Lebenskünstlerin, was das Mutterherz ja erfreuen muss. Auf dem Kilchberg geht es im Allgemeinen ruhig und normal zu, zu Klage besteht keinerlei besonderer Anlass, und das Klimata beträgt sich auch massvoll (wenig Kälte und Schnee). Uninteressante Besuche (gelegentlich ein etwas interessanterer), Anita und Mathild pflichtgetreu, der allgemein geschätzte Gololo häufig auf Vortragsreisen, das hochbetagte Mielein relativ recht rüstig. Das wäre es wohl.» Und sie schließt mit der Grußformel: «Immer das *sehr* anhängliche uralte Mielein».

Monika Mann charakterisiert die Mutter 1979 in einem Interview: «Sie ist ein Weltwunder. Mit ihren 96 Jahren ist sie noch sehr schön. Wenn sie mit ihren weißen Haaren und langen Gewändern empfängt, sieht sie toll aus. Dann nimmt sie sich zusammen, kokettiert mit den jungen Herrn, auch wenn sie im Alter geistig verwirrt ist.»

Am 25. April 1980 stirbt Katia Mann, die drei ihrer Kinder überlebt hat, im Alter von 96 Jahren in Kilchberg am Zürichsee.

Leider war ihr vegetativer Lebenswille, waren ihre physischen Kräfte noch dauerhafter als ihre seelischen, und die Wissenschaft verfehlte nicht, ihre streng vorgeschriebene Pflicht an ihr zu üben. Ungern sehe ich sie, wie sie sein musste in den letzten Jahren, Monaten, Wochen. So möchte ich sie sehen, wie sie war, so lange ihre Identität gewahrt blieb: stark, tapfer, wach, nicht unterzukriegen; lebensklug und warmherzig, geistreich, schlagfertig, zum Weinen kaum, zum Lachen immer bereit; zugleich naiv und gescheit wie der Tag; von Natur der Wahrheit zugetan, keinen anderen kannte ich, dem das Lügen so unmöglich fiel wie ihr; hochmütig an der Oberfläche, im Kern demütig; Dulderin ohne es zu wissen, Helferin, Retterin, ohne stolz darauf zu sein; eine vielköpfige, wunderliche Familie steuernd, wie der Kapitän sein Schiff in schwierigen Gewässern; treu, sehr treu, den Anderen und sich selber.
(Golo Mann – «Erinnerungsstück für Katia Mann»)

Katia Mann mit ihrem
Urenkel Stefan

Das Cover der Erstaus-
gabe von Katia Manns
Erinnerungen, 1974

Das handgeschriebene
Motto Katia Manns für ihr
Buch, auf dem Briefpapier
von «Frau Thomas Mann»

FRAU THOMAS MANN   KILCHBERG AM ZÜRICHSEE
                         ALTE LANDSTRASSE 39

30. VIII. 1974

Ich habe mein ganzes, allzu langes Leben immer im strikt Privaten gehalten. Nie bin ich hervorgetreten, ich fand, das ziemte sich nicht.

Ich sollte immer meine Erinnerungen schreiben. Dann sage ich: in dieser Familie muss es einen Menschen geben, der nicht schreibt.

Dass ich mich jetzt auf dieses Buch einlasse, ist ausschließlich meiner Schwäche und Gutmütigkeit daraus schreiben.

Katia Mann

Wie aber war sie? Ganz und gar unbestechlich von Wichtigtuerei und Titelei und Zelebrität. Heiter, hell und klar im Urteil, im Erkennen von Schwachem, von Liebenswertem, Großem. Es gibt in der Geschichte bedeutender Deutscher ein paarmal diese überwältigende Kombination aus Hingabe-Fähigkeit und Selbstwert: bei Clara Schumann, bei Cosima Wagner, im 20. Jahrhundert am meisten bei Katja Mann ...
(Joachim Kaiser – «Königin im Bereich eines Zauberers»)

Kapitel 7

«Was kommt hinter dem Horizont?»

Überall ist alles anders

Es ist recht so, wie es ist. Und ich fühl' mich natürlich überhaupt als Weltbürgerin. Ich bin in vielen Ländern zu Hause.
Elisabeth Mann Borgese im Gespräch mit Wolf Gaudlitz

Splendid Isolation

Nach den ruhelosen Wanderungen des Exils scheint Monika Mann auf Capri die ihr gemäße Lebensform gefunden zu haben. Über dreißig Jahre lebt sie auf der Insel im Golf von Neapel.

Nach den ersten Buchveröffentlichungen der fünfziger und sechziger Jahre schreibt sie seit den Siebzigern nur noch Feuilletons. Die aphoristische Kürze des Genres liegt ihr, ihre Sprache lebt vom spontanen, treffenden Ausdruck und der präzisen Beobachtungsgabe fürs Detail. Ein manchmal manierierter Tonfall kennzeichnet die weniger gelungenen Werke; solche sind aber auch unter den Arbeiten der schreibenden Geschwister zu finden. Ihr schriftstellerisches Talent ist dennoch unverkennbar. Ihre Arbeiten werden in der «Neuen Zürcher Zeitung», der «Süddeutschen Zeitung», dem «St. Galler Tagblatt» und der «Tat», dem New Yorker «Aufbau» sowie den «Neuen Deutschen Heften» und in «Konkret» gedruckt.

Im Familienkreis selbst bleibt ihr Anerkennung versagt, als Schriftstellerin nimmt man sie nicht ernst. In diesem vermochte die stille Tochter ohnehin nur selten die Aufmerksamkeit auf sich zu lenken. In der Kindheit lassen die extrovertierten Ältesten, später das Lieblingskind Elisabeth die Geschwister Monika, Golo und Michael in den Hintergrund treten. Golo, der sich erst spät den Respekt des Vaters erwerben kann, dazu: «Meine Schwester Monika und ich […] blieben noch lange stumm, am stummsten wenn, wie später oft vorkam, die beiden Großen abwesend waren.»

Ihre Distanz zur eigenen Herkunft spiegelt sich nicht zuletzt in ihrem wohl besten Buch «Vergangenes und Gegenwärtiges». In ihm richtet sie einen unkonventionellen Blick auf die Familie des Großschriftstellers. Die manchmal respektlose Demontage des Familiendenkmals sahen vor allem Erika und Katia Mann, die Thomas Mann am nächsten standen, nicht gern.

Monika Mann in ihrem Arbeitszimmer in der Villa Monacone

Monika Mann mit ihrem
Lebensgefährten Antonio
Spadaro

Helga Schalkhäuser hat eines der letzten Interviews mit Monika Mann auf Capri geführt. Dem «Zelebrieren großbürgerlichen Milieus» habe sie auf ihrer Insel eine betont einfache Lebensform entgegengesetzt, so Monika Mann gegenüber der Journalistin und Buchautorin. Im Gespräch mit Helga Schalkhäuser lässt Monika Mann ihr Leben auf Capri Revue passieren:

Ich bin zunächst in Rom gelandet und 1955 kam ich dann nach Capri. Es war eine Empfehlung meines Bruders Michael, da ich in einer Großstadt wie Rom nicht leben wollte. Dann sah ich zunächst das Haus, das Meer, den blauen Himmel und dann Antonio. Das ganze war eine einzige Attraktion. Ich bin geblieben. [...]

Antonio war ein einfacher Arbeiter, Bastler. Für mich war er ein Philosoph. Aber er war kein Intellektueller. Er war auf eine natürliche Weise unverbildet und sehr sensibel.

Unten im Dorf hat er eine Bar aufgemacht und hat selbstgebastelte Schiffchen an die Touristen verkauft. Zuerst haben wir unabhängig voneinander gelebt, obwohl es eine feste Bindung war. Antonio lebte in der Wohnung nebenan. Im Sommer bin ich manchmal für eine kurze Zeit verreist. Wir waren all die Jahre sehr gute Freunde, aber nicht wie siamesische Zwillinge aneinander gekettet. Eine Heirat stand nie zur Diskussion. [...]

Daß es 31 Jahre waren, kann man kaum glauben. Und bewerten kann man es auch nicht. Man kann es auch nicht mit Eigen-

schaftswörtern belegen. Es war so, wie es war. Es gab keine Jahreszeiten. Man kann auch nicht von glücklich oder unglücklich sprechen. Es gab zwischen Antonio und mir keine Spannungen und auch keine Probleme. Probleme hatte er nur mit seiner Familie. Ich war all die Jahre auf Capri ein Fremdkörper und bin es für die Menschen hier immer geblieben. [...]

Ich habe hier auf Capri auch ganz bewußt sehr zurückgezogen gelebt in einer gewollten «splendid isolation». [...] Der britische Schriftsteller Graham Greene, der auf Anacapri während des Sommers lebte, hat mich besucht. Der gehörte zu den einzigen gelegentlich «intellektuellen Momenten», die ich mir gestattet habe.

Strittige Fragen

Golo Mann als
«Pfeife des Jahres».
Aus der satirischen
Zeitschrift «Titanic»,
Februar 1980

Golo Mann mit Franz
Josef Strauß in München,
1981

Während Monika Mann auf Capri ein zurückgezogenes Leben führt, steht ihr Bruder Golo als renommierter Historiker und gefragter politischer Kommentator immer wieder im Rampenlicht der westdeutschen Öffentlichkeit. Seine Positionen in politischen Fragen sind oft überraschend, und er lässt sich von keiner Partei oder Richtung auf längere Zeit vereinnahmen. «Golo Mann hat niemals einer ‹Schule›, einem ‹Kreis› angehört. Zeitlebens ist er ein einsamer, selbständig Denkender geblieben», schreibt der Mann-Forscher Klaus W. Jonas.

Auf die Frage, ob die Kenntnis der Geschichte notwendig konservativ mache, antwortet Golo Mann 1984: «Ja, was heißt konservativ? Ich bin kein großer Gläubiger in Sachen -ismen, also Konservativismus, Liberalismus, Sozialismus usw., aber es mag Neigungen des Geistes geben, die man sinnvoll unter dem Namen konservativ zusammenbündeln kann, wenn man solche Allgemeinbegriffe braucht.»

Besonderes Aufsehen erregt seine Unterstützung des CSU-Politikers Franz Josef Strauß im Bundestagswahlkampf 1979/80. Golo Mann beteiligt sich aktiv als Wahlhelfer von Strauß, hält Reden und unterschreibt Aufrufe. Hatte er noch 1971 ein Vorwort für Willy Brandts Buch «Der Wille zum Frieden» beigesteuert, so schreibt er nun 1979 ein rühmendes Vorwort für eine Redensammlung von Franz Josef Strauß. Die politische Linke verübelt Golo

Mann die Wahlkampfhilfe für den extrem rechtsgerichteten Bayern. Die satirische Zeitschrift «Titanic» erklärt den Historiker kurzerhand zur «Pfeife des Jahres».

Schlagzeilen macht auch eine Äußerung Golo Manns in einem Fernsehinterview anlässlich seines 80. Geburtstags. Darin bezeichnet er die beiden Soziologen Theodor W. Adorno und Max Horkheimer als «Lumpen» – ohne nähere Begründung, aber mit dem Zusatz, er wisse, was er sage. Ein Sturm der Entrüstung bricht los, viele namhafte Wissenschaftler protestieren gegen Golo Manns Aussage.

Der Publizist Joachim Fest hat die Hintergründe des Eklats später rekonstruiert. Demnach habe Horkheimer Anfang der sechziger Jahre eine Berufung Golo Manns an die Universität Frankfurt verhindert

Franz Josef Strauß Zur Lage

Nachwort von Golo Mann

Seewald

Mit Hans-Jochen Vogel, 1981

Zu Gast bei Bundespräsident Richard von Weizsäcker in der Villa Hammerschmidt, 1989

Willy Brandt Der Wille zum Frieden

Perspektiven der Politik

Vorwort Golo Mann

Mit den Reden anläßlich der Verleihung des Friedens-Nobelpreises

Hoffmann und Campe

Mit Walter Scheel und Hermann Kesten (rechts) bei einer Feier des Börsenvereins des Deutschen Buchhandels, 1975

Beim Erhalt des Goethe-Preises in Frankfurt mit dem Laudator Joachim Fest (rechts) und Walter Wallmann, 1985

mit der Begründung, der Historiker sei homosexuell und «folglich eine Gefahr für die akademische Jugend». Einige Jahre später hätten Horkheimer und Adorno eine Berufung Golo Manns erneut hintertrieben, indem sie ihn des «heimlichen Antisemitismus» bezichtigten. Wobei, fügt Joachim Fest hinzu, das Adjektiv «heimlich» besonders perfide sei in diesem Kontext, weil man der Last der exakten Beweisführung entgeht.

Aus der Tatsache, dass Golo Mann die führenden Köpfe der «Frankfurter Schule» nicht besonders schätzte, hat er im Übrigen nie einen Hehl gemacht. In den späten vierziger Jahren, berichtet Joachim Fest, sei Golo Mann Adorno und Horkheimer bei einer Abendgesellschaft in Königstein im Taunus begegnet und habe ausgerufen: «Um Himmels willen! Diese beiden kann das Land jetzt nicht gebrauchen. Der Marxismus für feine Leute stürzt die Deutschen nur aus einer Verwirrung in eine andere!»

Die stille Tochter

Am 13. Dezember 1985 stirbt Monika Manns Lebensgefährte Antonio Spadaro. Mit ihm war vereinbart, ihr nach seinem Tod noch ein halbes Jahr Wohnrecht in der Villa Monacone einzuräumen.

Kaum zwei Wochen später schreibt Golo Mann an Marcel Reich-Ranicki: «Mittlerweile war ich aber von Urias-Briefen, Hiobspost und Pandorabüchsen überreichlich eingedeckt. Das schlimmste war der plötzliche Tod des [...] Lebensgefährten meiner Schwester Monika in Capri. Daß ich sofort hinreisen mußte [...], ist noch das geringste. Das aller-aller-allergeringste. Ganz andere dunkle Wolken seh ich da am Horizont aufziehen ...»

Ihrem geplanten Umzug nach Kilchberg sieht auch Monika Mann skeptisch entgegen, wie sie Helga Schalkhäuser kurz vor ihrem Weggang von Capri nach über 30 Jahren anvertraut: «An meine Wurzeln kehre ich nicht zurück, denn Zürich sind nicht meine Wurzeln. Allerdings war ich in den letzten Jahren in der Schweiz und in Zürich, so daß mir das alles nicht fremd ist. Aber es ist natürlich eine völlige Umstellung in jeder Hinsicht. Das ist Schicksal. Aber es muß durchgestanden werden, das letzte Stück Leben, das nun noch vor mir liegt. [...] Ich muß erst einmal zur Ruhe kommen und diesen Umzug hinter mich bringen. Dann wird es auf dem Kilchberg einige schwierige Umstellungen geben für beide von uns.»

Monika Manns verhinderte Heimkehr in das Zürcher Vaterhaus

Schreiben ist keine Therapie

Mehr als 30 Jahre lebte Monika Mann an der Seite eines einfachen Caprifischers. Die Trauminsel im Mittelmeer wurde für die „Aussteigerin ohne Reue", wie sie sich selbst nennt, zur Heimat, zur großen Freiheit, zum Ort der Selbstfindung. Heute, knapp 77jährig, ist die zierliche alte Dame zurückgekehrt zu den Wurzeln ihrer großbürgerlichen Herkunft und eines übermächtigen Namenserbes. Die Tochter des Schriftstellers und Nobelpreisträgers Thomas Mann versuchte nach dem Tod des Lebensgefährten Antonio Spadaro im Zürcher Elternhaus am Kilchberg einen neuen Anfang für ihren letzten Lebensabschnitt! Das war im Juli 1986.

Originalton Monika Mann: „Es war ausgemacht, daß ich Capri verlasse, wenn Antonio nicht mehr ist. Aber ich habe immer auch geahnt, daß ich mit meinem berühmten Bruder Golo nur eher schlecht als recht unter dem gleichen Dach würde leben können. Als ich merkte, daß es nicht ging, bin ich eben noch einmal gegangen." Monika Mann hat provisorisches Quartier bei einer alten Schulfreundin im Zürcher Universitätsviertel bezogen. Ihre Habe steht noch ungeöffnet im Keller des Elternhauses. Das ist alles, was sie mit monotoner Stimme zur Situation kommentiert. Und auch noch, daß es eben wohl eine Übergangslösung sein müßte: das Schlafen auf der Couch, der Verzicht auf die geliebte klassische Schallplattenmusik, das Unbehaustsein an sich! Fast am Ende eines turbulenten Lebens angelangt, mag sie heute — trotz großer Begabung — weniger denn je zur Feder greifen. „Schreiben", so sagt sie, „ist für mich keine Therapie. Nicht, bis alles durchgestanden ist. Das Vergangene ebenso wie das Gegenwärtige." Daß sie keine Kompromisse macht, bestätigen die wenigen Freunde, die ihr nach der Rückkehr geblieben sind.

Die Freunde sind es auch, die sich sorgen, weil Monika Mann seit Monaten ihr Zimmer kaum verläßt, statt dessen nächtelang liest und nur manchmal, wenn sie nicht unbewegten Gesichts in die Ferne schaut, nur von Tonio spricht, dem Mann ihres Lebens, der trotz aller Verschiedenheit zu ihrer Herkunft für sie etwas von einem Philosophen an sich gehabt haben soll. Verdrängt sind auch, wie sie es einmal nannte „meine wilden Jahre im New Yorker Exil" mit den weltberühmten Freunden Lion Feuchtwanger, Bruno Walter, Otto Klemperer. Vergessen ist auch längst der hartnäckige Verehrer, der Schriftsteller Robert Musil. Für diese ungewöhnliche Dame sicher nicht nur deswegen weil sein bedeutendster literarischer Wurf ausgerechnet „Mann ohne Eigenschaften" heißt. Und ein richtiger Kerl mußte es gewiß sein, wenn er der Monika Mann imponieren wollte. *Helga Schalkhäuser*

Die stille Tochter des großen Thomas Mann

Lübeck. In memoriam Monika Mann: Sie stand stets in der zweiten Reihe; sie war nach der fünf Jahre älteren Erika die zweite Tochter des Lübecker Nobelpreisträgers Thomas Mann, und als acht Jahre später noch ein Schwesterchen eintraf, Elisabeth, das vom Vater so geliebte „Kindchen", rückte sie wieder in den Hintergrund. Monika war das stillste der sechs Mann-Kinder überhaupt. Still ist sie kürzlich aus der Welt gegangen.

Die literarische Welt nahm kaum Notiz davon, daß Monika Mann in Leverkusen, 81 Jahre alt, einer Lungenentzündung erlegen ist.

Als ihre Mutter Katia einmal gefragt worden war, warum sie denn nicht ihre Memoiren schreibe, meinte sie, es müsse in dieser Familie doch jemanden geben, der nicht schreibt. Es gab außer Katia noch jemanden – Monika. Sie hat nur ein eigenwilliges Buch hinterlassen: „Vergangenes und Gegenwärtiges" (München 1956). Es war in dieser schreibenden Familie zu wenig, um große Beachtung zu finden.

Die Kinder von Katia und Thomas Mann meldeten sich in zwei Gruppen. Erika (geboren 1905), Klaus (1906), Golo (1909) und eben Monika (1910) gehören zur ersten, Elisabeth (1918) und Michael (1919) sind die Nachzügler. In der ersten Gruppe gab es zwischen 23, eine Unterteilung. Erika und Klaus machten sich als die „Großen" über die „Kleinen" lustig, ärgerten, erschreckten sie, besonders im Sommerhaus in Bad Tölz;

Monika Mann (1910–1992). (Foto: LN)

Monika ließ die Gespensterstreiche über sich ergehen, „weil sie noch so klein und dumm und niedlich war", wie Klaus in seinen Erinnerungen („Der Wendepunkt", 1952) liebevoll erzählte. Golo übrigens wehrte sich ab, als ihr Zweifel an ihren Fähigkeiten kamen.

Sie reiste, inzwischen 23, mit ihren Eltern zu deren Freunden nach Florenz. Dort lernte sie den ungarischen Kunsthistoriker Jenö Lányi kennen und verehren; sie heirateten im März 1939 in London. Thomas und Katia hatten nach ihren Schweizer Emigrationsjahren inzwischen in Amerika Fuß gefaßt; Monika und ihr Mann sollten 1940 nachkommen. Aber die „City of Menares", mit der sie von London abreisten, traf drüben nie ein. Sie wurde von einem deutschen U-Boot torpediert und sank. Die meisten Passagiere kamen um.

Die junge Ehefrau mußte miterleben, wie ihr Mann ertrank. Sie konnte sich an einem Boot festhalten, das ohne Boden zwanzig Stunden im aufgewühlten Wasser trieb. Als kaum noch Hoffnung war, wurde sie von einem englischen Schiff gerettet. Monika Lányi, geborene Mann, erreichte Monate später doch noch Amerika. Schweigsam, oft weinend, wieder im Hintergrund, blieb sie bei ihren Eltern in Princeton und später in Pacific Palisades. Sie brauchte zwölf Jahre der Stille, um seelisch wieder ins Gleichgewicht zu kommen.

1952 entschloß sie sich, das ihr fremd gebliebene Amerika zu verlassen und wieder in Europa zu leben. Noch vor ihren Eltern, die sich in der Schweiz niederließen, kehrte sie in ihre Geburtsstadt München zurück. Doch die 42jährige blieb ruhelos, München war im Aufbruch zu neuen, ihr zu lauten Lebensformen und konnte sie nicht halten. Sie versuchte ein Leben in Rom, ebenfalls vergeblich. 1954 ließ sie sich auf Capri nieder. Hier endlich, auf der Insel im Golf von Neapel, in der Schönheit des europäischen Südens, atmete sie auf. Sie lebte drei Jahrzehnte lang still und bescheiden, ohne am gesellschaftlichen Leben teilzunehmen, an der Seite eines einfachen, in sich ruhenden Mannes. Ihr Gefährte war in Capri geboren. Er bot ihr, was sie nie zuvor hatte: Heimat.

Auf Capri schrieb sie ihr merkwürdiges Erinnerungsbuch, ohne Ortsangaben für das Geschehen der Vergangenheit, mit rätselhaften Impressionen und ungewöhnlich starken Sprachbildern. Über den Monat Januar etwa notierte sie: „Es ist, als ob der Himmel mit den Zähnen knirsche." Über den Juli: „Über die Stadt breitet sich der Tag wie eine Frau im roten Faltenrock übers leere Bett".

Monika hat ihren Vater innig geliebt, stärker wohl, als dies von ihren Geschwistern bekannt geworden ist. Ihrem Buch stellte sie eine Notiz voran: „Mein Vater ist am 12. August 1955 gestorben. Ich habe an der Stelle des Buches, wo mich beim Schreiben die Todesnachricht traf, ein Kreuz gemacht." Das Kreuz ist im Text vorhanden. Es ist das ungewöhnliche Denkmal für Tochter, an die zu denken allen Werk des Vaters verbunden fühlten. **Wolfgang Tschechne**

«Lübecker Nachrichten»,
5. Juli 1992

Die beiden letzten Geschwister: Golo Mann und Elisabeth Mann Borgese

Ein gemeinsames Zusammenleben kommt nicht zustande. Zu unterschiedlich sind die Vorstellungen von einer jeweiligen Lebensführung. Golo Mann, aus Sicht der Schwester «wenig kontaktbegabt und etwas einsiedlerisch», verlangt es vor allem nach Ruhe und ist viel auf Reisen. Helga Schalkhäuser, die den Kontakt zu Monika Mann in Zürich hält, berichtet über «Monika Manns verhinderte Heimkehr in das Zürcher Vaterhaus». Auch ein zweiter Versuch von 1988, in die Kilchberger Villa einzuziehen, ist zum Scheitern verurteilt.

Ihre letzten Lebensjahre bis zu ihrem Tod im März 1992 verbringt Monika Mann schließlich bei Ingrid Beck-Mann, der Frau von Golo Manns Adoptivsohn, in Leverkusen.

In den Medien erfährt man erst einen knappen Monat später von ihrem Tod. «Ultima imperatrice di Capri» titelt der «Corriere della Sera» über ihre ungewöhnliche Aussteigerexistenz. Albert von Schirnding schreibt in der «Süddeutschen Zeitung»: «Die Sympathien im Hause Thomas Mann waren ungleich verteilt: Während Elisabeth, die Jüngste, später Erika, die Älteste, sich hoher Eltern-, vor allem Vatergunst erfreuten, stand Tochter Monika auf der Schattenseite. [...] Ihre Ehe mit dem ungarischen Kunsthistoriker Lányi fand ein frühes, tragisches Ende. [...] Sie war und blieb ein gebranntes Kind. Nach dem Krieg lebte sie lange in Capri, führte dort eine eigenwillige Aussteiger-Existenz. Dort tat sie das, was früher oder später alle taten, die, geliebt oder ungeliebt, zur Mann-Familie zählten: Sie schrieb. Unter dem Titel ‹Vergangenes und Gegenwärtiges› erschienen 1956, ein Jahr nach dem Tod des Vaters, ihre Erinnerungen [...]. Es folgten noch zwei kleinere Veröffentlichungen [...]. Die Sprache dieser Bücher ist nicht weniger originell, als die Autorin es war. Mit 81 Jahren ist sie, wie erst jetzt bekannt wurde, am 17. März in Leverkusen gestorben.»

Das einsame Grab

Golo Mann mit dem peruanischen Schriftsteller Mario Vargas Llosa, 1987

Mit Ernst Jünger, bei einer Nachfeier anlässlich seines 95. Geburtstages, 1990

Mit Friedrich Dürrenmatt, 1990

1986 veröffentlicht Golo Mann den ersten Band seiner Autobiographie: «Erinnerungen und Gedanken. Eine Jugend in Deutschland». Das Buch wird ein großer Erfolg; nach fünf Monaten sind bereits 100 000 Exemplare verkauft. Ein zweiter Band ist geplant, doch bleibt er ein Fragment, das erst postum 1999 mit dem Untertitel «Lehrjahre in Frankreich» publiziert wird.

Die letzten Lebensjahre Golo Manns sind geprägt von zunehmenden gesundheitlichen Problemen. Vor allem Kniebeschwerden, die auf eine Sportverletzung aus Salem zurückgehen, machen ihm zu schaffen. Für den passionierten Wanderer und Reisenden wird daraus im Alter eine fatale Behinderung. «Das zerstörte Knie. Die zerstörte Identität. Der alte Herr, der so langsam an der Krücke geht», notiert er deprimiert 1988 in seinem Tagebuch. Immer

häufiger überkommen ihn düstere Stimmungen und wachsende Selbstzweifel. Schon 1980 hat er im berühmten FAZ-Fragebogen auf die Frage «Was möchten Sie sein?» geantwortet: «Jemand, der glücklicher ist als ich.»

Trost findet Golo Mann immer wieder in der Lektüre. In «Wir alle sind, was wir gelesen» versammelt er 1989 eine Auswahl seiner Aufsätze und Reden zur Literatur; vor allem aber pflegt Golo Mann in den letzten beiden Lebensjahrzehnten auch seine schon in der Jugend ausgeprägte lyrische Neigung. Gedichte bleiben für ihn «mein Trost, mein Stecken und Stab alle Zeit, zumal in dunklen Zeiten». Neben eigenen Gedichten und einer Reihe von Gedichtinterpretationen – unter anderem für Marcel Reich-Ranickis «Frankfurter Anthologie» – entstehen auch Übersetzungen fremdsprachiger Lyrik (z.B. Horaz). In den

Übertragungen von Gedichten Antonio Machados ins Deutsche gehen Golo Manns Liebe zur Lyrik und sein Interesse an spanischer Kultur eine Synthese ein. Mit dem peruanischen Schriftsteller Mario Vargas Llosa hat er freundschaftlichen Kontakt.

Die Weltläufte sind nicht dazu angetan, ihn aufzuheitern. Sein Biograph Urs Bitterli schreibt: «Golo Manns Tagebuch zeigt, dass der aufmerksame Kommentator der Zeitgeschichte sich in seinen letzten Jahren der Resignation und dem belastenden Gefühl der völligen persönlichen Machtlosigkeit nicht mehr entziehen konnte. Aus allen Teilen der Welt drangen Katastrophenmeldungen auf den Beobachter im stillen Kilchberger Haus ein, vom Persischen Golf und aus dem Nahen Osten, aus Russland, San Salvador und dem Balkan – und sie weckten nicht mehr den Wunsch nach analytischem Verständnis und ein-

Das Familiengrab, einige hundert Meter von Golos Grab entfernt: Hier liegen Thomas und Katia Mann begraben sowie ihre Kinder Erika, Michael und Monika. Im Februar 2002 findet auch Elisabeth an dieser Stelle ihre letzte Ruhestätte.

Das einsame Grab: Golo Manns letzte Ruhestätte auf dem Kilchberger Friedhof; im Hintergrund die Friedhofskirche

TAGES-ANZEIGER Samstag, 9. April 1994

KULTUR

Geschichtsschreiber, Geschichtenerzähler, Schriftsteller und scharfsinniger Analytiker

Zum Tode von Golo Mann

■ VON PETER MARXER

Der Geschichtsschreiber

Golo Mann, der nur wenige Tage nach seinem 85. Geburtstag gestorben ist, war Historiker. Was ist das? Ein Historiker ist einer, der sich mit Geschichte abgibt, mit der Vergangenheit, die sich wie der Sand im unteren Gefäss der Sanduhr stetig vermehrt. Damit geht der Historiker um. Aber wie? Wozu? Die Historiker selber machen die Antwort keineswegs einfach, denn sie sind sehr uneins, was mit dem vielen Sand zu geschehen habe, der durchgerieselt ist, seit es Menschen gibt.

Nun, die Vergangenheit, die Historie ist ja auch nicht Sand. Den kann man greifen und wägen; Historie kann man nur begreifen und erwägen. Man muss sie kennen, man muss sie erkennen. Und da die Vergangenheit komplex ist, ist es das Erkennen und Verstehen auch. Deshalb geht es fürs erste einmal um die klare Analyse. Um die unbestechliche, scharfsinnige Analyse dessen, was war, wie es war, und – allenfalls – dessen, warum es war. Und zwar nicht etwa im Sinne des französischen Worts «tout comprendre c'est tout pardonner». Das Gegenteil trifft zu, wie auch nicht im Sinne der wörtlichen Umkehrung.

Golo Mann war ein grossartiger Analytiker. Bewundernswert war seine unbestechliche Gerechtigkeit. Sein Bemühen, dem Menschen oder der Sache gerecht zu werden, kam aus entschiedener Haltung. Aus einer skeptischen Haltung gewiss, die nicht so schnell und schon gar nicht kritiklos auf eine Doktrin einzuschwenken gewillt war. Golo Mann war skeptisch zugunsten der Wahrheit, wissend, dass die Wahrheit, die absolute Wahrheit dem Menschen gar nicht zuteil werden kann. Begreifen und dann erwägen: Auf die Analyse folgt die Deutung, die des Historikers wesentlichste Leistung ist. Der frühe Romantiker Friedrich Schlegel hat den Historiker einen «nach rückwärts gekehrten Propheten» genannt. Das hat manches für sich, wenngleich Golo Mann den Historiker, somit auch sich selber, nicht primär als Utopisten verstanden haben dürfte, was Schlegel paradoxerweise tut. Denn so, wie der Prophet hellsichtiger ist als seine Mitmenschen, so hat der Historiker seinerseits aus dem Wust des Geschehenen oder Geschehenden herauszulösen und, was entsprechend zu beleuchten, um so – mit Goethes Worten – «unterscheiden, wählen und richten» zu können.

Nicht zuletzt deswegen war Golo Mann auch ein bedeutender Publizist. Und so hier stellt sich wieder die Definitionsfrage: Wo hört der Geschichtsschreiber auf und fängt der Publizist an? Oder umgekehrt. Im Geleitwort des Fischer-Verlages zur Festschrift anlässlich des 70. Geburtstages von Golo Mann schrieb Monika Schoeller: «Als politischer Publizist exponierten Sie sich immer wieder; Entschiedenheit und Besonnenheit sind dabei charakteristisch für Ihre faire Auseinandersetzung mit kontroversen Positionen.» Dem ist beizupflichten!

Der Geschichtenschreiber

Der Titel eines Buches, das vor mehr als 30 Jahren erschienen ist, lautet bezeichnenderweise «Geschichte und Geschichten». Geschichtsschreiber und Geschichtenschreiber treffen sich darin, dass beide erzählen. Dass der eine seinen Stoff gefunden, der andere ihn erfunden hat, ist der Unterschied. Der Unterschied zwischen Realität und Fiktion. Nun kann er vorkommen, dass dieser Unterschied verschwindet, dann nämlich, wenn sich die Erfindung als Wahrheit entpuppt, oder dann, wenn die Wahrheit die Erfindung glatt aussticht, was in der Geschichte – zum Guten und zum Bösen – ja immer wieder vorgekommen ist.

Es ist aber auch sonst gar nicht so weit her mit diesem Unterschied, vorab nicht im Falle Golo Manns, der ja seine Geschichten nicht frei erfindet, sondern ihre Stoffe zumeist aus der Geschichte bezieht. Und da die Geschichte, die Historie, vor allem einmal von dem handelt, was Menschen getan haben, und davon, wie sie es getan haben, handeln Golo Manns Geschichten vor allem von Personen und Persönlichkeiten, handeln sie von Menschen.

Golo Mann ging in seiner Geschichtsschreibung nicht in erster Linie von Ideen oder Theorien aus, sondern vom Menschen; und selbst dort, wo es doch vorzugsweise um politische Ideen und Theorien ging, in den beiden Bänden zur «Deutschen Geschichte des 19. und des 20. Jahrhunderts», erscheinen immer wieder plastisch und beeindruckend im Bemühen, der betreffenden Persönlichkeit gerecht zu werden, die verschiedenen Menschenporträts. Golo Mann war der Meinung, dass es sich lohne, über Menschen zu schreiben, dass der Mensch es wert sei – ob er dessen auch «würdig» sei, ist eine andere Frage –, wenn von ihm berichtet werde; dass es letzten Endes wohl gar nichts anderes gibt, wovon erzählt werden kann und erzählt werden muss. Am exemplarischsten und wuchtigsten trifft das wohl zu für den «Wallenstein – sein Leben erzählt von Golo Mann».

Der Schriftsteller

«Ein Schriftsteller ist jeder, der etwas schreibt, wozu Phantasie gehört und was ein Publikum, einen anonymen Leser, angeht oder angehen will. In diesem Sinn würde ich einen Mathematiker, obgleich er ja auch etwas schreibt, nicht einen Schriftsteller nennen. Aber ein Professor der Geschichte oder der Philosophie ist natürlich ein Schriftsteller; die Stockholmer Akademie hat das schon vor vielen Jahrzehnten gewusst, als sie dem Historiker Mommsen, dem Philosophieprofessor Eucken den Nobelpreis für Literatur verlieh. Sie hat ihn auch Winston Churchill verliehen und damit anerkannt, dass auch Politiker im Nebenberuf zu Schriftstellern und zu sehr grossen Schriftstellern werden können.»

Golo Mann schreibt das nicht, um den Historiker – und damit sich selber – aufzuwerten; die Zeilen stammen aus einem Aufsatz unter dem Titel: «Wer ist ein Intellektueller?» – Untertitel: «Über das Auftreten des politischen Publizisten in der deutschen Geschichte». Und in der Vorrede zum 2. Band der «Deutschen Geschichte» ist zu lesen: «Auch der Historiker ist ja wohl ein Künstler.»

Er ist es insofern, als er durch seine Auswahl und seine Dar-Stellung aus dem Formlos-Zufälligen geschehener (oder erfundener) Realität etwas Beispielhaftes und dadurch Sprechendes macht. Genau das, was Golo Mann Schiller zuspricht, wenn er sagt, dieser habe gewusst, «... dass Erzählen selbst dessen, was sich wirklich begeben, immer auch Dichtung ist, weil es so, wie es wirklich gewesen, in seiner formlosen Unendlichkeit, sich ja doch nicht ergreifen lässt; dass, wer erzählen will, es schön erzählen muss und sein eigenes Ich mit einsetzen und Worte zu Rhythmen fügen und so den Chaosdrachen bannen für eine Zeit».

Der äusseren Spannung, die im Stoff liegt, entspricht die innere, welche durch die sprachliche Gestaltung dieses Stoffes entsteht; die Akzente setzt, Schwerpunkte bildet und die – vor allem – aus dem (bloss) Interessanten des Menschlich-Verbindlichen herauskristallisiert. Auf der stofflichen wie auf der gestalterischen Ebene erkennen wir dieselbe Absicht und dasselbe Resultat: die Gütezeichen der Kunst, wo ja auch die Unterscheidung zwischen Historiker und Schriftsteller hinfällig wird.

Golo Mann in Kilchberg.   (Bild Peter Peitsch)

Nachruf im «Tages-Anzeiger», Zürich, 9. April 1994

ordnender Deutung, sondern lösten nur noch eine vage, alles erfassende Trauer über den schlimmen Gang der menschlichen Dinge aus [...]. Und immer wieder finden sich Sätze wie dieser: ‹In der Welt ist der Teufel los.›» Selbst Ereignisse wie die Maueröffnung und die deutsche Wiedervereinigung 1989/90 vermögen diese Grundstimmung nicht zu ändern.

Im Jahre 1992 siedelt Golo Mann ins Haus seiner Schwiegertochter Ingrid Beck-Mann am Arenzberg in Leverkusen über. Sein Adoptivsohn Hans ist bereits 1986 verstorben. Ingrid Beck-Mann pflegt Golo Mann bis zu seinem Tode. Er stirbt wenige Tage nach seinem 85. Geburtstag, am 7. April 1994. Auf ausdrücklichen eigenen Wunsch wird er nicht im Familiengrab beigesetzt, sondern fernab davon in einem einzelnen, einsamen Grab des Kilchberger Friedhofs.

Halifax, Nova Scotia

Elisabeth Mann Bor-
geses Haus in Sambro
Head, in der Nähe
von Halifax

Mit den Hunden unter-
wegs, 1996

Vierzehn Jahre war Elisabeth Mann Borge-se alt, als sie 1933 in die Emigration ging. Auf die Jahre in der Schweiz folgen vier-zehn Jahre amerikanisches Exil. Nach ih-rer Remigration 1952 unter dem Druck McCarthys zieht es sie in den sechziger Jahren wieder in die USA: «Ich habe ja viele, viele Jahre in den USA gelebt, erst in Chicago und dann in Kalifornien 14 Jahre. Ich lebe überall immer 14 Jahre. Das hat sich so ergeben», kommentiert die jüngste Tochter Thomas Manns ihre bewegte Bio-graphie lakonisch.

Trotz fast dreißig in den USA verbrachten Lebensjahren – «zu Hause gefühlt» hat sie sich nach eigener Auskunft dort nie so richtig. Mit sechzig entschließt sich Elisa-beth Mann Borgese noch einmal zu einem Länderwechsel. Kanada, sie in vielem – bis hin zu seiner Mehrsprachigkeit – an die Schweiz erinnernd, wird ihr zur neuen Wahlheimat. Ab 1978 arbeitet sie an der Dalhousie University in Halifax, Nova Sco-tia, wo sie später eine Professur für Politi-sche Wissenschaften und Internationales Seerecht übernimmt. Die amerikanische Staatsbürgerschaft, die sie seit 1941 be-sitzt, legt sie ab – trotz der Möglichkeit, Bürgerin beider Länder zu bleiben. Und will damit nicht zuletzt, wie sie im Ge-spräch mit Wolf Gaudlitz berichtet, ihre Sympathie für den Nachbarstaat der USA bekunden, denen die «superpower-ambi-tions» des großen Bruders nebenan abge-hen.

Neben ihrer Aufgabe, die das Professo-renamt mit sich bringt, ist sie weiterhin publizistisch tätig: Seit Ende der siebziger Jahre ist Mann Borgese Mitherausgeberin des «Ocean Yearbook», unter ihren zahl-reichen entstehenden Veröffentlichungen finden sich auch Berichte zur Lage der Meere an den «Club of Rome», darunter ihr 1999 auf Deutsch erschienenes Buch «Mit den Meeren leben».

Elisabeth Mann
Borgese auf der Terrasse
ihres Hauses

Mit Arvid Pardo
(1914–1999)

Mit den Töchtern
Angelica und Dominica in
Sambro Head, 1996

Eine Sympathie für die Schwächeren, so Elisabeth Mann Borgese, habe sie immer begleitet. Und so macht sich die Gründerin des Internationalen Ozeaninstituts und Initiatorin von «Pacem in Maribus» nicht zuletzt für Trainingsprogramme in Entwicklungsländern und Technologietransfer in die Dritte Welt stark. Ihre «PIM»- und «IOI»-Projekte versucht sie mit ihrer Tätigkeit an der Dalhousie University zu vernetzen.

1994 sieht sie mit dem Inkrafttreten des Seerechtsübereinkommens auch endlich der Vollendung ihres Lebenswerks entgegen. Die neue UNO-Seerechtskonvention kommt für Elisabeth Mann Borgese einer Meeresrevolution gleich. Zusammen mit Arvid Pardo hatte sie fast dreißig Jahre daran gearbeitet, das Meer zum «gemeinsamen Menschheitserbe» zu erklären.

Das Jahr dieses so großen persönlichen Erfolges ist zugleich das Todesjahr von Golo Mann. Mit ihm habe sie sich bis zuletzt sehr gut verstanden, so Elisabeth, und das auch über alle politischen Gräben hinweg, die zwischen dem konservativen Bruder und ihr klafften. Seinem «warnenden Pessimismus» versuchte sie immer, ihren Einsatz für eine bessere Welt entgegenzustellen. Als Historiker hat Golo Mann die «Kenntnis der Geschichte» «skeptisch» gemacht, «zum Gegner aller Utopien». Elisabeth zwingt sich zum Optimismus, den sie für sich auf eine knappe Formel bringt: «Die Utopisten von heute sind die Realisten von morgen.»

In Arvid Pardo hat Elisabeth Mann Borgese einen neuen Lebensgefährten gefunden, den sie allerdings meist nur auf gemeinsamen Konferenzen in aller Welt sieht. Privat ist sie auch in den Kreis der Familien ihrer Töchter eingebettet. Mit Marcel Deschamps nimmt sie in Halifax einen Pflegesohn zu sich.

Durch die weite Welt

Elisabeth Mann Borgese führt bis ins hohe Alter ein äußerst aktives Leben. Sie unterrichtet an der Dalhousie University in Halifax, ist bei Studenten und Kollegen gleichermaßen angesehen und beliebt. Und sie reist buchstäblich um die ganze Welt, um ihr Anliegen – Erhalt und Schutz der Meere – persönlich und glaubwürdig zu vertreten.

Ihr tägliches Arbeitspensum ist enorm; unermüdlich schreibt sie Briefe, Faxe, E-Mails. Der «mare»-Herausgeber Nikolaus Gelpke erinnert sich: «Es war schwer, mit ihr Schritt zu halten. Sie stand früher auf, war besser gelaunt oder kannte sich besser aus in Windows als ich mit meinen 25 Jahren. Auf ihren Arbeitsreisen hatte sie immer einen kleinen Koffer dabei, darin ein Laptop, ein Drucker und ein Gewirr von Kabeln und Steckern. Sie war stolz darauf, in jedem Land der Erde die geeigneten Stecker für ihren Computer dabeizuhaben. So reiste sie fast pausenlos von Kontinent zu Kontinent.»

Elisabeth Mann Borgese genießt hohes internationales Ansehen. Sie wird vielfach und in mehreren Ländern ausgezeichnet, erhält etliche Ehrendoktorwürden, den «Order of Canada» und das «Große Bundesverdienstkreuz». Ihre Heimatstadt verleiht ihr wie auch schon Golo Mann zuvor 1999 die Medaille «München leuchtet – Den Freunden Münchens» in Gold, und als festlicher Höhepunkt darf Elisabeth Mann Borgese mit Oberbürgermeister Ude auf dem Oktoberfest Achterbahn fahren.

Mit Königin Beatrix der Niederlande, 1998

Mit dem spanischen König Juan Carlos in Madrid

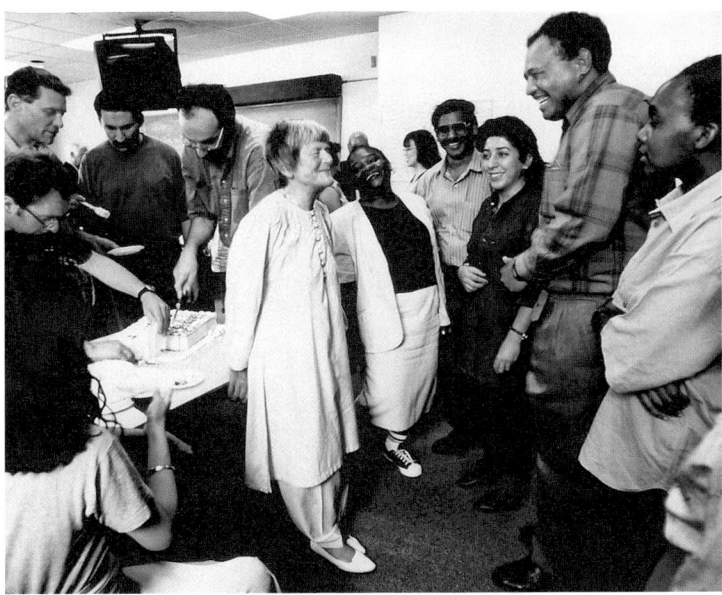

Mit Studenten an
der Dalhousie University,
1996

Verleihung der
Ehrendoktorwürde der
Yokohama City University,
Japan 1999

Verleihung der Medaille
«München leuchtet» durch
Oberbürgermeister Ude,
1999

Ihr politisches Engagement richtet sich strikt gegen eine Ausrichtung an rein wirtschaftlichen Interessen. Sie plädiert für die Stärkung lokaler und regionaler Initiativen, und sie unterstützt aktiv die Arbeit von NGOs, Non-Governmental Organizations. Ihrem 1999 erschienenen Buch «Mit den Meeren leben» stellt sie ein Motto von Mahatma Gandhi voran, das sich als das basisdemokratische, in die Zukunft weisende Credo Elisabeth Mann Borgeses lesen lässt:

In dieser Struktur, welche aus unzähligen Dörfern besteht,
wird es immer weitere, niemals aufsteigende Kreise geben.
Das Leben wird keine Pyramide sein, deren Spitze vom unteren Teil getragen wird.
Es wird ein Kreis der Meere sein; sein Mittelpunkt ist der Einzelne, der immer bereit ist, für sein Dorf zu sterben,
und letzteres ist bereit, für den Kreis der Dörfer zu sterben,
bis das Ganze zuletzt ein Leben wird, welches aus Einzelnen besteht, die niemals aggressiv und arrogant werden,
sondern immer demütig,
weil sie den majestätischen Kreis der Meere teilen,
dessen untrennbarer Teil sie sind.
Deshalb verleiht der äußere Umfang keine Macht,
den inneren Kreis zu zermalmen,
sondern er gibt Kraft allen in seinem Inneren
und bezieht daraus seine eigene Stärke.

Die letzte Mann

Elisabeth Mann Borgese
(3. v. l.) mit dem
Filmemacher Eberhard
Görner (rechts neben ihr)
in Halifax

Sie wollte es nie sein: Repräsentantin oder
gar Sprecherin ihrer Familie – der Manns.
Viele Jahrzehnte lang lehnte Elisabeth es
ab, sich über Thomas und Katia, Klaus
und Erika, Golo, Heinrich und alle anderen ausforschen zu lassen. Die meisten
Briefe und Anfragen, die sie im kanadischen Halifax erreichten, beantwortete sie
gar nicht. Sie wollte keinen Vorteil daraus
ziehen, das Kind eines weltberühmten
Schriftstellers zu sein; und außerdem fand

Vor dem Buddenbrookhaus
in Lübeck

sie, es sei doch längst genug gesagt und
geschrieben worden über ihre «amazing
family».

Doch einige Zeit nach Golos Tod ändert
sich ihre Einstellung. Dazu trägt maßgeblich bei, dass sie sich über manche Kli-
schees, die das öffentliche Bild der Manns
zunehmend bestimmen, ärgert. «Ich habe
mich als das letzte lebende Familienmitglied verpflichtet gefühlt, ein paar Dinge
zurechtzurücken», erklärt sie 2001 in einem Interview, zum Beispiel: «Dass meine
Eltern schlechte Eltern gewesen seien.
Lieblos. Das ist, wie man auf Englisch so
schön sagt, bullshit! Und das zweite, das
so wahnsinnig übertrieben wurde: die Homosexualität meines Vaters. Okay – er war
wie viele Künstler vermutlich bi, aber die
große Liebe meines Vaters war meine
Mutter. Daran habe ich nicht den gerings-
ten Zweifel.»

Dem Publizisten Eberhard Görner gelingt
es, sie zu ausführlichen Interviews vor
die Kamera zu holen; 1997 wird sein Film
«Botschafterin der Meere – Elisabeth
Mann Borgese» fertig. Für den Norddeut-
schen Rundfunk führt Marianne Scheuerl
ein Gespräch mit Elisabeth, das 1999 unter dem Titel «Mein Leben» auch als Hör-

Mit Heinrich Breloer (hinten rechts), dessen Koautor Horst Königstein sowie der Schauspielerin Katharina Eckerfeld, die im Dokudrama «Die Manns» die Rolle der «Medi» spielte

Vor einem alten Familienbild im Buddenbrookhaus

buch herauskommt. Im selben Jahr entsteht im Auftrag des Bayerischen Rundfunks eine Interviewsendung von Wolf Gaudlitz: «Mein Vater der Zauberer – meine Liebe das Meer». Die Journalistin Kerstin Holzer schließlich veröffentlicht im Spätsommer 2001 eine erste Biographie Elisabeth Mann Borgeses in Buchform.

Dem Filmemacher Heinrich Breloer ist es vorbehalten, Elisabeth Mann Borgese in ungeahnter Intensität und Ausführlichkeit zum Sprechen zu bringen. In seinem im Dezember 2001 ausgestrahlten TV-Dreiteiler «Die Manns – ein Jahrhundertroman» wird sie zur Kronzeugin.

Für Breloers Dokudrama ist «Medi» ein Glücksfall: eine bezaubernde, vitale alte Dame begleitet die Zuschauer an die wichtigsten Stätten der Familiengeschichte – von Lübeck und München bis nach Sanary und Küsnacht, von dort nach Princeton, Pacific Palisades, Cannes und Kilchberg. Mit behutsamen Kommentaren und einem unwiderstehlichen Lächeln führt sie das Publikum durch das Jahrhundert der Manns. Sie doziert nicht, sondern lässt den Betrachter teilhaben an ihrem Nachdenken, ihren Gefühlen, ihren Erinnerungen.

Nach diesem Auftritt brechen alle Dämme: Thomas Mann und die Seinen sind wieder einmal in aller Munde, und Elisabeth steht mitten im Blitzlichtgewitter. «Ich glaube, die Deutschen sind verrückt geworden», schreibt sie in einem Brief nach der ersten Ausstrahlung der Filmreihe. Sie kann sich vor Einladungen und Anfragen nicht mehr retten. Die «letzte Mann» ist ein öffentliches Ereignis geworden.

Heinrich Breloer schreibt später, Elisabeth sei «erfreut, aber auch verwundert» gewesen über «die Wärme und Begeisterung, mit der so viele Menschen und die Kritik gerade auch sie selbst als Person angenommen haben». Mit einem Mal sei sie bei ihren Besuchen in Deutschland auf der Straße, im Hotel oder am Flughafen erkannt, freundlich angesprochen und beglückwünscht worden. In einem Brief schreibt er ihr: «Du hast jetzt eine Liebesgeschichte mit Deutschland angefangen und die Deutschen mit Dir!»

«Überall zu Hause oder nirgends»

Auf einer Bootsfahrt vor Halifax, um 2000

Der Internationale Seegerichtshof (ISGH) in Hamburg, der 2000 fertig gestellt wurde

Für den Schutz der Meere hat sich Elisabeth Mann Borgese über dreißig Jahre ihres Lebens stark gemacht. In Halifax lebt und arbeitet sie am Meer: «Die Aussicht von meinem Schreibtisch aus ist wie die von einem Schiff, und bei Flut umspült das Meer meinen Gartenzaun. In Nova Scotia kann man stundenlang spazierengehen, und man begegnet keiner Menschenseele, keinem Auto, nicht einmal ein Telefonmast ist zu sehen. Nur Strand, Felsen, Wälder und natürlich das Meer.»

Sie selbst sieht bei der Wahl ihrer Lebensaufgabe zwei Strömungen zusammenfließen. Die tiefe Liebe zum Meer hat sie vom Vater geerbt: «Es wurde mir zwar erst viel später bewußt, aber das Liebesverhältnis meines Vaters zum Ozean muß mich tiefgreifend beeinflußt haben.» Die intellektuelle Basis wurzelt in Giuseppe Antonio Borgeses Einsatz für eine Weltdemokratie ohne nationalistisches Machtgebaren. Zusammen mit Arvid Pardo hat sie die Idee einer Welt als «gemeinsames Menschheitserbe» auf das Meer übertragen: «Daß die Utopien, an denen mein Mann und ich gearbeitet haben, sich schnell verwirklichen lassen, das haben wir nie geglaubt. […] Aber ich muß sagen, daß wir mit dem Seerecht unserer Utopie sehr viel nähergekommen sind als jemals in der Vergangenheit. Denn das Seerechtsübereinkommen […] ist eine Art von Weltverfassung.» Von sich selbst spricht Elisabeth Mann Borgese als «shortterm pessimist» und «longterm optimist» – auf kurze Sicht sei sie Pessimist, auf lange Optimist. Das nach jahrzehntelangem Einsatz 1994 in Kraft getretene Seerechtsübereinkommen scheint ihr Recht zu geben. In ihm werden zwar die uneingeschränkte Hoheitsgewalt im Küstenmeer, eine beschränkte Seehoheit in einer auf 200 Seemeilen ausgedehnten Wirtschaftszone und die Seefreiheit auf hoher See festgeschrieben, der Meeresboden und seine Ressourcen aber zum gemeinsamen Erbe der Menschheit erklärt. Im Zuge des neuen Seerechts ist zur Streitbeilegung zwischen Staaten der Internationale Seegerichtshof in Hamburg eingerichtet worden.

Blick von Elisabeth
Mann Borgeses Haus auf
Sambro Head

Heute sind die Manns mit ihren Nachkommen zu einer internationalen Familie geworden. Ihre weit verzweigten Wurzeln reichen aber schon vor 1933 bis nach Brasilien zurück, bis hin zu Thomas' und Heinrichs Mutter Julia da Silva-Bruhns. Als «Weltbürgerin» hat sich Elisabeth Mann Borgese, die sich schon als junge Deutsche für den «Paneuropa»-Gedanken begeistern konnte, immer verstanden. Durch den Gang der Geschichte das Weltbürgertum auch leben zu müssen verlangt mehr als Idealismus. «Ich bin in meinem Leben so oft abgereist, und habe so oft Abschied genommen, dass ich gegen den Tod eigentlich einigermassen immunisiert sein sollte», so Golo Mann. «Menschen meiner Art [...] werden entweder *überall* zu Hause sein oder *nirgends*», hielt sein zwischen den Sprachen entwurzelter Bruder Klaus einmal fest. In den Wirren der Kapriolen schlagenden Weltgeschichte wurden die Manns heimatlos. Die leidvolle Erfahrung des Exils münzt Elisabeth Mann Borgese mit der ihr eigenen Neugier auf das Unbekannte für sich in ein positiv erfahrenes Weltbürgertum um. Sie selbst bezeichnet sich als das Kind unter den Geschwistern, dem am meisten Glück widerfahren sei.

Für ihr bis zuletzt nicht versiegendes Engagement wird die rund um den Globus reisende «Botschafterin der Meere» 2001 noch für den Friedensnobelpreis nominiert. Am 8. Februar 2002 erliegt Elisabeth Mann Borgese in St. Moritz einer Lungenentzündung. Beigesetzt wird sie im Familiengrab in Kilchberg. In seiner Begräbnisrede schreibt der Freund Peter K. Wehrli über Elisabeth Mann Borgese und ihr Leben: «‹*Überall ist alles anders!*› [...]

Und weil man alles das, was anders ist, jedes Mal neu erlebt, katapultiert man sich in die eigene Kindheit, in jene Zeit, in der man alles zum erstenmal wahrgenommen hat. Und die Folge dieses Satzes: Reisen ist nichts anderes als die Suche nach der verlorenen Unschuld. Sie wieder zu erlangen, reisen wir, – eben: weil überall alles anders ist.»

Anhang

Zitatnachweise

Bei den Zitatnachweisen werden Kurztitel und Siglen verwendet, die in den Rubriken Primärliteratur, Weitere Literatur und Neue Medien der Bibliographie vollständig genannt sind. Auch die Angaben zu Erscheinungsjahr und -ort, auf deren Nennung hier verzichtet wurde, finden sich dort. Zudem finden folgende Siglen Verwendung:

EM = Erika Mann
EMB = Elisabeth Mann Borgese
GM = Golo Mann
HM = Heinrich Mann
KAM = Katia Mann
KM = Klaus Mann
MIM = Michael Mann
MOM = Monika Mann
TM = Thomas Mann

MON = Literaturarchiv der Monacensia, Stadtbibliothek München
SLA = Schweizerisches Literaturarchiv, Bern
TMA = Thomas-Mann-Archiv der ETH Zürich

Die unveröffentlichten Quellen aus diesen Archiven sind im Einzelnen nachstehend im Zitatnachweis aufgeführt, ebenso alle ungedruckten Materialien aus anderen Archiven oder Privatsammlungen. Die Zitierweise folgt der jeweils verwendeten originalen Rechtschreibung. Leichte Veränderungen an den Zitaten bleiben die Ausnahme. Um den Lesefluss nicht zu behindern, wurden zum Teil die Groß- bzw. Kleinschreibung am Zitatanfang und in Fällen kürzerer Zitate die Deklination angeglichen sowie in noch selteneren Ausnahmen gröbere orthographische Fehler aufgehoben.

Einführung

13 *Was für eine sonderbare:* KM, Tb 1936–37, S. 61
Jemand wie ich: Eintrag vom 20. September 1918, in: TM, Tb 1918–21, S. 11
Solange Menschen meiner: TM, [Katia Mann zum siebzigsten Geburtstag], in: TM, GW XI, S. 526
Ich habe in meinem Leben: KAM, Memoiren, S. 175
Alle auf die Couch!: Die Woche, Hamburg, 7. Dezember 2001
Ist es nicht schön: Signe Scanzoni, «Als ich noch lebte!» Ein Bericht über Erika Mann, S. 86, Typoskript in: MON
14 *Seine Geschwister erleidet:* GM an Marcel Reich-Ranicki, 1. Februar 1988, in: GM/Reich-Ranicki, Enthusiasten der Literatur, S. 113
Also, daß ich dem: Udo Reiter, Golo Mann erinnert sich. Historiker geht noch, sagte Mutter Katja. Fragen zum 75. Geburtstag, in: Rheinischer Merkur/ Christ und Welt, Nr. 12, 23. März 1984, zit. nach Sprecher/Gutbrodt (Hg.), Die Familie Mann, S. 190
etwas unbeschreiblich Seltenes: TM an HM, 27. Februar 1904, in: TM/HM, Briefwechsel 1900–1949, S. 97f.
15 *bedeutendsten Romandichter der:* Lublinski, Bilanz der Moderne, zit. nach Mendelssohn, Der Zauberer, Bd. 2, S. 1349
Seien Sie meine Bejahung: TM an KAM [Anfang Juni 1904], in: TM, Briefe I, S. 46
vorbestimmte Braut: TM an KAM [Mitte September 1904], in: Ebd., S. 56
eine Verfassung: TM/HM, Briefwechsel 1900–1949, S. 68
strenges Glück: TM, Königliche Hoheit, in: TM, GW II, S. 363
Es ist also: TM an HM, 20. November 1905, in: TM/HM, Briefwechsel 1900–1949, S. 109
Mein Mann war: KAM, Memoiren, S. 33
Erika's Beruf scheint: Eintrag vom 29. September 1918, in: TM, Tb 1918–21, S. 19
Hat einer gewisse: EM, Blitze, S. 100f.
16 *kühnes herrliches Kind:* Übersetzung eines Telegramms von TM an EM, 29. Januar 1947, in: EM, Mein Vater, S. 196
Tochter-Adjutantin: Eintrag vom 1. Februar 1948, in: TM, Tb 1946–48, S. 219
Du fehlst uns: TM an EM, 26. Oktober 1946, in: EM, Mein Vater, S. 190
Jetzt ist es eigentlich: MOM, Versuch über Erika Mann, S. 830
Vergnügten Herzens: TM an Kurt Martens, 19. November 1906, in: TM, Briefe I, S. 68

Ich empfinde: TM an HM, 20. November 1905, in: TM/HM, Briefwechsel 1900–1949, S. 109
Der Nachteil, dem: KM, Kind dieser Zeit, S. 251
17 *Er liebte die ganze:* Klaus Mann zum Gedächtnis, S. 83
Es bleibt immer nur: Ebd., S. 39
Alles macht er sonderbar: KAM zit. nach GM, Erinnerungen I, S. 12
Er ist ein furchtbar: Ebd., S. 13
Golo [...] repräsentierte: KM, Kind dieser Zeit, S. 19
18 *grauen Eminenz vom:* Theo Waigel an GM, 17. Dezember 1990, in: SLA, zit. nach Bitterli, Golo Mann, S. 236
das einzige unter: Klaus Harpprecht, In tiefer Seele traurig, in: Die Zeit, 6. Mai 2004
Im Gegensatz zu seinen: Bitterli, Golo Mann, S. 80
Wer die dreißiger: GM, Vortrag in Brüssel 1966, zit. nach Begegnungen, S. 25
In den Bergen: Hensel/Hage (Hg.), Indiskrete Antworten, S. 199
Für Mönchen, sie wird: MOM, Vergangenes, S. 102
armen Mönchen: zum Beispiel TM an EM, 24. Februar 1942, in: EM, Mein Vater, S. 164
19 *Mönle hat sich nun:* KAM an EMB, 18. Februar 1942, in: MON
abgründiger Faulheit: KAM an KM, 23. Oktober 1944, in: Ebd.
schwach, träge und hochmütig: KAM an KM, 24. Januar 1948, in: Ebd.
Die vielen Geschwister: EM an TM und KAM, 1. Juni 1938, in: EM, Mein Vater, S. 127
professionelle Hobbyistin: Vgl. MOM, Autobiographisches, S. 277
Sie sind das Mitglied: Berthold Spangenberg an MOM, 22. Juli 1982, Kopie in: Rowohlt-Archiv
Rebellische Selbstbehauptung: Graf, Zwei Töchter sehen ihren Vater, in: Graf, An manchen Tagen, S. 318
20 *Ich habe für keins:* TM an Ida Boy-Ed, 13. August 1918, in: TM, Briefe an Otto Grautoff, S. 194
Auf gewisse Weise: KAM an Molly Shenstone, o. D. [1942], zit. nach Jens, Frau Thomas Mann, S. 299
Sie war erwünscht: Heinrich Breloer, Unordnung und späte Liebe, in: Frankfurter Allgemeine Zeitung, Nr. 35, 11. Februar 2002, S. 45
Glückskind: Wehrli, Nachruf auf Elisabeth Mann Borgese, in: Blätter der Thomas Mann Gesellschaft Zürich, Nr. 29, 2000–2001, S. 5
Er war halt: Zit. nach Heinrich Breloer, Unordnung und späte Liebe, in: Frankfurter Allgemeine Zeitung, Nr. 35, 11. Februar 2002, S. 45

21 *Stelle immer wieder:* Eintrag vom 13. Februar 1920, in: TM, Tb 1918–21, S. 378
Unglückselige Manier Bibi's: Eintrag vom 10. Juli 1934, in: TM, Tb 1933–34, S. 466
Würde und Männlichkeit: TM, Unordnung und frühes Leid, in: TM, GW VIII, S. 625
Beharrlichkeit/ernste Arbeit: Eintrag vom 16. Juni 1933, in: TM, Tb 1933–44, S. 113
reizenden: Eintrag vom 15. Juni 1942, in: TM, Tb 1940–43, S. 441

Kapitel 1

23 *Wir sind von Kindheit:* GM, Friedrich von Gentz. Geschichte eines europäischen Staatsmannes, Zürich 1947, S. 17
Mein Sinn für: TM, Lebensabriß, in: TM, GW XI, S. 144
24 *ein Haus, eine Familie:* TM, Lübeck als geistige Lebensform, in: TM, GW XI, S. 387
Wenn ich in: Ebd.
25 *Geboren im Jahre:* TM [Selbstbiographie], in: TM, GW XIII, S. 31
26 *wissenschaftliches Haus mit:* KAM, Memoiren, S. 14
der den Meister: TM, Lebensabriß, in: TM, GW XI, S. 117
27 *Jedermann war entzückt:* TM, Little Grandma, in: TM, GW XI, S. 468
28 *Im Jahre 1905:* TM [Lebenslauf 1930], in: TM, GW XI, S. 414
Geheiratet habe ich: KAM zit. nach GM, Erinnerungen I, S. 19
29 *Jemand wie ich:* Eintrag vom 20. September 1918, in: TM, Tb 1918–21, S. 11
Verantwortlichkeiten des normalen: KM, Der Wendepunkt, S. 22
schreiend unreifen Äußerung: TM, Little Grandma, in: TM, GW XI, S. 470
hatte dem Wunsche: Ebd.
verbalen Fehltritt: Ebd.
Enkel-Schwiegersohn: Ebd., S. 475
30 *Über das Familienereignis:* TM an HM, 20. November 1905, in: TM/HM, Briefwechsel 1900–1949, S. 109
durchdringendes Gefühl von: Ebd., S. 112
Mein Mann war: KAM, Memoiren, S. 33
31 *Lieber Martens:* TM, Briefe I, S. 60
32 *Fortsetzung und Wiederbeginn:* TM an HM, 20. November 1905, in: TM/HM, Briefwechsel 1900–1949, S. 109

Wie innig wir: KM, Der Wendepunkt, S. 27
33 *Das Gespräch zwischen:* Ebd., S. 19
34 *Mein Bruder Klaus:* EM an Frau Gamst, 8. Februar 1960, in: EM, Briefe II, S. 91
Ich war vielleicht zweieinhalb: Ebd.
Wir traten wie Zwillinge auf: KM, Der Wendepunkt, S. 103
36 *Katja's Niederkunft war:* TM an HM, 1. April 1909, in: TM/HM, Briefwechsel 1900–1949, S. 140
In Bad Tölz: EM und MIM, Der kleine Bruder und der große, in: EM, Blitze, S. 462
37 *Alles macht er:* GM, Erinnerungen I, S. 12f.
sonderbar gravitätisches Wesen: Ebd., S. 17
etwas merkwürdig Gesetztes: Ebd., S. 14
So bleibt es: Ebd., S. 25f.
38 *Reisen kann ich:* TM an Walter Opitz, 18. April 1910, in: TM, Briefe I. 1889–1913, S. 449
Am 7.6.1910: Werner Helwig, Zum 70. Geburtstag von Monika Mann. Eine von sechs, in: Rheinische Post, 7. Juni 1980, zit. nach Sprecher/Gutbrodt (Hg.), Die Familie Mann, S. 186
Monika, 7 1/2 Pfund: Notizbuch von Hedwig Pringsheim, 7. Juni 1910, zit. nach Jens, Frau Thomas Mann, S. 78
Moni war ein: Vorstufe eines Artikels von Hermann Kesten zu Monika Manns 60. Geburtstag [Monika Mann 60, in: Süddeutsche Zeitung, Nr. 135, 6./7. Juni 1970], in: MON
39 *Wir lebten sommers:* TM, Lebensabriß, in: TM, GW XI, S. 119f.
40 *Immer, wenn ich:* KM, Kind dieser Zeit, S. 17
Tölz ist das Herz: KM, Der Wendepunkt, S. 48
Kindheitsparadies: MOM an Richard K. Raupach, Bad Tölz, 11. Juli 1960, in: MON
41 *Wir waren vier Kinder:* KM, Kind dieser Zeit, S. 19f.
42 *prätentiöses kleines Etablissement:* KM, Der Wendepunkt, S. 43
herrschaftliches Extraschülchen: KM, Kind dieser Zeit, S. 45
43 *Im übrigen war:* GM zit. nach KAM, Memoiren, S. 59
Wir sehen den Vater: EM und KM, Bildnis des Vaters/ Portrait of our Father, in: EM und KM, Escape to Life, S. 97
44 *Ja, Kinder, es ist Krieg…:* GM, Erinnerungen I, S. 32
Da hieß es plötzlich: KM, Kind dieser Zeit, S. 66
45 *Wohl wußten wir:* Ebd., S. 69
daß unser Leben: GM, Erinnerungen I, S. 56f.
Das Leben hält: Ebd., S. 57
46 *Es war im Krieg:* Ebd., S. 35

Man ließ uns ruhig: KM, Kind dieser Zeit, S. 71f.
47 *Wie seltsam fremd:* KM, Der Wendepunkt, S. 80
Am Vater hatte: GM, Erinnerungen I, S. 41
Die «Betrachtungen» haben: GM an Raymond Aron, 30. September 1975, in: SLA, zit. nach Urs Bitterli, Golo Mann und Thomas Mann: Ein schwieriges Verhältnis, in: Sprecher/Gutbrodt (Hg.), Die Familie Mann, S. 215
48 *Anerkennung verdienen seine:* KMs Zeugnis des Schuljahres 1916/17, in: Archiv Wilhelmsgymnasium
die ersten Versuche: Besondere Schulzensur des Schuljahrs 1916/17 für KM, in: Archiv Wilhelmsgymnasium
Der Schüler zeigt: Eintrag zum Schuljahr 1918/19 für KM auf einem Schulbogen des Wilhelmsgymnasiums mit einer Klassenübersicht, zit. nach Hummel/Chrambach, Erika und Klaus Mann, S. 13
Im ganzen faßt er: Ebd., in: Archiv Wilhelmsgymnasium
im deutschen mündlichen: Besondere Schulzensur des Schuljahres 1918/19 für GM, in: Archiv Wilhelmsgymnasium
Für Literatur (Poesie): Eintrag zum Schuljahr 1919/20 für GM auf einem Schulbogen mit einer Klassenübersicht, in: Archiv Wilhelmsgymnasium
49 *Der einzige Lebenssektor:* KM, Der Wendepunkt, S. 103f.
50 *Sie ist in gewissem:* Eintrag vom 28. September 1918, in: TM, Tb 1918–21, S. 18
Ich habe für keins: TM an Ida Boy-Ed, 13. August 1918, in: TM, Briefe an Otto Grautoff, S. 194
51 *Die Ceremonie in:* Eintrag vom 23. Oktober 1918, in: TM, Tb 1918–21, S. 43
52 *Geboren in wüsten, verstörten:* TM, Unordnung und frühes Leid, in: TM, GW VIII, S. 625
Revolution! Lastwagen voll: KM, Der Wendepunkt, S. 87
Sechs Kinder gingen: TM, Lebensabriß, in: TM, GW XI, S. 118
Eine gnadenlose Jagd: Kolbe, Heller Zauber, S. 309
53 *Ich bins zufrieden:* Eintrag vom 30. September 1918, in: TM, Tb 1918–21, S. 20
die Zärtlichkeit: Eintrag vom 22. April 1919, in: Ebd., S. 209
Fremdheit: Eintrag vom 13. Februar 1920, in: Ebd., S. 378
Ich sehe sie: GM, Erinnerungsstück für Katia Mann, September 1981, S. 2f., Typoskript in: SLA
54 *Wir sind unser sechs:* KM, Der Wendepunkt, S. 102f.
Ich kann sagen: MOM, Vergangenes, S. 35

56 *Weitere Mitglieder:* Mimikbuch zit. nach KM, Kind dieser Zeit, Abbildungsteil o. P.

Kinder-Theater: Vgl. EM, Kinder-Theater, in: EM, Blitze, S. 55 f.

unheimlich-komischen: Eintrag vom 22. Dezember 1919, in: TM, Tb 1918–21, S. 348

57 *Der «Laienbund», von:* TM, [Eine Liebhaberaufführung im Hause Mann], in: TM, GW XI, S. 350 f.

58 *Erziehung ist Atmosphäre:* Eintrag vom 28. September 1918, in: TM, Tb 1918–21, S. 18

Instinkt: GM, Erinnerungen I, S. 97

Wir bildeten eine: KM, Kind dieser Zeit, S. 132

Wir waren auch: GM zit. nach KAM, Memoiren, S. 59

Staunenswert sind seine Kenntnisse: Vermerk des Wilhelmsgymnasiums zum Schuljahr 1920/21 auf einem Schulbogen mit einer Übersicht über die Klassenbesuche GMs, in: Archiv Wilhelmsgymnasium

59 *um einen ungewöhnlich:* Kopie des Briefes in: MON, zit. nach Naumann (Hg.), Ruhe gibt es nicht, bis zum Schluß, S. 45

Manchmal fragen uns: EM und KM, Bildnis des Vaters, in: EM und KM, Escape to Life, S. 98 f.

60 *«Bibi» bedeutet aber:* Vgl. Holzer, Elisabeth Mann Borgese, S. 40

61 *Mein kleiner Bruder:* EMB, Aufstieg der Frau, S. 239 ff.

62 *Man sprach von:* TM, Erinnerungen aus der deutschen Inflation, in: TM, GW XIII, S. 188

der Inflations-Karneval: Ebd.

Da waren spekulative: Ebd., S. 188 f.

Genießen wir die: KM, Der Wendepunkt, S. 171 f.

63 *Alles war ungewiß:* KM, Kind dieser Zeit, S. 223

Typ des jungen Mannes: Ebd., S. 205 f.

Andere kamen und gingen: Ebd., S. 206

64 *daß es ihr:* KM, Kind dieser Zeit, S. 233

Schulwechsel und häufige / der Anstalt / trotz guten und: Abiturzeugnis EMs, in: MON

Aus purer Liebe: EM, Wenn ich an meine Mutter denke …, in: Quick, Jg. 18, Nr. 18, 2. Mai 1965, S. 89, zit. nach von der Lühe, Erika Mann, S. 32

Kapitel 2

67 *Bei uns daheim:* MOM, Vergangenes, S. 53

68 *Das Meer sahen:* EM, Erste Begegnungen mit Berühmtheiten, in: EM, Blitze, S. 97

herrscherlichen Formats: TM, Gerhart Hauptmann, in: TM, GW IX, S. 814

Die Kinder schieden: TM an Ernst Bertram, 28. August 1924, in: Thomas Mann an Ernst Bertram, hg. von Inge Jens, S. 129

Liebes Leben! Du k a n n s t: EM an Pamela Wedekind, 23. Juli 1924, in: EM, Briefe I, S. 11

eine ideelle, eine: TM, Lübeck als geistige Lebensform, in: TM, GW XI, S. 388

Ich sehe mich: EMB, Mit den Meeren leben, S. 17 f.

71 *Sie ist bereits:* TM, Unordnung und frühes Leid, in: TM, GW XI, S. 621

72 *ein sehr reizvolles:* TM, Unordnung und frühes Leid, in: TM, GW VIII, S. 618

Etwa 11-jährig las: MIM, Erinnerungen an meinen Vater, in: Fragmente, hg. von Tubach, S. 149

Sie kommen, wie üblich: TM, Unordnung und frühes Leid, in: TM, GW VIII, S. 624

73 *Im Grunde hat er:* Ebd., S. 625 f.

74 *Der flitterhafte Glanz:* KM, Der Wendepunkt, S. 237

die Schule um: TM, Unordnung und frühes Leid, in: TM, GW VIII, S. 618

Denn wenn es: Entwurf eines Briefes von KM an TM, 3. August 1939, in: MON

76 *intime Distanz oder:* MIM, Erinnerungen an meinen Vater, in: Fragmente, hg. von Tubach, S. 150

Zeiten, in denen: Udo Reiter, Historiker geht noch, sagte Mutter Katja, in: Rheinischer Merkur/Christ und Welt, Nr. 12, 23. März 1984, zit. nach Sprecher/Gutbrodt (Hg.), Die Familie Mann, S. 190

gewaltigen Einfluß: GM an Marcel Reich-Ranicki, 1. Februar 1988, in: Mann/Reich-Ranicki, Enthusiasten der Literatur, S. 111

Der hier angedeutete: KM, Kind dieser Zeit, S. 231

Es ist nicht: Ebd., S. 251

77 *Thema der «Verführung»:* Eintrag vom 4. April 1933, in: KM, Tb 1931–33, S. 129

Natürlich wußten wir: GM, Menschenkenntnis, Menschenfreundschaft – Über Thomas Mann, in: GM/Reich-Ranicki, Enthusiasten der Literatur, S. 253

Entzücken an Eissi: TM, Tb 1918–21, S. 454

Ich war zärtlich: Eintrag vom 25. Mai 1920, in: Ebd., S. 439

78 *succès de scandale:* KM, Der Wendepunkt, S. 228

Star der Hamburger: Ebd., S. 225

eher ein Kampf: Ebd., S. 237

in München beschimpft: Ebd.

Hier können Familien […]: Ebd.

80 *Tatsächlich war die Mutter:* GM, Erinnerungen I, S. 119

81 *Die Schulklassen waren:* Ebd., S. 124

die Persönlichkeit, die: Ebd., S. 145

Kurt Hahn hatte: Ebd., S. 147 f.

82 *Das deutsche «Mündliche»:* Ebd., S. 200

83 *Danach war Müdigkeit:* Ebd., S. 160

Müßte ich eine Dichtung: Ebd., S. 202

welche auf den langsam: Ebd., S. 293

Wallenstein in der neueren: Typskript der Dissertationsschrift für das Staatsexamen in Hamburg, 1932/33, in: SLA

84 *Lebensmitte:* MOM, Vergangenes, S. 13

Pflichterfüllung, Mittelpunkt der: MOM, Mielein. Mütterliche Aphorismen, in: Die Tat, Zürich, 18. Oktober 1969

Die späteren zwanziger: GM, Erinnerungsstück für Katia Mann, September 1981, S. 4, Typoskript in: SLA

85 *Vielen verpflichtet, wie:* KM, Kind dieser Zeit, S. 247

Manchmal glich unser: KM, Der Wendepunkt, S. 242

86 *größtes Interesse an:* KAM, Memoiren, S. 56 f.

gute Partituren: TM, Betrachtungen eines Unpolitischen, in: TM, GW XII, S. 319

Element, das in: TM, [Lebenslauf 1936], in: TM, GW XI, S. 455

Im Zusammenhang mit: MOM, Vergangenes, S. 32

87 *Kinder imitieren entweder:* MIM, Erinnerungen an meinen Vater, in: Fragmente, hg. von Tubach, S. 148

Ich hatte von: MOM, Autobiographisches, S. 276 f. Genau bestimmen lassen sich die Aufenthaltsorte Monika Manns nach dem Schulabschluss in Salem nicht. Sie selbst beschreibt später in einer «Kleinen Lebensbeichte» in «Der Start» ihren frühen Werdegang: «Zwischen 1910 und 1933 absolvierte ich die Prüfungen der ersten Kindheit; eine Privatschule, Volksschule und Höhere Mädchenschule; ein Landerziehungsheim und Sittenpensionat sowie eine Garten- und Kochschule; Musik- und Kunstgewerbeschulen in Frankfurt, München, Lausanne, Paris und Berlin» (ebd., S. 108). Für 1926 lässt sich ein Aufenthalt zum Musikstudium in Lausanne belegen (vgl. Bürgin/Mayer, Thomas-Mann-Chronik, S. 86). Laut Elisabeth Mann hat ihre Schwester Monika in München die Kunstgewerbeschule besucht (vgl. Gaudlitz/EMB, Mein Vater der Zauberer, CD 2, Track 10). Monika Mann selbst erwähnt auch den Besuch einer Kunstschule in Paris (vgl. Vergangenes, S. 58), von wo sie am 18. Dezember 1929 der Schwester Erika schreibt (in: MON). Das Tagebuch von Klaus Mann verzeichnet einen Aufenthalt in Frankfurt Ende 1931 (vgl. Tb 1930–31, S. 20).

88 *Thomas Mann's Twin:* The World, 21. Oktober 1927

89 *Dir wird's auch nicht:* KM, Der Wendepunkt, S. 266

Als, anläßlich einer Weltreise: EM, Mein Leben, in: Radio + Fernsehen, Zofingen, Nr. 27, 1964, in: MON

90 *Einmütig gewöhnt:* TM, Lebensabriß, in: TM. GW XI, S. 139 f.

91 *Medi, die zusammen:* Vgl. Interview mit EMB, Ich bin die einzige, die das noch weiß, in: Frankfurter Allgemeine Sonntagszeitung, Nr. 44, 4. November 2001, S. 55

93 *Wieder die Stimmung:* Eintrag vom 23. Januar 1933, in: KM, Tb 1931–33, S. 111 f.

94 *beängstigend angewachsenen Rechtspartei:* KM, Eltern, S. 305

Sozialistischen Studentengruppe: Vgl. hierzu Bitterli, Golo Mann, S. 32 ff.

Ich aber glaubte lange: KM, Der Wendepunkt, S. 293

Mögen die Literaten: Völkischer Beobachter, 15. November 1930

Der Nazismus erklärte: KM, Der Wendepunkt, S. 362

95 *Auch die Jüngste:* Vgl. EMB, Meine Zeit, S. 110 f.

Ich war gegen: KM, Der Wendepunkt, S. 290

Wo die Jugend: KM, Die Jugend und Paneuropa, in: KM, Eltern, S. 254

Ein begeisterter Paneuropäer: GM, Erinnerungen I, S. 227

96 *Der Eindruck war tief:* TM, Mein Sommerhaus, in: TM, GW XIII, S. 59

merkwürdige Naturphänomen: Ebd., S. 60

ungeheueren Sandwänden: Ebd.

97 *Erlebnis der Ewigkeit:* TM, Lübeck als geistige Lebensform, in: TM, GW XI, S. 394

metaphysischer Traum: Ebd.

Das Element der Epik: TM, Anna Karenina, in: TM, GW IX, S. 623

Währenddessen saß mein Vater: EMB, Mit den Meeren leben, S. 18 f.

Der Inhalt bestand aus: TM, Deutsche Hörer!. in: TM, GW XI, S. 1072

98 *Hatte ich nicht geglaubt:* EM, Typoskript Die Schrift an der Wand, S. 13, in: MON

Frau, die Reportage macht: EM, Frau und Buch, in: EM, Blitze, S. 85

100 *An «Plagiat», einem:* Vgl. Eintrag vom 20. Dezember 1931, in: KM, Tb 1931–33, S. 20

101 *dringendes Anraten:* EM, Mein Leben, in: Radio + Fernsehen, Zofingen, Nr. 27, 1964, in: MON

Für Medi und Bibi: EM, Stoffel fliegt übers Meer, S. 3

Vergnügungs- und Erholungsstrand: EM und KM, Das Buch von der Riviera, S. 7

102 *Fluch der Individuation:* KM, Treffpunkt im Unendlichen, S. 144

Abreisen, abreisen, abreisen: Ebd., S. 13

Heimat von drei: Ebd., S. 48

103 *Schluß mit dem:* KM, Der siebente Engel, in: KM, Der siebente Engel, S. 243

Kaum überholt. Wußte: Eintrag vom 11. April 1939, in: KM, Tb 1938–39, S. 99

104 *Ein aufregender Störungsversuch:* Eintrag vom 13. Januar 1932, in: KM, Tb 1931–33, S. 31

Dies Vorkommnis war es: EM, Die Schrift an der Wand, S. 12 f., Typoskript in: MON

Das Kapitel «Familie Mann»: Völkischer Beobachter, 16. Januar 1932, zit. nach von der Lühe, Erika Mann, S. 88

Das Gesicht der Demokratie: Vgl. ebd., S. 89 ff.

105 *«Chancen» keine Ruhe:* TM an EM und KM, 25. Mai 1932, in: TM, Briefe I, S. 318

das Bejahende [...] unmittelbar: EM an Joseph Brewer, 2. Oktober 1932, in: EM, Briefe I, S. 29

Wie konnte man: KM, Ricki Hallgarten – Radikalismus des Herzens, in: KM, Eltern, S. 391

Morgens, nichts als: KM, Tb 1931–33, S. 118

106 *Symbol des Charakterverfalls / für einen Roman:* Thomas Mann und seine Sprößlinge, in: Völkischer Beobachter, 19./20. August 1928

Muss man fort: Eintrag vom 14. Dezember 1931, in: KM, Tb 1931–33, S. 19

Die Vulgarität seiner Züge: KM, Der Wendepunkt, S. 354

Gegen die Energie: GM, Erinnerungen I, S. 382

Die Familie, minus Erika: GM, Meine Schwester Erika, S. 219 f.

108 *Grosse Stimmung:* Eintrag vom 1. Januar 1933, in: KM, Tb 1931–33, S. 107

ein neues Kabarett: Zit. nach Keiser-Hayne, Pfeffermühle, S. 43

Am 30. Januar: EM, Unterwegs mit der Pfeffermühle, in: EM, Blitze, S. 113

verzweifelten Lustigkeit: KM, Der Wendepunkt, S. 392

109 *31. Januar 1933:* Vgl. Fragmente, hg. von Tubach, S. 11 ff.

Kapitel 3

111 *Von meinen Kindern:* TM [Lebenslauf 1936], in: TM, GW XI, S. 455

112 *Die jüngste Tochter:* Vgl. Gaudlitz/EMB, Mein Vater der Zauberer, CD 2, Track 9

113 *Als von allen:* EM und KM, Escape to Life, S. 17

Beginn der Emigration: Eintrag vom 13. März 1933, in: KM, Tb 1931–33, S. 124

Verunglimpfung: Protest der Richard-Wagner-Stadt München, in: Münchner Neueste Nachrichten, 16./17. April 1933, zit. nach Wysling/Schmidlin (Hg.), Thomas Mann, S. 316

114 *Hauptstadt der deutschen:* Marcuse, Mein zwanzigstes Jahrhundert, S. 179

französischen Badeorten: Benn, Antwort an die literarischen Emigranten, in: Deutsche Allgemeine Zeitung, 25. Mai 1933, zit. nach: Benn, Gesammelte Werke, Bd. III, S. 1697

116 *Es war nun:* GM, Erinnerungen I, S. 536

Normalerweise verlief mein: GM, Erinnerungen II, S. 24

117 *Zählte ich mich:* Ebd., S. 73

120 *erhabenes Beispiel:* KM an Stefan Zweig, 19. September [1927], in: KM, Briefe, S. 51

der prächtige Alte: Eintrag vom 12. Februar 1935, in: KM, Tb 1934–35, S. 96

le père Gide: Eintrag vom 1. November 1932, in: KM, Tb 1931–33, S. 87

das offene Wort: KM, Der Streit um André Gide, in: KM, Wunder, S. 94

Im Stich gelassen: Eintrag vom 16. Oktober 1933, in: KM, Tb 1931–33, S. 175

Das historische Ereignis: KM an Alfred Neumann, 6. April 1934, in: KM, Briefe, S. 170

Die aus Deutschland: Die Neue Literatur, November 1933

Mein Ehrgeiz war: KM, Der Wendepunkt, S. 413

122 *gepfefferter denn je:* Ebd., S. 413 f.

123 *Wir waren Fremde:* EM, Versuch einer Outline für eine geplante Fernsehsendung, in: MON, zit. nach Hummel/Chrambach, Erika und Klaus Mann, S. 33

Sie machen zehn: Joseph Roth an EM, Frühjahr 1935, in: EM, Briefe I, S. 66

124 *Erikas geistige und:* Eintrag vom 30. September 1933, in: TM, Tb 1933–34, S. 199

Der Erfolg der «Pfeffermühle»: Ebd., S. 210

Erikas Produktion flößte: Ebd., S. 370

politisches Hetzkabarett: Die Front, Ende Oktober 1934, zit. nach Keiser-Hayne, Pfeffermühle, S. 155

Ach, diese Presse-Schufte: Eintrag vom 5. Januar 1937, in: KM, Tb 1936–37, S. 97

Erstens konnten die: Zit. nach Keiser-Hayne, Pfeffermühle, S. 189

das erfolgreichste und: KM, Der Wendepunkt, S. 392

126 *ehrende Geste:* KM, Ich soll kein Deutscher mehr sein, in: KM, Zahnärzte, S. 217

geistige Urheberin: Zit. nach Keiser-Hayne, Pfeffermühle, S. 161

würdelosen Darbietungen: Ebd.

Seinen Namen hörte: GM, In memoriam W. H. Auden, in: GM, Zeiten und Figuren, S. 269

127 *Mein Mann:* EM, Briefe I, S. 69 f.

128 *Die Villa in Küsnacht:* KM, Der Wendepunkt, S. 420 f.

130 *Sorge und Kummer:* Eintrag vom 12. November 1934, in: TM, Tb 1933–34, S. 565

versessenem Klavier-Üben: Eintrag vom 1. Juli 1934, in: Ebd., S. 455

Meine Beziehung zu: Hermann (Hg.), Die Meer-Frau, S. 48 f.

zahlreichen Familienwanderungen: EMB an Herrn Director Fischer, 19. August 1957, in: Archiv des Freien Gymnasiums Zürich

eigensinnigen Willen, Landshoff: Eintrag vom 10. März 1937, in: TM, Tb 1937–39, S. 38

Ich wollte Musikerin: EMB, Aufstieg der Frau, S. 241

132 *Es ist mir:* Eintrag vom 6. Oktober 1933, in: TM, Tb 1933–34, S. 213

Lange mit Bibi: Eintrag vom 21. Juli 1938, in: KM, Tb 1938–39, S. 54

Bubenstreich Bibi's mit: Eintrag vom 14. April 1936, in: TM, Tb 1935–36, S. 291

133 *Michael sollte Musiker:* KAM, Memoiren, S. 120

134 *Schutzjude:* Leopold Schwarzschild im Neuen Tage-Buch, 11. Januar 1936, zit. nach Wysling/Schmidlin (Hg.), Thomas Mann, S. 330

Als Resümee bleibt: EM an TM, 19. Januar 1936, in: EM, Briefe I, S. 73 f.

135 *Romanindustrie:* Zit. nach Wysling/Schmidlin (Hg.), Thomas Mann, S. 332

136 *Denn die Manns sind:* Mit Thomas und Katia Mann wurden die vier jüngsten Kinder ausgebürgert. Thomas Mann betont, dass er mit dem Erwerb der neuen Staatsbürgerschaft automatisch aus dem deutschen Staatsverband ausgeschieden sei (Tb 1935–36, S. 647). Zusammen mit Elisabeth und Michael leisten die Eltern am 19. November 1936 im Tschechischen Konsulat in Zürich ihren Eid auf die Verfassung und sind damit tschechische Staatsbürger. Golo und Klaus erhalten 1937 die tschechische Staatsbürgerschaft, Monika 1938. Erika war bereits britische Staatsbürgerin.

137 *Ihr Brief trug:* GM an Eva Herrmann, 20. Dezember 1936, in: Privatsammlung Günther Weishaupt

139 *Beleidigung, Verächtlichmachung und:* Aus der Urteilsbegründung des Bundesverfassungsgerichts, 24. Februar 1971, zit. nach: Mephisto. Die Entscheidung des Bundesverfassungsgerichts, S. 17

Affe der Macht: KM, Mephisto, S. 376

140 *schauerliche Lustbarkeit:* Ebd., S. 77

141 *Man begreife doch:* KM, Homosexualität und Faschismus, in: KM, Zahnärzte, S. 239 ff.

142 *einigermaßen fremd:* Udo Reiter, Historiker geht noch, sagte Mutter Katja, in: Rheinischer Merkur/

Christ und Welt, Nr. 12, 23. März 1984, zit. nach Sprecher/Gutbrodt (Hg.), Die Familie Mann, S. 190

In seinen Ernst: TM an Ferdinand Lion, 12. Juli 1939, in: TM, Briefe II, S. 103

143 *Empfinde wieder sehr:* Eintrag vom 25. Februar 1937, in: KM, Tb 1936–37, S. 110

144 *Eigenartig war sein:* MOM, Vergangenes, S. 72 f.

145 *Vorübergehend ist Lányi:* Die biographischen Angaben folgen Wendland, Biographisches Handbuch deutschsprachiger Kunsthistoriker im Exil, Teil 2, S. 419 f.

Posthum erscheint eine: Horst Woldemar Janson, The sculpture of Donatello. Incorporating the notes and photos of Jenö Lányi, Princeton 1957

Kinder ich sags: KM an KAM, 1. Juni 1938, in: KM, Briefe, S. 357

Lányi zu heiraten: Eintrag vom 24. August 1937, in: KM, Tb 1936–37, S. 154

147 *Die Profession des:* KM, Der Wendepunkt, S. 500 f.

149 *Es ist nicht leicht:* EMB, Goliath, S. 153 f.

150 *ganz zufällig und:* MOM an Alfred und Kitty Neumann, 13. April 1938, in: MON

Wir haben jetzt: Robert Musil an TM, nach Mitte November 1938, in: Musil, Briefe 1901–1942, S. 885. Gemeinsame Bekannte hatten Jenö Lányi und Robert Musil in Rolf Langnese und dem Verleger Rudolf Hirsch gefunden. Vgl. die Anmerkung Adolf Frisés in: Musil, Tagebücher. Anmerkungen, S. 586: «R[olf] L[angnese] hat R[obert] M[usil] während des Schweizer Exils, offenbar von Fall zu Fall, finanziell unterstützt. [...] Langneses Mutter hatte Lanyi in ihre Familie aufgenommen; er war in den Hungerjahren nach dem Krieg mit anderen Kindern aus Ungarn in die Schweiz eingeladen worden und blieb dann in der Schweiz.» Zu Rudolf Hirsch vgl. die Angaben ebd., S. 1247. Zu ihrer Hochzeit in London vgl. Robert Musil an MOM [17. Februar 1939], in: Musil, Briefe 1901–1942, S. 942 f. Vgl. des weiteren Musil, Tagebücher. S. 938, und Musil, Tagebücher. Anmerkungen, S. 705 und S. 1246 ff. Zur Datierung der Hochzeit Adolf Frisé zufolge vgl. Musil, Briefe 1901–1942. Kommentar, S. 362.

151 *Wohl aber darf:* Zit. nach dem Wiederabdruck in: GM, Zeiten und Figuren, S. 10 f.

152 *erster Kontakt mit:* KM, Der Wendepunkt, S. 534

153 *mit Soldaten, Arbeitern:* Ebd., S. 535

Die Eindrücke, die: KM an Hermann Hesse, 2. Juli 1938, in: KM, Briefe, S. 362

Sie sind voller: TM an Bolko von Hahn, 24. Juli 1938, in: TM, Briefe II, S. 52

Prolog oder erster: KM, Der Wendepunkt, S. 534

Incipit tragoedia: Ebd.

Kapitel 4

155 *Wir werden nach:* KM, A Family against a Dictatorship, in: KM, Wunder, S. 260

156 *Europa ist eng:* EM und KM, Escape to Life, S. 233

So gut wie: Ebd., S. 8

157 *Grosse Komposition aus:* Eintrag vom 20. August 1936, in: KM, Tb 1936–37, S. 69 f.

Schon mitten drin: TM an KM, 22. Juli 1939, in: TM, Briefe II, S. 106

Das Schönste an: Jenö Lányi an Klaus Mann, 30. [August] 1939, in: MON

158 *wahre Geschichten:* EM, Wenn die Lichter ausgehen, S. 267

Momentaufnahmen, wenn: Ruth Klüger, Von außen, von innen, in: Die Welt, 19. März 2005

ganz vom deutschen: EM, Wenn die Lichter ausgehen, S. 221

City of Flint: Vgl. von der Lühe, Nachwort, in: Ebd., S. 274 f.

unsinnige Hoffnung, dass: EM an KM, 2. September 1939, in: MON

160 *Ich, Michael und:* Zit. nach Fragmente, hg. von Tubach, S. 19

161 *Liebe Mielein –:* MIM an KAM, 9. Oktober 1939, in: Privatsammlung Frido Mann [Druck: Fragmente, hg. von Tubach, S. 20 f.]

162 *Nein, ich kannte:* Hermann (Hg.), Die Meer-Frau, S. 25

New York. Vorgestern: Eintrag vom 25. November 1939, in: KM, Tb 1938–39, S. 144

Borgese sieht jünger: EM und KM, Escape to Life, S. 379

vulkanischen Mann: Eintrag vom 13. Dezember 1944, in: TM, Tb 1944–46, S. 134

163 *Genien abendländischer Kultur:* KM, Der Wendepunkt, S. 545

Symbol unserer Epoche: Übersetzung von Giuseppe Antonio Borgese an TM, 2. Juni 1939, in: MON

164 *Wie geschah ihm nun?:* HM, Ein Zeitalter wird besichtigt, S. 480

Unser Dasein bestand: Ebd., S. 478 f.

165 *Lissabon, der einzige:* EM, In Lissabon gestrandet, in: EM, Blitze, S. 183

Der Blick auf Lissabon: HM, Ein Zeitalter wird besichtigt, S. 485

166 *Diese große Stadt:* MOM, Vergangenes, S. 75

167 *Niemals zuvor ist:* EM, Eine Nacht in London, in: EM, Blitze, S. 182

Gerade habe ich: TM, Briefe II, S. 153

Am Freitag, den 13. *September:* Vgl. Barker, Children of the Benares, S. 26

168 In der Nacht vom 17. September: Ebd.

Bei der Schiffstragödie: Ebd., S. 161

Müde des ewigen: Bermann Fischer, Bedroht – Bewahrt, S. 188

Trauernachricht von der: Eintrag vom 22. September 1940, in: TM, Tb 1940–43, S. 153

Nachricht, daß R. Olden: Eintrag vom 23. September 1940, in: Ebd.

Morgens Kabel von: Eintrag vom 24. September, in: Ebd.

Sturm und Wellen: EM an KAM, 24. September 1940, in: MON

169 *Die sehr grauenvolle:* Eintrag vom 26. September 1940, in: KM, Tb 1940–43, S. 65

Das der Schwester: Dank für den freundlichen Hinweis von Fredric Kroll, Typoskript in: MON

170 *Das Schiff, voll:* Eintrag 13. Oktober 1940, in: KM, Tb 1940–43, S. 68

Heinrich Mann, der: New York Times, 14. Oktober 1940, zit. nach: GM, Erinnerungen II, S. 275

Schnelles Wiederanknüpfen abgebrochenen: Eintrag vom 13. Oktober 1940, in: KM, Tb 1940–43, S. 68

171 *Es bedrängte mich:* MOM, Vergangenes, S. 76 ff.

172 *Literatur und Bohème:* GM, Erinnerungen an meinen Bruder, S. 647

acht Jahre früher: Ebd.

[1941] wohnte ich: GM, In memoriam W. H. Auden, in: GM, Zeiten und Figuren, S. 272

ist Gift für mich: GM an Manuel Gasser, 19. September 1941, in: SLA, zit. nach Bitterli, Golo Mann, S. 79

Der Überfluß und Übermut: MOM, Vergangenes, S. 79 f.

173 *Dieses sonderbare Haus:* KM, Tb 1940–43, S. 67

Die All-Stadt, in der: MOM, Vergangenes, S. 102 f.

174 *Wir nennen diese Zeitschrift:* KM, Decision, in: KM, Zweimal Deutschland, S. 239

wohl wirklich die beste: Klaus Mann zum Gedächtnis, S. 8

Ich bin furchtbar traurig: KM an KAM, 3. Januar 1942, in: KM Briefe, S. 474

aufzuwecken: Kroll, Klaus-Mann-Schriftenreihe, Bd. 5, S. 293

176 *Die Gesellschaft wird:* TM an EM, 24. Februar 1942, in: EM, Mein Vater, S. 164

für deren Gunst: TM an Hermann Hesse, 15. März 1942, in: TM, Briefe II, S. 250

transplantierte, zerspaltene, frustrierte: GM an Erich von Kahler, undatiert, in: Deutsches Literaturarchiv, Marbach am Neckar, zit. nach Bitterli, Golo Mann, S. 79

Ich war in den letzten: Brief vom 10. Juli 1941, in: Ebd., zit. nach Bitterli, Golo Mann, S. 80

177 *Es ist ganz gut:* Brief vom 3. Oktober 1941, in: Ebd., zit. nach Bitterli, Golo Mann, S. 83

Emigranten-Ghettos: Brief vom 19. Oktober 1941, in: SLA, zit. nach Bitterli, Golo Mann, S. 84

Es war harte Arbeit: GM an Joseph Brewer, 22. März 1975, in: SLA, zit. nach Bitterli, Golo Mann, S. 85

178 *Denke auch schon:* EM, Mein Vater, S. 151

unlösbaren Problem: KAM an KM, 11. Januar 1942, in: MON

das Zusammenleben mit: KAM an KM, 23. September 1941, in: Ebd.

wirklich bitter, dass: KAM an KM, 11. Januar 1942, in: Ebd.

zu hart wäre: Ebd.

179 *Urmimchens Putzvasen:* EM an KAM und TM, 11. Januar 1943, in: EM, Mein Vater, S. 168

Sie lebt aber: KAM an KM, 19. Februar 1945, in: MON

schwierigster Grenzfall: Eintrag vom 25. September 1941, in: TM, Tb 1940–43, S. 325

180 *Telegramm von Bibi:* Eintrag vom 31. Juli 1940, in: TM, Tb 1940–43, S. 124

182 *Wir sind zusammen:* Breloer, Unterwegs zur Familie Mann, S. 176

Lebensdinge … Zehn Tage: TM, Die Entstehung des Doktor Faustus. Roman eines Romans, in: TM, GW XI, S. 215

183 *Borgeses lautes und:* Holzer, Elisabeth Mann Borgese, S. 119

ein sehr harmonisches: Ebd., S. 113

184 *Von mir kommen:* KM, Der Wendepunkt, S. 545 f.

Und das B a b y : KM, Tb 1940–43, S. 59

Ich bin müde : KM, Der Wendepunkt, S. 591

Kommentator, Warner, Propagandist: Übersetzung aus KM, The Turning Point, S. 362

185 *wichtiges, einschneidendes Ereignis:* KM, Erklärung zum Kriegseintritt der USA, in: KM, Zweimal Deutschland, S. 373

186 *Als gesitteter Mensch:* KM, Der Wendepunkt, S. 563 f.

die gerechte Sache: KM an GM, 10. November 1939, in: KM, Briefe, S. 400

Überdrüssig der Freiheit: KM, Der Wendepunkt, S. 608

187 *Du bewährst Dich:* TM an KM, 27. April 1943, in: KM, Briefe, S. 508

jedem Cohn und Müller: Eintrag vom 1. Juli 1943, in: KM, Tb 1940–43, S. 147

188/189 Alle Zitate nach Flugblättern und Typoskripten aus dem Nachlass KMs, in: MON

190 *Als Kairoer Korrespondentin:* Weiss, Flucht ins Leben, S. 147 ff.

Trotz der angespannten: EM, Back From Battle, in: The Toronto Star Weekly, 8. Juli 1944, zit. nach: Ebd., S. 149

Es ist etwas paradox: EM: Ausgerechnet Ich/I Of All People, in: EM, Blitze, S. 12 ff.

192 *Golo ist nun auch:* TM/Agnes Meyer, Briefwechsel 1937–1955, S. 504

Klaus ist nun citizen: Ebd., S. 520

Was mich betrifft: Privatsammlung Günther Weishaupt. Im Original steht versehentlich psysische Müdigkeit statt «physische» – wohl ein Tippfehler.

Hier wird es nun: GM an Eva Herrmann, 10. Oktober 1943, in: Ebd.

Informationen von militärischem: Bitterli, Golo Mann, S. 86

Tatsächlich habe ich: GM an Leopold Steurer, 3. Oktober 1988, in: SLA, zit. nach Bitterli, Golo Mann, S. 91

Kapitel 5

195 *Heimkehr oder Exil:* KM, Der Wendepunkt, S. 604 f.

196 *Die Zerstörung spottet:* Übersetzung des Briefes KMs an TM, 16. Mai 1945, in: KM, Briefe, S. 777

197 *You Can't Go:* KM, You Can't Go Home Again! It Was More Than An Assignment, Reporting On The Old Home Town, in: The Stars and Stripes, Rom, 20. Mai 1945. Vgl. die Übersetzung «Es gibt keine Heimkehr!», in: KM, Posten, S. 224–230

Vier Jahre später: Heißerer, Im Zaubergarten, S. 265. Vgl. ebd. zu den weiteren Informationen

198 *Meine alten Landsleute:* KM, Posten, S. 156

KZ zum Vorzeigen: KM, Ein KZ zum Vorzeigen, in: Ebd., S. 230–234

Nazi: KM, Drei deutsche Meister, in: Ebd., S. 312

Mein Gewissen ist: Ebd., S. 311

korrekte, um nicht: Ebd., S. 306

199 *den Greueltaten in:* KM, Göring wirbt um Mitgefühl, in: Ebd., S. 223

Doch was konnte: KM, Sind alle Deutschen Nazis?, in: Ebd., S. 257

Stimme der Autorität: KM, Unsere Aufgabe in Deutschland, in: Ebd., S. 218

200 *Alien Homeland:* Typoskript in: MON

deutschen Zustände: Vgl. EM, Deutsche Zustände, in: EM, Blitze, S. 377ff.

201 *Rosenberg murmelte Pfui [...]!:* EM an KAM, 22. August 1945, in: EM, Briefe I, S. 207

Erikas Intransigenz, bewundernswert: GM an Marcel Reich-Ranicki, 30. Dezember 1985, in: GM/Reich-Ranicki, Enthusiasten der Literatur, S. 97

202 Als ehemaliger Deutscher: Zum Wiederaufbau des deutschen Rundfunks vgl. AsKI (Hg.), Rückkehr in die Fremde?

203 *War er im Herzen:* KM, Der Liebling von Berlin, in: KM, Posten, S. 330

Berlins unverwüstlicher Liebling: Ebd., S. 333

Die Nazis und Halbnazis: KM, Sind alle Deutschen Nazis?, in: Ebd., S. 262

204 *eigentlich Neue ist:* GM, Vom Geist Amerikas, S. 169

Wie mein später «Wallenstein»: GM, Friedrich von Gentz. Geschichte eines europäischen Staatsmannes. Vom Autor durchgesehen und neu eingerichtet, Frankfurt a. M./Berlin/Wien 1972, S. 6

Wäre die Vergangenheit: GM, Friedrich von Gentz. Geschichte eines europäischen Staatsmannes, Zürich 1947, S. 9f.

freien Europa [Free Europe]: GM, Friedrich Gentz, in: Encyclopædia Britannica, Deluxe Edition 2004 CD, London 2004

205 *Als ich das Buch:* GM, Friedrich von Gentz. Geschichte eines europäischen Staatsmannes. Vom Autor durchgesehen und neu eingerichtet, Frankfurt a. M./Berlin/Wien 1972, S. 5f.

Der Gentz hat mich: TM, Briefe II, S. 492f.

206 *Eckermann:* Eintrag vom 1. Februar 1948, in: TM, Tb 1946–48, S. 219

Meisterstück literarischer Regie: TM, Die Entstehung des Doktor Faustus, in: TM, GW XI, S. 301

Wo ich bin: Thomas Mann auf einer Pressekonferenz in New York, Februar 1938, in: TM/Agnes E. Meyer, Briefwechsel 1937–1955, S. 833

garstige, unselige Volk: EM an Lotte Walter, 3. Februar 1946, in: EM, Briefe I, S. 215

207 *Die Rede «Deutschland [...]»:* TM, Botschaft für das deutsche Volk, in: Heute, München, Juli 1949, zit. nach Bürgin/Mayer, Thomas-Mann-Chronik, S. 246

Gestern Abend habe: TM an EMB, 14. Dezember 1946, in: TM, Briefe II, S. 518

208 1950 wird sie sogar: Vgl. Holzer, Elisabeth Mann Borgese, S. 124f.

Der Zweite Weltkrieg: EMB, Mit den Meeren leben, S. 19f.

210 *Seit beinah fünfzehn:* KM, Ich bin kein Deutscher, in: KM, Posten, S. 467

Das Vaterland kann: KM, Das Sprach-Problem, in: Ebd., S. 430

Damals [in Deutschland]: KM an Herbert Schlüter, 18. Februar 1949, in: KM, Briefe, S. 603

Wegbereiter einer universalen: KM, Der Wendepunkt, S. 605

Zu sagen, daß: GM, Erinnerungen an meinen Bruder, S. 652

Nie lebte Klaus: Ebd., S. 643

Nun war der: Ebd., S. 652f.

211 *I don't think:* Town Meeting vom 9. August 1948, zit. nach von der Lühe, Erika Mann, S. 295

212 *deutschfeindlich:* Eintrag vom 10. August 1948, in: TM, Tb 1946–48, S. 294

irrationalen Gram: Eintrag vom 4. März 1949, in: TM, Tb 1949–50, S. 30

Zuviel Charakter macht: Eintrag vom 12. Juni 1949, in: Ebd., S. 67

Sekretärin, Biographin, Nachlaßhüterin: Eintrag vom 1. Februar 1948, in: TM, Tb 1946–48, S. 219

213 *Vikar:* GM an Hans-Martin Gauger, 8. Januar 1975, in: SLA, zit. nach Bitterli, Golo Mann und Thomas Mann. Ein schwieriges Verhältnis, in: Sprecher/Gutbrodt (Hg.), Die Familie Mann, S. 217

Ich füge hinzu: GM, Erinnerungen an meinen Bruder, S. 655f.

214 *Ständige Sehnsucht nach:* Eintrag vom 10. Dezember 1948, in: KM, Tb 1944–49, S. 196

an den Tod: Eintrag vom 30. September 1948, in: Ebd., S. 186

Ich werde diese: Eintrag vom 1. Januar 1949, in: Ebd., S. 203

Todeszwang: Eintrag vom 22. Mai 1949, in: TM, Tb 1949–50, S. 57

Die Situation bleibt: TM an Theodor W. Adorno, 12. Juli 1948, in: TM, Briefe III, S. 37

215 *Rien:* Einträge vom 29. April bis zum 3. Mai 1949, in: KM, Tb 1944–49, S. 215

Il faut en finir: Einträge vom 2. und 3. Mai 1949, in: Ebd.

Während Ost und West: KM, Die Heimsuchung des europäischen Geistes, in: KM, Posten, S. 535

völlige Hoffnungslosigkeit unserer Lage: Ebd., S. 541

bedeutende Rolle: Georg Jakobi an KM, 5. Mai 1949, in: KM, Briefe, S. 798

Hätte der deutsche: GM, Erinnerungen an meinen Bruder, S. 658f.

216 *Da kam die Unglücksnachricht:* TM an Alfred Neumann, 2. Juni 1949, in: TM, Briefe III, S. 89

Waren wir doch Teile: EM an Eva Herrmann, 17. Juni 1949, in: EM, Briefe I, S. 261

Klaus war Schriftsteller: KAM, Memoiren, S. 61

Es traute der Ältere: GM, Erinnerungen an meinen Bruder, S. 632

Wo sechs Geschwister: Ebd., S. 631

Rolle des unnützen: KAM an EMB, 18. Februar 1942, in: MON

peinlichen piècen: KAM an EMB, 9. Oktober 1952, in: MON

Klaus Mann, der 1948: Vgl. Eintrag vom 13. Dezember 1948, in: KM, Tb 1944–49, S. 197

Vor allem zu Golo: Über das geplante Treffen mit den Geschwistern vgl. GM, Erinnerungen an meinen Bruder, S. 659

217 *Mit dem Trauergeleit:* HM an Karl Lemke, 15. Juni 1949, in: HM, Briefe an Karl Lemke, S. 107

All sein erwachsenes: EM an Lutz Everth, 31. Dezember 1961, in: EM, Briefe II, S. 105

Dies abgekürzte Leben: TM an Hermann Hesse, 6. Juli 1949, in: TM, Briefe III, S. 91

218 *Aber schließlich, was:* TM [Ansprache zu Heinrich Manns siebzigstem Geburtstag], in: TM, GW XIII, S. 852

Einsam war H. M.: GM, Heinrich Mann. Ein Zeitalter wird besichtigt, in: GM, Wir alle sind, was wir gelesen, S. 235f.

219 *Er lebte recht:* TM, Brief über das Hinscheiden meines Bruders Heinrich, in: TM, GW X, S. 521

Zuletzt sah ich ihn: MOM, Der Einsame, in: MON [undatierter Artikel]

220 *In Los Angeles:* Fragmente, hg. von Tubach, S. 47

der Zügellose und: Eintrag vom 4. November 1951, in: TM, Tb 1951–52, S. 130

Eine seiner ersten Besprechungen: Vgl. Michael Mann: Über Thomas Manns Doktor Faustus, in: Schweizer Musikzeitung, 1. Januar 1948, S. 4–8, und Österreichische Musikzeitschrift, Wien, Mai/Juni 1948

Zu diesem steuert: Vgl. TM, Tb 1940–43, Anm. 1 zum 8. Juli 1943, S. 998

experimentelle, in seiner Symbolik: MIM, Erinnerungen an meinen Vater, in: Fragmente, hg. von Tubach, S. 151

221 *Einige Kritiker haben:* TM, Neujahrswünsche für das japanische Volk, in: Sangyo Keizai Shimbun, 1. Januar 1954, in: TM, Tb 1953–55, S. 840f.

223 *unbedingter Wille zum:* Eintrag vom 7. Dezember 1950, in: TM, Tb 1949–50, S. 303

Von 1939 bis 1946: EM an Edward J. Shaughnessy, Director of Immigration and Naturalization, New York District Office, 11. Dezember 1950, in: EM, Briefe I, S. 275f.

Erst als «Einbürgerungsbewerberin»: Ebd., S. 279f.

224 *Trotz bequemster Lebensbedingungen:* TM, Comprendre, in: TM, GW XII, S. 973f.

225 *Deutschland kommt nicht:* Thomas Mann an Theodor W. Adorno, 19. April 1952, in: TM/Adorno, Briefwechsel 1943–1955, S. 107

Unser Häuschen hier: EM an Curt Bois, 17. März 1953, in: EM, Briefe II, S. 14

7 Uhr mit Frido: TM, Tb 1951–52, S. 257

die Enkelbübchen: EM an Lotte Walter, 24. August 1955, in: MON

Während der letzten: Frido Mann, Professor Parsifal, S. 7f.

226 *Es war mir nicht:* GM, Erinnerungen I, S. 543f.

In der Tat: Bitterli, Golo Mann, S. 119

Ich schreibe dies: GM, Vom Geist Amerikas, S. 10ff.

229 *Unsere Ehe dauerte:* EMB, Goliath, S. 156

230 *Nun ist es:* MOM an Hermann Kesten, 10. Oktober 1951, in: MON

231 *Denn die große:* MOM an Richard K. Raupach, 2. August 1954, in: Ebd.

Wir haben kein Alter: Zit. nach Richard K. Raupach, Begegnung mit Monika Mann, in: Münchener Jüdische Nachrichten, 30. November 1954, in: Ebd.

232 *Längst hatte das:* MOM, Fremd zu Hause, in: Münchner Merkur, Nr. 279, 21./22. November 1953, in: Ebd.

menschlichen Anhaltspunkt: MOM an Hermann Kesten, 30. Juli 1952, in: Ebd.

Über die Länder: MOM an Richard K. Raupach, 30. März 1954, in: Ebd.

233 *Aber schließlich liegt:* MOM an Hermann Kesten, 19. März 1962, in: Ebd.

Als kennte ich: MOM an Richard K. Raupach, 23. Dezember 1959, in: Ebd.

Ein episodisches Sein: MOM, Fünfzigmal erlebte ich den Rosenmonat, in: Welt am Sonntag, Hamburg, 5. Juni 1960

234 *Förderer vorklassischer Bratschenmusik:* Fragmente, hg. von Tubach, S. 48

Übrigens gibt es: MIM an TM, 2. März 1953, in: Ebd., S. 145

Lebens- und Niederlassungsprobleme: Eintrag vom 16. April 1954, in: TM, Tb 1953–55, S. 211

235 *Der Vetter hat:* Fragmente, hg. von Tubach, S. 30f.

Kapitel 6

237 *Thomas Mann wird:* Udo Reiter, Historiker geht noch, sagte Mutter Katja, in: Rheinischer Merkur/Christ und Welt, Nr. 12, 23. März 1984, zit.

nach Sprecher/Gutbrodt (Hg.), Die Familie Mann, S. 190

Eines nur – seine: MOM, Vergangenes, S. 93

Prof. Golo ist: Privatsammlung Günther Weishaupt

239 *Ein Haus, ein:* EM, Die letzte Adresse, in: EM, Mein Vater, S. 344ff.

240 *Ein viel Gewanderter:* MOM, Streichholzlichter, in: St. Galler Tagblatt, 30. September 1962, in: MON

Hermann Kesten hat: MIM (Hg.), Das Thomas Mann-Buch, S. 37

Ach, vorher kommt: TM, Briefe III, S. 394

241 *biographische Rundung:* Eintrag vom 3. März 1955, in: TM, Tb 1953–55, S. 322

wo man seinen Vater: EM, Das letzte Jahr, in: EM, Mein Vater, S. 420f.

Als er im Jahre 1933: GM, Erinnerungen an meinen Vater, in: Thomas Mann 1875–1965, S. 17

Wenn ich aber «Europa»: TM, Die liebe Züristadt …, in: Zürich, Zürich 1953, zit. nach Bürgin/Mayer, Thomas-Mann-Chronik, S. 268

Kurios, kurios. Eine Merkwürdigkeit: Eintrag vom 30. Juni 1955, in: TM, Tb 1953–55, S. 351

242 *geliebte, unvergleichlich befriedigende:* TM, Anna Karenina, in: TM, GW IX, S. 622

Namentlich der Gedanke: Ein Brief Thomas Manns, in: Lübecker Freie Presse, 4. Juli 1953, zit. nach Bürgin/Mayer, Thomas-Mann-Chronik, S. 269

Die Küste ist: TM an Carl Jacob Burckhardt, 14. Juli 1955, in: TM, Briefe III, S. 412

243 *Lieben Leutchen:* Vgl. TM an MIMs Familie, 9. August 1955, in: TM, Briefe III, S. 417f.

Sein Aussehen war: EM, Das letzte Jahr, in: EM, Mein Vater, S. 441

244 *Denke immer an:* Übersetzung von GMs Tagebuch, Fall 1955, in: SLA

Michael vergoß damals: GM, Erinnerungen I, S. 62

Gegenwart: MOM, Vergangenes, S. 93

Mein Vater hatte: Veit Mölten, Thomas-Mann-Tochter Monika zum 10. Todestag ihrer Schwester Erika. Mein Vater hatte mich nicht weiter gern, in: Abendzeitung, München, 24. August 1979, zit. nach Sprecher/Gutbrodt (Hg.), Die Familie Mann, S. 179

Eiseskälte: Eintrag vom 25. Februar 1937, in: KM, Tb 1936–37, S. 110

über der Betrachtung: Walter, Thema und Variationen, S. 274

überrascht und gerührt: Udo Reiter, Historiker geht noch, sagte Mutter Katja, in: Rheinischer Merkur/Christ und Welt, Nr. 12, 23. März 1984, zit. nach Sprecher/Gutbrodt (Hg.), Die Familie Mann, S. 190

Erziehung ist Atmosphäre: Eintrag vom 28. September 1918, in: TM, Tb 1918–21, S. 18

Der Schatten des: KM, Der Wendepunkt, S. 592

nur mit oder gegen: Marcel Reich-Ranicki, Die Befreiung eines Ungeliebten, in: Frankfurter Allgemeine Zeitung, 30. September 1990, zit. nach GM/Reich-Ranicki, Enthusiasten der Literatur, S. 263

I want to be myself: GM an Marcel Reich-Ranicki, 13. September 1985, zit nach: Ebd., S. 89

Er hatte die Idee: Mein Vater Thomas Mann. Erika Mann im Gespräch mit Roswitha Schmalenbach (1968), in: EM, Mein Vater, S. 12f.

245 *Man ist ja doch:* Hermann (Hg.), Die Meer-Frau, S. 115

Mein Vater: MOM, Das Gegenteil eines Sektierers, in: Die Tat, 25. April 1970

In seinem Erinnerungsbuch: MIM, Erinnerungen an meinen Vater, in: Fragmente, hg. von Tubach, S. 148f.

Auch ich, in aller: GM an Marcel Reich-Ranicki, 1. Februar 1988, in: GM/Reich-Ranicki, Enthusiasten der Literatur, S. 111

246 *Bei Gesprächen:* Veit Mölten, Thomas-Mann-Tochter Monika zum 10. Todestag ihrer Schwester Erika. Mein Vater hatte mich nicht weiter gern, in: Abendzeitung, München, 24. August 1979, zit. nach Sprecher/Gutbrodt (Hg.), Die Familie Mann, S. 179

Sonderling: KAM an EMB, 18. Februar 1942, in: MON

In der ersten Zeit: Graf, Zwei Töchter sehen ihren Vater, in: Graf, An manchen Tagen, S. 317f.

247 *Ich lebe auf:* MOM, Vergangenes, S. 9

248 *Dass also Dein:* EM an MOM, 7. Mai [1956], in: MON

Und was ist: MOM an EM, 5. Juni 1956, in: Ebd.

In Kilchberg herrscht: MOM an Richard K. Raupach, 28. September 1956, in: Ebd.

249 *Von allen sechs Kindern:* KAM an Gustav Hillard-Steinböhmer, 25. November 1956, zit. nach Jens, Frau Thomas Mann, S. 282

Monika ist das: Graf, Zwei Töchter sehen ihren Vater, in: Graf, An manchen Tagen, S. 317

unstimmig und erfunden: EM an MOM, 13. Januar 1964, in: MON

Du weisst, ich: Ebd.

250 *Oberaufsicht:* von der Lühe, Erika Mann, S. 330

Das bedeutete: kein Drehbuch: Ebd.

Lang und dornenvoll: EM, Dorniger Weg zum Buddenbrooks-Film, in: EM, Mein Vater, S. 312

Galeerendienst: Zit. nach von der Lühe, Erika Mann, S. 413

innerhalb der filmischen: EM, Dorniger Weg, in: EM, Mein Vater, S. 313

251 *Mein liebes, teueres Kind:* EM, Mein Vater, S. 243f.

252 *rastlos für die:* EM an Curt Bois, 17. März 1953, in: EM, Briefe II, S. 14
Warum ich Kinderbücher: EM, [Warum ich Kinderbücher schreibe?], in: MON, zit. nach Murken, Gedanken zum Kinder- und Jugendbuchwerk, S. 6
schweifenden Existenz: Signe Scanzoni, «Als ich noch lebte!» Ein Bericht über Erika Mann, S. 149, Typoskript in: MON
253 *Sie verstand die:* GM zum 60. Geburtstag an EM, in: MON, zit. nach Murken, Gedanken zum Kinder- und Jugendbuchwerk, S. 15
Abschied von der Politik: von der Lühe, Erika Mann, S. 326
Aus der Amazone: Reich-Ranicki, Thomas Mann und die Seinen, S. 183
254 *Tochter-Adjutantin:* Eintrag vom 1. Februar 1948, in: TM, Tb 1946–48, S. 219
Ich bin ein bleicher: Brief vom 13. September 1963, zit. nach Keiser-Hayne, Pfeffermühle, S. 196
255 *Herabzuwürdigen / in der Öffentlichkeit:* Klageschrift vom 26. März 1964, zit. nach Spangenberg, Karriere eines Romans, S. 163
256 *Daß ich im Grunde:* GM, Erinnerungen I, S. 544 f.
257 *Du fragtest damals:* GM an Eva Herrmann, 29. Dezember 1959, in: Privatsammlung Günther Weishaupt
Der Vater habe: Marcel Reich-Ranicki, Die Familie des Zauberers, in: Sprecher/Gutbrodt (Hg.), Die Familie Mann, S. 206
258 *Italien spielt eine:* Gaudlitz/EMB, Mein Vater der Zauberer, CD 1, Track 7
Mit den Töchtern Angelica: Vgl. Hermann (Hg.), Die Meer-Frau, S. 106
Heiratspläne mit dem: Vgl. Eintrag vom 28. März 1953, in: TM, Tb 1953–55, S. 41
Dafür findet sich in Corrado Tumiati: Vgl. Interview mit EMB, Ich bin die einzige, die das noch weiß, in: Frankfurter Allgemeine Sonntagszeitung, Nr. 44, 4. November 2001, S. 55
259 *Wie frei ist:* EMB, Der unsterbliche Fisch, S. 9
Die Geschichten sind: EMB, Gottlieb Hauptmann, S. 8
uralte Volksweisheit und: Ebd., S. 9
Herren: Ebd., S. 7
Ich muß mich: Ebd., S. 9
260 *die Frauen immer:* Interview mit EMB, Ich bin die einzige, die das noch weiß, in: Frankfurter Allgemeine Sonntagszeitung, Nr. 44, 4. November 2001, S. 55
Meine Eltern waren: Ebd.
doch nichts Ernsthaftes: KAM, Memoiren, S. 33
Ihr Tod 1919: Vgl. EMB, Meine Zeit, S. 109

Ich habe mich: Hermann (Hg.), Die Meer-Frau, S. 40
Descent: Vgl. Gaudlitz/Mann, Mein Vater der Zauberer, CD 1, Track 8
261 *Frauen sind besser:* Interview mit EMB, Ich bin die einzige, die das noch weiß, in: Frankfurter Allgemeine Sonntagszeitung, Nr. 44, 4. November 2001, S. 55
übel genommen: Gaudlitz/Mann, Mein Vater der Zauberer, CD 1, Track 8
in die Rolle eines Mannes: EMB, Aufstieg der Frau, S. 253
ein Mensch, egal: Holzer, Elisabeth Mann Borgese, S. 164
262 *Je weiter wir:* Wehrli, Nachruf auf Elisabeth Mann Borgese, in: Blätter der Thomas Mann Gesellschaft Zürich, Nr. 29, 2000–2001, S. 7 f.
263 *Mit jedem weitern:* Ebd.
264 *Plädoyer für mehr:* Holzer, Elisabeth Mann Borgese, S. 170
Elisabeths Einsatz für: Nikolaus Gelpke, Die Welt vom Meer gesehen. Zum Tod von Elisabeth Mann Borgese, in: mare, No. 31, April/Mai 2002, S. 11
265 *Setter namens Ollie:* Auster, Timbuktu, S. 88
Ich habe mich: Hermann (Hg.), Die Meer-Frau, S. 109 f.
266 *Michael war Musiker:* KAM, Memoiren, S. 61
267 *Von seinem Vater:* Unveröffentlichtes Typoskript von Frederic C. Tubach, Michael Mann – Portrait eines Germanisten, 2005
Leider muß ich: KAM an Klaus Pringsheim, 26. Oktober 1963, zit. nach Jens, Frau Thomas Mann, S. 279 f.
268 *Wie lange sind:* MOM, Der Start, S. 47 ff.
Ich liebe nicht: Ebd., S. 82
1958 hat sie: Vgl. Passregister Neapel, Auskunft durch das Auswärtige Amt in Berlin
Ich glaube nicht: MOM, Der Start, S. 109 ff.
269 *Für Mielein:* MOM, Wunder der Kindheit, S. 7
Problem, das die Größe: MOM, Brudergespräche, in: St. Galler Tagblatt, Juni 1963 [Datierung von Monika Mann], in: MON
Was vor allem: Ebd.
Neigung, mich zu kopieren: Eintrag vom 21. Juli 1938, in: KM Tb 1938–39, S. 54
Michael Mann gehört: Hermann Kurzke, Weder Bohemien noch Grandseigneur. Fragmente aus dem Leben Michael Manns, in: Frankfurter Allgemeine Zeitung, 11. Oktober 1983
270 *Abwehrwillen:* Bitterli, Golo Mann, S. 689
in dankbarer Erinnerung: Willy Brandt an GM, 25. März 1979, zit. nach Bitterli, Golo Mann, Faksimile im Tafelteil

Hört auf, Lenin: GM, Hört auf, Lenin zu spielen! Ein Wort an die unruhigen Studenten, in: Die Zeit, 26. April 1968, zit. nach Bitterli, Golo Mann, S. 660
Art von Bürgerkrieg: GM, Quo usque tandem?, in: Die Welt, 7. September 1977, zit. nach Bitterli, Golo Mann, S. 383
271 *Einzelgängertum:* Fest, Begegnungen, S. 224
Namentlich ihrer Meinung: Holzer, Elisabeth Mann Borgese, S. 211
272 *bis zum Tod:* Vgl. ebd., S. 175
traditionelle (westliche) Seerecht: EMB, Gemeinsames Erbe der Menschheit, in: mare, No. 5, Dezember 1997/Januar 1998 (http://www.mare.de)
gemeinsamen Menschheitserbe: Hermann (Hg.), Die Meer-Frau, S. 73
273 *I wish I were:* EMB an EM, 18. Mai 1969, in: MON
Initiator der Seerechtsrevolution: EMB, Gottlieb Hauptmann, S. 8
die wir in unserer: Hermann (Hg.), Die Meer-Frau, S. 73
Ich glaube, der: Ebd., S. 35
noch immer steil: GM an Marcel Reich-Ranicki, 30. Dezember 1985, in: GM/Reich-Ranicki, Enthusiasten der Literatur, S. 97
274 *Was mir meine:* KAM an Klaus Pringsheim, 5. August 1961, zit. nach Jens, Frau Thomas Mann, S. 282 f.
Ich bin ein sehr: EM, Selbstanzeige. Interview mit Fritz J. Raddatz. Gesendet am 10.1.1965. Unredigiertes Ex., S. 21 f., Typoskript in: MON
275 *Erika war ganz:* Breloer/Königstein, Die Manns, S. 424
276 *Man sah ihn:* Hanno Helbling, Golo Mann – ein Hausherr?, in: Sprecher/Gutbrodt (Hg.), Die Familie Mann, S. 120
Ich will und darf: GM an Hans-Martin Gauger, 8. Januar 1975, in: SLA, zit. nach Bitterli, Golo Mann und Thomas Mann. Ein schwieriges Verhältnis, in: Sprecher/Gutbrodt (Hg.), Die Familie Mann, S. 217
Ich habe immer: KAM, Memoiren, S. 60 ff.
277 *Verstehst es besser:* KAM an EMB, 2. August 1974, in: MON
Sohn Hans: GM an Eva Herrmann, 18. Dezember 1969, in: Privatsammlung Günther Weishaupt
278 *Was ist Geschichtsschreibung:* GM, Geschichtsschreibung als Literatur, S. 3
Einige Künstlergestalten sind: Ebd.
nur allzu wahren Roman: GM, Theoriebedürftigkeit der Geschichte. Gespräch mit Historikern der neuesten Schule, in: GM, Zeiten und Figuren, S. 437
Der Vergleich zwischen: Ebd., S. 436 f.

Diese Schrift enthält: Thomas Feitknecht, Zur Entstehung eines Lebenswerks, in: 1895–1995, S. 162 f.
278/279 *SUCH a strain* und die Tagebucheinträge GMs auf der folgenden Seite: Zit. nach ebd., S. 160 ff.
280 *das Stück geerbtes:* GM zit. nach KAM. Memoiren, S. 61 f.
When you get: Ronald Hayman, In Pursuit of Thomas Mann, in: Times Literary Supplement, 9. September 1994, S. 11, zit. nach Kurzke, Thomas Mann, S. 317
281 *mare liberum:* EMB, Das Drama der Meere, S. 228
Freiheit des Stärkeren: Ebd.
Autobahn für Eroberungszüge: EMB, Gemeinsames Erbe der Menschheit, in: mare, No. 5, Dezember 1997/Januar 1998 (http://www.mare.de)
282 *eine Art intimer:* MIM, Erinnerungen an meinen Vater, in: Fragmente, hg. von Tubach, S. 150
Daß jemand noch: Heinz Politzer, Vorbemerkung zu MIM, Verwechslungen, S. 846
Wie fast alle: Hermann Kurzke, Weder Bohemien noch Grandseigneur, in: Frankfurter Allgemeine Zeitung, 11. Oktober 1983
herausgegeben von Elisabeth: KAM, Memoiren, S. 3
283 *daß das doch:* Ebd., S. 7
Wutgetrampel: TM, Unordnung und frühes Leid, in: TM, GW VIII, S. 625
Spiel mit dem Tod: Vgl. Fragmente, hg. von Tubach, S. 203 ff.
Die am Brüderlichen: Ebd., S. 208
284 *ihr rückhaltloses Durchleben:* Reisetagebuch für Fritz, 14. Oktober [1975], in: Fragmente, hg. von Tubach, S. 121
Diese Tagebücher seines: Interview mit Andrew Jaszi, in: Ebd., S. 216
285 *Michael Mann war ein:* Kurzke, Thomas Mann, S. 320
Ich persönlich stand: Brief vom 12. März 1982, in: Rowohlt-Archiv
Für mich ist's: Brief vom 12. Januar 1977, Kopie in: Privatsammlung Tubach
286 *So recht auffassen:* Ebd.
Bestes Dingerle: KAM an EMB, 20. März 1976, in: MON
Sie ist ein Weltwunder: Veit Mölten, Thomas-Mann-Tochter Monika zum 10. Todestag ihrer Schwester Erika. Mein Vater hatte mich nicht weiter gern, in: Abendzeitung, München, 24. August 1979, zit. nach Sprecher/Gutbrodt (Hg.): Die Familie Mann, S. 179
Leider war ihr: GM, Erinnerungsstück für Katia Mann, September 1981, Typoskript in: SLA
287 *Wie aber war:* Süddeutsche Zeitung, 28. April 1980

Kapitel 7

289 *Was kommt hinter:* EMB, Was kommt hinter dem Horizont, in: mare, No. 16, Oktober/November 1999 (http://www.mare.de)
Es ist recht so: Gaudlitz/EMB, Mein Vater der Zauberer, CD 2, Track 9
290 *Meine Schwester Monika:* GM, Erinnerungen I, S. 48
291 *Zelebrieren großbürgerlichen Milieus:* Helga Schalkhäuser, Interview mit MOM am 15. Mai 1986 auf Capri, S. 5, Typoskript in: MON
Ich bin zunächst: Ebd., S. 3 ff.
292 *Golo Mann hat:* Klaus W. Jonas, Ich halte viel auf den Jungen. Zum 75. Geburtstag von Golo Mann, in: Esslinger Zeitung, 24./25. März 1984, zit. nach Sprecher/Gutbrodt (Hg.), Die Familie Mann, S. 191
Ja, was heißt: Udo Reiter, Historiker geht noch, sagte Mutter Katja, in: Rheinischer Merkur/Christ und Welt, Nr. 12, 23. März 1984, zit. nach Sprecher/Gutbrodt (Hg.), Die Familie Mann, S. 190
Lumpen: Fest, Begegnungen, S. 228
293 *folglich eine Gefahr:* Ebd., S. 226 f.
heimlichen Antisemitismus: Ebd., S. 227
Um Himmels willen: Ebd., S. 225
294 *Mittlerweile war ich:* GM an Marcel Reich-Ranicki, 30. Dezember 1985, in: GM/Reich-Ranicki, Enthusiasten der Literatur, S. 95
An meine Wurzeln: Helga Schalkhäuser, Interview mit MOM am 15. Mai 1986 auf Capri, S. 7, Typoskript in: MON
295 *wenig kontaktbegabt:* Veit Mölten, Thomas-Mann-Tochter Monika zum 10. Todestag ihrer Schwester Erika. Mein Vater hatte mich nicht weiter gern, in: Abendzeitung, München, 24. August 1979, zit. nach Sprecher/Gutbrodt (Hg.), Die Familie Mann, S. 179
Monika Manns verhinderte: Helga Schalkhäuser, Monika Manns verhinderte Heimkehr in das Zürcher Vaterhaus: «Schreiben ist keine Therapie», in: Nürnberger Zeitung, 28. März 1987
Ultima imperatrice di Capri: Isabella B. Fedrigotti, E' morta Monika Mann, ultima imperatrice di Capri, in: Corriere della Sera, 15. April 1992
Die Sympathien im Hause: Albert von Schirnding, Gebranntes Kind. Zum Tode von Monika Mann, in: Süddeutsche Zeitung, 15. April 1992
296 *Das zerstörte Knie:* Tagebucheintrag GMs, 10. Dezember 1988, zit. nach Bitterli, Golo Mann, S. 565
Was möchten Sie: Hensel/Hage (Hg.), Indiskrete Antworten, S. 199

mein Trost, mein Stecken: GM, Erinnerungen I, S. 25
Golo Manns Tagebuch: Bitterli, Golo Mann, S. 559
298 *Ich habe ja:* Hermann (Hg.), Die Meer-Frau, S. 60
zu Hause gefühlt: Gaudlitz/EMB, Mein Vater der Zauberer, CD 1, Track 4. Zum Erhalt der amerikanischen Staatsbürgerschaft vgl. ebd.
superpower-ambitions: Ebd.
299 *warnenden Pessimismus:* GM an Michael Cilensek, 12. Januar 1987, in: SLA, zit. nach Bitterli, Golo Mann, S. 559
Kenntnis der Geschichte: Udo Reiter, Historiker geht noch, sagte Mutter Katja, in: Rheinischer Merkur/Christ und Welt, Nr. 12, 23. März 1984, zit. nach Sprecher/Gutbrodt (Hg.), Die Familie Mann, S. 190
Die Utopisten von heute: Holzer, Elisabeth Mann Borgese, S. 223. Vgl. EMB, Meine Zeit, S. 111
In Pardo hat: Vgl. Interview mit EMB, Ich bin die einzige, die das noch weiß, in: Frankfurter Allgemeine Sonntagszeitung, Nr. 44, 4. November 2001, S. 55
300 *Es war schwer:* Nikolaus Gelpke, Die Welt vom Meer gesehen, in: mare, No. 31, April/Mai 2002, S. 11
301 *In dieser Struktur:* EMB, Mit den Meeren leben, S. 22
302 *Ich habe mich als:* Interview mit EMB, Ich bin die einzige, die das noch weiß, in: Frankfurter Allgemeine Sonntagszeitung, Nr. 44, 4. November 2001, S. 55
303 *Ich glaube, die Deutschen:* Brief (E-Mail) EMBs an Uwe Naumann, 14. Dezember 2001
erfreut, aber auch verwundert: Heinrich Breloer, Unordnung und späte Liebe. in: Frankfurter Allgemeine Zeitung, Nr. 35, 11. Februar 2002, S. 45
Du hast jetzt eine: Ebd.
304 *Die Aussicht von:* EMB, Mit den Meeren leben, S. 19
Es wurde mir: Ebd., S. 79
Daß die Utopien: Hermann (Hg.), Die Meer-Frau, S. 100
shortterm pessimist: Ebd.
305 *Ich bin in:* GM an Eva Herrmann, 29. Dezember 1959, in: Sammlung Günther Weishaupt
Menschen meiner Art: KM, Der Wendepunkt, S. 605
Überall ist alles anders!: Wehrli, Nachruf auf Elisabeth Mann Borgese, in: Blätter der Thomas Mann Gesellschaft Zürich, Nr. 29, 2000–2001, S. 8

Bibliographie

1. Erstausgaben (Auswahl)

Erika Mann

Plagiat. Komödie in fünf Bildern. Berlin: Oesterheld 1931

Jan's Wunderhündchen. Ein Kinderstück in sieben Bildern von Erika Mann und Richard Hallgarten. Berlin: Oesterheld 1932

Stoffel fliegt übers Meer. Bilder und Ausstattung von Richard Hallgarten. Stuttgart: Levy und Müller 1932. Neuauflage: Christoph fliegt nach Amerika. Eine abenteuerliche Luftreise. München: Franz Schneider Verlag 1953

Muck, der Zauberonkel. Basel: Philographischer Verlag 1934. Neuauflage: Unser Zauberonkel Muck. München: Franz Schneider Verlag 1952

Zehn Millionen Kinder. Die Erziehung der Jugend im Dritten Reich. Mit einem Geleitwort von Thomas Mann. Amsterdam: Querido 1938 / School for Barbarians. Education under the Nazis. Introduction by Thomas Mann. New York: Modern Age Books 1938

The Lights Go Down. Translated by Maurice Samuel. New York: Farrar & Rinehart 1940 / London: Secker and Warburg 1940

A Gang of Ten. New York: L. B. Fischer 1942

Das letzte Jahr. Bericht über meinen Vater. Frankfurt a. M.: S. Fischer 1956

Zugvögel-Reihe: Bd. 1: Wenn ich ein Zugvogel wär. Till will singen und fliegt aus dem Nest. Bd. 2: Till bei den Zugvögeln. Auf der Lachburg singt und klingt es. Bd. 3: Die Zugvögel auf Europa-Fahrt ... und Till ist dabei. Bd. 4: Die Zugvögel singen in Paris und Rom. München: Franz Schneider Verlag 1953–1956

Die Zugvögel. Sängerknaben auf abenteuerlicher Fahrt. Bern: Alfred Scherz Verlag 1959

Mann, Thomas: Briefe I–III. Hg. von Erika Mann. Frankfurt a. M. 1961–65

Zusammen mit Klaus Mann

Rundherum. Berlin: S. Fischer 1929

Das Buch von der Riviera. Was nicht im «Baedeker» steht. Bd. XIV. München: Piper 1931

Escape to Life. Boston: Houghton Mifflin 1939

The Other Germany. New York: Modern Age 1940

Golo Mann

Secretary of Europe. The Life of Friedrich Gentz, Enemy of Napoleon. Translated by William H. Woglom. New Haven, Conn.: Yale University Press 1946.

Deutsche Erstausgabe: Friedrich von Gentz. Geschichte eines europäischen Staatsmannes. Zürich: Europa Verlag 1947

Vom Geist Amerikas. Eine Einführung in amerikanisches Denken und Handeln im zwanzigsten Jahrhundert. Stuttgart: Kohlhammer 1954

Deutsche Geschichte des XIX. Jahrhunderts / Deutsche Geschichte des XX. Jahrhunderts. Frankfurt a. M.: Büchergilde Gutenberg 1958

Propyläen Weltgeschichte. Eine Universalgeschichte. Hg. von Golo Mann und Alfred Heuß. 12 Bde. Berlin/Frankfurt a. M.: Propyläen 1960–1965

Geschichte und Geschichten. Frankfurt a. M.: S. Fischer 1961

Wilhelm II. München/Bern/Wien: Scherz 1964

Wallenstein. Sein Leben erzählt von Golo Mann. Frankfurt a. M.: S. Fischer 1971

Zwölf Versuche. Frankfurt a. M.: S. Fischer 1973

Zeiten und Figuren. Schriften aus vier Jahrzehnten. Frankfurt a. M.: S. Fischer 1979

Nachtphantasien. Erzählte Geschichte. Frankfurt a. M.: S. Fischer 1982

Erinnerungen und Gedanken. Eine Jugend in Deutschland. Frankfurt a. M.: S. Fischer 1986

Lavalette. Eine Episode aus napoleonischer Zeit. Zürich: Manesse 1987

Wir alle sind, was wir gelesen. Aufsätze und Reden zur Literatur. Frankfurt a. M.: S. Fischer 1989

Ludwig I., König von Bayern. Schaftlach: Oreos 1989

Wissen und Trauer. Historische Portraits und Skizzen. Leipzig: Reclam 1991

Erinnerungen und Gedanken. Lehrjahre in Frankreich. Frankfurt a. M.: S. Fischer 1999

Klaus Mann

Vor dem Leben. Erzählungen. Hamburg: Enoch 1925

Anja und Esther. Ein romantisches Stück in sieben Bildern. Berlin: Oesterheld 1925

Der fromme Tanz. Das Abenteuerbuch einer Jugend. Hamburg: Enoch 1926

Kindernovelle. Hamburg: Enoch 1926

Revue zu Vieren. Komödie in drei Akten. Berlin: Oesterheld 1926

Anthologie jüngster Lyrik. Hg. von Willi R. Fehse und Klaus Mann. Geleitwort von Stefan Zweig. Hamburg: Enoch 1927

Heute und Morgen. Zur Situation des jungen geistigen Europas. Hamburg: Enoch 1927

Anthologie jüngster Prosa. Hg. von Erich Ebermayer, Klaus Mann und Hans Rosenkranz. Berlin: J. M. Spaeth 1928

Anthologie jüngster Lyrik. Neue Folge. Hg. von Willi R. Fehse und Klaus Mann. Geleitwort von Rudolf G. Binding. Hamburg: Enoch 1929

Gegenüber von China. Komödie in sechs Bildern. Berlin: Oesterheld 1929

Abenteuer. Novellen. Leipzig: Reclam 1929

Alexander. Roman der Utopie. Berlin: S. Fischer 1929

Geschwister. Vier Akte nach Motiven aus dem Roman «Les Enfants terribles» von Jean Cocteau. Berlin: Kiepenheuer 1930

Auf der Suche nach einem Weg. Aufsätze. Berlin: Transmare 1931

Treffpunkt im Unendlichen. Roman. Berlin: S. Fischer 1932

Kind dieser Zeit. Berlin: Transmare 1932

Athen. Fünf Bilder. Berlin: Oesterheld 1932 [unter dem Pseudonym Vincenz Hofer]

Die Sammlung. Literarische Monatsschrift. Unter dem Patronat von André Gide, Aldous Huxley und Heinrich Mann hg. von Klaus Mann. Amsterdam: Querido September 1933–August 1935

Flucht in den Norden. Roman. Amsterdam: Querido 1934

Symphonie Pathétique. Ein Tschaikowsky-Roman. Amsterdam: Querido 1935

Vergittertes Fenster. Novelle um den Tod des Königs Ludwig II. von Bayern. Amsterdam: Querido 1937

Der Vulkan. Roman unter Emigranten. Amsterdam: Querido 1939

Decision. A Review of Free Culture. Ed. by Klaus Mann. New York: Januar 1941–Februar 1942

The Turning Point. Thirty-five Years in this Century. New York: L. B. Fischer 1942

André Gide and the Crisis of Modern Thought. New York: Creative Age 1943

Heart of Europe. An Anthology of Creative Writing in Europe 1920–1940. Ed. by Hermann Kesten and Klaus Mann. New York: L. B. Fischer 1943

Der siebente Engel. Drei Akte. Zürich: Europa 1946

Pathetic Symphony. A Novel about Tchaikovsky. New York: Allen, Towne & Heath 1948

André Gide. Die Geschichte eines Europäers. Zürich: Steinberg 1948

Der Wendepunkt. Ein Lebensbericht. Frankfurt a. M.: S. Fischer 1952

Michael Mann

Zeitungsberichte über Musik und Malerei. Heinrich Heine. Hg. von Michael Mann. Frankfurt a. M.: Insel 1964

Das Thomas Mann-Buch. Eine innere Biographie in Selbstzeugnissen. Hg. von Michael Mann. Frankfurt a. M.: S. Fischer 1965

Heinrich Heines Musikkritiken. Hamburg: Hoffmann und Campe 1971 (= Heine-Studien. Hg. von Manfred Windfuhr. Bd. 1)

Mann, Katia: Meine ungeschriebenen Memoiren. Hg. von Elisabeth Plessen und Michael Mann. Frankfurt a. M.: S. Fischer 1974

«Sturm- und Drang-Drama». Studien und Vorstudien zu Schillers «Räubern». Bern: Francke 1974

Mann, Thomas: Essays. Band 1: Ausgewählte Schriften zur Literatur. Begegnungen mit Dichtern und Dichtung. In Zusammenarbeit mit Hunter Hannum hg. von Michael Mann. Frankfurt a. M.: S. Fischer 1977 (= Mann, Thomas: Ausgewählte Essays in drei Bänden)

Monika Mann

Vergangenes und Gegenwärtiges. Erinnerungen. München: Kindler 1956

Der Start. Ein Tagebuch. Fürstenfeldbruck: Steinklopfer 1960

Tupfen im All. Köln: Jakob Hegner 1963

Wunder der Kindheit. Bilder und Impressionen. Köln: Jakob Hegner 1966

Der letzte Häftling. Eine wahre Legende in onore eines (letzten) Komponisten. Lohhof bei München: Karl Lemke 1967

Elisabeth Mann Borgese und Giuseppe Antonio Borgese

Elisabeth Mann Borgese

To Whom It May Concern. London: MacGibbon & Kee 1960 / New York: George Braziller 1960. Deutsche Erstausgabe: Zwei Stunden. Geschichten am Rande der Zeit. Hamburg: Hoffmann und Campe 1965. Neuauflage: Der unsterbliche Fisch. Erzählungen. Hg. von Thomas B. Schumann. Hürth bei Köln: Edition Memoria 1998

Ascent of Woman. London: MacGibbon & Kee 1963 / New York: George Braziller 1963. Deutsche Erstausgabe: Aufstieg der Frau. Abstieg des Mannes? München: List 1965

A Constitution for the World. [Mit einer Einführung von Elisabeth Mann Borgese.] Santa Barbara: The Fund for the Republic 1965 (= Papers on Peace. One of a series published by the Center for the Study of Democratic Institutions)

Eat your Fishballs, Tarquin. Santa Barbara 1965

The White Snake. London: MacGibbon & Kee 1966. Amerikanische Erstausgabe: The Language Barrier. Beasts and Men. New York: Holt, Rinehart and Winston 1968. Schweizerische und deutsche Erstausgabe: Wie man mit den Menschen spricht … Hg. von

Peter K. Wehrli. Zürich: Ex Libris 1970 und Bern/München/Wien: Scherz 1971

The Ocean Regime. A suggested statute for the peaceful uses of the high seas and the sea-bed beyond the limits of national jurisdiction. Santa Barbara: Center for the Study of Democratic Institutions 1968

Pacem in Maribus. Ed. by Elisabeth Mann Borgese. New York: Dodd, Mead 1972

The Drama of the Oceans. New York: Harry N. Abrams 1975. Deutsche Erstausgabe: Das Drama der Meere. Frankfurt a. M.: S. Fischer 1977

The Tides of Change. Peace, Pollution, and Potential of the Oceans. Ed. by Elisabeth Mann Borgese and David Krieger. New York: Mason and Lipscomb 1975

Self-Management. New Dimensions to Democracy. Alternatives for a New Society. Ed. by Elisabeth Mann Borgese and Ichak Adizes. Santa Barbara: ABC-Clio 1975 (= Studies in Comparative Politics, No. 7)

Ocean Yearbook. Volume 1–17. Ed. by Elisabeth Mann Borgese a. o. Chicago: University of Chicago Press 1978–2003

Seafarm. The Story of Aquaculture. New York: Harry N. Abrams 1980

The Mines of Neptune. Minerals and Metals from the Sea. New York: Harry N. Abrams 1985

The Future of the Oceans: a Report to the Club of Rome. Montreal: Harvest House 1986. Deutsche Erstausgabe: Die Zukunft der Weltmeere. Ein Bericht an den Club of Rome. Mit einem Vorwort von Alexander King. Wien: Europa Verlag 1985

Soltanto il Rogo. Musik: Franco Mannino. Libretto: Elisabeth Mann Borgese. UA: Pirandello-Festspiele, Agrigento 1987 [nach dem in «Il Sipario» in der italienischen Übersetzung erschienenen Drama von «Only the Pyre»/spätere Prosaversion unter dem Titel «Die arme Sinda» in «Wie Gottlieb Hauptmann die Todesstrafe abschaffte»]

Ocean Frontiers. Explorations by Oceanographers on Five Continents. Ed. by Elisabeth Mann Borgese. New York: Harry N. Abrams 1992

Ocean Governance and the United Nations. Revisted edition. Halifax, Nova Scotia: Centre For Foreign Policy Studies, Dalhousie University 1995

The Oceanic Circle. Governing the Seas as a Global Resource. United Nations University Press: Tokyo/New York 1998. Deutsche Erstausgabe: Mit den Meeren leben. Über den Umgang mit den Ozeanen als globaler Ressource. Ein Bericht an den Club of Rome. Köln: Kiepenheuer & Witsch 1999 (= ein mare buch)

Chairworm & Supershark. Illustrations by Laura Facey. The Mill Press: Jamaica/West Indies 1992 [deutsche Prosafassung des Kinderbuchs unter dem Titel «Thronwurm und Superhai» in «Wie Gottlieb Hauptmann die Todesstrafe abschaffte»]

Wie Gottlieb Hauptmann die Todesstrafe abschaffte. Erzählungen. Hürth bei Köln: Edition Memoria 2001

Marine Issues. From a scientific, political and legal Perspective. Ed. by Peter Ehlers, Elisabeth Mann Borgese and Rüdiger Wolfrum. Kluwer Law International: The Hague/London/New York 2002

Giuseppe Antonio Borgese

Rubè. Romanzo. Milano: A. Mondadori 1921

Goliath, the March of Fascism. New York: Viking Press 1937. Deutsche Erstausgabe: Der Marsch des Fascismus. Amsterdam: Allert de Lange 1938

The City of Man. A Declaration on World Democracy. Issued by Herbert Agar, Frank Aydelotte, Giuseppe Antonio Borgese a. o. New York: Viking Press 1940

Common Cause. New York: Duell, Sloan and Pearce [1943]

Preliminary Draft of a World Constitution. As proposed and signed by Robert M. Hutchins, Giuseppe Antonio Borgese a. o. Chicago: University of Chicago 1948. Deutsche Erstausgabe: Ist eine Weltregierung möglich? Vorentwurf einer Weltverfassung. Frankfurt a. M.: S. Fischer 1951

2. Primärliteratur (Auswahl)

Mann, Erika: Blitze überm Ozean. Aufsätze, Reden, Reportagen. Hg. von Irmela von der Lühe und Uwe Naumann. Reinbek 2000 [Blitze]

Mann, Erika: Briefe und Antworten 1922–1950/ Briefe und Antworten 1951–1969. Hg. von Anna Zanco Prestel. 2 Bde. München 1984/85 [Briefe I/Briefe II]

Mann, Erika (zusammen mit Klaus Mann): Das Buch von der Riviera. Neuausgabe Reinbek 2004

Mann, Erika (zusammen mit Klaus Mann): Escape to Life. Deutsche Kultur im Exil. 2. Aufl. Reinbek 2001

Mann, Erika: Mein Vater, der Zauberer. Hg. von Irmela von der Lühe und Uwe Naumann. Einmalige Sonderausgabe Reinbek 1999 [Mein Vater]

Mann, Erika (zusammen mit Klaus Mann): Rundherum. Abenteuer einer Weltreise. Erw. Neuausgabe Reinbek 1996

Mann, Erika: Stoffel fliegt übers Meer. Bilder und Ausstattung von Richard Hallgarten. München 1999

Mann, Erika: Wenn die Lichter ausgehen. Geschichten aus dem Dritten Reich. Reinbek 2005

Mann, Erika: Zehn Millionen Kinder. Die Erziehung der Jugend im Dritten Reich. Mit einem Geleitwort von Thomas Mann. Reinbek 1997

Mann, Frido: Professor Parsifal. Autobiographischer Roman. München 1985

Mann, Golo: Erinnerungen an meinen Bruder Klaus. In: Mann, Klaus: Briefe und Antworten 1922–1949. Reinbek 1991, S. 629–661 [Erinnerungen an meinen Bruder]

Mann, Golo: Erinnerungen an meinen Vater. In: Thomas Mann 1875–1965. Bonn 1965, S. 5–21

Mann, Golo: Erinnerungen und Gedanken. Eine Jugend in Deutschland. Frankfurt a. M. 1986 [Erinnerungen I]

Mann, Golo: Erinnerungen und Gedanken. Lehrjahre in Frankreich. Frankfurt a. M. 1999 [Erinnerungen II]

Mann, Golo: Friedrich von Gentz. Geschichte eines europäischen Staatsmannes. Zürich 1947

Mann, Golo: Geschichtsschreibung als Literatur. Vortrag, gehalten im Rahmen der Geistigen Begegnungen in der Böttcherstraße in Bremen am 19. Oktober 1964. Bremen 1964

Mann, Golo: Meine Schwester Erika und ihr Buch «A Gang of Ten». In: Mann, Erika: Zehn jagen Mr. X. Berlin/DDR 1990, S. 219–224 [Meine Schwester Erika]

Mann, Golo: Vom Geist Amerikas. Eine Einführung in amerikanisches Denken und Handeln im zwanzigsten Jahrhundert. 3. Aufl. Stuttgart 1961

Mann, Golo: Wir alle sind, was wir gelesen. Aufsätze und Reden zur Literatur. Frankfurt a. M. 1989

Mann, Golo: Zeiten und Figuren. Schriften aus vier Jahrzehnten. Frankfurt a. M. 1979

Mann, Golo/Reich-Ranicki, Marcel: Enthusiasten der Literatur. Ein Briefwechsel. Aufsätze und Portraits. Hg. von Volker Hage. Frankfurt a. M. 2000

Mann, Heinrich: Briefe an Karl Lemke und Klaus Pinkus. Hamburg o. J. [1964]

Mann, Heinrich: Ein Zeitalter wird besichtigt. Erinnerungen. Mit einem Nachwort von Klaus Schröter und einem Materialienanhang, zusammengestellt von Peter-Paul Schneider. Frankfurt a. M. 1988 (= Heinrich Mann: Studienausgabe in Einzelbänden. Hg. von Peter Paul Schneider)

Mann, Julia: Ich spreche so gern mit meinen Kindern. Erinnerungen, Skizzen, Briefwechsel mit Heinrich Mann. Berlin/Weimar 1991

Mann, Katia: Meine ungeschriebenen Memoiren. Hg. von Elisabeth Plessen und Michael Mann. Neuausgabe Frankfurt a. M. 2000 [Memoiren]

Mann, Klaus: Auf verlorenem Posten. Aufsätze, Reden, Kritiken 1942–1949. Hg. von Uwe Naumann und Michael Töteberg. Reinbek 1994 [Posten]

Mann, Klaus: Briefe und Antworten 1922–1949. Hg. von Martin Gregor-Dellin. Reinbek 1991 [Briefe]

Mann, Klaus: Kind dieser Zeit. Erw. Neuausgabe Reinbek 2000

Mann, Klaus: Mephisto. Roman einer Karriere. Neuausgabe Reinbek 2000

Mann, Klaus: Die neuen Eltern. Aufsätze, Reden, Kritiken 1924–1933. Hg. von Uwe Naumann und Michael Töteberg. Reinbek 1992 [Eltern]

Mann, Klaus: Der siebente Engel. Die Theaterstücke. Hg. von Uwe Naumann und Michael Töteberg. Reinbek 1989

Mann, Klaus: Tagebücher. Hg. von Joachim Heimannsberg, Peter Laemmle und Wilfried F. Schoeller. 6 Bde. Reinbek 1995 [Tb]

Mann, Klaus: Treffpunkt im Unendlichen. Roman. Neuausgabe Reinbek 1998

Mann, Klaus: The Turning Point. Thirty-five Years in this Century. New York 1942

Mann, Klaus: Der Vulkan. Roman unter Emigranten. Überarb. und erw. Neuausgabe. 3. Aufl. Reinbek 2004

Mann, Klaus: Der Wendepunkt. Ein Lebensbericht. Reinbek 1993

Mann, Klaus: Das Wunder von Madrid. Aufsätze, Reden, Kritiken 1936–1938. Hg. von Uwe Naumann und Michael Töteberg. Reinbek 1993 [Wunder]

Mann, Klaus: Zahnärzte und Künstler. Aufsätze, Reden, Kritiken 1933–1936. Hg. von Uwe Naumann und Michael Töteberg. Reinbek 1993 [Zahnärzte]

Mann, Klaus: Zweimal Deutschland. Aufsätze, Reden, Kritiken 1938–1942. Hg. von Uwe Naumann und Michael Töteberg. Reinbek 1994

Mann, Michael: Fragmente eines Lebens. Lebensbericht und Auswahl seiner Schriften. Von Frederic C. und Sally P. Tubach. München 1983 [Fragmente]

Mann, Michael: Schuld und Segen im Werk Thomas Manns. Festvortrag, gehalten am 6. Juni 1975 aus Anlass des 100. Geburtstages von Thomas Mann im großen Haus der Städtischen Bühnen Lübeck. Lübeck 1975

Mann, Michael (Hg.): Das Thomas Mann-Buch. Eine innere Biographie in Selbstzeugnissen. Frankfurt a. M. 1965

Mann, Michael: Verwechslungen. In: Merkur. Deutsche Zeitschrift für europäisches Denken, 27. Jg., Heft 9, September 1973, S. 846–853 [Verwechslungen]

Mann, Monika: Autobiographisches. In: Neue Deutsche Hefte, 27. Jg., Nr. 166, Heft 2, 1980, S. 275–277 [Autobiographisches]

Mann, Monika: Mein Bruder Klaus. In: Neue Deutsche Hefte, 21. Jg., Nr. 143, Heft 3, 1974, S. 520f.

Mann, Monika: Der Start. Ein Tagebuch. Fürstenfeldbruck 1960

Mann, Monika: Vergangenes und Gegenwärtiges. Erinnerungen. Reinbek 2001 [Vergangenes]

Mann, Monika: Versuch über Erika Mann. In: Neue Deutsche Hefte, 31. Jg., Nr. 184, Heft 4, 1984, S. 830 [Versuch über Erika Mann]

Mann, Monika: Wunder der Kindheit. Bilder und Impressionen. Köln 1966

Mann, Thomas: Briefe an Otto Grautoff 1894–1901 und Ida Boy-Ed 1903–1928. Hg. von Peter de Mendelssohn. Frankfurt a. M. 1975

Mann, Thomas: Briefe I. 1889–1913. Ausgew. und hg. von Thomas Sprecher, Hans R. Vaget und Cornelia Bernini. Frankfurt a. M. 2002 (= Thomas Mann: Gr. kommentierte Frankfurter Ausgabe, Bd. 21)

Mann, Thomas: Briefe I. 1889–1936/Briefe II. 1937–1947/Briefe III. 1948–1955 und Nachlese. Hg. von Erika Mann. Frankfurt a. M. 1961/1963/1965 [Briefe I, Briefe II, Briefe III]

Mann, Thomas: Erzählungen. Fiorenza. Dichtungen. In: Mann, Thomas: Gesammelte Werke in dreizehn Bänden. Bd. VIII. Frankfurt a. M. 1974 [GW VIII]

Mann, Thomas: Königliche Hoheit. In: Mann, Thomas: Gesammelte Werke in dreizehn Bänden. Bd. II. Frankfurt a. M. 1974, S. 7–363 [GW II]

Mann, Thomas: Nachträge. In: Mann, Thomas: Gesammelte Werke in dreizehn Bänden. Bd. XIII. Frankfurt a. M. 1974 [GW XIII]

Mann, Thomas: Reden und Aufsätze. Bd. 1–4. In: Mann, Thomas: Gesammelte Werke in dreizehn Bänden. Bd. IX–XII. Frankfurt a. M. 1974 [GW IX–XII]

Mann, Thomas: Tagebücher 1918–1921/Tagebücher 1933–1934/Tagebücher 1935–1936/Tagebücher 1937–1939/Tagebücher 1940–43. Hg. von Peter de Mendelssohn. Frankfurt a. M. 1979/1977/1978/1980/1982 [Tb]

Mann, Thomas: Tagebücher 1944–1946/Tagebücher 1946–1948/Tagebücher 1949–1950/Tagebücher 1951–1952/Tagebücher 1953–1955. Hg. von Inge Jens. Frankfurt a. M. 1986/1989/1991/1993/1995 [Tb]

Mann, Thomas/Adorno, Theodor W.: Briefwechsel 1943–1955. Hg. von Christoph Gödde und Thomas Sprecher. Frankfurt a. M. 2002

Mann, Thomas/Mann, Heinrich: Briefwechsel 1900–1949. Hg. von Hans Wysling. Erw. Neuausgabe Frankfurt a. M. 1994

Mann, Thomas/Meyer, Agnes E.: Briefwechsel 1937–1955. Hg. von Hans Rudolf Vaget. Frankfurt a. M. 1992

Mann, Viktor: Wir waren fünf. Bildnis der Familie Mann. Konstanz 1949

Mann Borgese, Elisabeth: Aufstieg der Frau. Abstieg des Mannes? München 1965

Mann Borgese, Elisabeth: Das Drama der Meere. Frankfurt a. M. 1977

Mann Borgese, Elisabeth: Goliath – Der Marsch des Fascismus. In: Naumann, Uwe (Hg.): Verführung zum Lesen. Zweiundfünfzig Prominente über Bücher, die ihr Leben prägten. Reinbek 2003, S. 153–156 [Goliath]

Mann Borgese, Elisabeth: Meine Zeit. In: Neue Rundschau, Jg. 111, Heft 1, 2000, S. 109–128 [Meine Zeit]

Mann Borgese, Elisabeth: Mit den Meeren leben. Über den Umgang mit den Ozeanen als globaler Ressource. Ein Bericht an den Club of Rome. Hamburg/Köln 1999 (= ein mare-buch)

Mann Borgese, Elisabeth: Der unsterbliche Fisch. Erzählungen. Hg. von Thomas B. Schumann. Hürth bei Köln 1998

Mann Borgese, Elisabeth: Wie Gottlieb Hauptmann die Todesstrafe abschaffte. Erzählungen. Hg. von Thomas B. Schumann. Hürth bei Köln 2001 [Gottlieb Hauptmann]

Thomas Mann an Ernst Bertram. Briefe aus den Jahren 1910–1955. In Verbindung mit dem Schiller-Nationalmuseum hg. von Inge Jens. Pfullingen 1960

3. Weitere Literatur

AsKI/Stiftung Deutsches Rundfunkarchiv/Stiftung Archiv der Akademie der Künste (Hg.): Rückkehr in die Fremde? Remigranten und Rundfunk in Deutschland 1945 bis 1955. Berlin/Bonn/Frankfurt a. M. 2000

Auster, Paul: Timbuktu. Roman. Reinbek 1999

Barker, Ralph: Children of the Benares. A War Crime and its Victims. London 1987

Begegnungen. Golo Mann zum 80. Geburtstag. Redaktion: Regula Zweifel. Kilchberg 1989

Benn, Gottfried: Antwort an die literarischen Emigranten. In: Benn, Gottfried: Vermischte Schriften. Autobiographische Schriften. Hg. von Dieter Wellershoff. Frankfurt a. M. 2003 (= Gottfried Benn: Gesammelte Werke, Bd. III), S. 1695–1704

Berendsohn, Walter A.: Thomas Mann und die Seinen. Bern 1973

Bermann Fischer, Gottfried: Bedroht – Bewahrt. Der Weg eines Verlegers. Frankfurt a. M. 1967

Bitterli, Urs: Golo Mann. Instanz und Außenseiter. Eine Biographie. Lizenzausgabe Berlin 2004

Breloer, Heinrich: Unterwegs zur Familie Mann. Begegnungen, Gespräche, Interviews. Frankfurt a. M. 2001

Breloer, Heinrich/Königstein, Horst: Die Manns. Ein Jahrhundertroman. Frankfurt a. M. 2001

Bürgin, Hans/Mayer, Hans-Otto: Thomas Mann. Eine Chronik seines Lebens. Frankfurt a. M. 1965 [Thomas-Mann-Chronik]

Corino, Karl: Robert Musil. Leben und Werk in Bildern und Texten. Reinbek 1988

Feitknecht, Thomas: Zur Entstehung eines Lebenswerks: Golo Manns «Wallenstein». In: 1895–1995. Das Buch zum Jubiläum: Schweizerische Landesbibliothek. Bern 1995, S. 160–168

Fest, Joachim: Begegnungen. Über nahe und ferne Freunde. Reinbek 2004

Graf, Oskar Maria: An manchen Tagen. Reden, Gedanken und Zeitbetrachtungen. Frankfurt a. M. 1961

Flügge, Manfred: Wider Willen im Paradies. Deutsche Schriftsteller im Exil in Sanary-sur-Mer. Berlin 1996

Harpprecht, Klaus: Thomas Mann. Eine Biographie. 2 Bde. Reinbek 1995

Heftrich, Eckhard/Schneider, Peter-Paul/Wißkirchen, Hans (Hg.): Heinrich und Thomas Mann. Ihr Leben und Werk in Text und Bildern. Katalog zur ständigen Ausstellung im Buddenbrookhaus der Hansestadt Lübeck. Lübeck 1994

Heine, Gert/Schommer, Paul: Thomas Mann Chronik. Frankfurt a. M. 2004

Heinrich Mann 1871–1950. Werk und Leben in Dokumenten und Bildern. Mit unveröffentlichten Manuskripten und Briefen aus dem Nachlaß. Hg. von der Deutschen Akademie der Künste zu Berlin. Ausstellung und Katalog: Sigrid Anger […]. Berlin/Weimar 1971

Heißerer, Dirk: Im Zaubergarten. Thomas Mann in Bayern. München 2005

Hensel, Georg/Hage, Volker (Hg.): Indiskrete Antworten. Der Fragebogen des F.A.Z.-Magazins. Bd. 1. Reinbek 1987

Hermann, Ingo (Hg.): Elisabeth Mann Borgese. Die Meer-Frau. Gespräch mit Amadou Seitz in der Reihe «Zeugen des Jahrhunderts». Redaktion: Jürgen Voigt. Göttingen 1993 [Die Meer-Frau]

Herz, Rudolf: Fotografie und Revolution. München 1918/19. Berlin 1988

Holzer, Kerstin: Elisabeth Mann Borgese. Ein Lebensporträt. Berlin 2001

Hummel, Ursula/Chrambach, Eva: Erika und Klaus Mann. Bilder und Dokumente. München 1990

Jens, Inge und Walter: Frau Thomas Mann. Das Leben der Katharina Pringsheim. Reinbek 2003

Jüngling, Kirsten/Roßbeck, Brigitte: Katia Mann. Die Frau des Zauberers. Biografie. München 2003

Keiser-Hayne, Helga: Erika Mann und ihr politisches Kabarett «Die Pfeffermühle» 1933–1937. Texte, Bilder, Hintergründe. Erw. Neuausgabe Reinbek 1995 [Pfeffermühle]

Klaus Mann zum Gedächtnis. Amsterdam 1950

Kolbe, Jürgen: Heller Zauber. Thomas Mann in München 1894–1933. Unter Mitarbeit von Karl Heinz Bittel. Berlin 1987

Koopmann, Helmut (Hg.): Thomas-Mann-Handbuch. 2. Aufl. Stuttgart 1995

Kroll, Fredric (Hg.): Klaus-Mann-Schriftenreihe. Bd. 1: Bibliographie. Bd. 2: 1906–1927. Unordnung und früher Ruhm. Bd. 3: 1927–1933. Vor der Sintflut. Bd. 4/I: 1933–1934. Sammlung der Kräfte. Bearbeitet von Fredric Kroll und Klaus Täubert. Bd. 5: 1937–1942. Trauma Amerika. Bd. 6: 1943–1949. Der Tod in Cannes. Wiesbaden 1976/1977/1979/1986/1992, Hannover 1996

Krüll, Marianne: Im Netz der Zauberer. Eine andere Geschichte der Familie Mann. Erw. Ausgabe Frankfurt a. M. 1993

Kurzke, Hermann: Thomas Mann. Das Leben als Kunstwerk. Eine Biographie. München 1999

Landshoff, Fritz H.: Amsterdam, Keizersgracht 333. Querido Verlag. Erinnerungen eines Verlegers. Berlin/Weimar 1981

Lühe, Irmela von der: Erika Mann. Eine Biographie. Überarb. Ausgabe Frankfurt a. M. 1996

Mahler-Werfel, Alma: Mein Leben. Frankfurt a. M. 1960

Marcuse, Ludwig: Mein zwanzigstes Jahrhundert. Auf dem Weg zu einer Autobiographie. München 1960

Mendelssohn, Peter de: Der Zauberer. Das Leben des deutschen Schriftstellers Thomas Mann. 3 Bde. Überarb. und erw. Neuausgabe Frankfurt a. M. 1996

Mephisto. Die Entscheidung des Bundesverfassungsgerichts und die abweichende Richtermeinung. Mit einem Vorwort des Verlegers. München 1971

Möller, Hildegard: Die Frauen der Familie Mann. München 2004

Murken, Barbara: Gedanken zum Kinder- und Jugendbuchwerk von Erika Mann. Ein biographisches Puzzle. Münster 1995

Musil, Robert: Briefe 1901–1942. Hg. von Adolf Frisé. Reinbek 1981

Musil, Robert: Briefe 1901–1942. Kommentar. Register. Hg. von Adolf Frisé. Reinbek 1981

Musil, Robert: Tagebücher. Hg. von Adolf Frisé. Reinbek 1976

Musil, Robert: Tagebücher. Anmerkungen. Anhang. Register. Hg. von Adolf Frisé. Ergänzte Auflage Reinbek 1983
Naumann, Uwe: Klaus Mann. Reinbek 1984
Naumann, Uwe (Hg.): «Ruhe gibt es nicht, bis zum Schluß.» Klaus Mann (1906–1949). Bilder und Dokumente. Reinbek 1999
Overwien-Neuhaus, Anne (Hg.): Eva Herrmann. Zeugin des Exils. Köln 1995
Reich-Ranicki, Marcel: Thomas Mann und die Seinen. Frankfurt a. M. 1990
Ruffini, Mario: L'opera di Luigi Dallapiccola. Catalogo ragionato. Milano 2002
Schaenzler, Nicole: Klaus Mann. Eine Biographie. Berlin 2001
Schalkhäuser, Helga: Monika Mann. In: Schalkhäuser, Helga: Hoheiten, Exzellenzen, Prominente. Begegnungen mit berühmten Persönlichkeiten in aller Welt. Bergisch-Gladbach 1987, S. 76–80
Schröter, Klaus: Heinrich Mann. Reinbek 1967
Schröter, Klaus: Thomas Mann. Überarb. Neuausgabe Reinbek 2005
Selbmann, Rolf: Vom Jesuitenkolleg zum humanistischen Gymnasium. Zur Geschichte des Deutschunterrichts in Bayern zwischen Gegenreformation und Gegenwart am Wilhelmsgymnasium München. Frankfurt a. M./Berlin/New York 1996
Spangenberg, Eberhard: Karriere eines Romans. Mephisto, Klaus Mann und Gustaf Gründgens. Ein dokumentarischer Bericht aus Deutschland und dem Exil 1925–1981. München 1982
Sprecher, Thomas: Thomas Mann in Zürich. Lizenzausgabe München 1992
Sprecher, Thomas/Gutbrodt, Fritz (Hg.): Die Familie Mann in Kilchberg. Zürich 2000 [Die Familie Mann]
Stephan, Alexander: Im Visier des FBI. Deutsche Exilschriftsteller in den Akten amerikanischer Geheimdienste. Stuttgart/Weimar 1995
Strohmeyr, Armin: Klaus Mann. München 2000
Stübbe, Michael: Die Manns. Genealogie einer deutschen Schriftstellerfamilie. Neustadt a. d. Aisch 2004
Tworek, Elisabeth: Spaziergänge durch das Alpenvorland der Literaten und Künstler. Zürich/Hamburg 2004
Walter, Bruno: Thema und Variationen. Erinnerungen und Gedanken. New York/Frankfurt a. M. 1947
Wehrli, Peter K.: Nachruf auf Elisabeth Mann Borgese. In: Blätter der Thomas Mann Gesellschaft Zürich, Nr. 29, 2000–2001, S. 5–9
Weiss, Andrea: Flucht ins Leben. Die Erika und Klaus Mann-Story. Reinbek 2000

Wendland, Ulrike: Biographisches Handbuch deutschsprachiger Kunsthistoriker im Exil. Leben und Werk der unter dem Nationalsozialismus verfolgten und vertriebenen Wissenschaftler. Teil 2. L–Z. München 1999
Wißkirchen, Hans: Die Familie Mann. Reinbek 1999
Wunderlich, Heinke/Menke, Stefanie: Sanary-sur-Mer. Deutsche Literatur im Exil. Stuttgart/Weimar 1996
Wysling, Hans/Schmidlin, Yvonne (Hg.): Thomas Mann. Ein Leben in Bildern. Zürich 1994

4. Neue Medien

Bitter is de verbanning. Dokumentarfilm von Bart van Esch und Tom Verheul. Erstsendung: Holländisches Fernsehen, 3. Programm, 23. März 1998
Botschafterin der Meere – Elisabeth Mann Borgese. Dokumentarfilm von Eberhard Görner. Bayerischer Rundfunk 1997
Escape to Life. Die Erika & Klaus Mann Story. Regie: Andrea Weiss und Wieland Speck. Dokumentarfilm. Großbritannien/Deutschland 2000
Gaudlitz, Wolf/Mann Borgese, Elisabeth: Mein Vater der Zauberer – meine Liebe das Meer. Elisabeth Mann Borgese in einem Gespräch mit Wolf Gaudlitz. Eine Produktion des Bayerischen Rundfunks 1999. Elektronische Ressource: 2 CDs. Audiobuch Freiburg 2001 [Mein Vater der Zauberer]
Grimkowski, Sabine: La pauvre Moni oder: Wer war Monika Mann? Erstsendung: S 2 Kultur, 30. März 1998
… Das kleine Europa. Die Schweiz der Familie Mann. Ein Film von Peter K. Wehrli. Erstsendung: SF 1, 14. November 2004
Die Manns. Ein Jahrhundertroman. Regie: Heinrich Breloer. Erstsendung: ARD 2001. Elektronische Ressource: 3 DVD-Videos [inklusive der Dokumentationen «Kinder des Zauberers», «Das Monstrum», «Das verschwiegene Haus»]. Eurovideo [Ismaning] [ca. 2002]
Scheuerl, Marianne/Mann Borgese, Elisabeth: Mein Leben. Elisabeth Mann Borgese im Gespräch mit Marianne Scheuerl. Eine Produktion des NDR 1999. Elektronische Ressource: Hoffmann und Campe Hörbücher 2003
Treffpunkt im Unendlichen. Die Lebensreise des Klaus Mann. Dokumentarfilm von Heinrich Breloer. Redaktion: Horst Königstein, Christhart Burgmann. Erstsendung: Norddeutscher Rundfunk, 3. Programm, 29. Oktober 1983

Die Entstehung des vorliegenden Buches haben zahlreiche Institutionen und Personen mit Rat und Tat unterstützt. Ihnen allen gebührt der herzliche Dank der Herausgeber. Allen voran seien die Mitarbeiterinnen des Literaturarchivs Monacensia in München genannt: Ursula Hummel, Gabriele Weber, Christine Hannig und Sylvia Schütz. Dort werden die Nachlässe von Erika und Klaus Mann verwahrt sowie Teilnachlässe von Monika Mann und Elisabeth Mann Borgese – allesamt Fundgruben für diese Publikation.

Auch im Thomas-Mann-Archiv der ETH Zürich wurden wir bei der Recherche aufs freundlichste unterstützt und jederzeit mit Material, Ratschlägen und Hinweisen versorgt: Dank dafür an Thomas Sprecher, Cornelia Bernini und Rolf Bolt. Gleiches gilt für das Schweizerische Literaturarchiv Bern, wo Golo Manns Nachlass verwahrt wird: Dank an Thomas Feitknecht, Michel Guinard und Rudolf Probst.

Für Kooperation und wichtige Anregungen möchten der Verlag und die Herausgeber sich außerdem namentlich bedanken bei Karin Andert (Tutzing), Claudia Beck-Mann (Leichlingen), Nica Borgese (Mailand), Wolfgang Clemens (Büdingen), Rara Coray (Zürich), Britta Dittmann (Lübeck), Werner Ekau (Bremen), Alexandra Filipp (Hamburg), Manfred Flügge (Berlin/Paris), Gabriele Förg (München), Maria Frisé (Bad Homburg), Detlef Heikamp (Florenz), Dirk Heißerer (München), Hilda Hoffmann (Berlin), Kerstin Holzer (München), Inge und Walter Jens (Tübingen), Helga Keiser-Hayne (Prata/Grosseto, Italien), Horst Königstein (Hamburg), Fredric Kroll (Freiburg), Irmela von der Lühe (Berlin), Frido Mann (Göttingen), Gret Mann (Orinda, Kalifornien), Raju Mann Ward (Orinda, Kalifornien), Cornel Meder (Niederkorn, Luxemburg), Marie-Theres Miller-Degenfeld (Nußdorf), Manfred Papst (Zürich), Christine Püffel (München), Jens Roffmann (Bad Soden), Helga Schalkhäuser (München), Ulrich Schwarz (Hamburg), Hinrich C. Seeba (Berkeley, Kalifornien), Roland Spahr (Frankfurt am Main), Frederic C. und Sally P. Tubach (Orinda, Kalifornien), Peter K. Wehrli (Zürich), Günther Weishaupt (Mindelheim) und Johannes F. Woll (München).

Auch zahlreiche Archive, Bibliotheken, Forschungseinrichtungen, Schulen und andere Institutionen haben zur Realisierung des vorliegenden Bildbandes beigetragen. Soweit sie Bildvorlagen lieferten, sind sie im Quellennachweis der Abbildungen aufgeführt. Ein besonderer Dank geht dabei an die Menschen, die durch kompetente Beratung und teils eigene Recherchen unser Projekt unterstützten: Elisabeth An-germair (Stadtarchiv München), David Bell (Imperial War Museum, London), Barbara Dreisiebner-Bienert (Universitätsbibliothek Mannheim), Andreas Fischer (Freies Gymnasium Zürich), Michael Hermann (Städtisches Luisengymnasium München), Günther Hiendlmaier (Städtisches St. Anna-Gymnasium München), Daniela Huser (Hochschule Musik und Theater Zürich), Birgit Jooss (Akademie der bildenden Künste München, Archiv und Sammlungen), Reinhard Käsinger (Schloss Neubeuern), Stephan Klingen (Zentralinstitut für Kunstgeschichte München), Franka Köpp (Akademie der Künste Berlin, Ruth-Berlau-Archiv), Anton Löffelmeier (Stadtarchiv München), Jochen Meyer (Deutsches Literaturarchiv Marbach am Neckar), Christina Möller (Akademie der Künste Berlin, Heinrich-Mann-Archiv), Alexander Redlich (Auswärtiges Amt Berlin), Kathy Reymann (Theodor-Heuss-Stiftung e. V., Stuttgart), Ute Roth (Bayerische Staatsbibliothek), Mario Ruffini (Kunsthistorisches Institut Florenz), Arno Russegger (Robert-Musil-Literatur-Museum, Klagenfurt), Elke Schwandner (Deutsches Literaturarchiv Marbach am Neckar), Rolf Selbmann (Staatliches Wilhelmsgymnasium München), Heimo Strempfl (Robert-Musil-Literatur-Museum, Klagenfurt), Vera Tscheschlok (Thomas-Mann-Sammlung Dr. Hans-Otto Mayer, Universitäts- und Landesbibliothek Düsseldorf), Grazia Visintainer (Kunsthistorisches Institut Florenz) und Sophie Weidlich (Kurt-Hahn-Archiv, Schule Schloss Salem).

Ein nachdrücklicher Dank gilt den Kolleginnen und Kollegen, die im Team zur Vorbereitung der parallel zu diesem Buch entstandenen Ausstellung über «Die Kinder der Manns» mitgewirkt haben: Elisabeth Tworek von der Monacensia München, Hans Wißkirchen vom Buddenbrookhaus Lübeck, Reinhard Wittmann vom Literaturhaus München sowie Costanza Puglisi und Florian Wenz von Unodue.

Last not least möchten sich die Herausgeber bei ihren Lebensgefährten bedanken für die Nachsicht, mit der sie die anhaltende Mannomanie ihrer Partner ertragen haben. Ein besonders herzliches Dankeschön also an Elisabeth Esslinger und Andreas Last!

Uwe Naumann und Astrid Roffmann,
im August 2005

Zeittafel Erika Mann

1905 Erika Julia Hedwig Mann am 9. November als erstes Kind von Thomas und Katia Mann, geb. Pringsheim, in München geboren

1912 Nach einem Jahr Privatunterricht ab Oktober Besuch der zweiten Klasse des privaten Schulinstituts von Ernestine Ebermayer in München-Schwabing. Im Kriegsjahr 1914 Wechsel zur Grundschule an der Flurstraße in München

1915 Besuch der Städtischen Höheren Mädchenschule mit Frauenschule am St. Annaplatz in München bis 1920. Im Mai 1921 Wechsel zur Städtischen Höheren Mädchenschule in der Luisenstraße

1922 Ab April/Mai zusammen mit dem Bruder Klaus Aufenthalt in der Bergschule Hochwaldhausen (Rhön). Im September Wiedereintritt in die Städtische Höhere Mädchenschule mit Gymnasialabteilung an der Luisenstraße

1924 Im März Abitur am Luisengymnasium in München. Im Anschluss daran Schauspielstudium und erstes Engagement bei Max Reinhardt in Berlin

1925-32 Wechselnde Schauspielengagements und -anstellungen in Bremen, Hamburg, Frankfurt, Berlin und München

1925 Bei der Uraufführung von Klaus Manns Dramendebüt «Anja und Esther» im Oktober spielen Erika Mann und ihr Bruder an der Seite von Gustaf Gründgens und Pamela Wedekind. In gleicher Konstellation tritt das private und berufliche Quartett 1927 in Klaus Manns «Revue zu Vieren» auf.

1926 Heirat mit Gustaf Gründgens am 24. Juli

1927-29 Im Oktober 1927 Aufbruch mit dem Bruder Klaus zu einer Weltreise. Beginn der journalistischen Tätigkeit, vor allem seit 1928 Veröffentlichungen für das Berliner Magazin «Tempo». 1929 erscheint der mit Klaus Mann verfasste Reisebericht «Rundherum». Mit «Hotels» debütiert Erika Mann im gleichen Jahr als Theaterautorin. Scheidung von Gustaf Gründgens am 9. Januar

1931 In Zusammenarbeit mit dem Bruder Klaus erscheinen «Das Buch von der Riviera» und die Komödie «Plagiat».

1932 Während eines Auftritts als Rezitatorin bei einer pazifistischen Frauenversammlung am 13. Januar Störungsversuche durch Nationalsozialisten. Nachfolgend massive Angriffe auf Erika Mann und ihre Familie in der rechtsradikalen Presse
Uraufführung des Weihnachtsspiels «Jans Wunderhündchen» und Veröffentlichung von «Stoffel fliegt übers Meer». Der an beiden Werken als Mitautor bzw. Illustrator beteiligte Freund Ricki Hallgarten hat sich zuvor am 5. Mai des Jahres das Leben genommen.

1933 Eröffnung der «Pfeffermühle» in der Münchener «Bonbonniere» am 1. Januar. Nach der Machtübernahme Hitlers am 13. März Aufbruch in die Schweiz: Beginn der Emigration

1933-36 Am 30. September Wiedereröffnung der «Pfeffermühle» in Zürich. In den folgenden

Jahren über 1000 Vorstellungen des Exilkabaretts in der Schweiz, der Tschechoslowakei, in Holland, Belgien, Luxemburg

«Muck, der Zauberonkel»	**1934**
Als «geistiger Urheberin» der «Pfeffermühle» wird Erika Mann am 8. Juni die deutsche Staatsangehörigkeit aberkannt. Durch die Hochzeit mit dem englischen Dichter Wystan H. Auden seit dem 15. Juni britische Staatsbürgerin	**1935**
Nach der Wiedereröffnung der «Peppermill» in New York am 5. Januar baldiger Abbruch der Tournee. Beginn einer erfolgreichen Lecturer-Laufbahn, die Erika Mann im folgenden Jahrzehnt mit Vortragsreisen durch die USA ausbaut. Nach einer erneuten Europareise als erstes Familienmitglied offizielle Einwanderung in die USA	**1937**
Europareise. Mit Klaus Mann im Juni und Juli als Berichterstatterin im Spanischen Bürgerkrieg. Veröffentlichung von «School for Barbarians» und «Zehn Millionen Kinder» (deutsche Ausgabe im Querido Verlag)	**1938**
«Escape to Life» (in Zusammenarbeit mit Klaus Mann)	**1939**
Europareise. U. a. als Mitarbeiterin der BBC am Kriegsschauplatz London und in Lissabon. Veröffentlichung von «The Other Germany» (in Zusammenarbeit mit Klaus Mann) und «The Lights Go Down»	**1940**
Ab Juni erneuter Londonaufenthalt u. a. als Mitarbeiterin der BBC	**1941**
«A Gang of Ten.» Tätigkeit im Amt des «Coordinator of Information» in New York	**1942**
Als Kriegsberichterstatterin mit der «Ninth US-Army» in Ägypten, Persien, Palästina, Frankreich, Belgien, Deutschland	**1943–44**
Als Kriegskorrespondentin in Europa. Berichterstatterin für den Londoner «Evening Standard» über die Nürnberger Kriegsverbrecherprozesse	**1945–46**
Beginn der engen Zusammenarbeit mit Thomas Mann. 1949 Begleitung seiner Europareise	**1947–49**
Am 21. Mai 1949 Selbstmord des Bruders Klaus in Cannes. In den folgenden Jahren intensive Beschäftigung mit dem Nachlass Klaus Manns und Einsatz für die Neuausgabe seiner Werke	**1949–50**
Unter dem Druck des McCarthyismus Remigration mit den Eltern nach Europa. Wohnsitz in Erlenbach, Schweiz	**1952**
«Zugvögel»-Kinderbuchserie	**1953–56**
Beginn der Mitarbeit an den Verfilmungen der Werke Thomas Manns	**1953**
Umzug mit den Eltern nach Kilchberg bei Zürich, Alte Landstraße 39	**1954**
Als Begleiterin Thomas Manns im Schiller-Jahr Reise in beide deutsche Staaten. Am 12. August Tod des Vaters	**1955**
«Das letzte Jahr. Bericht über meinen Vater». In den folgenden Jahren Herausgeberin von Werken Thomas Manns sowie Veröffentlichung einer dreibändigen Briefausgabe (1961–1965)	**1956**
Am 27. August in Zürich gestorben	**1969**

Zeittafel Klaus Mann

1906 Klaus Heinrich Thomas Mann am 18. November als zweites Kind und ältester Sohn Thomas und Katia Manns in München geboren

1912 Besuch des privaten Schulinstituts von Ernestine Ebermayer in München-Schwabing

1914 Wechsel zur Gebele-Volksschule in München-Bogenhausen

1916 Besuch des Wilhelmsgymnasiums in der Thierschstraße in München

1922 Von April bis Juli Aufenthalt in der Bergschule Hochwaldhausen (Rhön). Ab September Besuch der Odenwaldschule Oberhambach bei Heppenheim an der Bergstraße (bis zum Sommer 1923)

1924 Aufenthalt im Stift Neuburg bei Heidelberg. Im Juni Verlobung mit Pamela Wedekind. Erste Veröffentlichungen von Aufsätzen und Erzählungen in Zeitungen und Zeitschriften. Ab September des Jahres bis März 1925 Arbeit als fest angestellter Theaterkritiker beim «12 Uhr Blatt» in Berlin

1925 Erste Buchpublikation: «Vor dem Leben», Erzählungen. Uraufführung von Klaus Manns Dramendebüt «Anja und Esther» am 20. Oktober in München und am 22. Oktober in Hamburg. Erscheinen seines ersten Romans «Der fromme Tanz. Abenteuerbuch einer Jugend»

1926 «Kindernovelle»

1927 «Heute und Morgen. Zur Situation des jungen geistigen Europas». Uraufführung von «Revue zu Vieren» am 21. April in Leipzig. Im Oktober mit der Schwester Erika Aufbruch zu einer bis Juli 1928 dauernden Weltreise

1929 Der mit der Schwester Erika verfasste Reisebericht «Rundherum», der Novellenband «Abenteuer» und der Roman «Alexander. Roman der Utopie» erscheinen.

1930 Im Januar Uraufführung von «Gegenüber von China» in Bochum, im November Uraufführung seiner Cocteau-Adaption «Geschwister» in München

1931 Aufsatzsammlung «Auf der Suche nach einem Weg»

1932 «Kind dieser Zeit», Autobiographie. «Treffpunkt im Unendlichen», Roman. Unter Pseudonym erscheint sein Stück «Athen».

1933-35 Am 13. März Beginn der Emigration, Abreise nach Paris. In den folgenden Jahren wechselnde Aufenthalte in Europa, überwiegend in Amsterdam. Von September 1933 bis August 1935 Herausgabe der Exilzeitschrift «Die Sammlung»

1934 «Flucht in den Norden», Roman. Im August als Gast beim «1. Allunionskongreß der Sowjetschriftsteller» in Moskau. Am 1. November Aberkennung der deutschen Staatsbürgerschaft

1935 «Symphonie Pathétique», Roman. Im Mai Teilnahme als Delegierter des deutschen (Exil-)PEN-Clubs am XIII. Internationalen PEN-Kongress in Barcelona. Im Juni Teilnahme am «Ersten internationalen Schriftstellerkongreß für die Verteidigung der Kultur gegen Krieg und Faschismus» in Paris

«Mephisto», Roman. Im September Abreise mit der Schwester zu einem viermonatigen **1936** USA-Aufenthalt, dort Vortragstournee

«Vergittertes Fenster», Novelle. Am 25. März Erhalt der tschechoslowakischen Staats- **1937** angehörigkeit. Ab Mai Heroin-Entziehungskur in einem Budapester Sanatorium, auf die im nächsten Jahr eine zweite in Zürich folgt. Ab September erneuter Aufenthalt in den USA als Vortragsreisender

Im Juni und Juli zusammen mit Erika Mann als Reporter im Spanischen Bürgerkrieg. Im **1938** September Abreise ins USA-Exil

«Der Vulkan», Roman. «Escape to Life» (zusammen mit Erika Mann) **1939**

«The Other Germany» (zusammen mit Erika Mann) **1940**

Von Januar 1941 bis Februar 1942 Herausgabe der Zeitschrift «Decision» **1941–42**

«The Turning Point», Autobiographie. Im Dezember Einberufung in die US Army. **1942** Grundausbildung und Dienst in verschiedenen Lagern in den USA

«André Gide and the Crisis of Modern Thought». Am 25. September Erhalt der amerika- **1943** nischen Staatsbürgerschaft. Am 24. Dezember Abreise aus den USA mit einem Truppen-transport

Am 2. Januar Ankunft in Casablanca. Nach einigen Wochen Aufenthalt in Nordafrika **1944** Teilnahme am alliierten Feldzug in Italien, im Dienst des Psychological Warface Branch

Mitarbeiter der US-Armeezeitung «Stars and Stripes». Im Mai und Juni Reise als Be- **1945** richterstatter nach Österreich und Deutschland. Am 28. September Entlassung aus dem Armeedienst. In den folgenden Jahren wechselnde Aufenthalte unter anderem in Rom, Amsterdam, New York, Kalifornien; in Deutschland nur besuchsweise

«Der siebente Engel», Drama **1946**

«André Gide. Die Geschichte eines Europäers». Im Juli missglückter Selbstmordversuch **1948** in Kalifornien. Ab August für kurze Zeit Anstellung als Lektor im Bermann-Fischer/ Querido Verlag, Amsterdam

Tod nach einer Überdosis Schlaftabletten am 21. Mai in Cannes **1949**

Das Hanseatische Oberlandesgericht in Hamburg verbietet mit Urteil vom 10. März die **1966** weitere Verbreitung von «Mephisto» in der Bundesrepublik Deutschland, da die Figur des Höfgen eine «Beleidigung, Verächtlichmachung und Verunglimpfung von Gründ-gens» darstelle.

Das Bundesverfassungsgericht weist mit Entscheidung vom 24. Februar die Verfas- **1971** sungsbeschwerde der Nymphenburger Verlagshandlung gegen das «Mephisto»-Verbot zurück; der Roman bleibt in der Bundesrepublik verboten.

Der Rowohlt Taschenbuch Verlag veröffentlicht im Januar trotz des formal fortbeste- **1981** henden Verbots eine Neuausgabe von «Mephisto», von der in knapp zwei Jahren eine halbe Million Exemplare verkauft werden.

Zeittafel Golo Mann

1909 Angelus Gottfried Thomas Mann am 27. März als drittes Kind und zweitältester Sohn von Thomas und Katia Mann in München geboren

1915 Privatschule des Fräulein Hell in der Mauerkircherstraße in München-Bogenhausen bis zur dritten Klasse

1918-22 Besuch des Wilhelmsgymnasiums in München. 1922 Wechsel zum Alten Realgymnasium in München

1923-27 Seit Ostern Besuch der Schule Schloss Salem. 1927 externes Abitur in Konstanz

1927-32 Studium der Rechte in München, danach Studium der Geschichte und Philosophie in Berlin und Heidelberg

1928/29 Durch Vermittlung von Klaus Mann erste Zeitungsveröffentlichung im Berliner «Acht-Uhr-Abendblatt»: «Als Bergarbeiter unter Bergarbeitern»

1932/33 Nach der Promotion bei Karl Jaspers über Hegel 1932 wissenschaftliche Auseinandersetzung mit Wallenstein im Rahmen seiner Staatsexamensarbeit für das Lehramtsstudium, das Golo Mann 1933 abbricht

1933 Anfang Juni Ankunft bei den Eltern in Bandol an der südfranzösischen Küste: Beginn der Emigration. Ab Ende des Jahres Lektor für deutsche Sprache an der École Normale Supérieure in Saint-Cloud bei Paris. Mitarbeit an der Exilzeitschrift «Die Sammlung» seines Bruders Klaus

1935 Lektor für deutsche Sprache an der Universität Rennes

1936-37 Seit Oktober 1936 Aufenthalt in der Tschechoslowakei. Verleihung des tschechoslowakischen Bürgerrechts. Im Dezember 1936 Ausbürgerung aus dem Deutschen Reich zusammen mit seinen Eltern und den drei jüngeren Geschwistern

1937-40 In Zürich Mitarbeit an der Exilzeitschrift seines Vaters «Maß und Wert». Nach einem längeren Aufenthalt bei den Eltern in Princeton im Sommer 1939 Rückkehr in die Schweiz, um als Redaktor «Maß und Wert» weiter zu betreuen

1940 Nach dem Einmarsch der deutschen Invasoren im Mai als Kriegsfreiwilliger nach Frankreich, wo er interniert wird. Im September mit Heinrich und Nelly Mann sowie dem Ehepaar Werfel Flucht über die Pyrenäen nach Spanien und Portugal. Am 13. Oktober Ankunft mit der «Nea Hellas» in Amerika

1940-42 Aufenthalte in Princeton bei den Eltern, später in Pacific Palisades, 1941 vorübergehender Wohnsitz in New York. Mitarbeit an der Exilzeitschrift seines Bruders Klaus «Decision»

1942 Seit Herbst Lehrtätigkeit am Olivet College, Michigan

1943 Eintritt in die US-Army. Im November Erhalt der amerikanischen Staatsangehörigkeit

1944-46 Entsendung nach Europa, Radiotätigkeit bei der «American Broadcasting Station in Europe» in London und beim Sender Luxemburg. Nach der Kapitulation Mitarbeit bei Radio Frankfurt. Im Januar 1946 Entlassung aus der Armee

«Secretary of Europe. The Life of Friedrich Gentz» **1946**

Lehrtätigkeit am Claremont Men's College in Kalifornien, unterbrochen von längeren **1947–58**
Aufenthalten in Europa

«Vom Geist Amerikas» **1954**

Endgültige Rückkehr nach Europa. Gastprofessur in Münster. Seine «Deutsche Ge- **1958**
schichte» des 19. und 20. Jahrhunderts erscheint.

Lehrstuhl für Politische Wissenschaften in Stuttgart. Mitherausgeber der Neufassung **1960–65**
der «Propyläen Weltgeschichte»

Bau eines Ferienhauses in Berzona, wohin sich Golo Mann zu längeren Aufenthalten **1961**
zum Schreiben zurückzieht

Mitherausgeber der «Neuen Rundschau» **1963–79**

Golo Manns in der Deutschen Bibliothek in Rom gehaltener Vortrag «Die Ära Adenauer» **1964**
stößt in Deutschland auf starken Widerhall und löst im Bundestag eine Debatte über die
Oder-Neiße-Linie aus.

Aufgabe der Stuttgarter Professur, fortan nur noch publizistisch tätig. Kilchberg als **1965**
ständiger Wohnsitz

«Georg-Büchner-Preis». Dem bedeutenden deutschen Literaturpreis gehen diverse Aus- **1968**
zeichnungen voran und folgen zahlreiche nach (u. a. Schiller-Preis 1965, Gottfried-
Keller-Preis 1969, Großes Bundesverdienstkreuz 1972, Orden «Pour le Mérite» 1973,
Goethepreis 1985, verschiedene Ehrendoktorwürden). Golo Mann erhält die schweizerische Einbürgerungsbewilligung. Kritische Äußerungen zur Studentenbewegung. In
den folgenden Jahren Stellungnahmen zum Terrorismus und zur deutschen Außenpolitik

Im Bundestagswahlkampf Einsatz für Willy Brandt, dem in den Jahren zuvor ein starkes **1969**
Engagement für den Außenminister und späteren Bundeskanzler und dessen Ost- und
Friedenspolitik voranging

«Wallenstein. Sein Leben erzählt von Golo Mann» **1971**

Adoption von Hans Beck-Mann **1972**

Neben der schweizerischen Staatsangehörigkeit nimmt Golo Mann die deutsche an. **1976**

Engagement für Franz Josef Strauß im Bundestagswahlkampf **1980**

«Erinnerungen und Gedanken. Eine Jugend in Deutschland». Am 11. November 1986 **1986**
stirbt Hans Beck-Mann.

Golo Mann begrüßt den Mauerfall in Berlin, warnt aber vor einer überstürzten Wieder- **1989**
vereinigung.

Seine letzte Lebenszeit verbringt Golo Mann im Kreis der Familie seines verstorbenen **1994**
Adoptivsohns in der Obhut von dessen Frau Ingrid Beck-Mann. Am 7. April stirbt Golo
Mann in Leverkusen.

Zeittafel Monika Mann

1910 Monika Mann am 7. Juni als viertes Kind und zweitälteste Tochter von Thomas und Katia Mann in München geboren

1919 Im September nach dreijährigem Besuch einer Privatschule Eintritt in die Gebele-Volksschule, Bogenhausen

1920 Besuch der Städtischen Höheren Mädchenschule mit Frauenschule am St. Annaplatz in München

1924 Ab Oktober Aufenthalt in der Schule Schloss Salem. Nach dem Schuljahr 1925/26 Abschluss der Untersekunda

1926 Seit dem Salemer Schulabschluss wechselnde Lebensorte und Studiengänge: Musikstudium in Lausanne, Besuch der Kunstgewerbeschule in München, Studium an einer «Kunstschule» in Paris, Aufenthalte in Frankfurt und Berlin

1933 30. Januar: Machtübernahme Adolf Hitlers. Am 31. Mai Ankunft bei den Eltern in Bandol an der südfranzösischen Küste: Beginn der Emigration

1934 Im Januar Übersiedlung nach Florenz, Klavierstudium bei Luigi Dallapiccola. In der toskanischen Renaissancestadt lernt Monika Mann den ungarischen Kunsthistoriker Jenö Lányi kennen.

1936 Im Dezember Verlust der deutschen Staatsangehörigkeit im Zuge der Ausbürgerung von Thomas und Katia Mann und ihren vier jüngsten Kindern

1937 Zu Beginn des Jahres Übersiedlung nach Wien

1938 Nach dem Anschluss Österreichs an das Deutsche Reich kehrt Monika Mann nicht mehr nach Wien zurück. Aufenthalt in Zürich

1938 Am 22. April Vereidigung auf die tschechoslowakische Staatsangehörigkeit in Zürich

1938 Ende des Jahres Emigration mit Jenö Lányi nach London

1939 Im März Heirat mit Jenö Lányi im Londoner Exil

1940 Der Emigrationsversuch mit der «City of Benares» von Liverpool nach Halifax, Kanada, schlägt fehl. Bei der Torpedierung des Schiffes durch ein deutsches U-Boot am 17. September kommt Monika Manns Ehemann Jenö Lányi ums Leben.

1940 Am 28. Oktober Ankunft mit der «Cameronia» im New Yorker Hafen. Beginn des amerikanischen Exils

1941 Nach einigen Monaten bei den Eltern in Princeton ab März längerer Aufenthalt beim Bruder Michael in Carmel. Nachdem die Eltern an die Westküste nach Pacific Palisades übergesiedelt sind, bezieht Monika Mann dort ab Juli eine eigene Wohnung.

1942 Im November Umzug nach New York. Klavierstudium bei Kurt Appelbaum, unterbrochen durch längere Aufenthalte in Pacific Palisades

1947 Beginn der publizistischen Tätigkeit. Bis zur Remigration wechselnde Wohnsitze in den USA

1952 Im Juni Erhalt der amerikanischen Staatsangehörigkeit

Im September endgültige Rückkehr nach Europa. Nach einem mehrmonatigen Aufent- **1952**
halt in Bordighera an der Riviera Wohnsitz in Rom

Vor dem Jahreswechsel Umzug nach Capri. Fortsetzung der schriftstellerischen und **1954/55**
journalistischen Tätigkeit, Lebensgemeinschaft mit dem Capreser Antonio Spadaro

«Vergangenes und Gegenwärtiges. Erinnerungen» **1956**

Im April Wiederannahme der deutschen Staatsangehörigkeit in Neapel **1958**

«Der Start. Ein Tagebuch» **1960**

«Tupfen im All» **1963**

«Wunder der Kindheit. Bilder und Impressionen» **1966**

«Der letzte Häftling» **1967**

Am 13. Dezember Tod des Lebensgefährten Antonio Spadaro im Alter von 78 Jahren **1985**
(* 22. Oktober 1907) auf Capri

Umzug nach Zürich, wechselnde Wohnsitze. Ihre letzten Lebensjahre verbringt Monika **1986**
Mann bei Ingrid Beck-Mann, der Frau des Adoptivsohnes von Golo Mann.

Am 17. März in Leverkusen gestorben **1992**

Zeittafel Elisabeth Mann Borgese

1918 Elisabeth Veronika Mann am 24. April als jüngste Tochter und fünftes Kind von Thomas und Katia Mann in München geboren

1924 Privatunterricht zu Hause, anschließend Besuch der Privatschule von Frau Dr. Pfeifer

1928 Ab dem 19. April Besuch des Luisengymnasiums in München. Nach dem Schuljahr 1930/31 Wechsel von der dritten in die fünfte Klasse

1930 Im Alter von 12 Jahren Beitritt zu der von Richard Graf Coudenhove-Kalergi gegründeten Paneuropa-Bewegung

1933 30. Januar: Machtübernahme Adolf Hitlers. Nach der Emigration der Eltern von März bis April erneute Rückkehr nach München zu weiterem Schulbesuch. Offizieller Austritt aus dem Luisengymnasium am 2. Mai 1933. Nach längerem Aufenthalt in Sanary-sur-Mer ab September Wohnsitz mit den Eltern in Küsnacht bei Zürich

1935 Im September vorzeitiges Ablegen der Matura am Freien Gymnasium in Zürich, das sie seit Ende 1933 besucht

1936 Am 18. November Erhalt der tschechoslowakischen Staatsangehörigkeit

1937 Im Februar/März Lehrexamen am Konservatorium Zürich, an dem sich Elisabeth seit Ende 1933 zur Pianistin ausbilden lässt

1938 Im September Übersiedlung mit den Eltern nach Princeton, New Jersey

1939 Am 23. November Hochzeit mit dem italienischen Schriftsteller und Antifaschisten Giuseppe Antonio Borgese, Wohnsitz Chicago

1940 Geburt der Tochter Angelica («Gogoi») am 30. November

1941 Erhalt der amerikanischen Staatsangehörigkeit

1944 Geburt der Tochter Dominica («Nica») am 6. März

1948 Entwurf einer Weltverfassung unter dem Titel «Preliminary Draft of a World Constitution» des «Committee to Frame a World Constitution» an der Universität Chicago. Als wissenschaftliche Mitarbeiterin ihres Mannes beteiligt sich Elisabeth Mann Borgese an der in der Weltverfassung gipfelnden Arbeit der Chicagoer Weltföderalisten und an der Herausgabe der Zeitschrift «Common Cause».

1952 Im September Remigration nach Europa. Tod Giuseppe Antonio Borgeses in Fiesole bei Florenz am 4. Dezember

1953 Wohnsitz in San Domenico, Fiesole. Übersetzungen, redaktionelle Tätigkeit bei der italienischen Ausgabe der Kulturzeitschrift «Perspectives» («Prospetti») und der englischen Ausgabe des von der UNESCO unterstützten Magazins «Diogenes». In Corrado Tumiati findet sie einen neuen Lebensgefährten.

1960 «To Whom It May Concern» (Erzählungen)

1963 «Ascent of Woman» (deutsche Ausgabe 1965 unter dem Titel «Aufstieg der Frau. Abstieg des Mannes?»)

1964 Beginn der Tätigkeit am «Center for the Study of Democratic Institutions», Santa Barbara. Mitarbeit an der «Encyclopædia Britannica», Wiederaufnahme der Beschäftigung mit der Weltverfassung. Bis zum Tod Corrado Tumiatis Wohnsitze in Italien und Kalifornien

«The White Snake» (deutsche Ausgabe 1970/71 unter dem Titel «Wie man mit den Tieren spricht»)   1966

Erster Seerechtsentwurf «The Ocean Regime». Zahlreiche weitere Meerespublikationen   1968
in den folgenden Jahren. Gründung des «Club of Rome», dem Elisabeth Mann Borgese
als einziges weibliches Gründungsmitglied angehört

Erste «Pacem in Maribus»-Konferenz auf Malta   1970

Gründung des Internationalen Ozeaninstituts auf Malta, das heute über zwanzig   1972
Landesvertretungen weltweit besitzt

Vorschlag einer neuen Seerechtskonvention («United Nations Convention on the Law of   1973
the Sea III») unter maßgeblicher Mitwirkung von Arvid Pardo und Elisabeth Mann
Borgese auf der dritten UN-Seerechtskonferenz

«The Drama of the Oceans» (deutsche Ausgabe 1977 unter dem Titel «Das Drama der   1975
Meere»)

Beginn der wissenschaftlichen Tätigkeit an der Dalhousie University in Halifax, die sie   1978
später als Professorin für Politische Wissenschaften und Internationales Seerecht fortsetzt. Wohnsitz in Sambro Head nahe Halifax. Nach der Übersiedlung nimmt sie 1984
die kanadische Staatsangehörigkeit an.

Verabschiedung des Seerechtsübereinkommens der Vereinten Nationen   1982

Inkrafttreten des Seerechtsübereinkommens der Vereinten Nationen   1994

«The Oceanic Circle» (deutsche Ausgabe 1999 unter dem Titel «Mit den Meeren leben»)   1998

«Wie Gottlieb Hauptmann die Todesstrafe abschaffte. Erzählungen»   2001

Gründung eines Internationalen Ozeaninstituts in Deutschland am Zentrum für Marine   2001
Tropenökologie in Bremen. Erhalt des «Großen Bundesverdienstkreuzes», dem zahlreiche Ehrendoktorwürden und Auszeichnungen (u. a. «Order of Canada» 1988) voran-
gehen

Elisabeth Mann Borgese stirbt am 8. Februar während eines Skiurlaubs in Sankt Moritz. 2002

Zeittafel   Michael Mann

1919	Michael Thomas Mann am 21. April als jüngstes Kind und dritter Sohn von Thomas und Katia Mann in München geboren
1925	Privatunterricht bei Georg Goetz
1926	Zusammen mit der Schwester Elisabeth Nardini-Violinkonzert beim Bayerischen Rundfunk. Seit den zwanziger Jahren erhält Michael Mann bei der Pianistin Grete Studeny Geigenunterricht, später bei deren Schwester, der Geigenvirtuosin Herma Studeny.
1929	Ab dem 11. April Schüler des Wilhelmsgymnasiums in München
1932	Eintritt in das Landschulheim Neubeuern, Kreis Rosenheim
1933	Am 16. April stößt Michael Mann von einer Schulosterreise nach Italien zu seinen Eltern in Lugano. Beginn der Emigration
1933	Nach den im südfranzösischen Exil in Sanary-sur-Mer verbrachten Sommermonaten ab September mit der Familie in Küsnacht. Ab Oktober Ausbildung zum Bratschisten und Geiger am Konservatorium in Zürich
1936	Im Mai Lehrdiplom am Konservatorium Zürich
1936	Am 19. November erhalten Thomas und Katia Mann sowie die beiden Jüngsten Elisabeth und Michael die tschechoslowakische Staatsangehörigkeit.
1937	Seit Beginn des Jahres Fortsetzung des Studiums beim Geigenlehrer Galamian in Paris, ab 1938 in New York
1939	Heirat mit Gret Moser am 6. März in New York. Rückkehr nach Europa. Nach dem deutsch-sowjetischen Nichtangriffspakt im August Flucht nach London. Geigenstudium bei Carl Flesch, später bei Max Rostal
1940	Im Januar Ankunft mit der «Britannic» in New York. Wohnsitz in Carmel, Kalifornien. Fortsetzung des Geigenstudiums bei Henri Temianka. Am 31. Juli Geburt des Sohnes Fridolin («Frido») in Monterey bei Carmel
1942–49	Umzug nach Mill Valley, Kalifornien. Orchestermitglied des San Francisco Symphony Orchestra unter der Leitung von Pierre Monteux. Fakultätsmitglied des San Francisco Conservatory of Music. Musiktheoretische Studien und Arbeiten
1942	Am 20. Juli Geburt des Sohnes Anthony («Toni») in Ross bei Mill Valley
1949	Beginn der Solistenkarriere und Konzertreisen durch Europa. Wohnsitz in Zollikon in der Schweiz
1950–52	Wohnsitz im Salzkammergut in Österreich. Konzertreisen
1952–54	Rückkehr in die USA. Tätigkeit als freier Musiker («Freelancing»). Ab Herbst 1953 Welttournee (Fernost-Konzert- und Vortragsreise nach Japan und Indien). Konzerte, journalistische Arbeit
1954	Rückkehr nach Europa, Wohnsitz Italien. Konzerttätigkeit, Journalistik
1955	Rückkehr in die USA. Mitglied des Pittsburgh Symphonie Orchestra. Master of Music, Duquesne University (Pittsburg)

Übersiedlung nach Cambridge, Massachusetts. Studium der Germanistik an der **1957-60** Harvard University

Promotion über Heinrich Heines Musikkritiken. Beginnt im German Department der **1961** University of California in Berkeley zu unterrichten

Wohnsitz in Orinda bei Berkeley **1962**

Professorentätigkeit an der University of Berkeley. Fortlaufend wissenschaftliche **1964-77** Publikationen

Adoption von Raju (* 13. Oktober 1963) **1970**

Beginn der publizistischen Tätigkeit als Schriftsteller: Veröffentlichungen von Novellen **1973** und Erzählungen

Vortragsreisen zur Zentenariumsfeier des Geburtstags von Thomas Mann. Arbeit an der **1975/76** Herausgabe der väterlichen Tagebücher

Am 1. Januar in Orinda gestorben **1977**

Bildquellen

Sammlung Frido Mann, Göttingen: 11, 133, 161 o. l.,
161 Mitte r., 180, 181, 193 o. l., 221 o. l., 221 u.,
234 o., 235 u., 267, 287 o. l.
Keystone/Thomas-Mann-Archiv der Eidgenössischen
Technischen Hochschule Zürich: 12, 14, 15, 19, 26 o.,
27, 28 u., 29 l., 31 Mitte, 31 u., 33 u. l., 36 u., 37,
38 u., 39 u., 40/41 u. r., 42 o., 43 o., 46, 61 o., 66,
69 Mitte, 73 u., 75 u. l., 87, 90 o., 91, 94 o., 96 o.,
96 u. l., 97 o. l., 115 o. l., 127 u. r., 128, 129 o. l.,
135 o. l., 136 o., 136 Mitte, 137 o. l., 143 o. l.,
169 o. l., 171, 172 Mitte r., 196 u., 197, 206 u., 212 o.,
218 o. r., 233 u., 238, 240, 242, 243, 248 o. l., 269
Mitte r., 276, 285 o., 286, 287 u. l.
Sammlung Gret Mann, Orinda: 21, 109 o., 284 o.
(Foto: Nick Pavloff)
Buddenbrookhaus/Heinrich-und-Thomas-Mann-Zen-
trum, Lübeck: 24 o., 24 u., 25 o. l., 51 o. l., 120 u. l.,
135 o. r.
Akademie der Künste Berlin, Heinrich-Mann-Archiv:
25 Mitte r., 47 o. l., 47 o. r., 60, 71 o. l., 165 u. r.,
182 u., 218 u.
Aus: Julia Mann: Uma vida entre duas culturas. São
Paulo 1997: 25 u.
Stadtarchiv München: 26 u., 42 u., 48 o., 49 u., 64
Bildarchiv Preußischer Kulturbesitz (bpk), Berlin:
28 o. l., 28 o. r., 52, 166 o. r.
Privatsammlungen: 29 r., 47 u. r., 51 u. l., 51 u. r.,
62 o., 97 u. r., 101 o. r., 102, 110, 112, 114 o., 116 o.,
141 o., 144 u. r., 145, 149 u. r., 157 u. l., 158 o. l.,
158 u. r., 204 u. l., 204 u. r., 208 u., 209 u. l., 209 u. r.,
216, 218 o. l., 226, 228 o., 247 o., 248 o. r., 248 u.,
256 o. l., 257 o. l., 258 o. l., 258 u. l., 261 o. l.,
261 u. l., 264 o. l., 266 u. l., 269 u., 279 u. l., 280 Mitte l., 287 Mitte r., 292 u., 292 o. r.
Thomas-Mann-Förderkreis München: 30, 39 o.,
121 u., 131 o. l.
SV-Bilderdienst, München: 44, 113 (© alle Fotos: SV-
Bilderdienst/Scherl), 201 o., 219, 255 o., 288 (© SV-
Bilderdienst/Gaudlitz), 304 o. r. (© SV-Bilderdienst/
Gaudlitz)
Deutsches Theatermuseum, München: 56 u.
Schweizerisches Literaturarchiv, Bern: 58 o., 82 o.,
83 u. r., 117 o. r., 117 u., 143 o. r., 163 Mitte r., 170 l.,
202 u., 205 o., 245, 256 o. r., 256 u., 270 o. r.,
277 o. l., 277 o. r., 279 o. r., 292 o., 295 o. r., 296
Archiv des Staatlichen Wilhelmsgymnasiums, Mün-
chen: 58 u.
Archiv der Odenwaldschule, Oberhambach: 59
ullstein bild, Berlin: 62 u., 69 o., 94 u., 107 o., 138 o. r.,
151 o. (© ullstein – Stary), 273 o. l. (© ullstein – dpa)

Sammlung Süskind, Münsing: 63 o., 69 u.
Archiv des Städtischen St. Anna-Gymnasiums, Mün-
chen: 65 l.
Sammlung Blahak, Hannover: 79 u. l.
Kurt-Hahn-Archiv der Schule Schloss Salem: 80, 81,
82 u., 83 o., 83 Mitte
Archiv für Kunst und Geschichte, Berlin: 83 u. l.,
146 u., 158 u. l., 159 o., 160, 164 o., 166 u. r., 167
Mitte l., 167 o. r., 173, 204 o., 205 u., 209 o.,
263 o. (© akg-images/Paul Almasy), 266 o. r. (© akg-
images/Dirk Radzinksi)
Thomas-Mann-Sammlung Dr. Hans-Otto Mayer
(Schenkung Rudolf Groth), Universitäts- und Landesbibliothek Düsseldorf: 86, 278, 279 o. l.
Aus: Jean Cocteau: Opium. Paris 1929: 93
Picture-Alliance/dpa, Frankfurt am Main: 95 o. r.,
202 o., 270 u. (© dpa/Rehm), 271 u., 277 u.
(© dpa/Ossinger), 293 o. l., 293 Mitte l., 293 u. l.,
297 o. l. (© dpa/Jörg Schmitt), 302 u. (© dpa/Ste-
fan Hesse), 303 u. (© dpa/Rolf Rick), 304 u. r.
(© dpa/Sören Stache)
Rowohlt-Archiv: 100 o. l., 100 o. r., 138 u. l., 139 o.,
185 o. l., 217 o., 254 u., 255 u., 257 o. r., 257 u.,
273 Mitte r.
Sammlung Dirk Heißerer, München: 100 Mitte l.
Antiquariat Hartmut Erlemann, Amsterdam: 103
o. l., 103 o. r., 154, 156 o. l.
Aus: Michael Mann. Fragmente eines Lebens. Lebensbericht und Auswahl seiner Schriften von Frederic C. und Sally P. Tubach. München 1983:
109 u. l., 109 u. r., 234 u., 285 u. r.
Aus: Erika und Klaus Mann: Escape to Life. Boston
1939: 114 Mitte
Schiller-Nationalmuseum/Deutsches Literaturarchiv
Marbach am Neckar: 114 u., 116 u., 126 o., 161 u. l.,
192
Aus: Heinke Wunderlich/Stefanie Menke: Sanary-
sur-Mer. Deutsche Literatur im Exil. Stuttgart/
Weimar 1996: 117 o. l., 221 o. r.
Goethe-Institut, Amsterdam: 118
Sammlung Andreas Landshoff, Amsterdam: 119 o. l.,
119 u. l.
Chatto & Windus, The Hogarth Press: 120 Mitte r.
Archiv des Freien Gymnasiums Zürich: 130,
131 Mitte r., 131 u. l.
Hochschule Musik und Theater Zürich: 132
Sammlung Erich Auerbach: 136 u.
Stiftung Deutsche Kinemathek, Berlin: 139 u.
Aus: Pjotr Iljitsch Tschaikowski. Leipzig 1978: 140 o.
Bayerisches Hauptstaatsarchiv – Geheimes Haus-
archiv, München: 140 u.
Ottokar Runze Filmherstellung, Berlin: 141 u.

Helga Keiser-Hayne, Prata/Grosseto, Italien: 144 o.,
144 u. l., 246 o. r., 247 u.
Eric Schaal / © Weidle Verlag, Bonn: 147 o.
Robert-Musil-Literatur-Museum, Klagenfurt: 151 u.
Antiquariat Querido, Düsseldorf: 157 o. l.
corbis: 163 o. r. (© corbis/Bettmann)
Akademie der Künste Berlin, Lion-Feuchtwanger-
Sammlung: 164 u.
Chamber Foundation: 165 u. l.
Imperial War Museum, London: 167 u. r., 168 o.
Akademie der Künste Berlin, Ruth-Berlau-Archiv:
172 o. l. (© Ruth Berlau/Hoffmann)
US Army Military History Institute, Carlisle/Phila-
delphia: 186 o. r.
Camille Bondy, Toulon: 193 Mitte r.
Sammlung Günther Weishaupt, Mindelheim: 193 u. l.,
193 u. r.
Aus: Mondorf – son passé, son présent, son avenir.
Hg. von Martin Gerges. Mondorf-les-Bains/Luxem-
burg 1997: 200 Mitte
Jean-Marc Raus, Mondorf-les-Bains: 200 u. r.
Sammlung Thomas Meder, Frankfurt a. M.: 203 u.
Aus: Thomas und Heinrich Mann im Spiegel der Ka-
rikatur. Hg. von Thomas Sprecher und Hans Wiß-
kirchen. Schlieren 2003: 213 o. l., 213 u. l.
Alexander Stephan, Columbus/Ohio: 223 o. l.
Andrea Weiss, New York: 223 o. r.
Peter K. Wehrli, Zürich: 229 o. l., 229 u. r., 262 o. l.,
262 Mitte, 262 u. r., 263 Mitte, 264 u. l.
Sammlung Frederic C. und Sally P. Tubach, Orinda/
Kalifornien: 235 o., 266 Mitte r., 282, 283, 284 u.
Jupp Darchinger, Bonn: 236
Aus: Alfred Mühr: Mephisto ohne Maske, München/
Wien 1981: 255 Mitte
Wolfgang Clemens, Büdingen: 265 o. r.
Luciano d'Alessandro, Napoli: 268, 269 o. r., 290, 291
Lübecker Nachrichten: 285 u. l., 295 l.
Helga Schalkhäuser, München: 294
Rara Coray, Zürich: 297 Mitte r.
International Ocean Institute, Malta: 299 Mitte r.
Karl Schillinger, Presseamt Landeshauptstadt Mün-
chen: 301 u. l.
© VG Bild-Kunst, Bonn: 74, 117 o. l., 204 o. r., 221 o. r.

Alle übrigen Bildvorlagen stammen aus dem Literaturarchiv der Monacensia, München.
In Fällen, bei denen ein exakter Nachweis nicht
möglich war, bittet der Verlag die Inhaber des Copy-
rights um Nachricht.